Standardwerke der Astrologie

Bil Tierney

DYNAMIK DER ASPEKTANALYSE

Aus dem Amerikanischen
Von Ursula Fassbender

CHIRON VERLAG

2. Auflage 2005
Alle Rechte vorbehalten
© der deutschen Ausgabe Chiron Verlag Tübingen 2005

Die Originalausgabe erschien unter dem Titel
„*Dynamics of Aspect Analysis*" bei CRCS, Sebastopol, USA
© der Originalausgabe CRCS 1983

Zu beziehen über den Buchhandel oder direkt beim
Chiron Verlag, Postfach 1250, D-72002 Tübingen
www.chironverlag.com

ISBN 3-89997-137-X

INHALT

EINFÜHRUNG

Als ich anfing, Astrologie zu studieren, war es eine der frustrierendsten Angelegenheiten zu versuchen, das »Warum« hinter der Bedeutung des Planetenzeichens, des Planetenhauses und der Planetenkombinationen im Geburtshoroskop zu verstehen. Die meisten Schriften machten hierzu nur oberflächliche Aussagen und doch war ich von ihrer Genauigkeit oftmals beeindruckt. Aber sie ließen die Frage offen, wie ich lernen konnte, solche Horoskopfaktoren zu deuten, ohne mich immer auf die Bücher beziehen zu müssen. Schließlich gelangte ich zu einer tieferen Einsicht in die Dynamik der Astrologie, als ich erkannte, daß das System der Astrologie in einer intelligenten Art und Weise von kreativen Grundprinzipien zusammengehalten wird. Heute bin ich der Meinung, daß das Festhalten an diesen Prinzipien für alle Astrologen von entscheidender Wichtigkeit ist, wenn sie die zentrale Bedeutung oder wahre Essenz jeder Facette des Horoskops effektiv analysieren und deuten wollen.

Dynamik der Aspektanalyse ist mein Versuch, diese essentiellen Lebensprinzipien hervorzuheben, so wie sie auf die Aspekte und vielfältigen Konstellationen im Geburtshoroskop zutreffen. Viel zu viele Bücher über Aspekte entsprechen nicht den Erwartungen, indem sie die beobachtbaren Endresultate beschreiben, anstatt den Hauptzweck, die Funktion und das übergeordnete Thema der beschriebenen Faktoren zu erörtern. Ich bin der Meinung, daß die Aspekte von den meisten nur wenig verstanden werden, während wir uns die Grundprinzipien der Tierkreiszeichen, Häuser und Planeten bereits gründlich erarbeitet haben. Ist den Studenten etwa mit Aussagen wie »Ein Sextil ist ein halbes Trigon« oder »Ein Halbquadrat wirkt wie ein Quadrat, nur schwächer« geholfen? Ich glaube nicht. Was mich anbelangt, so besitzt jeder Aspekt seine eigenen, einzigartigen Charakteristika.

Kein Aspekt ist nur die schwächere oder stärkere Version eines anderen.

Dieses früher bereits unter dem Titel *Perceptions in Astrology* (1975, 1980) veröffentlichte Werk, das neu tituliert wurde, bringt meine Überzeugung zum Ausdruck, daß die Aspekte die dynamischste Ausdrucksform der fundamentalen Lebensprinzipien sind. Ich glaube, daß ein tiefes und umfassendes Verständnis der Aspekte ein Muß ist, um ein solides Fundament für eine gekonnte Deutung zu schaffen.

Die in diesem Buch gelieferten Informationen beruhen nicht auf Resultaten der statistischen Forschung. Vielmehr spiegeln sie einzig und allein meine persönlichen Theorien und Beobachtungen, die auf einer fünfzehnjährigen Erfahrung mit der Astrologie basieren, wieder. Da Autoren nicht immer klar zu erkennen geben, ob das, was sie schreiben, als »Wahrheit« betrachtet werden sollte, oder es sich dabei um eine neue Theorie handelt, die von den Astrologen noch nicht einstimmig angenommen worden ist, möchte ich an dieser Stelle noch einmal betonen, daß viele Behauptungen, die ich in diesem Buch aufstelle, meine persönlichen Ansichten und manchmal unkonventionell sind.

In diesem Buch werden Beispielhoroskope von bekannten Persönlichkeiten verwendet, die verschiedene Aspektfiguren und andere spezielle astrologische Konstellationen aufweisen (rückläufige Planeten, Betonung der Hemisphären etc.). Die Schwierigkeit, Berühmtheiten als Beispiele für astrologische Prinzipien zu verwenden, besteht jedoch darin, daß diese Menschen gewöhnlich nur aufgrund ihrer gesellschaftlichen Leistungen und beruflichen Erfolge von der breiten Öffentlichkeit anerkannt werden. Ihr Privatleben, in dem sich die tieferen Facetten auswirken, die für das Geburtshoroskop viel relevanter sind, bleibt der Öffentlichkeit verborgen. Durch ihre Autobiographie können wir zwar ein vollständigeres Bild von der wirklichen Persönlichkeit erhalten, aber wir können nicht immer damit rechnen, daß der Autobiograph sich selbst gegenüber besonders ehrlich ist. Berücksichtigen Sie diese Tatsache in diesem und anderen Astrologiebüchern, die versuchen, den Einfluß von bestimmten Horoskopkonstellationen auf das Leben von Menschen, die im Rampenlicht stehen, zu enthüllen. Mit anderen Worten, seien Sie nicht überrascht, wenn die Enthüllungen bisweilen im Widerspruch zu dem Bild stehen, das Sie von dieser Persönlichkeit hatten. Ich stelle Ihnen die Horoskope dieser Menschen nur deshalb vor, damit Sie sich selbst weiter damit beschäftigen können.

Es steckt eine bestimmte Absicht dahinter, daß ich dieses Buch in einem Stil verfaßt habe, der relativ frei von negativen Vorurteilen, dogmatischem Denken, absoluten Aussagen oder einer autoritären Haltung ist. Zumindest hoffe ich, daß mir dies geglückt ist. Die Astrologie, die mich fesselt, nenne ich die Astrologie der »Potentialität«. Ich bin weniger daran interessiert, wie sich die einzelnen Faktoren im Geburtshoroskop laut statistischer Analyse manifestiert haben (oder nicht). Ich erkenne die Tatsache an, daß es Menschen gibt, die einen solchen wissenschaftlichen und unwiderlegbaren Beweis brauchen, um den Einfluß der Astrologie auf die Menschheit akzeptieren zu können (ein akzeptabler Beweis bedeutet keine bedingungslose Akzeptanz, aber er verleiht ihr bis zu einem gewissen Grad Gültigkeit). Mein Interesse gilt mehr dem, was sein »könnte«, anstatt dem, was ist oder war. Dieses Buch wurde bewußt aus dieser Einstellung heraus geschrieben.

Ich hoffe, daß viele der hier dargelegten Konzepte Sie dazu anregen werden, sich noch kreativer und abenteuerlustiger mit der Astrologie zu beschäftigen. Wir befinden uns an der Schwelle zum Wassermann-Zeitalter, das dazu bestimmt ist, die Astrologie auf ein Entwicklungsniveau zu heben, von dem wir noch nie zuvor geträumt haben und das noch nie zuvor technisch verwirklicht worden ist. Sie sind es sich selbst schuldig, auf diesem faszinierenden Gebiet ein möglichst abgerundetes Wissen zu erlangen, sei dies nun durch astrologische Literatur, Kurse, Vorträge oder Workshops. Die Wahrheit ist wie ein Baum, der viele Früchte trägt und dessen Äste sich in alle Richtungen erstrecken. Von welchem Ast Sie sich auch eine Frucht pflücken, alle Früchte werden gleich süß schmecken. Alles, was erforderlich ist, um den ersten Schritt auf dem Weg zur Selbsterkenntnis zu tun, ist ein aufgeschlossener Geist und ein aufrichtiges, liebendes Herz. Machen Sie heute noch diesen ersten Schritt!

BIL TIERNEY

Kapitel 1

DIE PRINZIPIEN HINTER DEN ASPEKTEN

Die richtige Analyse der Aspekte ist für die Deutung eines Horoskops von entscheidender Bedeutung. Die Aspekte weben mächtige und sinnvolle Energiemuster, welche die vielen Teile des Horoskops miteinander verbinden. Sie skizzieren eine höchst komplizierte, einmalige Zusammensetzung von Kraftfeldern, die dazu gedacht ist, den Individuationsprozeß der einzelnen, in Entwicklung befindlichen menschlichen Psyche voranzutreiben. Doch so bedeutsam die Aspekte auch sind, scheinen nur sehr wenige Studenten eine klare Vorstellung von den fundamentalen Prinzipien zu besitzen, die den Aspekten zugrundeliegen, die in das Geburtshoroskop eingetragen werden. Während die moderne Astrologie die Konjunktion als einen Aspekt deutet, der die Selbstmotivation und den direkten Ausdruck des subjektiven Impulses steigert, handelt es sich auch um einen Aspekt, der mit verminderter Objektivität und einer eingeschränkten bewußten Wahrnehmung anderer verbunden ist. Warum ist das so? Ist das Sextil, wie die astrologische Überlieferung behauptet, nur ein »abgeschwächtes« Trigon und sein Einfluß daher weniger »günstig«? Was ist mit dem Quadrat, das ein Gefühl von Streß und Frustration hervorruft? Warum manifestiert sich die Spannung dieses Aspekts als eine Bedrohung unserer Sicherheit und unseres Status quo? Warum lenken Trigone andererseits die Energie mühelos in kreative, erfüllende Aktivitäten, die wir relativ leicht und mit Vertrauen und Spontaneität vollbringen? Und warum machen Oppositionen oftmals Kompromisse mit anderen Menschen, mit denen wir in unserem Leben konfrontiert werden, erforderlich?

Als erstes ist es wichtig zu erkennen, daß Aspekte, Tierkreiszeichen und Häuser einen gemeinsamen Nenner haben: alle haben mit Winkeln zu tun, die von einem bestimmten Ausgangspunkt in einem 360 Grad-Kreis aus berechnet werden. Variierende Winkelmessungen vom Frühlingsäquinoktium ergeben den jährlichen Kreis oder Zyklus der astrologischen Tierkreiszeichen. Unterschiedliche Winkelmessungen vom Punkt der aufgehenden Sonne aus bilden den Tageskreis oder Zyklus der mundanen Häuser. In gleicher Weise beschreiben die Aspekte unterschiedliche Winkel zwischen zwei Planeten zu einem bestimmten Zeitpunkt auf ihrer synodischen Kreisbahn, beginnend mit dem Punkt ihrer Konjunktion. Ungeachtet dessen, ob es sich um Zeichen, Häuser oder Aspekte handelt, wird ihre astrologische Bedeutung aus der Natur der Winkel abgeleitet, die jeden dieser Kreise unterteilen. Zum Beispiel: Die archetypische Bedeutung eines 60 Grad-Winkels kann entweder durch ein Zeichen (Zwillinge oder Wassermann), ein Haus (3. oder 11. Haus) oder den Sextil-Aspekt ausgedrückt werden, da alle im Idealfall 60 Grad von ihrem jeweiligen Ausgangspunkt entfernt sind. Daher geht man von der theoretischen Annahme aus, daß Aspekte eine andere Ebene der Manifestation der grundlegenden, kreativen Lebensprinzipien sind, die auch durch die Tierkreiszeichen und Häuser definiert sind. Mit anderen Worten, die Natur eines Aspekts sollte auch anhand seines entsprechenden Tierkreiszeichens und Hauses betrachtet werden. Und in einem abstrakten Sinne sollte der herrschende Planet des entsprechenden Zeichens ebenfalls dem jeweiligen Aspekt entsprechen (da ein Zeichen und sein natürlicher Herrscher dasselbe Grundprinzip verkörpern). Deshalb kann man Aspekte – wie Zeichen und Häuser – als Faktoren betrachten, die bedeutungsvolle Phasen der Beziehung definieren, die in einer logischen Aufeinanderfolge innerhalb einer umfassenderen zyklischen Erfahrung angeordnet sind.

Wenn man Aspekte von dieser Perspektive aus analysiert, kann man sie weder als »gut« noch als »schlecht« betrachten. Anstatt eine »günstige« versus »ungünstige« Wirkung zu haben, zeigen sie einfach an, wie und wo sich die besten Gelegenheiten bieten, uns selbst für eine vollere, intensivere Bewußtseinsdimension zu öffnen. Zugegebenermaßen erkennen die Astrologen, daß Aspekte wie zum Beispiel das Quadrat oder die Opposition bestimmte Phasen der Spannungsauslösung innerhalb des Zyklus darstellen. In diesen besonderen Phasen des Zyklus wird oftmals auffallend viel Kraft, Druck, Spannung, Angst und Widerstand verspürt. Dennoch besteht ihre hauptsächliche Funktion darin, die Spitzen psychologischer Wendepunkte im Bewußtsein zu markieren, wo wir meist natürliche und notwendige Entwicklungskrisen durchmachen. Diese kritischen Aspektphasen sind günstig für die Vertiefung unserer Selbsterkenntnis, aber immer auf unserer eigenen Ebene des Verstehens (die durch unsere Fähigkeit, unseren freien Willen intelligent zu benutzen, bestimmt wird). Spannungsaspekte sind daher nicht von Natur aus »schlecht« oder »schädlich«; ihre Aufgabe liegt darin, hervorzuheben, wo wir uns unserer selbst oder anderer bewußter werden und letztendlich mehr Verantwortung für die Qualität unserer eigenen Handlungen und Reaktionen im Leben übernehmen müssen. Die sogenannten »schwierigen« Winkel sind tatsächlich die Aspekte, die am besten dazu geeignet sind, Probleme zu lösen und sie sind von entscheidender Bedeutung für die vollständige Verwirklichung unseres ganzen Selbst. Obwohl sie recht schwierig sein können, zwingen uns diese Spannungsaspekte dazu, die Probleme in unserem Leben zu lösen, anstatt sie zu ignorieren oder die Auseinandersetzung mit ihnen zu vermeiden. Die Herausforderung, die diese Aspekte an uns stellen, führt dazu, daß wir ein enormes Persönlichkeitswachstum durchlaufen. Relativ »leichte« Aspekte wie das Sextil und Trigon geben uns zusätzlich das nötige Vertrauen und die Ermutigung, das Wachstum auch ohne Spannung oder Kampf weiter voranzutreiben, was auf die Kreativität, Intelligenz, Vision und Weisheit zurückzuführen ist, welche uns diese Aspekte verleihen. Aber ironischerweise mangelt es ihnen an der notwendigen Dynamik, die für die produktivste Nutzung unseres Potentials und unserer Kraftreserven erforderlich ist. Daher müssen wir uns bewußt dauerhaft darum bemühen, die Talente solcher Aspekte mit einem stärkeren Gefühl der Behauptung und Hingabe zu nutzen. Ansonsten neigen sie dazu, einen allgemeinen Widerwillen hervorzurufen, sich den Herausforderungen und den situationsbedingten Hindernissen direkt zu stellen.

Von dieser Sicht aus möchte ich die großen und kleinen
pekte in diesem Buch besprechen.

Der Aspektzyklus kann in zwei Halbkreise unterteilt werden.
r erste, der von führenden humanistischen Astrologen oftmals
zunehmender Halbkreis bezeichnet wird, beginnt an der Stelle,
zwei Planeten eine Konjunktion bilden. Er kulminiert am
Oppositionspunkt. Die Natur der Konjunktion ist das beste
Beispiel für das Hauptthema dieses Halbkreises. Allgemein ausgedrückt, sind alle zunehmenden Aspekte mit den grundlegenden,
formgebenden Prozessen verbunden, die das Individuum dazu
drängen, eine Struktur des persönlichen Selbstbildes oder eine
Ego-Identität aufzubauen. Diese Aspekte verhelfen dem Menschen dazu, ein subjektives Gefühl des Selbst-Bewußtseins zu
entwickeln. Hier wird er dazu gezwungen, durch selbstbezogene
Aktivitäten, die ihm ermöglichen, sich zuallererst als ein von
anderen getrenntes und verschiedenes Wesen anzuerkennen, Lebenserfahrung zu gewinnen. Die Ausrichtung dieses Halbkreises
wird durch eine ziemlich unbewußte, automatische Freisetzung
von Energien gekennzeichnet, die ausschließlich auf die individuellen Bedürfnisse gerichtet sind. Die Selbsterhaltung wird hier
hervorgehoben. Das vorherrschende Thema dieses Halbkreises
handelt vom Willen des Menschen, sich in seiner Umwelt we-
sensgemäß zu verwirklichen und sie so zu beeinflussen, wie es
ihm entspricht. Zunehmende Aspekte zwingen ihn, seine spontanen Impulse auszuagieren, ohne über die möglichen Konsequenzen seiner Handlungen und ihren Einfluß auf andere nachzudenken. Daher ist dieser Halbkreis ausgesprochen instinktbetont und
in seiner Handlungsweise äußerst spontan. In der Phase des
zunehmenden Quadrats jedoch, beginnt das Individuum sich
immer mehr bewußt zu werden, daß seine persönlichen Bedürfnisse bisweilen in Konflikt mit den äußeren Lebensumständen
geraten und um des großen Ganzen willen eingeschränkt werden
müssen.

Normalerweise reagiert man – bei einer so elementaren Herausforderung, sich zu ändern und sich dem Druck der Umwelt
anzupassen – mit defensivem Widerstand und einer großen Unsicherheit.

Die zweite Hälfte des Tierkreises, genannt der *abnehmende Halbkreis,* beginnt am Oppositionspunkt der beiden Planeten und verläuft bis hin zu dem Punkt, wo sich der Zyklus an einem neuen Konjunktionspunkt wiederholt (was auf die Tatsache zurückzuführen ist, daß es sich um einen synodischen Zyklus handelt). Die Natur der Opposition ist das beste Beispiel für das Hauptthema dieses Halbkreises. Allgemein ausgedrückt, sind alle abnehmenden Aspekte mit bewertenden Prozessen verbunden, die mit dem Gleichgewicht der individuellen versus sozialen Bedürfnissen zu tun haben. Hier muß der Mensch seine persönlichen Ziele – entsprechend seiner zunehmenden Bewußtheit von einem koordinierten, sozialen Ganzen – neu überdenken. Obwohl diese neue Perspektive am Oppositionspunkt am deutlichsten erkannt wird, wird der Mensch normalerweise erst in der zunehmenden Phase der Quincunx dazu angeregt, sich um diese Einstellung zu bemühen. Durch den abnehmenden Halbkreis lernt man Schritt für Schritt, seine egoistischen Wünsche und Bedürfnisse zurückzustellen, wenn sie sich nicht mit den Rechten anderer vereinbaren lassen. Zum mindesten kann der Mensch hier mit dem höheren Sinn hinter seinen Trieben und seinem Bedürfnis nach Selbstausdruck mehr in Berührung kommen. Sowie er sich zunehmend auf zwischenmenschliche oder gemeinsame Interessen konzentriert, kann er immer besser und mit größerer Objektivität und aus einer weiteren Perspektive heraus auf das Leben reagieren. Im abnehmenden Halbkreis gehen wir dazu über, die Erfahrung praktisch anzuwenden, die wir ursprünglich im zunehmenden Halbkreis gesammelt haben. Abnehmende Aspekte fordern uns heraus, mit anderen zu teilen und in Interaktion zu treten und unsere Ziele von einer unpersönlicheren Ebene des Austausches bewußt mit den Interessen der anderen zu integrieren. Wir können mehr Verantwortungsgefühl für die eigenen Handlungen in unserer Umwelt entwickeln, in die wir andere mehr miteinbeziehen. Dieser Halbkreis ermutigt uns zu einer Ausrichtung des Lebens an unseren Mitmenschen, wobei wir uns konstruktiv auf ideelle Konzepte von Ganzheit und Gemeinschaft gründen.

Während Selbstbezogenheit und instinktbetonte Impulsivität den zunehmenden Halbkreis charakterisieren, stehen die Selbst-

Reflexion und Besonnenheit im abnehmenden Halbkreis im Vordergrund. Wenn der Oppositionspunkt erst einmal überschritten ist, werden die Aspektphasen komplexer und stehen weniger unter der direkten Kontrolle unseres freien Willens, weshalb sie schicksalhafter oder mehr vorbestimmt zu sein scheinen als die Aspekte des zunehmenden Halbkreises (die normalerweise eine bessere Möglichkeit für den persönlichen Willensentschluß bieten). Abnehmende Aspekte ermöglichen uns, durch eine Bewußtheit der Dualität, der Gegensätze und Verschiedenheit zu wachsen, die gewöhnlich öfter durch äußere Faktoren als durch innere Kräfte erfahren wird. Wenn die Sichtweise, die wir am Oppositionspunkt erlangt haben, nicht die Bewußtseinsebene stimuliert hat, zu der sie gedacht war, neigen die »harten« abnehmenden Aspekte dazu, mangelnde Anpassung, Enttäuschung und Entfremdung vom sozialen Umfeld hervorzurufen. Doch auch diese Aspekte können wie die »sanften« Aspekte dieses Halbkreises konstruktiv genutzt werden, den Menschen zu zwingen, die Elemente innerhalb seiner gegenwärtigen Umwelt zu reformieren oder zu erneuern. Wenn man sie sinnvoll nutzt, führen uns abnehmende Aspekte dazu, Menschlichkeit, Toleranz, eine soziale Einstellung und altruistische Ziele zu kultivieren.

An jedem Aspekt sind immer ein schneller und ein langsamer laufender Planet beteiligt. Beachten Sie bitte, daß es nicht die tatsächliche Bewegung zum Zeitpunkt der Geburt ist, sondern die natürliche Umlaufbahn des Planeten, die seinen Bewegungsrhythmus in diesem Zusammenhang bestimmt (was die Frage über rückläufige Planeten beantworten sollte). Meiner Ansicht nach beschreibt der langsamer laufende Planet in jeder Phase des Zyklus das Hauptziel eines Aspekts. Dieser Planet repräsentiert daher o-Grad des Aspekts oder seine »Basis« oder seinen »Ursprungsort«. Der schneller laufende Planet bewegt sich deshalb entweder auf diesen langsameren Planeten zu oder von ihm weg. Ich interpretiere dies als ein Anzeichen dafür, daß der schneller laufende Planet sich in dem Bemühen mobilisieren muß, seine eigenen Triebkräfte an den Erfahrungen zu erproben, die von den dominanteren Lebensprinzipien bestimmt werden, die der langsamer laufende Planet symbolisiert. Der langsamere Planet wird zum bestimmenden Faktor für die notwendige Entwicklung des schnelleren. Zum Beispiel: Bei allen Venus-Uranus-Aspekten ist es Uranus, der die sozialen Bestrebungen der Venus anregt und zwar oftmals in einer Art und Weise, die ein bemerkenswertes Maß an Einzigartigkeit, Reiz, emotioneller Ausstrahlungskraft, Experimentierfreude und einen überdurchschnittlich intuitiven Zugang zu einem breiten Spektrum zwischenmenschlicher Beziehungen hervorruft. Die meisten Menschen können sich normalerweise leichter mit dem Venus-Prinzip identifizieren, da es eine mehr persönlich entwickelte, bewußte Triebkraft darstellt. Daher dient Uranus als evolutionärer Stimulus für Venus, der die psychologische Ausrichtung dieses Planeten steuert und ihn durch Erfahrungen begleitet, die eine erweiterte, wenn auch instabile emotionelle Reaktionsfähigkeit ermöglicht. Wie wir mit dieser Kombination von Planetenkräften umgehen, bestimmt, ob solche Aspekte eine auflösende, chaotische, entwurzelnde und trennende Wirkung haben ... oder ob sie sich als erleuchtend, einsichtsvoll und emotionell befreiend manifestieren. Meistens betrachte ich den langsameren Planeten als denjenigen, der mir den Schlüssel dazu liefert festzustellen, was sich der schneller laufende Planet für seine eigene Bewußtseinsentwicklung noch mehr aneignen muß.

Die Konjunktion

Eine exakte Kojunktion findet dann statt, wenn zwei Planeten auf demselben Längengrad der Ekliptik stehen. Daher sind sie 0 Grad voneinander entfernt. Die Konjunktion entspricht daher dem 0-Grad-Punkt des Zeichens *Widder* im *Widder-Sektor* des *Widder-Dekanats* dieses Zeichens.* Deshalb ist dieser Aspekt auch mit dem *Aszendenten/1. Haus* und dem Planeten *Mars* verbunden.

---

* Der Autor verwendet eine in der westlichen Astrologie ungebräuchliche Unterteilung der einzelnen Tierkreiszeichen in jeweils zwölf Abschnitte von je 2,5 Grad (1 Tierkreiszeichen = 30 Grad : 12 = 2,5 Grad pro Sektor). Diese Sektoren entsprechen, beginnend mit dem betreffenden Tierkreiszeichen, wiederum den zwölf Tierkreiszeichen in ihrer normalen Reihenfolge. Das heißt: die 30 Grad des Zeichens Widder ergeben fol-

Da die Konjunktion 0 Grad hat, bildet sie rein technisch betrachtet keinen Winkel. Aus diesem Grund fällt sie nicht unter die Kategorie der zunehmenden und abnehmenden Aspekte. Wenn überhaupt, dann gehört die Konjunktion als Aspekt beiden Halbkreisen gleichermaßen an (da sie den Übergangspunkt darstellt, an dem jeder Zyklus offiziell endet, um den Kreislauf von neuem zu beginnen).

Da jedoch nur wenige Konjunktionen im Geburtshoroskop in ihrer Wirkung ausgewogen sind, haben sie entweder eine konstruktive Tendenz zur Anwendung ihrer Energien oder trennenden und abspaltenden Charakter.

Konjunktionen in der Separation★ wirken in gewisser Hinsicht wie ein zunehmender Aspekt, doch besitzen sie höchste Subjektivität. Es besteht die Neigung, Energien zu sammeln und sie auf die Umwelt zu projizieren. Konjunktionen in Applikation wirken andererseits mehr wie abnehmende Aspekte, da der schnellere Planet immer noch durch den abnehmenden Halbkreis läuft. Hier neigt man dazu, sich unbewußt in sich selbst zurückzuziehen und Energien zum Zweck der vollständigen Assimilation zu sammeln, bevor man sie auf einer neuen Bewußtseinsebene manife-

---

gende zwölf Abschnitte von jeweils 2,5 Grad: Widder, Stier, Zwillinge, Krebs, Löwe, Jungfrau, Waage, Skorpion, Schütze, Steinbock, Wassermann, Fische. Die 30 Grad des darauffolgenden Zeichens Stier beginnen mit dem Stier-Sektor, dann folgen in der üblichen Reihenfolge Zwillinge, Krebs, Löwe, Jungfrau, Waage, Skorpion, Schütze, Steinbock, Wassermann, Fische, Widder. Das Zeichen Zwillinge beginnt nun mit dem Zwillinge-Sektor usw.

Da der Autor versäumt hat, das von ihm verwendete System zu erläutern, seien an dieser Stelle auch noch die Dekanate erklärt: Jedes Tierkreiszeichen wird in drei Dekanate (auch Dekane) von jeweils 10 Grad unterteilt, wobei immer das erste Dekanat den Namen des betreffenden Tierkreiszeichens erhält. Das zweite Dekanat wird dem nächsten Zeichen desselben Elements (Feuer, Erde, Wasser, Luft) in der natürlichen Reihenfolge der Tierkreiszeichen zugeordnet. Beispiel: Widder: 1. Dekanat = Widder, 2. Dekanat = Löwe, 3. Dekanat = Schütze; Stier: 1. Dekanat = Stier; 2. Dekanat = Jungfrau, 3. Dekanat = Steinbock; usw. (Anm. d. Übers.)

★ Ausführliche Erklärung siehe »Das Halbsextil« S. 25 (Anm. d. Übers.).

stiert. Trotzdem hat die Konjunktion weder mit dem Sammeln noch der Anwendung von Erfahrung zu tun, sondern sie liefert uns ganz einfach eine Einführung in zwei Planetenkräfte, deren direkte Verbindung reine Aktivität hervorbringt ohne irgendein wirkliches Empfinden für einen festgelegten inneren oder äußeren Brennpunkt, auf den die Aktivität zielt.

Aufgrund ihrer Entsprechung zum Aszendenten/1. Haus und Mars, stellt die Konjunktion einen Aspekt dar, der ein starkes Bedürfnis nach Selbstbezogenheit weckt. Symbolisch für den Beginn des Aspektzyklus drängt die Konjunktion zur Verbindung oder zum Verschmelzen der Planetenenergien. Die in Konjunktion befindlichen Planeten sind gezwungen, am gleichen Strang zu ziehen und sich als Einheit zu manifestieren, ob ihnen das nun gefällt oder nicht. Anders als die objektivere, mehr auf Geben und Nehmen ausgerichtete Natur der Opposition, motiviert uns die Konjunktion nicht dazu, ihre Energien mit dem Gefühl des Teilens oder gegenseitigen und wechselseitigen Austausches zu verwirklichen. Stattdessen macht dieser Aspekt sehr unabhängig und treibt einen dazu, seine Triebe ausschließlich und unabhängig auszuleben. Die Konjunktion wiedersteht äußeren Einflüssen. Sie ist weniger in der Lage, zu bewerten und zu reflektieren (anders als die Opposition), weshalb es ihr normalerweise schwerfällt, Kompromisse zu schließen und sich anderen als ihren eigenen, spontanen Bedürfnissen anzupassen. Dies könnte auch eine Erklärung dafür sein, warum Menschen mit mehreren Konjunktionen im Horoskop oftmals scheinbar unbeeinflußt von ihrer Umgebung sind oder andere Menschen von Zeit zu Zeit völlig vergessen, wenn sie ihren Impulsen nachgeben. Aufgrund der mangelnden Perspektive, die mit diesem Aspekt verbunden ist, repräsentiert die Konjunktion einen blinden Fleck in unserem Charakter. Der Mensch ist oftmals zu subjektiv von den hier beschriebenen Charakterzügen in Anspruch genommen, um zu erkennen, wie sich sein Selbst der Welt präsentiert, selbst wenn andere diese Persönlichkeitsmerkmale oftmals gut beobachten können. Da man sich hier so stark mit den Energien identifiziert, scheint sich die Konjunktion direkt durch Verhaltensweisen anstatt durch die äußeren Umstände auszudrücken. Anders als die

Opposition oder das Quadrat neigt man mit einer Konjunktion im Geburtshoroskop normalerweise nicht dazu, seine Energien auf andere Menschen oder Situationen zu projizieren.

Da Planeten in Konjunktion dynamisch ihre Kraft verstärken, ist dies wahrscheinlich der stärkste Aspekt im gesamten Zyklus in Hinsicht auf seine Intensität, Konzentration, Zielgerichtetheit und enorme Wirkung. Die Tatsache, daß die Planeten gezwungen sind, ihre Kräfte zusammenzuziehen und miteinander in Einklang zu bringen verleiht der Konjunktion ein hohes Maß an Solidarität und Zusammenhalt. Im wesentlichen repräsentiert sie neu erwachte Triebe (die durch die Planetenprinzipien definiert werden), die das totale persönliche Interesse und die ganze Anstrengung erfordern, wenn sie so entwickelt und erfahren werden sollen, wie es ihnen bestimmt ist. Wenn sich die Planeten effektiv integrieren lassen, hat dies eine Eindeutigkeit in der Ansicht und Zielstrebigkeit zur Folge, was wiederum die Unabhängigkeit, die für jegliche Eigeninitiative erforderlich ist, fördert. Dies kann zu einer positiven Persönlichkeitsentwicklung beitragen, indem es zu einem klareren Gefühl für die eigene Identität und Individualität verhilft. Wenn sich die beiden Planeten jedoch nur schwer in Einklang miteinander bringen lassen, ist es wahrscheinlicher, daß der schlecht angepaßte Planet (meist der schneller laufende) bei seinem Versuch, in Harmonie mit dem anderen Planeten zu kommen, einen negativen Einfluß ausübt oder Spannungen auslöst. Er wird dazu gezwungen, seine natürlichen Impulse gemäß dem dominanteren, hartnäckigen Einfluß des anderen Planeten auszuleben. Ob die beiden Planeten nun reibungslos zusammenarbeiten können oder nicht, hängt von den natürlichen Temperamenten beider Planeten ab. Venus und Jupiter haben offensichtlich mehr Gemeinsamkeiten als Saturn und Uranus. Während sich Planeten in Konjunktion bei jeder Handlung zusammentun müssen, fühlen sie sich womöglich nicht immer koordiniert (was besonders bei der dissoziierten Konjunktion der Fall ist, bei der die beiden Planeten in verschiedenen Tierkreiszeichen stehen). Deshalb ist es nicht erstaunlich, daß die traditionelle Schule der Astrologie mit ihrer Unterscheidung in »gut« und »schlecht« die Konjunktion als »variablen« Aspekt bezeichnet hat.

Da Planeten in Konjunktion einen Beziehungszyklus einleiten, zwingen sie uns, uns in Aktivitäten zu stürzen, die oftmals den Stempel unserer eigenen Individualität in hervorstechender Weise tragen. Aber wie das Zeichen Widder, und/oder ein stark aspektierter Mars an einer der beiden Hauptachsen oder eine Betonung des 1. Hauses, können viele Konjunktionen im Horoskop auf einen Menschen hinweisen, der auffallend mit sich selbst oder übertrieben mit seinen persönlichen Interessen beschäftigt ist. Wenn das Horoskop eine übermäßig starke Besetzung mit Konjunktionen zeigt (wie beispielsweise in Horoskopen mit Planetenhäufungen am selben Ort), muß der Betreffende darauf achten, daß ihm nicht die Kontrolle über seine unbewußte »Ich zuerst-Haltung« entgleitet, da eine so entschlossene Ichbezogenheit einen trennenden Einfluß auf Beziehungen haben kann, was auf einen allgemeinen Widerwillen zurückzuführen ist, mit anderen zu kooperieren, Kompromisse zu schließen oder auf die Bedürfnisse anderer einzugehen. Konjunktionen enthüllen oftmals Einstellungen, die wir stur, einseitig und manchmal anmaßend zum Ausdruck bringen. Wenn sie daher im Horoskop dominieren (besonders wenn sie durch Feuerzeichen oder die fixe Qualität wirken), kann der Betreffende ein übertriebenes Selbstbewußtsein haben. Gewöhnlich besteht er darauf, daß alles nach seinem Kopf geht. Daher hat er Schwierigkeiten damit, sich anderen mitzuteilen oder ihren Rat und ihre Hilfe anzunehmen. Er lernt das Leben lieber durch Erfahrungen aus erster Hand kennen. Sein größter Stolperstein ist seine begrenzte Sicht der Gegebenheiten (besonders dann, wenn sie mit anderen zu tun haben). Da die Konjunktion eine Triebkraft erzeugt, die sich ungehindert in der Umwelt verwirklichen will, ist der Betreffende dazu gezwungen, sich durch selbstmotivierte Aktivität zu verwirklichen. Doch oftmals bedenkt er die Konsequenzen der Endresultate seiner Handlungen nicht genügend.

Im allgemeinen betonen Konjunktionen die jeweiligen Planetenprinzipien und lassen sie in den Vordergrund treten. Konstruktiv genutzt, verstärkt ein Überfluß richtig genutzter Konjunktionen den Drang, Projekte aus Eigeninitiative voranzutreiben, die einen persönlichen Wert für einen haben. Darüber hinaus tragen sie dazu bei, die Entwicklung der Charakterstärke, den Einsatz der Willenskraft, das Selbstvertrauen, die Selbstsicherheit und ein gesundes Durchsetzungsvermögen zu fördern. Dieser Aspekt beschreibt den »selbstgemachten« Individualisten, der viel Initiative beweist und gewöhnlich ein Leben führen kann, das ihm ermöglicht, seine persönlichen Ziele zu verfolgen, ohne dabei von anderen gestört zu werden. Aber ebenso wie er lernt, die volle Verantwortung für sein eigenes Leben zu übernehmen, muß er auch darauf achten, die Bedeutung des Einflusses anderer nicht zu schmälern. Sonst wird er zum sozialen Außenseiter und einsamen Wolf.

Wenige oder überhaupt keine Konjunktionen im Horoskop weisen darauf hin, da der Betreffende weniger Eigeninitiative besitzt. Er ist weniger dazu bestimmt, aus eigenem Antrieb heraus zu handeln; er neigt mehr dazu, die Untersützung und Rückendeckung anderer zu suchen. In seiner Einstellung zu vielen Lebensbereichen kann es ihm an Selbstvertrauen mangeln. In seiner Zielsetzung muß er eindeutiger werden und er muß lernen, seine Pläne direkt und ohne zu zögern oder zu schwanken auszuführen. Obwohl er sich wahrscheinlich leicht von anderen beeinflussen läßt, könnte es von großem Nutzen für ihn sein, stärker in Berührung mit seinen eigenen Bedürfnissen zu kommen. Trotzdem hat er wahrscheinlich eine objektivere Sicht des Lebens und eine breitere Perspektive in bezug auf andere Menschen. Dennoch sollte er danach streben, Zeit für sich selbst zu finden, um alleine etwas zu unternehmen, und die Augenblicke schätzen lernen, in denen er alleine ist. Wenn er lernt, sich mehr mit sich selbst zu beschäftigen, wird er weniger dazu neigen, andere in seine persönlichen Aktivitäten hineinzuziehen. Beachten Sie bitte, daß ein Mangel an Konjunktionen oftmals durch signifikante Widderkonstellationen kompensiert wird (zum Beispiel Sonne oder Aszendent), einen starken Mars oder eine Betonung des 1. Hauses. Im allgemeinen heben Konjunktionen mit Mars, dem Aszendenten oder Konstellationen im Zeichen Widder die Dynamik dieses Aspekts noch stärker hervor.

Das Halbsextil

Ein Winkel von 30 Grad, von 0 Grad Widder ausgehend, korreliert gegen den Uhrzeigersinn mit dem Zeichen Stier und im Uhrzeigersinn mit dem Zeichen Fische. Das Halbsextil ist daher ein Symbol für die Prinzipien *Stier/2. Haus* und *Fische/12. Haus*. Es hängt davon ab, ob man es mit einem *zunehmenden* oder einem *abnehmenden* Halbsextil zu tun hat. Aber wie unterscheidet man zwischen zunehmendem und abnehmendem Aspekt?

Hierfür gibt es eine einfache Regel: zwei Planeten stehen in ihrer *zunehmenden* Aspektphase, wenn sich der schnellere Planet dem Oppositionspunkt des langsameren *nähert* und zwar in der natürlichen Reihenfolge der Tierkreiszeichen. Im Horoskop sieht dies so aus, daß man in diesem Fall den schnelleren Planeten stets an der rechten Seite des langsameren findet. Zum Beispiel: Merkur auf 3 Grad Fische bildet ein genaues Halbsextil mit Jupiter auf 3 Grad Wassermann. Der Oppositionspunkt von Jupiter ist 3 Grad Löwe. Merkur in den Fischen bewegt sich offensichtlich auf 3 Grad Löwe zu.* Daher steht Merkur in zunehmendem Halbsextil zu Jupiter.

Zwei Planeten stehen in ihrer *abnehmenden* Aspektphase, wenn sich der schnellere Planet vom Oppositionspunkt des langsameren *entfernt* und auf eine erneute Konjunktion mit diesem Planeten zubewegt. Im Horoskop sieht dies so aus, daß sich der schnellere Planet stets an der linken Seite des langsameren befindet. Zum Beispiel: Merkur auf 3 Grad Wassermann steht in genauem Halbsextil zu Jupiter auf 3 Grad Fische. Natürlich hat Jupiter seinen Oppositionspunkt bei 3 Grad Jungfrau. Deshalb begann Merkur zu einem früheren Zeitpunkt, sich vom Oppositionspunkt in der Jungfrau zu entfernen und wird nun bald eine erneute Konjunkton mit Jupiter bilden. Daher steht Merkur in abnehmendem Halbsextil zu Jupiter.**

---

* Die Astrologie kennt hierfür auch den Begriff »Applikation« (Anm. d. Übers.).
** Die Astrologie verwendet hierfür auch den Begriff »Separation« (Anm. d. Übers.).

Ich bevorzuge die Verwendung der Terminologie der »oberen« und »unteren« Aspekte von Grant Lewi, da sie visuell auf den tatsächlichen Standort des schneller laufenden Planeten hinweisen. Da ein zunehmender Aspekt irgendwo zwischen der Konjunktion und der Opposition liegen muß, muß der schnellere Planet die untere Hälfte des Tierkreises besetzen. In gleicher Weise muß sich der schnellere Planet eines abnehmenden Aspekts in der oberen Hälfte des Tierkreises auf der anderen Seite des Oppositionspunktes befinden. Die traditionellen Begriffe »rechts« und »links« sind recht archaisch und nicht sehr genau, besonders da das Wort »links« (lat. sinister = engl. böse; Anm. d. Übers.) auch mit böse und Böswilligkeit assoziiert wird (der linke Weg im Okkultismus) und daher negative Nebenbedeutungen mit sich bringt. Die Begriffe »zunehmend« und »abnehmend« liefern mir kein spontanes, visuelles Bild vom Standort des schnelleren Planeten. Aus diesen Gründen ziehe ich persönlich die Begriffe »obere/r/s« und »untere/r/s« vor.★

Das Halbsextil entspricht sowohl einem *Erd-* als auch einem *Wasser*zeichen und kann daher als ein Aspekt rezeptiver, verinnerlichender Natur interpretiert werden. Beide Elemente sind stabilisierend, bewahrend und erhaltend. Es liegt in ihrer Natur, auf das formgebende Potential des Lebens sorgsam achtzugeben. Die Aufnahme von Energie ist für diese Elemente charakteristischer als die Energieabgabe. Daher hat das Halbsextil mit der Anziehung von Kraftreserven zu tun, die weiter entwickelt werden müssen. Der Einfluß des Zeichens Stier führt dazu, daß wir uns auf die produktive Anhäufung von materiellen Reserven konzentrieren, die praktisch sind, der Selbsterhaltung dienen und uns ermöglichen, durch ihre konkrete Anwendung sichtbare und spürbare Macht zu gewinnen. Sie erfordern unsere ständige Pflege und Aufmerksamkeit und die Fähigkeit, zumindest auf

---

★ In der deutschen Übersetzung werden die in der deutschen astrologischen Fachsprache gebräuchlichen Begriffe »zunehmend« und »abnehmend« sowie »Applikation« und »Separation« beibehalten, da sich die Begriffe »obere/r/s« bzw. »untere/r/s« schlecht übernehmen lassen. (Anm. d. Übers.)

einer elementaren Ebene zu organisieren. Der Fische-Einfluß repräsentiert Reserven, die vergleichsweise abstrakter, unfaßbarer und in ihrer Anwendung idealer sind. Das Zeichen Stier strebt nach sicheren, weltlichen Gaben, die ausschließlich persönlich genutzt werden, sowie nach Befriedigung und Genuß, während das Zeichen Fische die spirituellen Güter sucht, die schließlich wieder in die Welt zurückfließen und zur Verbesserung aller beitragen. In beiden Fällen versucht das Halbsextil, uns etwas Wertvolles zu geben.

Normalerweise ist das Halbsextil nicht in der Lage, genug Kraft aufzubringen, um uns dazu anzuregen, diese potentiellen Reserven bei unseren täglichen Interaktionen zu nutzen. Daher bleiben sie oft latente, ungenutzte Fähigkeiten. Da das Energieniveau hier nicht ausreicht, um das volle Potential zu aktivieren, scheinen Halbsextile leicht spannungsgeladen und erfordern ein gewisses Maß an persönlicher Anstrengung und Zielstrebigkeit, wenn wir sie in eine ergiebige Aktivität umsetzen wollen (diese Aspekte haben die Tendenz, träge zu machen). Darüber hinaus mangelt es der Kombination der an diesem Aspekt beteiligten Prinzipien an der Leichtigkeit, die für das ganze Sextil charakteristisch ist, was auf die gegenseitige Anpassung zurückzuführen ist, die durch das Zusammenspiel von zwei Zeichen verschiedener Elemente und Qualitäten erforderlich wird. Dies ist ein weiterer Grund, warum das Halbsextil bisweilen als leichte Spannung empfunden wird.

Traditionell haben die Astrologen das Halbsextil als unbedeutenden (kleineren) Aspekt eingestuft. Dies soll jedoch nicht heißen, daß er weniger Bedeutung hat als die großen Aspekte. Ich halte es für hilfreicher, kleinere Aspekte als Ausdruck subtilerer Lebensprinzipien zu deuten, die in der Persönlichkeit weniger offen zutagetreten. Im allgemeinen wirken kleinere Aspekte auf einer weniger ereignisorientierten Ebene (oder manifestieren sich zumindest weniger auffällig). Sie sind eher dazu bestimmt, sich durch die Einstellung als durch äußere Umstände zu manifestieren. Daher kann der Einfluß des Halbsextils zum größten Teil sehr unterschwellig sein. Es zeigt eher die Tendenz, daß wir innerlich über Situationen, die wir anziehen, nachdenken und sie einschätzen, uns aber nicht direkt in die jeweilige Situation hineinbegeben. Da sich das Halbsextil immer noch sehr nahe am Konjunktionspunkt befindet, ist es ein sehr subjektiver Aspekt der inneren Reaktion.

Das *zunehmende Halbsextil* entspricht dem Zeichen *Stier*. Es wirkt durch den *Stier-Sektor* im *Stier-Dekanat*. Dadurch ist es auch mit dem *2. Haus* und dem Planeten *Venus* verbunden. Dieser Aspekt wirkt als sanfte Anregung, die uns dazu veranlaßt, eine instinktive Wahrnehmung dafür zu entwickeln, wie und wo wir für unser Wachstum geeignete Werte in uns aufnehmen können. Er ermöglicht uns, unsere Fähigkeit zu erproben, mit den Gesetzen der körperlichen Anziehung und Ausstrahlung in der dreidimensionalen Welt produktiv umzugehen. Das zunehmende Halbsextil gibt uns die ursprüngliche Anziehungskraft, um kleine Vorteile zu erzielen, die schließlich zu wertvollen, persönlichen Besitztümern werden können. Die Energiereserven repräsentieren hier günstige Gelegenheiten in der Entwicklung. Aufgrund der natürlichen Passivität dieses Aspekts, wenden wir jedoch nur selten die Mühe und Kraft auf, mit diesem Potential etwas wirklich Bedeutendes oder Denkwürdiges anzufangen. Solange bis sie objektiver und intelligenter genutzt werden können (was wahrscheinlicher in der zunehmenden Sextilphase geschieht), wirken sich zunehmende Halbsextile sehr wahrscheinlich auf der Ebene unbewußter Überlebensinstinkte aus, indem sie die notwendige, gesunde Funktion des Körpers aufrechterhalten helfen und zu unserem Wohlergehen beitragen. Sie können sich mit unserer Empfänglichkeit für Gefühlsstimuli verbinden, deren Mechanismus fast gänzlich jenseits der Schwelle unseres normalen Wachbewußtseins liegt. Ungeachtet dessen ist hier eine größere Bewußtheit durch Lebenserfahrung erforderlich, bevor man den wahren Wert des Potentials dieses Aspekts erkennen, verstehen, akzeptieren und daraufhin integrieren kann. Das zunehmende Halbsextil ermutigt uns, die aufkeimenden Interessen zu fördern, die einen kreativen Selbstausdruck zur Folge haben können. Es liefert uns nützliches Rohmaterial, das weiterentwickelt und kultiviert werden muß, wenn es Früchte tragen soll. Wir müssen uns in diesen Bereichen mit Ausdauer, Geduld und Stabilität bemühen.

Das *abnehmende Halbsextil* entspricht dem Zeichen *Fische*. Es wirkt durch den *Fische-Sektor* im *Fische-Dekanat* dieses Zeichens. Daher hat es auch Bezug zum *12. Haus* und dem Planeten *Neptun*. Dieser Aspekt regt uns dazu an, die latenten Reserven, die in den tieferen Schichten unserer Psyche gespeichert sind, zu mobilisieren. Das abnehmende Halbsextil repräsentiert vielleicht die feinstofflichste Phase aller Aspekte. Hier werden wir in einen subtilen und schwer faßbaren Kontakt mit unbewußten Talenten gebracht, die wahrscheinlich während eines früheren Entwicklungszyklus ausgebildet wurden (d. h. frühere Inkarnationen, pränatales Bewußtsein). Dieser Aspekt verhilft uns dazu, aus den verborgenen Wesensanteilen unseres inneren Selbst zu schöpfen. Diese Seelengaben können sich in Form von kreativer Imagination, die Kraft der Visualisation, psychischer Empfänglichkeit (u. a. Medialität; Anm. d. Übers.) und mystischen Erfahrungen äußern. Abnehmende Halbsextile haben transzendentale Untertöne und können erst dann aktiv umgesetzt werden, wenn wir bewußt nach altruistischen, kollektiven Zielen streben (ein Bedürfnis, das typischerweise von der abnehmenden Sextilphase geweckt wird, die diesem Aspekt im Tierkreis vorausgeht). Das abnehmende Halbsextil symbolisiert die abschließende kreative Phase des gesamten Aspektzyklus und hat deshalb mit Erfahrungen zu tun, die die geringste Beteiligung des Egos notwendig machen (in dieser Hinsicht steht die Wirkung dieses Aspekt in einem auffallenden Gegensatz zur Konjunktion). Eine konstruktive Aktivierung dieses Bereichs erfordert jedoch zunächst, daß man sich mit »unerledigten Geschäften« aus der Vergangenheit konfrontiert, was die Aufgabe oder das »Loslassen« des Eigenwillens notwendig macht, bevor das in diesem Aspekt verborgene Potential verwirklicht werden kann. Jeder Nutzen, den wir schließlich aus dem abnehmenden Halbsexil ziehen, läßt sich leichter erzielen, wenn wir uns erst einmal aufrichtig um den selbstlosen Dienst an der Menschheit bemühen. Ansonsten ist zu erwarten, daß dieser Aspekt keine Wirkung zeigt. Da das Halbsextil die Quincunx zum Oppositionspunkt im Tierkreis ist, bringt das abnehmende Halbsextil das Bedürfnis mit sich, soziale Anpassungen zu vollziehen, die über das übliche Maß von Geben und Nehmen in Beziehungen hinausgehen. Die inneren Werte, die man hier entwickelt, basieren auf der mitfühlenden Sorge um die Mitmenschen und die Bereitschaft, weltliche Bedürfnisse für eine größere, soziale Sache zu opfern. Bevor dieser Aspekt effektiv genutzt werden kann, muß eine starke Verfeinerung des Bewußtseins stattfinden. Anders als das mehr auf die Sinne orientierte zunehmende Halbsextil, weist die abnehmende Phase auf spirituelle Besitztümer hin, die wir in wohltätiger, gütiger Weise mit anderen teilen können. Auf diese Weise sättigen wir uns mit transformativer Substanz, die wir zum Erreichen einer neuen Bewußtseinsebene benutzen können (symbolisiert durch den spiralförmig nach oben steigenden, neuen Zyklus, der wiederum mit einer Konjunktion beginnt).

Das Halbquadrat

Ein Winkel von 45 Grad vom Kardinalpunkt aus ergibt, gegen den Uhrzeigersinn laufend, 15 Grad Stier und im Uhrzeigersinn 15 Grad Wassermann. Der gemeinsame Nenner von *Stier* und *Wassermann* ist ihre *fixe* Qualität in der *östlichen* Hemisphäre des Tierkreises. Zeichen dieser Qualität sind fest, schwer zu verändern, sehr eigenwillig und wenig flexibel. Im allgemeinen handeln Zeichen, die mit dieser Hemisphäre verbunden sind, aus Eigeninitiative heraus. Diese beiden Faktoren liefern uns einen Schlüssel zur Natur des Halbquadrats. Dieser Aspekt zeugt von einer eigenwilligen Haltung, die dazu führt, daß wir stagnieren, uns nur schwer anpassen können und uns den notwendigen Veränderungen, die in unserer Umwelt stattfinden, kompromißlos widersetzen. Der Einfluß der fixen Qualität auf diesen Aspekt deutet jedoch auch darauf hin, daß Halbquadrate Durchhaltevermögen, Ausdauer und Zielstrebigkeit mit sich bringen. Wenn man die Energie dieser Aspekte in konstruktive Bahnen lenkt, liefern sie uns zusätzliche Kraft und die nötige feste Überzeugung, die uns dazu verhelfen, in unauffälliger und nicht allzu offensichtlicher Weise unsere Bemühungen stetig voranzutreiben. Sie geben uns einen Stoß und den nötigen Antrieb, weshalb sie sich als besonders förderlich erweisen, wenn es um die Bewältigung kleinerer Projekte und unbedeutender Alltagsprobleme geht. Die Astrologen sehen das Halbquadrat in Zusammenhang mit Reizbarkeit, Verdrießlichkeit und geringfügiger Spannung. Richtigerweise wurde es als »Störungsaspekt« bezeichnet.

Das *zunehmende Halbquadrat* entspricht dem Zeichen *Stier*. Es wirkt durch den *Skorpion-Sektor* im *Jungfrau-Dekanat* dieses Zeichens. Es ist auch mit dem *2. Haus* und dem Planeten *Venus* verbunden. Hier besteht die Spannung noch in ihrem rudimentären, formbildenden Entwicklungszustand innerhalb unseres Bewußtseins. Doch beginnt sie bereits, uns aus dem inneren Gleichgewicht zu bringen und unangenehm zu werden. Unsere wachsende Unzufriedenheit wird gewöhnlich auf die Umwelt projiziert, wodurch wir damit verbundene Konflikte oder indirekte Hindernisse anziehen. Der Einfluß dieses Aspekts bringt uns in irgendeiner Weise in eine unangenehme Lage. Da er dem zunehmenden Sextil vorausgeht (das technisch betrachtet der erste Aspekt des bewußten, rationalen Ausdrucks ist), agiert das Halbquadrat immer noch blind und subjektiv. Es dient uns als psychologisches Warnzeichen, das uns zeigt, wo wir zu sehr an unseren Meinungen festhalten und in bezug auf die Notwendigkeit einer persönlichen Veränderung eine unkluge Sturheit an den Tag legen. Unser unbewußtes Festhalten an Gewohnheiten wird hier zugunsten unseres Persönlichkeitswachstums provoziert. Dieser Aspekt will uns lehren, die Veränderlichkeit des Lebens zu schätzen und anzuerkennen, indem wir in kleinen Veränderungen persönliche Vorteile erkennen. Er zwingt uns, uns anzupassen, anstatt zu stagnieren.

Mit dem genauen, analytischen Einfluß des *Jungfrau-Dekanats* auf das zunehmende Halbquadrat geht die Tendenz einher, sich über Dinge zu ärgern, mit denen man gerade zu tun hat, und sehr kritisch zu sein. Hier erwarten wir, das alles auf Anhieb richtig funktioniert und glatt verläuft, und dies kann im Augenblick recht ärgerlich und provozierend werden, wenn dies einfach nicht der Fall ist. Dies hat zur Folge, daß man schlecht gelaunt auf Dingen herumhackt, die auf lange Sicht relativ unwichtig und belanglos sind, zumindest nach Einschätzung anderer. Kurz, dieser Aspekt repräsentiert unsere kleinen Kümmernisse, die offenbaren, wo wir leicht durch triviale Pannen aus der Ruhe gebracht werden. Da das Zeichen Jungfrau von Natur aus jedoch die Fähigkeit zu verbessern besitzt, nützen wir unser Halbquadrat am besten dadurch, daß wir die Bereitschaft entwickeln, praktische und geringfügige Anpassungen vorzunehmen. Dies ermöglicht uns, die Spannung in eine mobilisierende Kraft umzuwandeln, die für eine nützliche Aktivität erforderlich ist. Der *Skorpion-Sektor* verleiht den für diesen Aspekt typischen Reaktionen Intensität und ruft die Tendenz hervor, die Dinge in eingleisige Bahnen zu zwingen, anstatt Alternativen zu akzeptieren. Dieser Einfluß verstärkt die Reizbarkeit, was dazu führt, daß wir empfindlich, krittelnd und kritisch (besonders anderen gegenüber) sind. Wir neigen zu vorschnellen Urteilen und unausgegorenen Einschätzungen. Hier müssen wir unsere Gefühle mäßigen, ausgeglichener und ruhiger werden, und lernen, uns ohne Widerwillen den Umständen anzupassen. Der Skorpion-Einfluß weist auf die Notwendigkeit hin, die spannungsgeladenen Energien durch den kontrollierten, eigenen Willen in eine andere Richtung zu lenken, die Gefühlsausbrüche zu zügeln und Herr der eigenen Gefühle zu werden.

Das *abnehmende Halbquadrat* entspricht dem Zeichen *Wassermann*. Es wirkt durch den *Löwe-Sektor* im *Zwillinge-Dekanat* dieses Zeichen. Es ist auch mit dem 11. *Haus* und dem Planeten *Uranus* verbunden. Während das zunehmende Halbquadrat mit den Elementen Erde und Wasser zusammenhängt (was seine Tendenz hervorhebt, sich der Veränderung des Status quo zu widersetzen), kombiniert das abnehmende Halbquadrat die mehr auf Selbstausdruck bedachten Elemente Feuer und Luft miteinander. Da es ein Aspekt des abnehmenden Halbkreises ist, hat er mehr mit dem Einbringen der Energien in die Gemeinschaft zu tun. Anstatt selbst von der Umwelt geformt und geprägt zu werden, um sich bewußt den äußeren Umständen anzupassen (das Thema des zunehmenden Halbquadrats), versucht man mit diesem Aspekt eher, die Umgebung nach seiner eigenen sozialen Vision davon, wie die Dinge im Idealfall sein sollten, zu formen. Deshalb macht uns die Erkenntnis wütend, daß unsere Ziele auf die Masse nur eine begrenzte Anziehung ausüben oder sich nur in einem beschränkten Rahmen realisieren lassen. Aufgrund der Zusammenhänge mit dem Element Luft, machen sich die Störungen mehr auf geistiger als auf körperlicher Ebene bemerkbar (was darauf hinweist, daß sich der Betreffende der Störungen mehr bewußt ist). Spannung wird bei diesem Aspekt immer dann verspürt, wenn man versucht, anderen in kompromißloser, oftmals gefühlloser Weise seine eigenen Ideale und Ziele aufzuzwingen. Da wir ständig auf den Widerstand, die Sturheit oder Gleichgültigkeit anderer stoßen, die wir bekehren wollen, sind wir am Ende frustriert und desillusioniert. Da das abnehmende Halbquadrat dem abnehmenden Halbsextil vorausgeht, ist seine subjektive Spannung wahrscheinlich darauf zurückzuführen, daß man insgeheim das Gefühl hat, daß es über die idealistische, soziale Kooperation hinaus noch eine größere Erfahrung gibt. An dieser Stelle im Tierkreis ziehen wir uns psychologisch in uns selbst zurück – in dem (unbewußten) Bemühen, uns wieder mit unserer spirituellen Essenz zu verbinden. Dies erfordert einen inneren Kampf, um sich neu zu polarisieren.

Das *Zwillings-Dekanat* warnt vor übertriebenem Rationalisieren der eigenen Vorstellungen, da hier die Tendenz besteht, sich durch abstrakte, schwer faßbare Prinzipien über den greifbaren, menschlichen Faktor hinwegzusetzen, was einen Mangel an Mitgefühl und Einfühlungsvermögen zur Folge hat. Der Zwillinge-Einfluß lehrt uns, in unseren Einstellungen zum sozialen Bewußtsein anderer geistig flexibel zu bleiben. Der Zusammenhang mit dem *Löwe-Sektor* verursacht eine gewisse Arroganz und autoritäres Gebaren, das man im Auge behalten muß, wenn dieser Aspekt eine Bereicherung werden soll. Wegen des Wassermann-Uranus-Einflusses kann das abnehmende Halbquadrat eine sporadische, unruhige Wirkung zeigen, was plötzliche Wendungen und unerwartete, kleinere Hindernisse mit sich bringt, für die oftmals die unvorhersehbaren Handlungen anderer Menschen verantwortlich sind. Wenn wir verärgert sind, sind wir gleichermaßen zu unerklärlichen Wutausbrüchen und spontanen Reaktionen fähig, die gewöhnlich unser voreiliges oder unüberlegtes Urteil spiegeln. Bei unbewußten Menschen ohne soziale Ziele können Halbquadrate auf eine unangenehme Tendenz hindeuten, andere durch anstößiges Benehmen, exzentrische Gewohnheiten oder exhibitionistische Verhaltensweisen zu provozieren, zu schockieren und vor den Kopf zu stoßen (ein Mißbrauch des Löwe-Einflusses), was keinem vernünftigen Zweck dient. Dieser Aspekt kann auf seltsame Angewohnheiten in der menschlichen Natur hinweisen, darunter soziale Fehlanpassungen, die ständig den üblichen, gesellschaftlichen Konventionen zuwiderzulaufen scheinen. Wir müssen versuchen, sie in einer Art und Weise zu benutzen, die uns den anderen Menschen nicht entfremdet, die eigentlich kreativ mit uns zusammenarbeiten könnten.

Das Sextil

Ein Winkel von 60 Grad, vom Kardinalpunkt des Tierkreises aus, bringt uns gegen den Uhrzeigersinn zur Spitze des Zeichens *Zwillinge* und im Uhrzeigersinn zur Spitze des Zeichens *Wassermann.* Das Sextil hat daher eine verstärkte Verbindung zum Element *Luft,* was darauf schließen läßt, daß es ein geistig anregender Aspekt ist. Es repräsentiert eine vitale Phase im Zyklus, wo wir unsere Intelligenz und unseren Erfindungsreichtum gut einsetzen können, um die jeweiligen Prinzipien auszudrücken. Ich betrachte Sextile als natürliche Katalysatoren für eine wirkungsvolle Aktivität des Gehirns und des Nervensystems. Ihre Wirkung zielt ganz entschieden auf die Wahrnehmung ab und ist besonders mit der Entwicklung der Logik und Argumentation verbunden. Das Sextil ist ein forschender Aspekt, begierig darauf, neue Erfahrungen zu sammeln. Unter seinem Einfluß werden wir dazu ermutigt, uns in vielen Richtungen in unserer sozialen Umwelt zu betätigen, wodurch wir äußere Vorteile erzielen können. Sextile drängen uns, uns durch objektive Beobachtung nützliche Informationen über das Leben zu beschaffen. Sie wecken das Bedürfnis nach Bildung, Kommunikation und den allgemeinen Austausch von Energien mit anderen Menschen auf allen Ebenen. Das Sextil macht uns neugierig auf das Leben in seiner unendlichen Vielfalt. Es repräsentiert den aktiven Ausdruck der kreativen

Kräfte, die nach einer konstruktiven Synthese streben. Anders als das eher beruhigende Trigon, wirkt das Sextil anregend und ist mit dem Gefühl des Gleichbleibenden weniger zufrieden. Obwohl es nicht schwächer ist als ein Trigon, neigt es aber weniger dazu, sich so passiv oder gleichmäßig zu verhalten (was auf den zusätzlichen Stimulus der beiden verschiedenen, aber komplementären Elemente, die sich hier verbinden, zurückzuführen ist). Während Trigone eher auf mehr innere Bewußtseinszustände deuten (da ihre natürliche Harmonie und ihr Einklang der Kräfte das innere Wohlbefinden mühelos unterstützen), sind Sextile notwendigerweise mehr situationsorientiert. Sie bringen uns dazu (sie drängen uns nicht wie Quadrate), uns den unterschiedlichen Möglichkeiten und Alternativen, die uns unsere Umwelt bietet, entsprechend frei zu entfalten. Aber Gelegenheiten, die sich uns bieten, erfordern ein wenig persönlichen Einsatz, wenn sie realisiert werden sollen. Das Ausmaß unserer Bereitschaft an den Aktivitäten teilzunehmen, die durch unsere Sextile angezeigt sind, bestimmt, wie groß der Vorteil ist, den wir aus ihnen ziehen. Ansonsten kann sich das Sextil leicht damit zufriedengeben, wie das Element Luft an sich, auf einer abstrakten, geistigen Ebene als unbeteiligter Beobachter zu verweilen (was dazu führt, daß man ausschließlich im Kopf lebt), und daher nicht motiviert ist, sein Potential in einer realistischen, faßbaren Art und Weise zu verwirklichen. Dann kann es passieren, daß wir Gelegenheiten verpassen. Deshalb erfordert jede Eigenschaft, die uns hier anzieht, unsere persönliche Aufmerksamkeit und Anstrengung, wenn wir sie uns charakterlich aneignen wollen.

Das *zunehmende Sextil* ist mit dem Zeichen *Zwillinge* verbunden. Es wirkt durch den *Zwillinge-Sektor* im *Zwillinge-Dekanat* dieses Zeichens. Darüber hinaus entspricht es dem *3. Haus* und dem Planeten *Merkur*. Dieser Aspekt repräsentiert die Anziehung von günstigen Erfahrungen in der alltäglichen Umgebung, die uns dazu verhelfen können, uns sachliches Wissen über das Leben anzueignen, das wir zu unserem persönlichen Vorteil verwenden können. Zunehmende Sextile stimulieren den Intellekt, was uns in die Lage versetzt, logische und konkrete Zusammenhänge zwischen den verschiedenen Komponenten einer spontanen Er-

fahrung zu erkennen. Mit dem zunehmenden Sextil werden wir
tatsächlich dazu ermutigt, die Aktivitäten des Lebens an seiner
Oberfläche genau zu beobachten, anstatt in seine Tiefen zu dringen. Ein Überfluß an Sextilen zeigt sich meist in Horoskopen von
Menschen, die ausgesprochen neugierig, wach, von klarem Verstand und guter Schlagfertigkeit sind. Sie sind geistig rege, offen
und begierig, Neues zu erfahren. Der Betreffende kann sehr
vielseitig und gewandt im Ausdruck sein. Zuviele falsch genutzte
Sextile (besonders in Horoskopen, die wenige Konjunktionen
oder Quadrate aufweisen), kann die typische Neigung der Zwillinge verstärken, seine Aufmerksamkeit über ein zu breites Spektrum kurzlebiger Interessen zu zerstreuen und somit die Fähigkeit
reduzieren, solide Leistungen zu erbringen oder dauerhafte Erfolge zu erzielen. Da wir zu leicht von weltlichen Ablenkungen zu
beeinflussen sind, fällt es uns schwer, unsere Energien zu konzentrieren und auf ein Ziel zu richten, weshalb wir ruhelos von einer
Aktivität zur nächsten übergehen, ohne uns die Zeit zu nehmen
oder uns zu bemühen, unsere Eindrücke in angemessener Weise
zu verarbeiten und zu integrieren. Die Folge ist ein oberflächliches
Bewußtsein. Ohne ständige neue Zerstreuungen wird uns das
Leben schnell langweilig. Oder wir werden zu einem Dilettanten
oder »Hansdampf in allen Gassen«, der sich lieber oberflächlich
mit den Dingen befaßt und sich nur ungern auf ein bestimmtes
Gebiet spezialisiert.

Doch wenn man die Energie von Sextilen effektiv kanalisiert,
rufen sie eine flammende Begeisterung für den Selbstausdruck
hervor. Wir fühlen uns beseelt, sind voller Lebenshunger und
Optimismus in bezug auf unsere Fähigkeit, mehr über die aufregende Welt um uns herum zu erfahren. Wir können die unterschiedlichen Dinge, die wir erfahren, besser in Zusammenhang
miteinander bringen und in ein besser koordiniertes Ganzes übertragen. Unsere Anpassungsfähigkeit wird zu einem positiven
Charakterzug, der uns ermöglicht, erfolgreich und produktiv zu
handeln. Nur wenige oder gar keine zunehmenden Sextile im
Horoskop (besonders wenn dieser Mangel auch nicht durch Konstellationen im Zeichen Zwillinge, einer Betonung des 3. Hauses
oder einem stark konstellierten Merkur kompensiert wird) weisen

auf eine geringe Motivation (nicht unbedingt mangelnde Fähigkeit) hin, sich aktiv um Weiterbildungsmöglichkeiten zu bemühen. Der Betreffende neigt weniger dazu, von sich aus in Kommunikation mit anderen zu treten oder er wird von Feedback weniger angeregt. Er ist den Ideen anderer gegenüber wenig aufgeschlossen und in seinen Lebensanschauungen zu subjektiv. Auch die Anpassungsfähigkeit an die alltäglichen Veränderungen in der Umgebung ist wenig ausgeprägt. Im Vergleich zu jemandem mit vielen zunehmenden Sextilen ist der Betreffende weniger mobil und auf Achse. Aber überprüfen Sie bitte das gesamte Horoskop, bevor Sie diese Aussage machen.

Das *abnehmende Sextil* entspricht dem Zeichen *Wassermann*. Es fällt in den *Wassermann-Sektor* des *Wassermann-Dekanats* dieses Zeichens. Daher hängt es auch mit dem 11. *Haus* und dem Planeten *Uranus* zusammen. Das Spektrum des Bewußtseins wird bei diesem Sextil erweitert und auf eine sozialere Anwendung der beteiligten Prinzipien ausgedehnt. Das abnehmende Sextil kann uns besondere Gelegenheiten bieten, die dazu beitragen, uns selbst und unsere Umwelt durch progressive Ideen zu reformieren. Echtes Streben und Einsicht (sogar Intuition) und nicht die rein oberflächliche Neugierde führen in dieser Phase zum Selbstausdruck. Wir sind motiviert, mit den Gelegenheiten, die uns das Leben bietet, zu experimentieren und zwar von einer unbeteiligteren, unpersönlicheren Perspektive aus. Das abnehmende Sextil ist ein Anzeichen für eine gewisse Brillianz und den sprühenden Funken des kreativen Genies. Es ermutigt zu einem neuen, geistigen Ausdruck und ermöglicht uns, Überblick über die vielen, komplexen Faktoren eines Konzepts zu erlangen. Es hängt jedoch sehr stark vom individuellen Entwicklungsstand ab (ein Faktor, der sich nicht durch die Analyse des Geburtshoroskops feststellen läßt), ob das höchste Potential dieses Aspekts geweckt und genutzt werden wird. Bei denjenigen, die immer noch sehr stark vom Ego beherrscht werden (oder psychologisch ausschließlich Planetenkräfte leben, die innerhalb des Wirkungsbereichs von Saturn liegen, (d. h. keine transsaturnischen Planeten; Anm. d. Übers.)), weckt das abnehmende Sextil nur das Interesse an der Teilnahme an neuen, aufregenden und spannenden Gruppenaktivitäten. Die Freisetzung der nervösen Energie ist hier eher sporadisch und unvorhersehbar. Im allgemeinen sind abnehmende Sextile (wie alle abnehmenden Aspekte) zielorientierter als zunehmende. Sie wecken die Neugierde auf die zukünftige Entwicklung des gegenwärtigen Potentials. Sie drängen uns auch, uns für soziale Ideale zu engagieren, die durch Projekte in die Tat umgesetzt werden können, die sozialen Verbesserungen dienen (oder allgemein die zwischenmenschliche Aktivität verbessern). Diese Energien lassen sich nur schwer disziplinieren und normalerweise lassen sie sich nicht mit den üblichen Methoden und traditionellen Verfahrensweisen verwirklichen. Vielmehr ist es wahrscheinlicher, daß sie sich selbst in ihrer eigenen und einzigartigen Art und Weise ausdrücken. Viele abnehmende Sextile im Horoskop lassen auf eine außergewöhnliche Empfänglichkeit für erhellende geistige und soziale Eingebungen schließen. Sie können ein Hinweis auf Frühreife, überdurchschnittliche Toleranz, Erfindungsgeist und oftmals erhöhte, nervöse Reizbarkeit sein (aufgrund des »beschleunigten« Nervensystems). Als ständigen Anreiz und zu seiner Zufriedenheit braucht der Betreffende wahrscheinlich herausfordernde und ungewöhnliche geistige Interessen. Vielleicht ist eine Begabung für technologische Studiengebiete vorhanden. Wenige oder überhaupt keine abnehmenden Sextile schwächen den Drang, das Unbekannte oder Unerprobte zu erforschen. Der Betreffende hat kaum Interesse an der aktiven Teilnahme an breitgefächerten, sozialen Betätigungen. Das unkonventionelle, radikale oder sogar umstrittene Verhalten tritt wahrscheinlich weniger provokant zutage und erscheint sogar bedrohlich für seinen Geisteszustand. Bitte untersuchen Sie auch in diesem Fall zunächst das ganze Horoskop, um festzustellen, ob das Radix eine Kompensation durch Konstellationen im Zeichen Wassermann, eine Betonung des 11. Hauses oder einen starken Uranus aufweist.

Das Quadrat

Ein Winkel von 90 Grad, vom Kardinalpunkt des Tierkreises aus, bringt uns gegen den Uhrzeigersinn zur Spitze des Zeichens *Krebs* und im Uhrzeigersinn zur Spitze des Zeichens *Steinbock*. Das Quadrat hat daher eine Entsprechung zu den Elementen *Erde* und *Wasser* und neigt von Natur aus dazu, seine Energie nach innen zu richten. Deshalb wird der Streß dieses Aspekts verinnerlicht. Seine Spannungen wurzeln zuallererst tief in unserem Inneren. Da sowohl das abnehmende als auch das zunehmende Quadrat an die Mitte der beiden Hemisphären angrenzen, repräsentieren sie wichtige Spannungspunkte im ganzen Tierkreis. Wie die Konjunktion (und Opposition) ist das Quadrat ausschließlich mit der kardinalen Qualität verbunden, weshalb man es als einen dynamischen Aspekt betrachten kann, der uns starken Antrieb gibt, Veränderungen herbeizuführen. Die ihm innewohnende Spannung löst man am besten durch entschlossenes Handeln, das den direkten Kampf, die aggressive Anstrengung und eine vermehrte Freisetzung von Energie erfordert. Im allgemeinen sind Quadrate krisenorientiert und zwingen uns, eindeutig zu handeln, was uns bewußtseinsmäßig an sinnvolle Wendepunkte bringt. Die an einem Quadrat beteiligten Planeten stehen sich defensiv gegenüber und lassen sich nicht leicht in Einklang miteinander bringen. Sie scheinen den Weg des größten Widerstands zu gehen, indem sie sich gegenseitig blockieren und ihre ursprünglichen Absichten durchkreuzen. Aber obwohl die Bedürfnisse der beiden Planeten sich einer reibungslosen, friedlichen Integration widersetzen, provozieren sie doch wechselseitig ihr Recht auf Verwirklichung. Die daraus resultierende Spannung verleiht diesem Aspekt Vitalität, die man in Form eines Stoßes als verstärkte Freisetzung von Kraft verspürt. Gewöhnlich lehnt der eine Planet die Werte des anderen ab, meist der langsamere die des schnelleren. Der schnellere Planet hat oftmals das Gefühl, eingesperrt und eingeschränkt zu sein und reagiert mit starkem Widerwillen auf die Anforderungen, die der langsamere Planet an ihn stellt, bis er es geschafft hat, sich neu zu orientieren. Genau in dieser Phase muß er auch eine neue Richtung finden. Quadrate sind ziemlich kompromißlos.

Obwohl das Quadrat Streß hervorbringt (nicht nur Spannung), schenkt es uns auch das mächtige Vertrauen, das uns aus der geballten Energie erwächst, die wir brauchen, um uns großen Schwierigkeiten, die unserem Wachstumsprozeß im Wege stehen, zu stellen und sie zu überwinden. Quadrate fordern uns auf zu handeln, anstatt weiterhin den Schmerz und das Unwohlsein zu ertragen, das sie hervorrufen. In Horoskopen von Menschen, in deren Leben sich wichtige Ereignisse häufen, herrschen Quadrate vor. Die akute Schärfe dieses 90 Grad-Winkels führt oftmals dazu, daß die Planeten gegeneinander aufgehetzt und gezwungen werden, Energien zu unterdrücken oder sie mit Gewalt zum Ausdruck zu bringen. Daher besteht hier sowohl das Problem der Hemmung als auch des übertriebenen Ausagierens. Ich weiß nicht, wie man mit Sicherheit feststellen kann, wie sich ein Quadrat in dieser Hinsicht manifestieren wird. Der Astrologe wird dies aus erster Hand mit seinem Klienten herausfinden müssen. Normalerweise wird das von einem Quadrat angezeigte Potential in jüngeren Lebensjahren unterdrückt und später aufgrund von provozierenden Krisen in übertriebener Form ausgelebt, bis der Betreffende gelernt hat, den Ausdruck dieser Kräfte ins Gleichgewicht zu bringen. Dies ist jedoch nicht immer der Fall (da auch der umgekehrte Fall eintreten kann). Das Quadrat ist wahrscheinlich der am meisten situationsbezogene Aspekt überhaupt, und zwar dahingehend, daß es uns zwingt, uns schließlich mit den problematischen Lebensumständen zu konfrontieren, die nur dann zufriedenstellend gelöst (oder verstanden) werden können, wenn man sich ihnen ernsthaft und direkt stellt. Diese hartnäckigen Probleme erfordern unsere volle Aufmerksamkeit, vor allem dann, wenn die Quadrate in Fixzeichen fallen und/oder Planeten daran beteiligt sind, die in ihrem Fall stehen.

Theoretisch hat der schnellere Planet einen Punkt seiner zyklischen Entwicklung erreicht (zumindest in Hinsicht auf das spezielle Thema, das von der tatsächlich beteiligten Quadratur dargestellt wird), wo er nun gemäß einer neuen Struktur oder Grundlage wirken muß, die ihm zusätzliche Kraft für sein weiteres Wachstum verleiht. Aus diesem Grund wurden Quadrate als Stolpersteine, aber auch als Bausteine bezeichnet. Quadrate repräsentieren das Moment der Weiterentwicklung. Tatsächlich lehrt uns das Quadrat, wie wir in der Art und Weise, in der wir seine Prinzipien ausdrücken, selektiver werden können, denn sonst müssen wir den Preis für unsere Ignoranz zahlen. Sobald wir erst einmal eine neue Richtung eingeschlagen haben und die augenblicklichen Herausforderungen akzeptieren, versetzt es uns in die Lage, mit schwierigen Situationen fertigzuwerden, ohne aufzugeben. Wenn wir unsere Fähigkeit, solchen Herausforderungen gewachsen zu sein, verleugnen, rufen wir die frustrierenden, hemmenden Aspekte des Quadrats hervor. Nach Aussage der Starastrologin Sylvia Carroll »wird das Quadrat solange nicht als unangenehm empfunden, wie die Energie nicht auf einen zurückfällt. Die Spannung kann hier sogar ein erhebendes Gefühl auslösen, solange sie in Handlung umgesetzt und nicht unterdrückt wird. Es ist nur dann frustrierend, wenn man keine Möglichkeiten hat, ihr Luft zu machen.« Sie schlägt eine konstruktive Möglichkeit vor, mit Radix- oder transitierenden Quadraten umzugehen, indem man sich bewußt Aktivitäten sucht, die große Energie erforderlich machen. Mit anderen Worten, beschäftigen Sie sich mit Dingen, die sich mit einer solch intensiven, treibenden Kraft in Einklang bringen lassen. Ich habe gehört, daß dies den Aspekt sofort »mildert und beschwichtigt«. Dies leuchtet mir ein.

Das *zunehmende Quadrat* entspricht dem Zeichen *Krebs*. Es fällt in den *Krebs-Sektor* des *Krebs-Dekanats* dieses Zeichens. Es steht auch in Verbindung mit dem *IC/4. Haus* und dem *Mond*. Der Streß, den das zunehmende Quadrat symbolisiert, ist oftmals ein Hinweis auf einen unbewußten Konflikt, der eine Bedrohung für unser Gefühl der persönlichen Sicherheit darstellen kann. Theoretisch dürften sich diese Quadrate bereits in der Kindheit bemerkbar machen, gewöhnlich durch negative Konditionierung (Doppelbotschaften) in der familiären Umgebung unserer frühen Kindheit und der Situation, in der wir aufwachsen. Normalerweise werden wir von unseren Quadraten sogar bis ins Erwachsenenalter voll in Anspruch genommen. Unsere typische Reaktion auf den Streß, den diese Aspekte bewirken, ist, uns mit schützenden Blockaden, Mauern, Panzern und Schutzschildern zu umgeben (die sich alle nach innen richten), die wiederum unseren Versuch gefährden, dauerhafte Sicherheit zu erlangen. Das zunehmende Quadrat enthüllt unsere tiefinnerliche Verletzbarkeit und zeigt, wo wir dazu neigen, irrational oder regressiv zu agieren oder reagieren. Hier sind wir wahrscheinlich übermäßig defensiv. Der Umgang mit zunehmenden Quadraten ist schwieriger als mit abnehmenden, da die Streßquelle tiefer in unserem Inneren verborgen liegt. Hier werden wir durch den Druck der inneren und äußeren Lebenskrisen dazu aufgefordert, uns mit den Verhaltensweisen auseinanderzusetzen, die unser psychologisches Fundament ständig ins Wanken bringen, wenn wir diese Probleme nicht lösen. Das Leben will uns dazu bringen, gewohnte Reaktionsweisen, die wir in der Vergangenheit entwickelt haben – auch in früheren Inkarnationen –, und die unserer weiteren Entwicklung nicht förderlich sind, aufzugeben.

Nun müssen wir neue Stützen und eine lebendige Handlungsgrundlage finden, sodaß wir alte Sicherheitssymbole aufgeben können. Viele zunehmende Quadrate im Horoskop können ein Hinweis auf die Entwicklung eines unbewußten Verteidigungsmechanismus sein. Wir neigen dazu, uns übertrieben schützen zu wollen, was auf die tiefe Verletzbarkeit zurückzuführen ist, die sich in unserem Bewußtsein verwurzelt hat. Oftmals halten wir an unseren Komplexen fest (egal wie streßgeladen sie auch sein mögen), fühlen uns jedoch schnell bedroht von schwierigen, äußeren Umständen, die uns zwingen, unsere psychologischen Krücken aufzugeben. Daher verstärkt eine Überbetonung nicht richtig gehandhabter, zunehmender Quadrate den Streß der Unsicherheit und Ungewißheit. Der Betreffende staut seine inneren Konflikte auf. Er ist in negativen Erfahrungen aus der Vergangenheit gefangen, die er nur schwer in die richtige Perspektive rücken kann. Ein Hauptzweck des zunehmenden Quadrats besteht meiner Meinung nach darin, die Erfahrung konstruktiv zu verarbeiten und zu integrieren, und dies erfordert Unterscheidungsvermögen. Hier müssen wir lernen (und oftmals durch schwierige Lektionen), welche Bereiche der vergangenen Erfahrung es wert sind, psychologisch verarbeitet und integriert zu werden. Was unserem Persönlichkeitswachstum nicht zuträglich ist, müssen wir aus unserem Bewußtsein entlassen, wenn wir uns weiterentwickeln wollen. Mit vielen zunehmenden Quadraten ist man dazu aufgefordert herauszufinden, welche Einstellungen die Fähigkeit zur Selbsterziehung fördern oder beeinträchtigen. Wenige oder sogar überhaupt keine zunehmenden Quadrate können ein Hinweis darauf sein, daß man durch die konditionierenden Faktoren der Vergangenheit nicht besonders beeinflußt oder verschreckt worden ist. Es kann jedoch sein, daß der Betreffende in seinen frühen Lebensjahren nicht die notwendigen Entwicklungskrisen durchgemacht hat (wie zum Beispiel die Ablehnung von seiten der Eltern, Vernachlässigung oder Mißbilligung), die ihn schließlich empfänglich für die Erkenntnis machen, daß psychischer Schmerz und Leid existieren. Später fällt es ihm vielleicht schwerer, den subjektiven Streß anderer nachvollziehen zu können. Seine Einstellung zu heiklen, diffizilen menschlichen Angelegenheiten wird eher vom Kopf als vom Bauch bestimmt. Zunehmende Quadrate verhelfen uns dazu, ein Gefühl für Tiefe zu entwickeln. Wenn uns dies fehlt, können wir die Macht unseres Unbewußten weniger gut erkennen. Darüber hinaus sind wir uns vielleicht eine gewisse Zeit lang der subtilen Streßfaktoren nicht bewußt, die unser oberflächliches Verhalten beeinflussen. Zunehmende Quadrate im Horoskop, an denen der Mond, Konstellationen im Krebs oder dem 4. Haus beteiligt sind, erhalten eine noch größere Bedeutung.

Das *abnehmende Quadrat* entspricht dem Zeichen *Steinbock*. Es fällt in den *Steinbock-Sektor* des *Steinbock-Dekanats* dieses Zeichens. Es ist auch mit dem *MC/10. Haus* und dem Planeten *Saturn* verbunden. Während subjektive Unsicherheit und das Streben nach persönlicher Sicherheit das zunehmende Quadrat charakterisieren, resultieren die Streßmuster bezüglich des abnehmenden Quadrats aus dem bewußten Druck der sozialen Verantwortung. Der Einfluß von Steinbock und Saturn deuten darauf hin, daß hier ein stärkeres Gefühl der Unzulänglichkeit, Schuld und Angst vor Konsequenzen vorhanden ist, das meist das Selbst blockiert. Diese Quadrate erzeugen Unterdrückung oder Hemmung aufgrund unseres Kampfes mit äußeren Kontrollinstanzen (symbolische Autoritätspersonen in unserem Leben). Der Drang, im sozialen Umfeld mit seinen eigenen Grenzen klarzukommen und sie zu behaupten, wird hier verstärkt. Obwohl innere Zwänge bei dem objektiveren, abnehmenden Quadrat besser definiert sind, können sie aber auch frustrierender sein, da sich der Betreffende bewußt ist, daß seine persönlichen Bedürfnisse oftmals im Widerspruch zu den Erwartungen stehen, welche die Gesellschaft an ihn stellt. Diese Quadrate symbolisieren jedoch ein größeres Maß an Selbstdisziplin und Zielstrebigkeit. Daher ist es möglicherweise leichter, diese Spannungen konstruktiv zu nutzen, indem man nach weltlichen Zielen strebt. Sie stacheln uns an, in der Außenwelt Leistungen zu vollbringen und Erfolge zu erzielen. Wir sind zu der Erkenntnis gezwungen, daß uns unsere Verpflichtungen nicht belasten, sondern stärker machen. Mit unseren abnehmenden Quadraten müssen wir lernen, Ausdauer zu zeigen und durchzuhalten, anstatt unter der Last unserer Pflichten zusammenzubrechen. Wenn sie negativ gelebt werden, weisen abnehmende Quadrate auf einen rücksichtslosen Selbsterhaltungstrieb hin.

Viele abnehmende Quadrate im Horoskop verstärken eine Lebenseinstellung, bei der man übervorsichtig und mißtrauisch ist. Hier neigen wir dazu, uns davor zu schützen, unsere Verletzlichkeit nach außen hin zu zeigen, und die Begegnung mit solchen Menschen und Situation zu vermeiden, die derartige Gefühle auslösen. Oder wir versuchen, diese bedrohlichen Situationen zu meistern, indem wir unangemessen heftig oder aggressiv reagieren. Negative abnehmende Quadrate können sich in Form von übertriebenen Ausbrüchen, Grausamkeit, Herrschsucht und Gesetzlosigkeit ausdrücken (Denken Sie nur einmal über Hitlers Venus/Mars-Konjunktion in abnehmendem Quadrat zu seinem Saturn im 10. Haus, oder den Mars in abnehmender Quadratur zu Saturn im Horoskop des sadistischen Marquis de Sade nach). Andererseits können wenige oder gar keine abnehmenden Quadrate ein Hinweis darauf sein, daß man sich durch die autoritären Elemente der Gesellschaft weniger unterdrückt oder eingeschränkt fühlt. Man neigt eher dazu, die Maßstäbe zu akzeptieren, die einem vom allgemeinen Status quo auferlegt werden, ohne unangemessenen Widerstand oder Frustration zu zeigen. So wie uns diese Quadrate zwingen, uns herausfordernde Ziele zu stecken, die unsere Welt beeinflussen, zeigt ein Mangel an solchen Aspekten, daß wir weniger inneren Drang und Ansporn verspüren, äußere Schwierigkeiten, die unser Leben einschränken, aus dem Weg zu räumen. Deshalb sind wir weniger darauf bedacht, Kontrolle über die wichtigen Angelegenheiten in unserem Leben zu haben, die dazu nötige Disziplin aufzubringen und die Verantwortung dafür zu übernehmen. Der richtige Umgang mit abnehmenden Quadraten verhilft zu größerem Selbstvertrauen und verleiht uns die Fähigkeit, in unserer Umwelt feste, gut strukturierte Fundamente zu errichten.

Das Trigon

Ein Winkel von 120 Grad, vom Kardinalpunkt aus, entspricht gegen den Uhrzeigersinn der Spitze des Zeichens *Löwe* und im Uhrzeigersinn der Spitze des Zeichens *Schütze*. Da die beiden Zeichen dem Element *Feuer* angehören, verstärkt das Trigon einen von Natur aus kreativen, wärmenden und positiv orientierten Ausdruck. Das Trigon ruft ein starkes Gefühl der Selbstzufriedenheit, des inneren Vertrauens und allgemeinen Wohlbefindens hervor. Traditionell wurde das Trigon in der Astrologie mit Glück, Leichtigkeit, Wohlbefinden, Wohlstand und günstigen Ausgängen der jeweiligen Umstände assoziiert. Obwohl dies alles stimmen mag, ist es wichtig zu erkennen, daß uns das Trigon nicht in der kraftvollen, durchsetzungsfähigen Art des Quadrats dazu zwingt, zu kämpfen oder nach besonderen Leistungen zu streben. Ebensowenig regt es uns dazu an, Gelegenheiten, die sich uns bieten, zu ergreifen, wie zum Beispiel das Sextil, das spontan und energievoll auf seine Chancen reagiert. Und anders als die bestimmtere, selbstmotivierte Konjunktion gestattet uns das Trigon, passiv die Wohltaten zu empfangen, die es uns zuteilwerden läßt, ohne das starke Interesse und die große Aufmerksamkeit zu wecken, die für Konjunktionen so charakteristisch sind. In der Hauptsache ist das Trigon ein Aspekt der Entspannung, des Friedens, des harmonischen Empfangens und der angenehmen

Reaktion. Es wirkt ohne Spannung und Unbehagen. Aber durch seinen Mangel an Druck, Streß und Spannung (das Trigon wirkt streßvermindernd), gibt uns das Trigon auch nicht den Antrieb zu entschlossenem Handeln, das uns herausfordert und eine dynamische Veränderung bewirkt. Trigone erhalten den Status quo aufrecht. In dieser Hinsicht wirken sie wie ein Beruhigungsmittel, indem sie unsere potentiellen Konflikte in sanfter, ruhiger, nicht aufreibender Weise glätten. Da die an diesem Aspekt beteiligten Planeten jedoch nicht dazu angeregt werden, sich mit Krisen auseinanderzusetzen, geht man hier oftmals den Weg des geringsten Widerstands (ganz anders als das Quadrat). Trotzdem sind Trigone ausgesprochen kreativ. Wenn man sie optimal einsetzt, verleihen sie produktive Talente (was auf den mühelosen Fluß des Selbstausdrucks zurückzuführen ist). Trigone besitzen eine magnetische Anziehungskraft.

Nur selten wird erkannt, daß Trigone genauso stark sind wie Quadrate. Aber da ihre Energie oftmals nach innen gelenkt wird, scheinen sie die äußeren Umstände weniger zu beeinflussen. Doch ohne inneren Brennpunkt können wir kaum mühelos das anziehen, was wir uns wünschen. Die Anziehungskraft ist mit Rezeptivität verbunden, was nun umgekehrt unseren inneren Brennpunkt erfordert. Wenn wir zu stark damit beschäftigt sind, uns selbst in der Welt auszuleben, können wir die Dinge weniger anziehen, da wir mehr davon in Anspruch genommen werden, Einfluß auf unsere Umwelt zu nehmen, anstatt uns zu erlauben, für diese Umwelt in passiver Weise empfänglich zu sein. Daher repräsentieren Trigone wahrscheinlich eher innere Bewußtseinszustände, die sich als kreative Einsicht, Visionen vom Idealzustand oder einer größeren Bewußtheit der Faktoren, die wahre Harmonie und künstlerische Synthese hervorbringen, äußern. Durch unsere Trigone fühlen wir uns inspiriert und sind gehobener Stimmung, da sie uns ein Gefühl für das perfekte, harmonische Zusammenspiel der Prinzipien geben. Trigone (sogar solche, die durch Progression oder Transite gebildet werden) spiegeln subjektive Zustände wider, die uns Selbstzufriedenheit und Selbstsicherheit verleihen. Sie brauchen die Außenwelt nicht als Projektionsfläche, um uns ihre Gegenwart bewußt zu machen.

Das ist wahrscheinlich der Grund, warum sich transitierende Trigone nicht immer als bemerkenswerte Ereignisse manifestieren. Stattdessen beschreiben sie vielmehr unsere subjektiven Einstellungen während der Zeit, die durch den betreffenden Transit gekennzeichnet ist.

Das *zunehmende Trigon* fällt in den *Löwe-Sektor* des *Löwe-Dekanats* des Zeichens *Löwe*. Daher steht es auch in Relation zum 5. *Haus* und der *Sonne*. Das zunehmende Trigon neigt zum kreativen Selbstausdruck, ist auf Vergnügen aus und ein wenig exhibitionistisch (natürlich hängt dies sehr stark von den beteiligten Planeten ab. Venus Trigon Jupiter kommt wahrscheinlich viel fröhlicher und freier zum Ausdruck als beispielsweise Saturn Trigon Pluto). Es ist ein Aspekt der vibrierenden Entfaltung aus vollstem Herzen. Aufgrund des Fixzeichen-Einflusses kann das zunehmende Trigon sein kreatives Potential ungehindert verströmen. Dieser Aspekt besitzt die größte Energie, wenn Elemente unterhaltender und entspannender Aktivitäten vorhanden sind. Ein Nachteil der zunehmenden Trigone besteht darin, daß sie sich nicht anstrengen wollen. Sie sind nicht bereit, zu kämpfen, sich abzumühen oder sich tatkräftig einzusetzen, um ihre Wünsche wahr zu machen. Von einem menschlichen Standpunkt aus betrachtet, können diese Trigone den Charakter verderben und dazu führen, daß der Betreffende das Verlangen hat, von anderen verwöhnt und befriedigt zu werden. Der positive Audruck dieses Aspekts hingegen kann dazu führen, daß man eine kreative Ausstrahlung besitzt, sich in dramatischer Weise in Szene setzt, sein Talent aktiv demonstriert und eine natürliche Begabung für das Showgeschäft mitbringt (was oftmals mit großer Vitalität geschieht und die Aufmerksamkeit auf den Betreffenden lenkt). Latente Führungsqualitäten können sich hier mühelos manifestieren, da zunehmende Trigone eine ausgesprochen starke Anziehungskraft und Charisma besitzen. Die Fähigkeit des Betreffenden, zu glänzen, eine starke Anziehung auszuüben, Anerkennung zu bekommen und öffentliche Beliebtheit zu erlangen, verspricht ein angemessenes Betätigungsfeld für diese Aspekte. Menschen mit einem Überfluß an zunehmenden Trigonen haben oftmals das Gefühl, etwas Besonderes, besonders glücklich, begnadet und ganz allgemein von den normalen Unannehmlichkeiten des Lebens verschont zu sein. Sie neigen weniger dazu, Einschränkung und Begrenzung als Teil ihrer Welt zu akzeptieren. Eine Überdosis fehlgeleiteter, zunehmender Trigone kann einen »Größenwahn« zur Folge haben, was dazu führt, daß der Betreffende erwartet, daß sich die Welt nur um seine egoistischen Bedürfnisse dreht. Da er instinktiv alles vermeidet, was harte Arbeit und Selbstdisziplin erfordert, läßt er sich ohne ernsthafte Ziele durchs Leben treiben und verfolgt nur die Befriedigung seiner sinnlichen Bedürfnisse. Im Horoskop eines schwachen Charakters kann ein Übermaß an Trigonen in die Versuchung führen, sich selbstzufrieden vor den vielen Herausforderungen des Lebens zu drücken. Der Betreffende fühlt sich in ungebührender Weise privilegiert und gewöhnlich fehlen ihm die Initiative und Bereitschaft, selbst aktiv zu werden, ohne zunächst einmal andere zu bemühen, die er mit seinem Charme betört.

Ein ausschweifender Lebenswandel und eine Verschwendung der Energie kann bei diesem Aspekt zum Problem werden, da der Betreffende keine Notbremse hat, wie zum Beispiel bei einem zunehmenden Quadrat. Bei zunehmenden Trigonen wird man faul, wenn die Selbstzufriedenheit zu stark wird. Dies ist offensichtlich weniger der Fall, wenn das Horoskop durch wenigstens ein T-Quadrat (und besonders eines, das durch die aggressive, initiative kardinale Qualität beherrscht wird) ausgeglichen wird. Und das trifft besonders dann zu, wenn einer der an dem Trigon beteiligten Planeten auch in das T-Quadrat eingebunden ist. Wenige oder keine zunehmenden Trigone weisen auf einen Mangel an kreativem Know-how hin. Es schwächt das Selbstvertrauen und die Selbstachtung. Die Fähigkeit, angenehme Betätigungsfelder zur Selbstentfaltung zu finden, ist schwächer ausgeprägt. Die fröhliche Spontaneität ist weniger stark, ebenso die Bereitschaft, seine Talente öffentlich zur Schau zu stellen. Daher wird sich der Betreffende bewußter darum bemühen müssen, diese Qualitäten in seine Ego-Struktur zu integrieren, falls er dies wünscht. Im allgemeinen enthüllen zunehmende Trigone Bereiche in unserer evolutionären Vergangenheit, wo wir mit Hilfe unserer Willenskraft an einem verstärkten, kreativen Ausdruck der beteiligten Planeten gearbeitet haben. Die gegenwärtigen Vorteile dieser Aspekte können eine direkte Folge davon sein, daß wir die Konflikte gelöst und uns den Herausforderungen gestellt haben, als diese Planeten in der Vergangenheit ein zunehmendes Quadrat bildeten. Eine große, psychische Anstrengung kann hier angezeigt sein, wenn zumindest einer der Planeten jetzt in seiner Erhöhung steht. Schenken Sie bitte den zunehmenden Trigonen, an denen die Sonne, Planeten im Zeichen Löwe und das 5. Haus beteiligt sind, besondere Aufmerksamkeit.

Das *abnehmende Trigon* korrespondiert mit dem Zeichen *Schütze* sowie dem *9. Haus* und dem Planeten *Jupiter*. Es fällt in den *Schütze-Sektor* des *Schütze-Dekanats* dieses Zeichens. Dieses Trigon strebt nach einer Entfaltung der Kreativität mittels der expansiveren Wege des kollektiven Ausdrucks. Es neigt zu weniger Egozentrik als das zunehmende Trigon, was darauf schließen läßt, daß persönliche Befriedigung durch soziale Interaktion erlangt wird. Das abnehmende Trigon drängt uns, unsere Gaben mit anderen wohlwollend zu teilen. Es ist ein Aspekt der Großzügigkeit des Geistes. Als eine Quelle der persönlichen Inspiration und Erhebung ermöglicht er uns, unser Bewußtsein in die luftigen Höhen des Idealismus, Verstehens und der Weisheit zu erheben. Das abnehmende Trigon besitzt eine universellere Reichweite. Wenn ein Planet der höheren Oktave daran beteiligt ist, ist die Wirkung dieses Trigons ausgesprochen förderlich für die Entfaltung der psychischen Bewußtheit und das Verständnis höchst abstrakter Prinzipien. Möglicherweise bezieht man Vergnügen aus dem Studium theoretischer Konzepte, die bisweilen unpraktisch und im Alltag nur schwer anwendbar zu sein scheinen. Oftmals ist jedoch die Fähigkeit der Voraussicht in persönlichen Angelegenheiten besonders stark ausgeprägt. Wir nutzen diese Trigone am besten, wenn wir uns selbstlos für eine soziale Sache engagieren (die gewöhnlich auf eine kulturelle Verbesserung zielt), da alle abnehmenden Aspekte kollektive Kanäle für ihren Ausdruck brauchen. Da abnehmende Aspekte unpersönlicher sind und sich innerhalb eines breiten Erfahrungsspektrums verwirklichen lassen, kann das abnehmende Trigon ebenso zur Erleuchtung anderer beitragen wie zur eigenen. Von seinem Wesen

her ist es menschlich, tolerant, philanthropisch und freiheitsliebend. Es ist ein Aspekt der großen Erwartungen und Hoffnung
auf das Beste. Der Optimismus wird hier zu einer Anziehungskraft für Persönlichkeitswachstum. Die Lebensbereiche (Häuser)
und Verhaltensweisen (Tierkreiszeichen), die mit diesem Trigon
verbunden sind, zeigen, wo und wie wir Vertrauen in uns selbst
und unbedingtes Vertrauen in den höheren Schutz unserer inneren
Führung finden können. Hier stellen wir unsere gottgegebenen
Gaben nur selten in Zweifel oder unterschätzen sie. Tatsächlich
neigen wir eher dazu, unser Glück zu überschätzen.

Übermäßig viele abnehmende Trigone im Horoskop können
bei niedrigem Niveau unangemessenen Optimismus, blindes Vertrauen, Zaudern und Verantwortungslosigkeit zur Folge haben.
Womöglich sind wir versucht, unseren persönlichen Verpflichtungen aus dem Weg zu gehen oder wir machen den unrealisti-
schen Versuch, die direkte Auseinandersetzung mit den unangenehmen Angelegenheiten in unserem Leben zu vermeiden und
hoffen, unbeteiligt bleiben zu können. In diesem Trigon liegt eine
Verträumtheit verborgen, die dazu führt, daß wir uns oftmals in
naiver Weise der Streßsignale in unserem Leben nicht bewußt sind
(besonders wenn Jupiter oder Neptun ein solches Trigon bilden).
Abnehmende Trigone warnen uns stets, es nicht zu übertreiben
oder uns übertrieben in Aktivitäten zu stürzen, da wir unsere
Grenzen nur schwer erkennen. Wenige oder gar keine abnehmenden Trigone weisen darauf hin, daß man nur selten Inspirationen
hat oder die Vision größerer Horizonte beeinträchtigt ist, weil es
einem grundlegend an Vertrauen, Hoffnung und Nächstenliebe
mangelt. Wir lassen uns nicht so leicht von der Macht des
Glaubens überzeugen. Darüber hinaus neigen wir weniger dazu,
das Leben von einer breiteren, philosophischeren Perspektive aus
zu betrachten. Oder wir sind weniger aufgeschlossen, idealistische Vorstellungen zu akzeptieren und mit anderen zu teilen.

Trigone manifestieren sich als Talente oder besondere Fähigkeiten, die wir uns in vergangenen Leben angeeignet haben. Einst
gaben wir diese positiven Energien anderen und nun kehren diese
wohlwollenden Kräfte zu uns zurück, um unser Leben zu erleichtern und uns zu unterstützen, indem sie uns befähigen, für die

Liebe und Weisheit, die uns umgibt, sensibler zu werden. Trigone stehen uns jederzeit zur Verfügung. Wenn wir beschließen, uns nicht durch sie zu entfalten, bleiben sie im Verborgenen und inaktiv (da es sich hier um Aspekte handelt, die in der Lage sind, sich völlig zu entspannen und zu ruhen). Stellen Sie fest, ob ein dritter Planet ein Quadrat zu den Planeten im Trigon bildet. Wenn dies der Fall ist, kann dieser Planet als Katalysator dienen, dem Trigon genügende dynamische Spannung zu verleihen, um zu verhindern, daß es unproduktiv bleibt. In gleicher Weise kann das Trigon selbst eine heilende Wirkung haben, indem es uns mit seiner Heilkraft hilft, den Streß zu lösen, der durch das ebenfalls mit diesem Planeten verbundene Quadrat angezeigt ist. Der Planet, der auf diese Weise sowohl in das Trigon als auch das Quadrat eingebunden ist, weist auf ein höchst vitales, transformatives Prinzip im Leben des Betreffenden hin, das in effektiver Weise das Persönlichkeitswachstum fördern kann, wenn man es erst einmal verstanden und seine Bedeutung schätzen gelernt hat.

Das Anderthalbquadrat

Ein Winkel von 135 Grad ist, vom Kardinalpunkt aus, gegen den Uhrzeigersinn mit 15 Grad *Löwe* und im Uhrzeigersinn mit 15 Grad *Skorpion* verbunden. Der gemeinsame Nenner von Löwe und Skorpion besteht darin, daß sie beide *Fixzeichen* der *westlichen Hemisphäre* des Tierkreises sind. Das Anderthalbquadrat wird als schwächerer Aspekt betrachtet, der aber stärkere und disharmonischere Einflüsse ausübt als das Halbquadrat. Dies ist nicht überraschend, da es mit den Elementen *Wasser* und *Feuer* verbunden ist, die viel flüchtiger und emotioneller sind als Erde und Luft. Der Einfluß der fixen Qualität weist darauf hin, daß der Eigenwille auch bei diesem Aspekt ein Problem ist. Grundsätzlich interpretiere ich das Anderthalbquadrat dahingehend, daß es mit den Konsequenzen (Betonung der westlichen Hemisphäre) mangelnder Integrität und Selbstbeschränkung in zwischenmenschlichen Situationen zu tun hat. Der Betreffende ist gezwungen, mehr Selbstkontrolle und emotionelles Gleichgewicht zu zeigen, wenn er diesen Aspekt effektiv umsetzen will, da er hier auf Kosten anderer irrational reagiert oder in unangemessener Weise handelt. Aufgrund der Intensität der Kombination von Wasser und Feuer, neigt das Anderthalbquadrat zu extremem Verhalten, was zu einer Unbeständigkeit im Selbstausdruck führt. Dieser Aspekt scheint auch ein stärkeres Maß an plötzlichen Wutausbrüchen und unerwarteten Reaktionen mit sich zu bringen, was unsere und/oder die Gefühle anderer Menschen schockiert oder verletzt.

Mit diesem Aspekt reagieren wir wahrscheinlich übermäßig stark auf unbedeutende Konflikte, was dazu führt, daß die jeweilige Situation aus dem Gleichgewicht gerät oder sich unverhältnismäßig zuspitzt. Hier werden wir leicht ärgerlich, emotionell und oftmals uneins mit einer noch nie dagewesenen Wendung der Ereignisse, die wir nicht unter Kontrolle haben. Unsere Unfähigkeit, die Situation wieder in den Griff zu bekommen, ruft Widerwillen und leisen Ärger hervor. Unter diesem Aspekt neigen die Situationen dazu, in letzter Minute schief zu gehen, was uns im Augenblick verwirrt und aus dem Konzept bringt. Wie das Halbquadrat erfordert dieser Aspekt mehr Ruhe, Geduld und Objektivität. Der äußere Ausdruck unserer inneren Unzufriedenheit in Anbetracht der Unannehmlichkeiten ruft hier in den meisten Fällen nur noch weitere Probleme hervor, da unsere Reaktionen gewöhnlich unangebracht oder für die betreffende Angelegenheit unangemessen sind. Die Tendenz, die Dinge allzu sehr zu dramatisieren führt hier zu einer Fehleinschätzung der jeweiligen Situation.

Das *zunehmende Anderthalbquadrat* korreliert mit dem Zeichen *Löwe* und ist mit dem 5. *Haus* und der *Sonne* verbunden. Es fällt in den *Wassermann-Sektor* des *Schütze-Dekanats* dieses Zeichens. Da das zunehmende Anderthalbquadrat mitten zwischen das selbstnachsichtige, zunehmende Trigon und die selbstverbessernde zunehmende Quincunx fällt, repräsentiert es einen Spannungspunkt im Aspektzyklus, wobei es Hinweise darauf gibt, daß die natürlichen Bedürfnisse des zunehmenden Anderthalbquadrats Schwierigkeiten in Beziehungen auslösen. Dies liegt oft daran, daß wir sie in dem ängstlichen Bemühen, unsere eigene Wichtigkeit zu beweisen, übertreiben. Die machthungrige, autoritäre Seite des

Löwen tritt hier mehr zutage, als seine fröhliche, kreative Seite. Daher kommt der Egoismus bei diesem Aspekt ziemlich verletzend zum Ausdruck. In kindischer und ungebührender Weise will man hier die Aufmerksamkeit auf sich lenken, was einen von anderen Menschen entfremdet. Der fehlgeleitete Willensausdruck ruft kleinere Hindernisse hervor, die unserer Fähigkeit im Wege stehen, mit anderen zu kooperieren. Da unser Stolz und Ehrgefühl übertrieben stark ausgeprägt sind, gehen wir bei der geringsten Kritik in die Defensive. Der Drang, sich selbst für wichtig zu halten, kann dazu führen, daß wir ein dominantes Verhalten an den Tag legen, das anderen mißfällt. Wir neigen hier dazu, uns auf Kosten anderer zu stark in den Vordergrund zu stellen.

Das mit diesem Aspekt verbundene Schütze-Dekanat weist auf den latenten Drang hin, den Selbstausdruck zu übertreiben. Die Tendenz, Einschränkungen, die einem von der Umwelt auferlegt werden, zu ignorieren oder sich indirekt darüber hinwegzusetzen, ist für diesen Aspekt charakteristisch. Wir verlangen völlige Freiheit, lehnen jede Kontrolle durch andere ab, aber oftmals versuchen wir, dies in einer ungeschickten, unreifen Weise zu erreichen. Wahrscheinlich haben wir einen unerschütterlichen Glauben an die Richtigkeit unserer Haltung. Der Wassermann-Sektor verstärkt das rebellische Verhalten und bringt ein Element der unvorhersagbaren Reaktion mit sich, durch das wir aus dem Gleichtakt mit anderen herausfallen. Unsere Fähigkeit, durch zwischenmenschliche Beziehungen zu wachsen, macht deshalb die Bereitschaft notwendig, unsere Wünsche anderen anzupassen und sie neu zu definieren, was zur Voraussetzung hat, daß wir die Bedürfnisse anderer besser erkennen und mehr respektieren (ein Konzept, das in der zunehmenden Quincunx-Phase Gestalt anzunehmen beginnt). Da uns dieser Aspekt dazu zwingt, die Grenzen unseres Eigenwillens zu erkennen, ruft das zunehmende Anderthalbquadrat immer dann Unbehagen und Frustration hervor, wenn wir versuchen, in Beziehungen unsere kompromißlosen Forderungen durchzusetzen. Unsere selbstherrliche Einstellung führt hier selten zu den befriedigenden Resultaten, die wir zuversichtlich vorwegnehmen, sondern unerwarteterweise entsprechen sie fast nie unseren Erwartungen. Wenn wir zu der Erkenntnis gelangen, daß in der Welt nicht immer alles nach unserem Kopf geht, kommen wir aus dem inneren Gleichgewicht. Und doch wird diese Disharmonie zwingend notwendig, damit wir schließlich selbstkritischer werden und unsere kreative Macht überlegter einsetzen.

Das *abnehmende Anderthalbquadrat* hängt mit dem Zeichen *Skorpion* zusammen. Es fällt in den *Stier-Sektor* des *Fische-Dekanats* dieses Zeichens. Es ist auch mit dem *8. Haus* und *Pluto* verbunden. Im allgemeinen kommt es auf indirekterem Wege zum Ausdruck als das zunehmende Anderthalbquadrat. An der Oberfläche sind die unbedeutenderen zwischenmenschlichen Konflikte weniger offensichtlich. Da dies ein Aspekt des abnehmenden Halbkreises ist, läßt er auf ein tieferes Selbst-Bewußtsein in bezug auf die Mitmenschen schließen. Wir sind jedoch gezwungen, unser oftmals durchdringendes Verständnis dazu zu benutzen, unsere Bindungen zu festigen, anstatt zu versuchen, andere zu manipulieren oder sie zu zwingen, unseren eigenen, verborgenen Motiven Genüge zu tun. Der Skorpion-Einfluß wird uns lehren, die Rechte anderer Menschen zu respektieren, anstatt ihnen unsere eigenen, subjektiven Wertvorstellungen aufzuzwingen. Hier erfolgen Trennungen aufgrund unseres inneren Drangs, unsere Mitmenschen ändern zu wollen, damit sie unseren festen Vorstellungen, wie sie sich verhalten sollen, entsprechen. Unsere Bemühungen, andere durch subtile Machtspiele umzumodeln, stößt oftmals auf den unerwarteten Widerstand der Betroffenen und ruft gegenseitige Feindseligkeit und Verärgerung hervor. Ebenso interpretieren wir deren Versuche, unser Verhalten zu ändern, als Belästigung und Tyrannei. Die daraus resultierenden Mißverständnisse führen zu vorübergehenden Beziehungskrisen oder Trennungen. Wir schaffen uns zusätzlichen Streß, indem wir in unseren Forderungen unnachgiebig und unvernünftig bleiben.

Das abnehmende Anderthalbquadrat stellt unsere Fähigkeit auf die Probe, die Menschen so zu tolerieren und aufrichtig zu akzeptieren, wie sie sind. Da dieser Aspekt der reinigenden, abnehmenden Quincunx folgt, repräsentiert er ein erneutes Aufwallen der Energie, das durch eine Neugeburt der Wertvorstellungen hervorgerufen wird. Doch unsere Bewußtseinstransformation sollte uns nicht veranlassen, andere zu zwingen, sich entsprechend unserer wachsenden Vision zu ändern. Wenn wir die hohen Ziele, die unserer Inspiration entspringen und durch das abnehmende Trigon, das diesem Aspekt folgt, symbolisiert werden, menschlich verwirklichen wollen, müssen wir weiterhin daran arbeiten, unsere Persönlichkeit von allen negativen Überresten zu reinigen (emotionelle blinde Flecken), die ansonsten unsere Fähigkeit beeinträchtigen, unser Bewußtsein gefahrlos und weise zu erweitern. Obwohl das abnehmende Anderthalbquadrat nach außen hin weniger unbeständig ist als das zunehmende, kann diese Phase in der Verfolgung ihrer Ziele unbarmherziger sein. Der Stier-Einfluß verstärkt die sture, unnachgiebige Haltung, die überprüft und neubewertet werden muß. Das Fische-Dekanat bringt eine verzerrte oder falsche Wahrnehmung mit sich, was Selbsttäuschung hinsichtlich unserer Motivation zur »Rehabilitation« anderer zur Folge hat. Jeder Versuch, auf krummen Wegen etwas erreichen zu wollen, verwirrt die Situation nur noch mehr. Die mit diesem Aspekt verbundene Tiefenwahrnehmung sollte uns nicht dazu ermutigen, Situationen durch unser Spiel mit verdeckten Karten zu manipulieren. Die wachsende Unzufriedenheit kann oftmals in explosiven Gefühlsausbrüchen enden, wenn die Spannung nicht auf geeigneten, sozialen Betätigungsfeldern gelöst wird.

Die Quincunx

Ein Winkel von 150 Grad verbindet sich gegen den Uhrzeigersinn mit der Spitze des Zeichens *Jungfrau* und im Uhrzeigersinn mit der Spitze des Zeichens *Skorpion*. Daher hat er eine Entsprechung zu Tierkreiszeichen, die von Natur aus analysieren und zerlegen, angeregt durch das Bedürfnis, wesentliche Veränderungen herbeizuführen, die die Funktionsfähigkeit verbessern. Daher weist die Quincunx darauf hin, daß die beteiligten Planeten ihre Energien zunächst neu sammeln müssen, bevor sie richtig und zum Nutzen des Betreffenden eingesetzt werden können. Es handelt sich hier um einen Aspekt von äußerst verbessernder, therapeutischer Natur, der uns zwingt, größere und geringfügigere Anpassungen vorzunehmen (gewöhnlich durch den Prozeß der Veränderung und Eliminierung), die uns dazu verhelfen, die Funktionen der Planeten klarer zu erkennen, so daß wir sie vorteilhafter nutzen können. Die Quincunx scheint zu verlangen, daß wir den Gebrauch unserer Energien sorgfältig und methodisch beobachten, so daß wir lernen können, wie wir selektiver, kritischer, organisierter und effizienter im Umgang mit den von den betreffenden Planeten symbolisierten Aktivitäten werden. Bis dahin weist die Quincunx darauf hin, wie und wo wir dazu neigen, unsere Kräfte für gewisse Zeit wahllos und unproduktiv zu vergeuden, bevor wir sie besser auf die jeweilige Situation abstimmen. Bei dem Versuch, unsere Impulse besser den Gegebenheiten anzupassen, wirkt die Quincunx jedoch beständig als Regulativ, so daß wir unsere Bedürfnisse kontrollierter und disziplinierter zum Ausdruck bringen. Ihre Rolle besteht im wesentlichen darin, die uneffektiven Einstellungen, die unser fortlaufendes Persönlichkeitswachstum behindern, zu beseitigen.

Normalerweise erkennen wir selbst nicht, daß wir mit unseren Kräften Raubbau treiben. Weder rufen Konflikte hier eine Krisensituation hervor, die so dramatische Auswirkungen hat wie das nachdrücklichere, uns unerbittlich vorwärtstreibende Quadrat. Noch sieht man die Dinge so zugespitzt wie bei der Opposition. Man kann die Quincunx eher als »nagendes« Problem betrachten, das uns über eine lange Zeit hinweg quält. Diesem Aspekt fehlt die nötige Intensität und Antriebskraft, um die Spannung an die Oberfläche zu bringen und sich ihrer bewußt zu werden, bis sich die Lage – beinahe schicksalhaft – so zuspitzt, daß sie unsere ganze Aufmerksamkeit auf sich lenkt. An diesem Punkt manifestieren sich gewöhnlich eine Unmenge beunruhigender Probleme, die alle miteinander zusammenhängen, was uns zwingt, die Schwierigkeiten ein für allemal zu lösen, indem wir zielstrebig handeln. Obwohl diese Probleme plötzlich aufgetaucht zu sein scheinen, haben sie sich schon lange vorher angekündigt. Dieses Phänomen scheint besonders bei der Doppel-Quincunx-Figur aufzutauchen, genannt »Yod«, was in einem späteren Kapitel detailliert besprochen wird. Beachten Sie bitte, daß die Quincunx gemäß der traditionellen Astrologie unverträgliche Elemente miteinander verbindet (Feuer–Erde, Erde–Luft, Luft–Wasser, Wasser–Feuer). Darüber hinaus sind an diesem Aspekt Zeichen verschiedener Qualitäten beteiligt (kardinal–veränderlich, veränderlich–fix, fix–kardinal). Der einzige ähnlich geartete Aspekt ist das Halbsextil. Der Unterschied zwischen den beiden besteht jedoch darin, daß die Quincunx mit der Opposition mehr verwandt ist als mit der Konjunktion und daher mit einer stärkeren Polarisation der Kräfte fertig werden muß. Dies bedeutet meiner Meinung nach, daß die Desorganisation bei diesem Aspekt ein ziemliches Problem darstellen kann, obwohl eine so ausgeprägte Unverträglichkeit der Elemente- und Qualitäten-Kombinationen bei diesem Aspekt andererseits auf eine besondere Begabung hindeuten könnte, mit einer Vielzahl von unterschiedlichen Faktoren umzugehen. Vielleicht bringen uns ungeordnete und unkoordinierte Dinge weniger aus der Ruhe und wir können Unregelmäßigkeiten effektiver handhaben. Aber ich neige eher zu der Überzeugung, daß diese Fähigkeit zumindest selten ist. Da die Quincunx ein introvertierter Aspekt ist (Betonung von Erde und Wasser), richten sich die Schwierigkeiten nach innen, wo sie sowohl das körperliche als auch das seelische Wohlbefinden beeinträchtigen (die Quincunx ist bekannt für ihre Neigung zu somatischen und mentalen Erkrankungen, die an den Kräften zehren und die Vitalität schwächen).

Die *zunehmende Quincunx* hängt mit dem Zeichen *Jungfrau,* dem *6. Haus* und dem Planeten *Merkur* zusammen. Sie fällt in den *Jungfrau-Sektor* im *Jungfrau-Dekanat* dieses Zeichens. Diese Quincunx wurde oftmals als die »Gesundheitsbezügliche Quincunx« bezeichnet, was auf ihre Tendenz hinweist, Energiemuster auf der physischen Ebene zu stören. Wenn dieser Aspekt im Geburtshoroskop auftaucht, sollten wir uns der Möglichkeit somatischer Beschwerden bewußt sein, besonders, wenn die beteiligten Planeten in irgendeiner Weise mit dem 1. und/oder 6. Haus verbunden sind (oder ihren Herrschern). Normalerweise erleben wir die zunehmende Quincunx in Form von Frustrationen in unseren Alltagsbeschäftigungen (besonders im Arbeitsbereich), bis wir lernen, die notwendigen Anpassungen vorzunehmen, die größere

Kompetenz, Effizienz, Ordentlichkeit und Vervollkommnung unserer Arbeitsmethoden oder Fähigkeiten zur Folge haben. Solange bis wir gründlichst analysieren, was genau von uns verlangt ist, stehen wir irgendwie im Abseits, was die Verbesserung kleinerer Fehler und Mängel anbelangt, die dafür verantwortlich sind, daß Problembereiche nicht aufgelöst werden können. Bis dahin fühlen wir uns nicht wohl in unserer Haut. Da die zunehmende Quincunx von Merkur beeinflußt wird (und weil sie mit der veränderlichen Qualität verbunden ist), zeigt sie an, wie und wo eine notwendige, mentale Anpassung vorgenommen werden muß, bevor man hier Schwierigkeiten klar erkennen und aus dem Weg räumen kann. Wir müssen feststellen, wie wir unsere Kräfte sammeln können, so daß wir sie schließlich praktischer und wirkungsvoller einsetzen können. Unser Bewußtsein der Einstellungen, die verändert werden müssen, wird wahrscheinlich durch die Alltagsbegebenheiten objektiver und besonders durch diejenigen geschärft, die unsere Fähigkeit auf die Probe stellen, Dienst am Nächsten zu üben und anderen nützliche Hilfestellung zu geben. Die zunehmende Quincunx will uns lehren, daß die kreative Kraft, die beim zunehmenden Trigon voll erkannt wird, nun mit Hilfe unseres Unterscheidungsvermögens in angemessener Weise kontrolliert werden muß, wenn sie einen Zustand größerer Vollkommenheit erreichen soll.

Die *abnehmende Quincunx* entspricht dem Zeichen *Skorpion* und ist mit dem *8. Haus* und *Pluto* verbunden. Sie fällt in den *Skorpion-Sektor* im *Skorpion-Dekanat* dieses Zeichens. Die abnehmende Quincunx wurde oftmals die »Todes-Quincunx« genannt. Aber außer daß man damit die regenerierende Seite dieses Aspekts anerkennt, übersieht man dabei leider einen Großteil seiner Bedeutung. Die korrigierende Ausrichtung wirkt hier mehr psychisch und dauerhafter, da dieser Aspekt mit dem Element Wasser und der fixen Qualität verbunden ist. Diese Quincunx zwingt uns, tief in unser Inneres einzudringen in dem Versuch, das Bewußtsein zu vertiefen, das wir in der vorangegangenen Oppositionsphase erlangt haben, was darauf schließen läßt, daß wir die tiefinneren Konsequenzen unserer Einstellung zu zwischenmenschlichen Beziehungen überprüfen müssen. Dies ermöglicht uns, unser Bewußtsein zu transformieren und noch höhere Bewußtseinsebenen zu erreichen. Der Einfluß von Skorpion-Pluto zeigt jedoch, daß die Meisterschaft über sich selbst (wodurch die Macht nach innen gelenkt wird) nun gefunden werden muß, wenn dieser Aspekt zu unserem inneren Wachstum beitragen soll. Die abnehmende Quincunx ist ein Aspekt, der sich um den Gebrauch oder Mißbrauch von intensiven Wünschen und eigenwilliger Emotionalität dreht. Schließlich werden wir dauerhafte Veränderungen auf der Gefühlsebene herbeiführen. Die beteiligten Planeten müssen sich einer beidseitigen Transformation unterziehen, wenn sie uns die inneren Kraftreserven liefern sollen, von denen wir in Zeiten der Bedürftigkeit zehren können. Selten sind wir uns dieser psychischen Anpassungen bewußt, bis wir mit Krisen konfrontiert werden, die uns emotionell aufwühlen (dies geschieht gewöhnlich durch eine Trennung oder einen gewaltsamen Verlust, der außerhalb unserer Kontrolle liegt). Ansonsten besteht die Neigung, daß sich desorganisierte psychische Einstellungen in unserem Unterbewußtsein einnisten, was Veränderungen und Problemlösungen erschwert. Doch schließlich kommt eine Zeit, in der wir uns gründlich mit uns selbst auseinandersetzen, wodurch wir angestaute Kräfte freisetzen können, die uns und auch andere verjüngen. Da sich diese Quincunx mehr auf die Gesundheit der Psyche als des Körpers bezieht, kann eine positive Neuorganisation der Kräfte zu einer tieferen Integration des Selbst führen. Wenn wir erst einmal gelernt haben, innen zu verändern, was unserem Persönlichkeitswachstum nicht mehr zuträglich ist, stellen wir fest, daß wir auch in unseren Beziehungen eine Neugeburt erleben, in der wir kreativer lernen, unsere Energien mit anderen zu teilen und auszutauschen. Das Leben wird uns zwingen, die persönlichen Lebenseinstellungen zu überprüfen, aus denen man besser herauswachsen sollte, anstatt sie beizubehalten.

Die Opposition

Ein Winkel von 180 Grad, vom Kardinalpunkt aus, entspricht dem Zeichen *Waage* und fällt in den *Waage-Sektor* im *Waage-Dekanat* dieses Zeichens. Er ist mit dem 7. *Haus* und dem Planeten *Venus* verbunden.

Wie auch die Konjunktion fällt die Opposition technisch gesehen nicht in die Kategorie eines normalen zunehmenden oder abnehmenden Aspekts. Auch dieser Aspekt gehört beiden Hemisphären des Tierkreises an. Tatsächlich aber initiiert die Opposition den abnehmenden Halbkreis und verhält sich daher mehr wie ein abnehmender Aspekt, wenn der oder die betreffenden Planeten in *Separation* sind. Andererseits wirkt eine Opposition in *Applikation* mehr wie ein zunehmender Aspekt.

Oppositionen in Applikation erschweren es, die betreffenden Energien tatsächlich in eine Beziehung einzubringen, was auf eine gewisse Egozentrik zurückzuführen ist. Oppositionen in der Separation spiegeln ein stärkeres Maß an Bewußtheit in Hinsicht auf die Funktionen der beiden beteiligten Planeten und dafür, wie man diese Energien in einer Beziehung mit einem besseren Gefühl für Geben und Nehmen einsetzen kann. Der genaue Oppositionspunkt zeigt wahrscheinlich einen gewissen Grad der Erleuchtung an, was dem Betreffenden ermöglicht, die Planetenenergien von einem sinnvolleren Standpunkt aus zu betrachten. Von diesem Augenblick an werden sie nicht mehr rein instinktiv gelebt. Daher symbolisieren abnehmende Oppositionen vielleicht Planetenprinzipien, die durch die Dynamik ihrer Beziehung bewußt gemacht und in höchstem Maße objektiviert werden sollen.

Ich halte die Opposition in bezug auf ihre Wirkungsweise für sehr interessant. Obwohl sie normalerweise weniger blockierend wirkt als das Quadrat, manifestiert die Opposition dennoch eine starke Spannung in dem Versuch, die gegensätzlichen Bestrebungen, die von den beteiligten Planeten und Zeichen repräsentiert werden, in Einklang zu bringen. Es handelt sich um einen Aspekt, der ermöglicht, daß man sich der Funktionen beider Planeten durch die Konfrontation von Angesicht zu Angesicht bewußt wird. Abhängig von der Fähigkeit des Betreffenden, seine Energien gut zu koordinieren, kann die Opposition zu einem zufriedenstellenden Kompromiß führen, bei dem die Bedürfnisse durch einen komplementären Austausch gegenseitig befriedigt werden. Wenn die Planeten gut integriert werden, erweitern sie gegenseitig ihre Wirkungsweisen, indem sie zum Nutzen des größeren Ganzen am gleichen Strang ziehen. Damit dies geschehen kann, muß der Horoskopeigner normalerweise eine gesunde, aufgeschlossene Einstellung zu der Natur beider Planeten haben. Er muß ihre Stärken und Tugenden schätzen und lernen, sie in seinem Leben gleichberechtigt zu manifestieren. Dies läßt sich im wesentlichen auf die Tatsache zurückführen, daß normale Oppositionen Zeichen miteinander verbinden, die natürliche, polare Gegensätze darstellen, welche jeweils die Energien des anderen brauchen, um in effektiver Weise wirken zu können. Wenn man sich jedoch zu stark mit einem Planeten identifiziert, was auf Kosten des anderen geht (des vernachlässigten und unterbewerteten), kann man nur schwer das Gleichgewicht finden, das für eine konstruktive Handlungsweise erforderlich ist. Die Folgen sind ein Mangel an Stabilität, Koordination, schlechte Zeitplanung, Zwietracht und gegenläufige Handlungsweise.

Das charakteristische Merkmal der Opposition jedoch, das ich für so interessant halte, ist ihre Fähigkeit zur psychologischen Projektion, bei der der Ausdruck des unterbewerteten Planeten auf einen anderen Menschen projiziert wird, der dann die Rolle des Planeten übernehmen muß. Dies ist der Grund dafür, warum Oppositionen oftmals Spannung in Beziehungen bringen (im Gegensatz zum Quadrat, das den Kampf wahrscheinlich mehr in sich selbst austrägt). Je mehr wir dazu neigen, die Aktivität dieses vernachlässigten Planeten zu blockieren oder aus unserem Bewußtsein zu verdrängen, um so mehr ziehen wir dieses Prinzip (oftmals in seiner negativen Ausdrucksform) bei einem anderen Menschen an, der es in einer Weise lebt, die buchstäblich im Gegensatz zu den Bedürfnissen des Planeten, mit dem wir uns identifizieren, steht. Wenn der Widerstand gegen eine Integration dieses Planeten bestehen bleibt, ist zu erwarten, daß sich beide Planeten konträr verhalten, indem sie ständig auseinanderdriften oder miteinander kämpfen. Daher verliert man seine Objektivität und die Beziehungen sind von Konflikten geprägt, man gerät in eine Sackgasse und auswegslose Situation. Durch den starken Waage-Einfluß könnte die Opposition auf Unentschiedenheit hinweisen, was eine völlige Handlungsunfähigkeit zur Folge hat. Mit anderen Worten, die Opposition könnte in manchen Fällen eine effektive Handlung unterbinden und daher zu einem ständigen Problem werden. Obwohl die Planetenenergien niemals so verschmelzen können wie bei der Konjunktion (wozu sie auch nicht bestimmt sind, da dies die breitere Perspektive unmöglich machen würde, die uns Oppositionen verschaffen), können sie ihre Bedürfnisse doch in einer für beide Seiten annehmbare Weise fördern. Wenn wir uns erlauben, beide Planeten von Zeit zu Zeit abwechselnd zu projizieren, scheinen sie ausgesprochen harmonisch zu wirken, so daß wir ein objektiver Zeuge ihres Wirkens außerhalb unseres eigenen Bewußtseins werden: indem andere sie zum Ausdruck bringen, können wir mehr über die Planetenkräfte erfahren (das gibt uns neue Einblicke, wie man die Planetenkräfte entwickeln kann). Normalerweise tendieren wir dazu, den langsamer laufenden Planeten der Opposition zu projizieren (besonders, wenn es sich um einen Planeten der höheren Oktave (transsaturnischen Planeten; Anm. d. Übers.) handelt, außer er steht in Konjunktion mit dem Aszendenten, im 1. Haus oder er ist der Herrscher des 1. Hauses. Die Opposition ist wahrscheinlich der Aspekt, der am ehesten dazu tendiert, Streß durch Beziehungen nach außen zu lenken in dem Versuch, eine größere Bewußtheit für uns selbst in bezug zu anderen zu erlangen.

Wenn im Horoskop Oppositionen vorherrschen, kann sich der Betreffende ständig in zwei Richtungen gezogen fühlen, weshalb es ihm womöglich schwerfällt, in seinem Leben entschieden zu handeln. Er kann sich nur schwer einer einzigen Sache, die ihn interessiert, in der bestimmten, konzentrierten Weise des von Konjunktionen bestimmten Menschen widmen. Er neigt dazu, sich von seinen Partnern oder seinen Mitmenschen im allgemeinen leicht beeinflussen zu lassen. Schlecht integrierte Oppositionen weisen auf einen Mangel an Bestimmtheit hin. Der Betreffende kann schlecht die Initiative ergreifen, er verläßt sich eher auf andere Menschen, die ihn zum Handeln motivieren sollen. Wahrscheinlich geht er mehr auf die anderen ein, um Konflikte in seinen zwischenmenschlichen Beziehungen zu vermeiden, obwohl diese trotzdem nicht harmonisch sind. Der Sinn der Oppositionen liegt jedoch darin zu lernen, wie wir vernünftig mit anderen leben können, so daß ein ausgewogenes Verhältnis zwischen Geben und Nehmen besteht und alle Beteiligten gerecht behandelt werden. Wir haben keinen Vorteil davon, wenn wir ständig nachgeben und Konfrontationen scheuen, nur um Spannungen und Streit zu vermeiden. In manchen Fällen (d. h., wenn Mars oder Uranus im 1. Haus in einer Opposition stehen), ist es an uns zu lernen, wie wir uns selbst in Einklang mit anderen bringen und unsere Beziehungen pflegen, anstatt uns zu bekämpfen, auseinanderzustreben oder alleine zu bleiben. Viele Oppositionen weisen darauf hin, daß die Objektivität gut entwickelt werden könnte. Wenn dies geschieht, können wir unsere breitere Perspektive dazu benutzen, uns der Bedürfnisse anderer Menschen bewußter zu werden. Partnerschaften werden für unsere Entwicklung sehr wichtig sein, da uns Oppositionen helfen, durch die Gegensätze, die in den meisten Verbindungen vorhanden sind, mehr über uns selbst zu erfahren. Indem wir uns erlauben, aus freien Stücken Beziehungen einzugehen, können wir ein hohes Selbst-Bewußtsein erreichen. Obwohl ein Überfluß an Oppositionen auf ein Leben voller Höhen und Tiefen deutet (da Oppositionen zu Schwankungen und Veränderungen neigen), geben sie uns die Möglichkeit, eine tiefere Wahrnehmung zu erlangen.

Wenige oder gar keine Oppositionen im Horoskop können andererseits ein Hinweis sein, daß wir mehr Bewußtsein und Aufmerksamkeit für andere Menschen entwickeln müssen, sowie mehr Bereitschaft, uns mit unserer sozialen Umgebung einzulassen. Die Lektion des Teilens wird in den Beziehungen betont. Normalerweise fühlt sich der Betreffende wahrscheinlich etwas abgeschnitten von dem Einfluß anderer, selbst wenn er ein vernünftiges Sozialverhalten zeigt (was auf seine unbewußte Selbständigkeit zurückzuführen ist). Oder er fühlt sich weniger in der Lage, mit Konflikten in seinen Beziehungen so umzugehen, daß beide Seiten zufriedengestellt werden, da er weniger darauf konditioniert ist, mit anderen zu kooperieren und den goldenen Mittelweg zu finden. Ein Mangel an Oppositionen läßt darauf schließen, daß der Betreffende Situationen nicht so gut einschätzen oder abwägen kann, bevor er handelt. Aufgrund seiner Subjektivität oder schlechten Beobachtungsgabe (Oppositionen führen dazu, daß man das Leben von einer Distanz aus betrachtet, die eine breitere Perspektive schafft, anstatt sich aktiv an einer Erfahrung zu beteiligen), kann er sich nur schwer auf die Motivationen anderer einstellen, die zu den Aktionen oder Reaktionen führen, mit denen er zu tun hat. Oder er neigt weniger zur direkten Konfrontation mit anderen Menschen, wenn es um schwierige Veränderungen geht, weshalb er oft indirekt auf Probleme stößt. Da uns Oppositionen ermöglichen, die vielen, verschiedenen Seiten einer Sache zu sehen, ist der Betreffende hier für die Standpunkte und Temperamante, die im Gegensatz zu seinem eigenen stehen, weniger aufgeschlossen. Er muß lernen, sich in allen Beziehungen selbst besser zu sehen und sich bewußter zu werden, wie seine Ich-Bezogenheit Disharmonie verursacht. Obwohl er normalerweise alleine gelassen wird, um seine persönlichen Interessen unabhängig und ohne Behinderung durch andere zu verfolgen, steht seine Tendenz, zu sehr mit sich selbst beschäftigt zu sein, seinem Persönlichkeitswachstum im Weg. Indem er sich bewußter darum bemüht, aus sich herauszugehen, seine Beziehungen zu pflegen und mehr Bereitschaft zu zeigen, die Entwicklung anderer zu unterstützen, manifestiert sich eine größere Harmonie und er findet mehr inneres Gleichgewicht. Auch hier sind kompensierende Faktoren, die sein Potential, sich ausschließlich für sich selbst zu interessieren und eine enge Sicht von anderen zu haben, aufheben, durch eine starke Besetzung des Zeichens Waage, des 7. Hauses und/oder einer stark konstellierten Venus angezeigt.

Beachten Sie bitte, daß wir bei allen Ausführungen dieses Kapitels, die sich auf das Fehlen eines Aspekts beziehen, meinen, daß wir in der Lage sind, die mit diesem Aspekt verbundenen Qualitäten bewußter und in positiver Weise zu entwickeln. Weil wir hier normalerweise eine Leere verspüren, entsteht der Wunsch, uns das, was dieser Aspekt symbolisiert, bewußter zu machen in dem Versuch, uns ganz und vollständig zu fühlen. Aber dies erfordert oftmals unsere bewußte Anstrengung und beständige Hinwendung. Da wir versuchen, uns hier mehr von unserem Bewußtsein leiten zu lassen, haben wir meist eine größere Kontrolle über unseren Selbstausdruck (da man nur wenig Kontrolle oder freien Willen ausüben kann, wenn man unbewußt bleibt). Deshalb sind die hier dargelegten Ausführungen kein Hinweis auf absolute, statische Zustände. Vielmehr beschreiben sie zutreffender unser ursprüngliches Verhalten, während wir wachsen und lernen, unsere verschiedenen Wesensanteile zu integrieren. Seien Sie daher nicht überrascht, wenn Sie einem Menschen begegnen, dem Konjunktionen fehlen und dessen Horoskop keine Widder-Betonung aufweist, der aber in Wirklichkeit darauf besteht, sein Leben selbst in die Hand zu nehmen und produktiv mit sich selbst beschäftigt und sehr darauf bedacht ist, sich nicht auf andere zu verlassen oder sich von ihnen abhängig zu machen. Es kann sogar sein, daß er ein wenig zu selbstsicher erscheint. Dies besagt, daß dieser Mensch im Laufe seines Lebens die konzentrierte Anstrengung gemacht hat, solche Eigenschaften in sich zu wecken, weil er den bewußten Wunsch verspürt hat, sein Persönlichkeitswachstum zu erweitern und zu vervollständigen. Dieses Phänomen kann man sehr leicht auch bei Menschen beobachten, denen die Betonung eines bestimmten Elements oder einer bestimmten Qualität im Horoskop fehlt.

Kapitel 2

UNGEWÖHNLICHE ASPEKTE

Bereits vor Jahrhunderten lehrte der große Philosoph Pythagoras, daß Zahlen die Geheimnisse der Geometrie des Universums entschlüsseln können. Er stellte die Behauptung auf, daß jede Zahl für sich ein lebendiges Prinzip ist, das eine bedeutungsvolle Seelenqualität besitzt, die ein fundamentales Gesetz des Lebens enthüllt. Und aufgrund des Verständnisses der Beziehungen der Zahlen zueinander in ihrer natürlichen Reihenfolge konnte auch die Menschheit ihre eigene, besondere Beziehung innerhalb der göttlichen Ordnung der Dinge begreifen. Die frühen Lehren des Pythagoras ebneten den Weg für die Entwicklung der modernen Numerologie. Daraus ergibt sich eine Möglichkeit für die Astrologen, die tiefere Bedeutung der einzelnen Aspekte zu verstehen: Sie können die numerologische Symbolik der Zahl analysieren, durch die der betreffende Aspekt den Tierkreis unterteilt. Zum Beispiel ergibt eine Teilung des Tierkreises durch drei das Trigon. Das Quadrat teilt den Kreis durch vier. So wie uns die Zahl Drei Einsichten in das Prinzip des Trigons verschaffen kann, könnte die Zahl Vier die archetypische Natur des Quadrats zum Ausdruck bringen. Wenn man diesen Gedanken weiterverfolgt, repräsentiert die Teilung des Kreises durch eins die Konjunktion. Die Opposition teilt den Kreis durch zwei. Sechs würde daher dem Sextil entsprechen. Acht ist mit dem Halbquadrat und seinem Vielfachen, dem Anderthalbquadrat, verbunden. Und Zwölf würde dem Halbsextil und seinem Vielfachen, der Quincunx, entsprechen. Beachten Sie bitte, daß die in Kapitel 1 besprochenen Aspekte daher den Tierkreis darstellen, der durch eins, zwei, drei, vier, sechs, acht und zwölf geteilt ist. Diese Aspekte werden von den Astrologen am häufigsten verwendet. Aber was ist mit den Aspekten, die den Kreis durch fünf, sieben, neun, zehn und elf teilen? Und was ist mit Teilern, die größer sind als zwölf? Wie der Pionier der harmonikalen Analyse, John Addey, Mitte der fünfziger Jahre zeigte, kann der Tierkreis durch jede Zahl oder ihr Vielfaches geteilt werden und liefert immer noch eine relevante Deutung. Deshalb besitzen alle integralen Teilungen des Tierkreises ihre Gültigkeit. Die Theorie der Harmonik ist zwar viel komplexer, aber sie lehnt sich zumindest an die Konzepte von Pythagoras an. Ich empfehle dem Leser die Lektüre von John Addeys Buch *Harmonics in Astrology*[1], um sich ausführlicher mit dieser Theorie zu beschäftigen. Der zentrale Aspekt plus seine Multiplikatoren gehören alle einer »Familie« oder »Aspektreihe« an. Die Multiplikatoren beziehen ihre vorrangige Bedeutung aus dem Hauptteiler, der sie hervorgebracht hat, und daher haben alle ein gemeinsames Thema. Es ist interessant, daß wir mit dem Eintritt ins Wassermannzeitalter der Astrologie beginnen, die Aspekte in einem kollektiven Sinne zu betrachten. Solche Aspektgruppen können den Astrologen viele fehlende Glieder in der Aspektanalyse liefern.

Die Teilung des Tierkreises durch fünf ergibt einen Aspekt von 72 Grad, das Quintil. Die Teilung durch sieben entspricht dem Septil von annähernd 51½ Grad. Wenn man den Tierkreis durch neun teilt, erhält man das Novil (Nonagon), einen Aspekt von 40 Grad. Die Teilung durch zehn ergibt das Semiquintil (Dezil), einen Aspekt von 36 Grad, wogegen die Teilung durch elf das selten erwähnte Indekagon (undecagon) einen Aspekt von ungefähr 33 Grad, ergibt. In der astrologischen Literatur gibt es nur sehr wenig Information über diese ungewöhnlichen Aspekte. Doch sie alle haben womöglich eine eindeutige Verbindung zu den subtilen Facetten unserer spirituellen Entwicklung. In diesem Kapitel möchte ich das Quintil, das Septil und das Novil detaillierter besprechen. Da über die Dynamik dieser Aspekte nur wenig bekannt ist, könnten ihre numerologischen Zusammenhänge dazu beitragen, mehr Licht auf ihre Wirkungsweisen im Horoskop zu werfen. Zum Thema Numerologie wurden bereits einige Bücher veröffentlicht. Einige, die mir in diesem Zusammenhang besonders geholfen haben, waren: *The Secrets of Numbers* von Vera Scott Johnson und Thomas Wommack[2], *Numerology For a New Age* von Lynn M. Buess[3] und *Sacred Science of Numbers* von Corinne Heline[4]. Helines Buch ist ein Muß für den esoterisch orientierten Astrologen, da sie sich auf viele Zweige der Weisheit aus allen Jahrhunderten bezieht (die Kabbala, das Tarot, die Bibel, die Veden, die Theosophie, das Rosenkreuzertum, die Freimaurer usw.) und sie in Verbindung miteinander setzt, was dem Leser einen faszinierenden Überblick über die tiefere Bedeutung jeder einzelnen Zahl verschafft. Für diejenigen, die daran interessiert sind, mehr darüber zu erfahren, wie sich die pythagoreischen Lehren direkt auf die Bedeutung der Aspekte anwenden lassen, ist Michael Meyers *A Handbook For the Humanistic Astrologer*[5] empfehlenswert. Lesen Sie besonders Teil 2, Kapitel 7. Wenn Sie erst einmal das Gefühl haben, daß Sie ein grundlegendes Verständnis der Prinzipien jeder einzelnen Zahl erreicht haben, können Sie sich noch einmal gründlicher mit den Aspekten von einer numerologischen Perspektive aus beschäftigen, so wie sie in Kapitel 1 beschrieben werden, um festzustellen, welche Zusammenhänge Sie erkennen können.

Das Quintil

Obwohl unsere gebräuchlichen Aspekte schon vor langer Zeit von Ptolemäus im 2. Jahrhundert vor Christus festgelegt wurden, wurde das Quintil erst später im 17. Jahrhundert von dem Astronomen und Astrologen Johannes Kepler (der der Astrologie auch das Halbquadrat, das Anderthalbquadrat und das Septil hinzufügte) eingeführt. Kepler war ein Neoplatonist und fasziniert von dem pythagoreischen Konzept der »Sphärenharmonie«. Als einer der »modernen« Denker entwickelte er die harmonische Basis dieser Aspekte weiter. Das Quintil repräsentiert die 5. *Harmonie.* Die Quintilfamilie umfaßt Multiplikatoren wie zum Beispiel das Halbquintil (36 Grad), das Anderthalbquintil (108 Grad) und das Biquintil (144 Grad) sowie andere Unterteilungen. John Addey verbindet die ganze »Quintilreihe« mit dem Gebrauch oder Mißbrauch von Macht und Autorität. Er sieht es auch in Zusammenhang mit einer ausgesprochenen Tendenz, sehr einseitig und auf einem speziellen Betätigungsfeld ausgesprochen engagiert zu sein.

In seinem destruktiven Ausdruck fand man die Quintilgruppe als besonders hervorstechend in den Horoskopen sowohl von Kriminellen als auch Opfern von Gewalt, sozialen Revolutionären (Robespierre, Danton) und Diktatoren (Hitler), wie Addeys Forschung ergab. In ihrer positiven Ausdrucksform tritt die Quintilreihe in den Horoskopen von Schriftstellern, genialen Künstlern (Mozart) und Wissenschaftlern (Einstein) besonders hervor.

Die esoterischen Schulen der Astrologie haben behauptet, daß Quintile den alten Mysterienschulen bekannt waren und bei den Initiationsriten eine besondere Rolle spielten. Man brachte sie auch in Verbindung mit der hermetischen Magie. Leider läßt sich diese Behauptung unmöglich untermauern, wie die meisten okkulten Traditionen, da die frühen esoterischen Lehren vermutlich niemals schriftlich weitergegeben, sondern von Jahrhundert zu Jahrhundert mündlich überliefert wurden. Trotzdem wurde das Quintil in dieser Hinsicht als ein Symbol für die kreative Einstimmung der Seele auf den Willen des Kosmos betrachtet, was darauf hindeutet, daß Quintile okkulte, transzendentale Untertöne haben. Wenn dies der Fall ist, ist es einleuchtend, daß der Wille eines ehrfurchtgebietenden, unbegreiflichen Kosmos sich nur schwer durch das normalerweise bruchstückhafte Bewußtsein des Durchschnittsmenschen kanalisieren läßt, das immer noch von den Grenzen seines egozentrischen Willens beschränkt ist. Vielleicht soll dies bedeuten, daß Quintile im Geburtshoroskop ihr spirituelles, universales Potential nur dann verwirklichen können, wenn wir uns darum bemüht haben, mehr Selbsterkenntnis zu erlangen. Bei einem Menschen, der sich der Realität seiner spirituellen Identität noch nicht bewußt ist, bleibt das Quintil entweder im Verborgenen und unwirksam oder es könnte in unkontrollierter, zwanghafter und falscher Weise aktiviert werden (wie Addeys Forschung zeigt).

Die Zahl Fünf wurde durch das Pentagramm symbolisiert oder den Fünfstern. Das nach oben weisende Pentagramm soll die kreativen, spirituellen Kräfte repräsentieren, die durch den Geist gefiltert werden, während das nach unten weisende Pentagramm auf destruktive, unwillkürliche Kräfte hinweist, die gegen den evolutionären Prozeß arbeiten. Dies könnte erklären, warum das

Quintil für die Doppelnatur des Geistes steht; er kann erschaffen und zerstören. Die Numerologie verbindet die Zahl Fünf mit dem Willen, die (fünf) Sinne zu erfahren. Man sagt, daß Fünf die Zahl des Menschen ist. Die Art und Weise, wie sie in der numerologischen Literatur normalerweise beschrieben wird, erinnert mich an ein Composite von *Jupiter-* und *Uranusprinzipien* (mit *Mars*untertönen). In diesem Zusammenhang scheint Uranus nicht seine höheren, humanitären Wirkungen zu repräsentieren, sondern weist statt dessen auf eine eigenwilligere, unkontrolliertere, gesetzlose und unbeständige Seite seines Wesens hin. Die Grundthemen der Zahl Fünf haben mit Freiheit, Forschung, Abenteuer, Ruhelosigkeit, Experimentierfreude, den unterschiedlichsten Veränderungen, mangelnder Routine oder Systematik und allgemein dem Schwelgen in den Sinnen zu tun. Die Numerologie bezeichnet Fünf als die Zahl der sexuellen Anziehungskraft und erotischen Aktivität. Interessanterweise hat auch Addey behauptet, daß die 5. Harmonie »in bezug auf die sexuellen Neigungen und Verirrungen Relevanz besitzt«[6]. Die esoterische Numerologie betrachtet die Fünf als ein Symbol für den inneren Kampf, den wir durchmachen müssen, wenn wir versuchen, die fünf Sinne zu meistern und uns aus ihrer Herrschaft zu befreien.[7]

In Hinsicht auf Quintile herrscht allgemein die Meinung vor, daß sie Anzeichen für ungewöhnliche Facetten menschlicher Fähigkeiten, ein bemerkenswertes Maß an kreativem Genie, seltener Erkenntnisfähigkeit und hohen, geistigen Fähigkeiten sind. Wie Dane Rudhyar in seinem Buch *Astrologie der Persönlichkeit*[8] schreibt, »zeigt das Quintil die schöpferische Freiheit des Individuums an, Materialien in Formen zu gestalten, die der angelegten, beabsichtigten Idee treu sind«. Mit anderen Worten, das Quintil befähigt uns, (geistige) Formen in einer idealen Weise herzustellen, die in höchster Vollkommenheit den archetypischen Zweck dieser Form spiegelt. In okkultem Sinne wird dies zu einer Übung in der geistigen Transformation, was eine Phase der evolutionären Entwicklung beinhaltet, wo der Geist buchstäblich in alchemistischer Weise benutzt werden kann. Quintile scheinen das Potential der Fähigkeiten zu beschreiben, die normalerweise für außergewöhnlich oder besonders talentiert gehalten werden, sowie Fähigkeiten, die nicht unbedingt entwickelt oder durch die Erfahrungen in der äußeren Umwelt konditioniert worden sind. Statt dessen stammen sie wahrscheinlich aus einer tieferen Quelle in unserem Inneren. Wenn man das Potential des Quintils produktiv umsetzen will, muß man zunächst verstehen und akzeptieren, daß Geist und Materie im wesentlichen ein- und dasselbe sind.

Da Quintile mit mehr als nur dem ursprünglichen Schaffensdrang zu tun haben, verhelfen sie zu einer erweiterten geistigen Wahrnehmung oder Bewußtheit von den speziellen Elementen in einem abstrakten Konzept oder physischen Objekt, die einen wesentlichen, kreativen Wert besitzen. Daher ermöglichen sie einen holistischen Überblick und geben uns die Kraft und Klarheit, die erforderlich sind, um einer so besonderen Sicht die nötige Schärfe zu verleihen, so daß alle enthaltenen Details in ein einheitliches Ganzes integriert werden. Quintile können so hohe Anforderungen an die Feinheit unserer Methoden und Fähigkeiten stellen, so daß wir sie meisterlich beherrschen müssen, bevor wir sie zufriedenstellend anwenden können. Die Astrologen sollten deshalb etwas vorsichtig sein, wenn sie sich mit der Bedeutung von Quintilen im Geburtshoroskop befassen, da sie sich mehr kosmisch als irdisch auswirken können. Es wäre nicht erstaunlich, wenn Quintile bei den meisten von uns nur im Traumzustand, in der tiefen Meditation und anderen veränderten Bewußtseinszuständen wirksam werden.

In bezug auf das allgemeine Thema des Quintils, nämlich die erweiterte Wahrnehmung, hat John Addey auch darauf hingewiesen, daß die Quintilreihe »in einem engen Zusammenhang mit dem Geist und den gnostischen Fähigkeiten stehen könnte, das heißt, daß sie mit den Fähigkeiten, durch die wir wissen und mit den Mitteln, mit denen wir Wissen und Informationen empfangen und vermitteln, zu tun haben«[9]. Addey ist der Meinung, daß starke Verbindungen zwischen Saturn und Uranus in der 5. Harmonie im Geburtshoroskop ein Anzeichen für den »geborenen Astrologen« sind. Ich war natürlich sehr erfreut, dies zu erfahren, da ich ein genaues, zunehmendes Quintil zwischen diesen beiden Planeten in meinem Geburtshoroskop habe! Addey hat die 5. Harmonie auch mit einer Beeinträchtigung der Kräfte und

Fähigkeiten in Zusammenhang gebracht, die bei der Übermittlung von Wissen eine Rolle spielen, was auf Gehirnschäden, nervöse Störungen und Defekte an den Sinnesorganen (das heißt zum Beispiel Blindheit) oder Organen der Sprache und Kommunikation hinausläuft. [10]

Für diejenigen, die mit dem symbolischen System, das ich in Kapitel 1 dargelegt habe, experimentieren möchten, sei erwähnt, daß sich das Quintil in seiner zunehmenden Phase gegen den Uhrzeigersinn mit 12 Grad *Zwillinge* verbindet, sowie im Uhrzeigersinn mit 18 Grad *Steinbock*. Beachten Sie bitte, daß diese Gradentsprechungen unregelmäßig sind, anders als die beständigen, symmetrischen Entsprechungen der an früherer Stelle analysierten Aspekte. Diese Tatsache unterstreicht die Einzigartigkeit des Quintils. Das *zunehmende Quintil* entspricht daher dem Zeichen *Zwillinge* und ist mit dem *3. Haus* und dem Planeten *Venus* verbunden. Es fällt in den *Waage-Sektor* im *Waage-Dekanat* dieses Zeichens. Das *abnehmende Quintil* entspräche dem Zeichen *Steinbock* und ist daher mit dem *10. Haus* und dem Planeten *Saturn* verbunden. Es fällt in den *Löwe-Sektor* im *Stier-Dekanat* dieses Zeichens. Ein gemeinsamer Nenner, der sich hier als bedeutsam erweisen könnte, da die beiden von dem Aspekt betroffenen Dekanate (beim zunehmenden Quintil das Waage-Dekanat und beim abnehmenden Quintil das Stier-Dekanat) von dem Planeten Venus beherrscht werden.

Das Septil

Der Septilaspekt entspricht der Zahl *Sieben* und daher der *7. Harmonie*. Über die Jahrhunderte hinweg wurde die Zahl Sieben mit heiligen Dingen assoziiert wie jeder Student weiß, der mit der religiösen Symbolik vertraut ist. Die Numerologie interpretiert die Zahl Sieben als eine höchst okkulte Zahl. Sie scheint mit der Selbsterkenntnis, inneren Analyse, der Suche nach dem Sinn des Lebens oder dem Streben nach Weisheit und der Beschäftigung mit Studiengebieten, die sich mit der Seele oder der Forschung beschäftigen, verbunden zu sein. Es ist eine Zahl, die uns zwingt, die tiefere Essenz der Realität gründlich zu erforschen. Sieben ist die Zahl der Meditation, Kontemplation, Einsamkeit und Isolation. Sie deutet auf eine Enthaltsamkeit von den oberflächlichen Belangen der materiellen Welt hin, in der eine innere Assimilation stattfinden kann (in der Bibel heißt es, daß Gott am siebten Tag der Schöpfung von seiner Arbeit ausruhte). Die Sieben steht abseits, hält sich fern, distanziert und ist auf die jenseitige Welt ausgerichtet. Da es keine sehr soziale Zahl ist, scheint sie am besten in der Abgeschiedenheit und Privatsphäre zu wirken. Die Zahl Sieben läßt am ehesten an ein Composit der Prinzipien *Saturn* und *Neptun* (mit *Pluto*-Untertönen) denken, zumindest dementsprechend, wie sie normalerweise in der numerologischen Literatur dargestellt wird. Sie wurde als die Zahl der Ruhe und Vollendung bezeichnet. Aber wie Corinne Heline erwähnt, »bezieht sich Ruhe nicht auf ein Ende der Aktivität, sondern auf den Übergang aus dem Chaos in eine höhere und vollkommenere Ordnung«[11].

Wie aus John Addeys Forschung hervorgeht, offenbart die 7. Harmonie oder Septilreihe die Fähigkeit, Inspirationen zu empfangen. Er behauptet, daß das Septil »die Fähigkeit, das Mysteriöse hinter den Bestandteilen einer Persönlichkeit wahrzunehmen...« darstellt. Darüber hinaus symbolisiert sie »die Fähigkeit, die formgebende Idee oder das gestaltende Prinzip hinter einer Sache geistig zu erfassen und so an der dynamischen Energie teilzuhaben, die diese Idee in sich birgt«[12]. Addey stellte fest, daß die 7. Harmonie in den Horoskopen von Geistlichen oder Menschen, die »die Funktion eines Priesters«[13] in der Gesellschaft ausüben, besonders hervorsticht. In Hinsicht auf das numerologische Profil der Zahl Sieben scheinen Addeys Erkenntnisse sehr zutreffend. Der mystische Unterton des Septils ist wahrscheinlich auf den Drang zurückzuführen, die Ganzheit und Vollendung zu verstehen. Wie die Quintilreihe ist die Septilfamilie in den Horoskopen von kreativen Künstlern besonders auffällig. In seinem hervorragenden Artikel mit dem Titel *Die 7. Harmonie und kreative Künstler* bestätigt Charles M. Graham Addeys Forschung, indem er behauptet, daß »sich die Sieben auf Kreativität bezieht als Fusion von Form und Materie durch die Wirkung der (göttlichen)

Inspiration«[14]. Graham weist darauf hin, daß die 7. Harmonie (oder Septilgruppe) in den Horoskopen von bildenden Künstlern wie zum Beispiel Picasso, Raffael, Leonardo da Vinci, Cezanne, Rodin, Matisse und Modigliani hervorsticht. Septile fallen auch in den Horoskopen von Musikern wie zum Beispiel Mozart, Schubert, Chopin, Berlioz, Wagner und Tschaikowsky auf. Die 7. Harmonie ist auch in den Horoskopen von George Bernard Shaw, Yeats, Lewis Carroll und Robert Louis Stevenson betont. Grahams Forschung zeigt, daß die 7. Harmonie besonders in Horoskopen von romantischen Dichtern wie Blake, Shelley und Lord Byron auffällt. Andere kreative und inspirierte Denker, bei denen die Kreativität dieser Harmonie angezeigt ist, sind Imanuel Kant und Albert Einstein.

Ähnlich der Quintilreihe hat John Addey eine Verbindung zwischen dem Septil und seinen Multiplikatoren mit der sexuellen Aktivität (erotische Inspiration) gefunden, was besagt, daß sie »im Horoskop einen Schlüssel zu bestimmten Faktoren in der Psychologie der Sexualität liefern«[15]. Ich könnte mir vorstellen, daß die Septilfamilie an die mehr unterdrückenden, selbstverleugnenden, aufwühlenden Aspekte der Sexualität anknüpft (Saturn-Neptun-Pluto-Untertöne) oder eine Neigung zum Zölibat hervorbringt, was beides zur Unterdrückung der sexuellen Kraft führt . . ., anders als die extrovertiertere, experimentierfreudigere, eigenwilligere Quintilreihe. Eine solche Umlenkung der Libido wird seit langem als Voraussetzung für künstlerische Inspiration und kreative Tatkraft betrachtet.

In der personenzentrierten Astrologie verbindet Dane Rudhyar das Septil mit der »antisozialen« Qualität, die sich in der Zahl Sieben verbirgt, was besagt, daß dieser Aspekt Handlungen repräsentiert, die »gemäß der festen Norm des sozial-kulturellen Verhaltens in der Umwelt oder sozialen Schicht des Betreffenden nicht akzeptabel sind«. Er glaubt auch, daß das Septil »in einem überpersönlichen Sinne gedeutet werden kann und zwar als Handlungen, die durch ein kollektives Bedürfnis, eine okkulte Macht oder das Schicksal herbeigeführt werden. Dies kann zu ›Opfer‹ und einem symbolischen Leben führen. «[16] Doris Thompson bezeichnete das Septil als Hinweis auf »eine schicksalhafte

Unvermeidbarkeit mit dem Zwang zu bestimmten Handlungen; eine unbewußte Kraft mit einer verborgenen Aktivierung«[17]. Delphine Jay behauptet, daß das Septil fatalistische Züge hat, die keinen normalen Sinn zu ergeben scheinen. Dieser fatalistische Zug führt zu einem inneren Kampf, der das Bewußtsein erweitert und den Horoskopeigner dazu zwingt, seine Suche über das Offensichtliche hinaus auszudehnen«. Ihrer Meinung nach hat die Septilreihe »eine natürliche Veranlagung zum Okkulten, Medialen oder Mystischen. Sie sind versunken in Vorstellungen eines intellektuellen oder unbarmherzigen, göttlichen Glaubens«[18]. Michael Meyer betrachtet das Septil als einen Aspekt, der »die unvorhersehbaren, irrationalen Elemente der Erfahrung« einführt, »welche die Fähigkeit symbolisieren, auf den Ruf des Schicksals zu antworten und unpassendes oder übriggebliebenes Material dafür zu verwenden, ein bestimmtes karmisches Ziel zu erfüllen«[19].

Das Septil hat seine zunehmende Phase ungefähr bei 21,5 Grad *Stier* gegen den Uhrzeigersinn sowie bei 8,5 Grad *Wassermann* im Uhrzeigersinn. Theoretisch würde das *zunehmende Septil* dem Zeichen *Stier* entsprechen. Es fällt in den *Steinbock-Sektor* im *Steinbock-Dekanat* dieses Zeichens. Es ist auch mit dem 2. *Haus* und der *Venus* verbunden. Das *abnehmende Septil* würde dem Zeichen *Wassermann* entsprechen. Es fällt in den *Stier-Sektor* im *Wassermann-Dekanat* dieses Zeichens. Daher wäre es mit dem 11. *Haus* und dem Planeten *Uranus* verbunden. In beiden Phasen besteht daher ein Fixzeicheneinfluß mit einem starken Venus-Saturn-Uranus-Unterton. Auch hier sind die Gradentsprechungen sehr unregelmäßig.

Da es noch kein offiziell anerkanntes Symbol für den Septilaspekt gibt, verwende ich das vorgeschlagene Ⓢ, wenn ich es in die Spalte der Aspekte im Geburtshoroskop eintrage. Außer daß ein »S« ganz offensichtlich das Septil kennzeichnet, erinnert mich dieses Symbol auch an eine Schlange, die in den Kreis der Unendlichkeit eingeschlossen ist. Schlangen sind von jeher Symbole für die Weisheit und Regeneration gewesen (»deshalb sollt Ihr so weise werden wie die Schlangen«).[20] Deshalb ist es wahrscheinlich auch weise, Septile im Geburtshoroskop als potentielle

Fähigkeit zu betrachten. Septile müssen erst noch gründlicher erforscht werden, bevor wir ihre Bedeutung für unsere Klienten (oder uns selbst) voller Enthusiasmus verkünden können. Ich sehe keinen Wert darin, jemandem mitzuteilen, daß sein Septil beispielsweise zu Saturn oder Pluto repräsentiert, wo er »zwangsläufig« auf ein »unvermeidliches Schicksal« oder eine »unwiderrufliche Bestimmung« stoßen wird, die scheinbar außerhalb seiner Kontrolle liegt. Sind Sie nicht derselben Meinung?

Das Novil

Der Novil-Aspekt repräsentiert die Zahl Neun und die 9. Harmonie. Die Numerologie assoziiert Neun mit Prinzipien, die sehr neptunisch erscheinen. Es ist die Zahl der Selbstlosigkeit und eines breiten, universellen Verständnisses. Sie drückt sich durch Mitgefühl, Toleranz, Verzeihen, Güte und eine Bereitschaft zu persönlichem Opfer um der Erhebung und Heilung der Menschheit willen aus. Wie die Zahl Sieben ist auch die Neun eine Zahl der (spirituellen) Vollendung und Erfüllung. Sie ist allumfassend. Sie scheint zweifellos emotionell ausgerichtet zu sein, ein Ausdruck der Macht des universellen Herzens. Neun wird typischerweise mit unerledigten Geschäften verbunden (da es nach der Numerologie die letzte Phase eines Lebenszyklus symbolisiert) und deutet daher entweder auf ein Gefühl des Verlustes hin oder auf die Bereitschaft, persönliche Wünsche zu Gunsten des universellen Fortschritts aufzugeben. Sie wirkt im Verborgenen und bereitet tiefgründig den Beginn eines neuen Zyklus vor. Esoterisch hat die Zahl Neun einen besonderen, evolutionären Einfluß. Um Heline zu zitieren: »Das seltsame Phänomen der Zahl Neun in ihrer Wirkung (läßt darauf schließen, daß) egal, mit welcher Zahl man sie multipliziert ... sie sich unendlich reproduziert«. Sie betrachtet sie als »die Hauptantriebskraft, die die menschliche Evolution steuert«. Neun wird »zu der besonderen, numerischen Kraft, durch die der Mensch in Kontakt mit seinem inneren Selbst kommt, seine latente Göttlichkeit entfaltet und den Zustand innerer Erleuchtung erlangt, der als Initiation bekannt ist«[21]

Sowohl die exoterische als auch die esoterische Numerologie schreiben der Neun die Fähigkeit zu, das größte Spektrum dramatischer Lebenserfahrungen zu machen: die primitivsten wie auch die göttlichsten und inspiriertesten. Kein Wunder, daß es eine Zahl ist, die mit einer ungewöhnlichen Lebensauffassung einhergeht.

Rudhyar betrachtet das Novil als Symbol für einen »Prozeß der Schwangerschaft, mit dessen Hilfe die Idee oder wunderbare Form in einen Zustand der organischen Lebensfähigkeit gebracht wird«. In seinem Buch *Astrologie der Persönlichkeit* bezeichnet Rudhyar das Novil auch als einen Aspekt der auf »spirituelle Wiedergeburt oder Initiation in jenem Reich hinweisen kann, auf welches sich die Planeten beziehen«. Es deutet »Geburt aus der Gefangenschaft an«[22]. In *New Foundations for Astrology* verbindet David Cochrane die Aspekte der 9. Harmonie (Novilreihen) mit nährenden Energien, die danach streben, Früchte zu tragen, und als Schlüsselworte gibt er »Hingabe« und »sorgfältige Vorbereitung« an.[23] John Addey legt dar, daß die 9. Harmonie gleichbedeutend mit dem »Navasma-Horoskop« der Hindus ist, das hauptsächlich dazu erstellt wird, um den potentiellen Ehegatten zu beschreiben. Aber außer dem Ehepartner kann dieses Horoskop nach Addeys Ansicht auch ein inneres »Ideal« des Betreffenden darstellen.[24] Er stellt den Vergleich auf, daß das Novil eine Kulmination repräsentiert, wie Früchte der Höhepunkt im Leben eines Baumes sind. Meyer behauptet, daß der Novilaspekt »ein Symbol für die Identifikation des Selbst mit einem Zweck und einer Funktion, die in bezug zu einem globalen oder universellen Schema stehen, ist. Das Novil kann auch als ein Symbol der Initiation, der Auferstehung in einer völlig neuen Dimension betrachtet werden.[25]

Offen gesagt sind mir die oben zitierten Deutungen des Novils immer noch zu neptunisch, um eine genaue Definition von seiner Funktion im Geburtshoroskop geben zu können. Vielleicht sind neptunische Prinzipien das, was sie sind, weil sie sich eindeutigen Definitionen entziehen. Die Themen, die hier im Vordergrund stehen, scheinen jedoch mit Persönlichkeitswachstum durch Opfer, Selbstlosigkeit und die tiefe Integration spiritueller Einsicht zu tun zu haben. Vielleicht steht das »Gefangenschaftsthema« von Rudhyar in einer Beziehung zu der Anziehungskraft materieller Trägheit, die auf Erfahrungen vergangener Zyklen zurückgeht, die nun durch die natürlichen Prozesse der Neun innerlich neu überdacht werden müssen. Das führt zu einem Bedürfnis, sowohl die Erfahrungen so zu verfeinern, daß sie fast die höchste Stufe der Vollkommenheit erreichen, als auch unser Ego sehr gründlich mit den Ergebnissen einer solchen Verfeinerung zu verschmelzen (was so etwas sein könnte, wie eine Periode der Schwangerschaft, bevor wir die Bedeutung einer spirituellen Geburt oder Wiedergeburt erfahren können). In einem anregenden Vortrag auf der NASO-Tagung in Atlanta im Jahre 1979, behauptete Leyla Rael-Rudhyar, daß das Novil die »Fähigkeit mit sich bringt, in allem einen Sinn zu erkennen..., weshalb es ein Aspekt der Wiedergeburt ist, der auf Sinn beruht...«[26] Im allgemeinen sind Astrologen der Meinung, daß das Novil zumindest einen subtilen, mystischen Einfluß hat. Als ein Aspekt, der die Tiefen unserer Fähigkeiten auf die Probe stellt, wirkt es von einer unbewußten Ebene aus und hat oftmals mit Erfahrungen aus der Vergangenheit (vergangenen Leben) zu tun, die dazu führen können, daß unser Potential solange zurückgehalten wird, bis wir danach streben, altruistisch vom Herzen und nicht nur vom Verstand her zu geben. Das Novil kann uns in unserem Versuch unterstützen, die Energien zu vereinigen, was ein umfassenderes Gefühl des Einsseins zur Folge hat.

Das Novil entspricht gegen den Uhrzeigersinn 10 Grad *Stier* und im Uhrzeigersinn 20 Grad *Wassermann*. Das *zunehmende Novil* ist daher mit dem Zeichen *Stier* verbunden. Es fällt in den *Jungfrau-Sektor* im *Jungfrau-Dekanat* dieses Zeichens (was emotionelle Anpassungen beinhalten kann, die uns ein höheres Bewußtsein für unseren persönlichen Wert verleihen). Damit würde es auch im Zusammenhang mit dem *2. Haus* und dem Planeten *Venus* stehen (die beide im Idealfall aus ihrem höchsten Potential heraus wirksam werden). Das *abnehmende Novil* hat eine Entsprechung zum Zeichen *Wassermann*. Es fällt in den *Waage-Sektor* im *Waage-Dekanat* dieses Zeichens. Daher ist es auch mit dem *11. Haus* und dem Planeten *Uranus* verbunden (die beide auf einer humanitären, sozial-reformierenden Ebene wirken). Gemeinsame Nenner beider Novil-Phasen sind die Fixzeichen der östlichen Hemisphäre und ein ausgesprochen starker Venuseinfluß.

Kapitel 3

DISSOZIIERTE ASPEKTE

Der Mond auf 1 Grad Wassermann steht eindeutig in Opposition zur Sonne auf 1 Grad Löwe. Doch wenn derselbe Mond auf 1 Grad Wassermann einen Aspekt zur Sonne auf 29 Grad Krebs bildet, würde man diesen Aspekt immer noch als Opposition mit einem Orbis von 2 Grad gelten lassen, das heißt einer Abweichung von ein paar Grad und Minuten von der exakten Opposition. Diese Art von Opposition wird jedoch als dissoziierter Aspekt bezeichnet, das heißt, ein Aspekt außerhalb des tatsächlichen Oppositionszeichens. Hat nun ein dissoziierter Aspekt einen anderen Einfluß als ein normaler Aspekt? Dies sollte so sein, da er eine konkrete Abweichung von der natürlichen Zeichenbeziehung des normalen Aspekts darstellt. Im Idealfall entsteht eine Opposition, wenn zwei Planeten genau 180 Grad voneinander entfernt sind, was bedeutet, daß sie in Zeichen derselben Qualität und verträglicher Elemente stehen. Darüber hinaus bilden diese zwei Tierkreiszeichen natürliche, polare Gegensätze. Bei einer dissoziierten Opposition (wie in dem oben erwähnten Beispiel) verändert jedoch die andere Zeichenkonstellation der Sonne die natürliche Zeichenbeziehung dieses Aspekts, da Wassermann und Krebs eine Quincunx bilden. Wassermann ist ein Fixzeichen, während Krebs der kardinalen Qualität angehört. Hier steht ein Luftzeichen in Opposition zu einem Wasser- statt einem Feuerzeichen. Offensichtlich sind Wassermann und Krebs keine Gegensätze. Alle Variationen, die man bei einem solchen dissoziierten Aspekt findet, werden daher von den Zeichenkonstellationen der aspektierenden Planeten bestimmt.

Dissoziierte Trigone entstehen zwischen Zeichen, die entweder im Quadrat oder der Quincunx zueinanderstehen. Dissoziierte Quadrate fallen in Tierkreiszeichen, die entweder ein Trigon oder Sextil miteinander bilden. Dissoziierte Oppositionen fallen in

Tierkreiszeichen, die von Natur aus eine Quincunx miteinander bilden, während dissoziierte Sextile von Tierkreiszeichen gebildet werden, die entweder im Quadrat oder Halbsextil stehen. Wie sollen wir nun diese dissoziierten Aspekte deuten? Zu allererst kommt ein dissoziierter Aspekt dennoch so zum Ausdruck, wie es der Natur des Winkels entspricht, der von dem Planeten gebildet wird. Ein dissoziiertes Quadrat wird dieselben herausfordernden Situationen anziehen wie ein normales Quadrat. Doch auf psychologischer Ebene wird ein dissoziierter Aspekt wahrscheinlich ziemlich verschieden reagieren, da die Abweichung von der Zeichenbeziehung des Aspekts auch die Einstellung und Motivation des Betreffenden verändert. Daher haben dissoziierte Aspekte einen größeren Einfluß auf der Ebene des Charakters als auf der Ebene der äußeren Lebensumstände.

Die dissoziierte Konjunktion

Die dissoziierte Konjunktion wird von Zeichen gebildet, die normalerweise *Halbsextile* bilden. Während normale Konjunktionen eine Zielstrebigkeit und Konzentration der Energien mit sich bringen, wirken dissoziierte Konjunktionen auf der psychologischen Ebene weniger einheitlich und eingleisig. Da jetzt zwei verschiedene Tierkreiszeichen ins Spiel kommen, die unterschiedliche Motivationen haben, verbinden oder verschmelzen die Planetenkräfte nicht so mühelos miteinander (und besonders dann, wenn die Planeten an sich schon gegensätzliche Temperamente haben). Daher kommen dissoziierte Konjunktionen mit weniger Koordination oder Zielstrebigkeit zum Ausdruck. Der Betreffende fühlt sich nicht so motiviert, sich in der direkten, spontanen und durchsetzungsstarken Weise der normalen Konjunktion zu behaupten. Er neigt dazu, mit weniger Intensität zu handeln oder es ist ihm unangenehm, sich selbst zu verwirklichen, selbst wenn er den Drang zum Handeln verspürt. Da er weniger zielbewußt darin ist, wie er seine Impulse ausleben soll (da der in diesem Aspekt verborgene Halbsextileinfluß dazu führt, daß er die Dinge bewertet), zögert er zunächst, bevor er sich in die Aktivität stürzt. Trotzdem könnte der Halbsextil-Einfluß darauf hinweisen, daß der Betreffende aus inneren Quellen einer weniger offensichtlichen Natur (Imagination, körperliche Anziehungskraft, starke Überlebenstriebe, psychische Sensitivität) schöpfen kann, die er zu seinem Vorteil benutzen kann, wenn er eine persönliche Angelegenheit in Angriff nimmt. In dieser Hinsicht kann die dissoziierte Konjunktion in Wirklichkeit einfallsreicher als die gewöhnliche sein und weniger eingeschränkt in der Art und Weise, wie sie die beteiligten Planetenkräfte benutzt. Aber typischerweise herrscht hier eher größere Verwirrung, wie man die verschiedenen Verhaltensmerkmale der betreffenden Tierkreiszeichen am besten miteinander in Einklang bringt, was zur Folge hat, daß man ein wenig frustriert ist. Der Betreffende wird sich mit Aktivitäten beschäftigen müssen, bei denen die Bedürfnisse beider Tierkreiszeichen befriedigt werden können.

Das dissoziierte Halbsextil

Das dissoziierte Halbsextil wird von der *Konjunktion* oder dem *Sextil* beeinflußt. Wenn die beiden Planeten des dissoziierten Halbsextils beide im selben Tierkreiszeichen stehen, könnte ein psychologischer Widerstand bestehen, aus seiner subjektiven Welt herauszugehen und sich an die dem Persönlichkeitswachstum förderlichen Erfahrungen heranzuwagen. Der Einfluß des Halbsextils (das zunächst ein sehr subtiler Aspekt ist) ist vielleicht sogar noch weniger spürbar, wenn es sich um einen dissoziierten Aspekt handelt. Die Potentiale können hier sogar noch verborgener sein. Der Einfluß der Konjunktion könnte darauf hinweisen, daß der Betreffende noch nicht reif und bereit ist, mit seinem inneren oder äußeren Potential zu arbeiten, bis er ein besseres Gefühl für seine Identität oder ein besseres Selbstbild entwickelt hat. In seiner positiven Ausdrucksform könnte das dissoziierte Halbsextil mehr Antrieb geben, die potentiellen Fähigkeiten zu verwirklichen, indem man lernt, sich mehr auf sich selbst zu beziehen und eine klarere Einstellung dazu zu finden, welche Richtung man einschlagen möchte.

Wenn das dissoziierte Halbsextil Zeichen umfaßt, die normalerweise im Sextil zueinanderstehen, zeigt der Betreffende möglicherweise eine stärkere, psychologische Neugierde dafür, wie er sein Potential anwenden kann. Womöglich hat er Eingebungen in Hinsicht auf die Zukunft und die idealistische Anwendung der gegenwärtigen, positiven Entwicklungstendenzen. Er könnte in gewissem Maße in der Lage sein, einen intelligenten oder einfallsreichen Weg zu finden, solche Möglichkeiten anzuziehen. Die Anregung des zugrundeliegenden Sextils wirkt der Trägheit des dissoziierten Halbsextils entgegen, was darauf zurückzuführen ist, daß der Betreffende innerlich ruheloser ist und das Bedürfnis hat, mit dem erwähnten Potential etwas anzufangen. Die Bewußtheit des Wertes seines Potentials ist hier besser entwickelt als beim normalen Halbsextil.

Das dissoziierte Sextil

Das dissoziierte Sextil umfaßt Tierkreiszeichen, die normalerweise im *Halbsextil* oder *Quadrat* zueinanderstehen. In beiden Fällen weisen diese zugrundeliegenden Einflüsse auf einen Mangel an Leichtigkeit hin, die für das normale Sextil typisch ist. Das dissoziierte Sextil, das von Tierkreiszeichen gebildet wird, die im Halbsextil zueinanderstehen, ist der mühelosere Aspekt von den beiden. Obwohl der Betreffende keine Schwierigkeiten hat, konstruktive Gelegenheiten anzuziehen, wirken sie womöglich weniger anregend auf ihn und es kann passieren, daß er sie verpaßt. Die Passivität des Halbsextil-Einflusses nimmt ihm den Mut zum freien Selbstausdruck. Hier neigt man zu einem leichten, inneren Widerstand, Neues kennenzulernen, und deshalb wird sich der Betreffende bewußter darum bemühen müssen, eine flexiblere und anpassungsfähigere Einstellung zu entwickeln, wenn er den vollen Nutzen aus den Erfahrungen, die sich ihm bieten, ziehen will. Man erhält hier jedoch leichter die von diesem Aspekt angezeigten Chancen, da dieses dissoziierte Sextil weniger zu

Ablenkung und zu breit gestreuten Interessen neigt. Es ist weniger ruhelos als das normale Sextil. Hier ist eine stärkere Konzentrationsfähigkeit gegeben, wobei die Flexibilität etwas reduziert ist (was das Spektrum der Ausdrucksmöglichkeiten einschränkt). Der Betreffende lebt womöglich mehr aus dem Bauch heraus und besitzt ein instinktives Wissen, wie man die hier vorhandenen Kräfte positiv nutzen kann sowie eine Fähigkeit, die Entwicklung dieser Triebkräfte sorgfältig zu fördern. Die Vorteile dieses Potential manifestieren sich im Leben dieses Menschen langsamer, aber dafür weiß er sie mehr zu schätzen.

Wenn das dissoziierte Sextil in Tierkreiszeichen fällt, die im Quadrat zueinanderstehen, ist die psychische Spannung stärker. Die Erfahrungen, die der Betreffende anzieht, befriedigen oftmals sein inneres Bedürfnis nach Herausforderung und Konfrontation nicht und erweisen sich auf lange Sicht wiederum als weniger anregend oder anziehend. Umgekehrt kann es auch sein, daß er mehr Energie auf Situationen verwendet, die dies in Wirklichkeit gar nicht von ihm verlangen. Der Betreffende könnte hier Hindernisse schaffen, die unnötig sind und den Situationen, die er anzieht, unangemessen. Kurz, gewöhnlich strengt er sich zu sehr an, etwas zu erreichen, was man normalerweise mit weniger Aufwand besser schafft (übertriebenes Ausagieren) oder er hindert sich selbst daran, sich den nutzbringenden, neuen Erfahrungen zu öffnen, was auf ein inneres Gefühl der Unsicherheit oder Unzulänglichkeit zurückzuführen ist (Hemmung). Der Betreffende muß eine größere Objektivität gegenüber sich selbst entwickeln. Der verborgene Einfluß des Quadrats könnte ihn jedoch dazu zwingen, die ruhelosen Energien dieses Aspekts besser zu kontrollieren und zu disziplinieren (da alle Sextile ein gewisses Maß an persönlicher Anstrengung erfordern, wenn sie produktiv in unser Leben einfließen sollen). Der Schlüssel liegt darin, daß man erkennt, wieviel Anstrengung für die besten Resultate erforderlich ist.

Das dissoziierte Quadrat

An einem dissoziierten Quadrat sind Tierkreiszeichen beteiligt, die entweder im *Trigon* oder *Sextil* zueinanderstehen. Obwohl der Betreffende herausfordernde Situationen anzieht, die ihn dazu zwingen, sich direkt mit den Angelegenheiten zu konfrontieren, mangelt es ihm an Durchhaltevermögen und Bestimmtheit, mit so schwierigen Umständen umzugehen (da sowohl Trigone als auch Sextile nach einfachen, mühelosen Lösungen streben und Streß nicht besonders gut aushalten können). Die innere Antriebskraft, die erforderlich ist, um problematische, äußere Hindernisse aus dem Weg zu räumen, ist normalerweise nur mangelhaft ausgeprägt. Daher sind beide Arten von dissoziierten Quadraten weniger dazu geneigt, etwas durch Kampf und Anstrengung zu erreichen. Normale Quadrate haben eine viel stärkere Wirkung, was auf die Tatsache zurückzuführen ist, daß die beteiligten Tierkreiszeichen sich gegenseitig herausfordern, was eine Spannung zur Folge hat, die wiederum ein lebendiges Gefühl für die nötige Antriebskraft hervorruft. Bei dissoziierten Quadraten hetzen sich die beteiligten Planeten nicht gegenseitig auf, weshalb sie kaum Antrieb geben, bei der Lösung von Problemen, die der Aspekt normalerweise auslöst, entschlossen zu handeln.

Es könnte sich herausstellen, daß die Tierkreiszeichen, die normalerweise im Sextil zueinanderstehen, eine höchst anregende Spannung hervorbringen, da der verborgene Sextileinfluß dem Betreffenden die Möglichkeit gibt, den Grund für seine inneren Konflikte objektiv zu erkennen, anstatt diese Konflikte weiterhin gewohnheitsmäßig unbewußt auszuagieren. Vielleicht ist dies ein Anzeichen dafür, daß der Betreffende ein inneres Bedürfnis hat, herauszufinden, warum seine inneren Antriebskräfte in so verschiedene Richtungen laufen. Womöglich ist er aufgeschlossener für Ideen, die damit zu tun haben, wie er besser mit seinen Energien umgehen kann (anders als das defensivere, normale Quadrat). Meiner Meinung nach kann jeder Sextil-Aspekt oder -Einfluß als das beste Gegenmittel für ein Quadrat dienen. Ein solcher Einfluß trägt dazu bei, starre Verhaltensmuster in einer Weise zu durchbrechen, die eher anziehend als bedrohlich erscheint. Anstatt daß wir es hier mit einem oftmals als »schwächer« bezeichneten Quadrat zu tun haben, handelt es sich um einen Aspekt, der das Potential in sich birgt, mehr Bewußtheit zu erlangen, wenn der Betreffende erkennt, daß er seine Probleme auf intelligente Weise lösen kann. Der verborgene Sextil-Einfluß kann ihm zusätzliche Ermutigung und Optimismus verleihen.

Positiv umgesetzte dissoziierte Quadrate, an denen Tierkreiszeichen beteiligt sind, die normalerweise im Trigon zueinanderstehen, weisen darauf hin, daß das persönliche Gefühl von Harmonie und Wohlbefinden es dem Betreffenden ermöglicht, Herausforderungen mit größerem Vertrauen anzunehmen. Egal wie schwierig die Situationen auch sind, glaubt dieser Mensch innerlich fest daran, daß sich die Dinge aufgrund seiner unablässigen Bemühungen zum Besten entwickeln werden. In seiner negativen Ausdrucksform kann der Aspekt dazu führen, daß der Betreffende versucht, der Verantwortung oder den Verpflichtungen, die durch das Quadrat angezeigt werden, auszuweichen, die man im Grunde genommen nicht ignorieren und denen man nicht aus dem Wege gehen sollte. Die Probleme werden hier nur gelöst oder gebessert, wenn man sie so handhabt, wie es das Quadrat erfordert, und sich den Herausforderungen in realistischer Weise stellt. Anstatt innerlich zu erwarten, über Sofort- oder Wunderlösungen zu stolpern, sollte der Betreffende den Trigon-Einfluß dazu benutzen, sich kreative Einsicht zu verschaffen und sich eine Vision zu geben, was ihm bei der Konfliktlösung helfen kann. Er wird mehr Selbstdisziplin und Kontrolle entwickeln sowie der Versuchung widerstehen müssen, die Dinge hinauszuzögern.

Das dissoziierte Trigon

An einem dissoziierten Trigon sind Tierkreiszeichen beteiligt, die entweder in einer *Quincunx* oder im *Quadrat* zueinanderstehen. Ähnlich den dissoziierten Sextilen sind in dissoziierten Trigonen Einflüsse wirksam, die psychologische Disharmonie und Unbehaglichkeit auslösen, obwohl die äußeren Umstände, die normalerweise vom Trigon angezogen werden, an sich nicht unangenehm oder streßgeladen sind. Der Betreffende fühlt sich gewöhnlich weniger wohl als man normalerweise erwarten würde, da die äußeren Umstände, die mit dem Trigon verbunden sind, eigentlich mühelos und angenehm sind.

Wenn das dissoziierte Trigon in Tierkreiszeichen fällt, die eine Quincunx miteinander bilden, kann sich der Betreffende nicht mühelos auf die Vorteile einstellen, die ihm durch den Aspekt dennoch mühelos zufallen. Auf irgendeiner inneren Ebene seiner selbst hat er die Übersicht verloren und kann sich nicht auf ein einziges Ziel konzentrieren, was zu einer subtilen Unzufriedenheit führt, die seine Fähigkeit einschränkt, sich zu entspannen und die angenehmen Seiten des Trigons zu genießen. Da uns Quincunx-Aspekte dazu zwingen, gründlich zu analysieren und die notwendigen Korrekturen durch eine Neuorganisation unserer Energien durchzuführen, ist der Betreffende hier womöglich zu sehr damit beschäftigt, geringfügige Veränderungen in Bereichen durchzuführen, die dies in Wirklichkeit gar nicht erfordern, da das Trigon darauf hinweist, daß sich die Dinge bereits in einem Zustand der Harmonie befinden. Der Betreffende interpretiert die Dinge ganz einfach nicht in dieser Weise, selbst wenn es für andere offensichtlich erscheint. Obwohl Trigone zu einem kreativen Selbstausdruck aus ganzem Herzen ermutigen, weist dieses dissoziierte Trigon auf einen Mangel an innerer Gelassenheit und Selbstvertrauen hin. Der Betreffende fühlt sich in bezug auf irgendein hier angezeigtes Talent weniger selbstsicher, und er ist sogar ein wenig beunruhigt darüber, wie er seine Fähigkeiten zum Ausdruck bringt (da er übertrieben perfektionistisch ist). Vielleicht ist er innerlich zu durcheinander und unsicher, um seine persönlichen Talente, sein Glück oder seine Freizeit effektiv zu nutzen (wenn sie falsch gehandhabt werden, führen Quincunxen zu Unproduktivität). Andererseits drängt ein positiv eingesetztes dissoziiertes Trigon den Betreffenden dazu, seine Fähigkeiten Schritt für Schritt zu verbessern. Er hält sie nur selten für selbstverständlich, sondern neigt mehr dazu, sich ihrer Entwicklung bewußt zu sein (anders als das normale Trigon).

Wenn das dissoziierte Trigon in Tierkreiszeichen auftaucht, die im Quadrat zueinanderstehen, verlaufen die äußeren Situationen zu reibungslos, um die inneren Bedürfnisse des Betreffenden zu befriedigen. Psychisch erwartet oder verlangt er eine gewisse Herausforderung oder Kampf, aber statt dessen erlebt er einen inneren Konflikt, wenn er erkennt, daß die Umstände, die er hier anzieht, seinen starken Bedürfnissen einfach nicht gerecht werden können.

Dies führt dazu, daß er so unzufrieden ist, daß er absichtlich Probleme schafft, nur um die Spannung zu erzeugen, die er verspüren möchte, weshalb er Disharmonie in ansonsten friedliche Situationen bringt. Aufgrund der defensiven Natur des Quadrats könnte dieser dissoziierte Aspekt auf Talente und Fähigkeiten hinweisen, die mißbraucht oder aggressiv eingesetzt werden. All die hier beschriebenen Manifestationen repräsentieren die überaktive Seite des Quadrats. Aber da Quadrate auch hemmend wirken können, kann es sein, daß der Betreffende Energien unterdrückt, was seiner Fähigkeit im Wege steht, durch die hier angezeigten Aktivitäten Erfüllung zu finden. Obwohl er oberflächlich einen mühelosen Selbstausdruck zeigt, kann es sein, daß er innerlich Spannung und ein subtiles Gefühl von Angst oder Streß verspürt. Die Hemmung und Unsicherheit kann ihn daran hindern, seine kreativen Fähigkeiten vertrauensvoll zum Ausdruck zu bringen. In seiner positiven Form könnte der Quadrat-Einfluß dem normalerweise gemächlichen, nachsichtigen Trigon genügend zuzätzlichen Antrieb geben, um sich dynamisch auf eine sinnvolle, kreative Aktivität zu konzentrieren.

Die dissoziierte Quincunx

Die dissoziierte Quincunx fällt in Tierkreiszeichen, die entweder im *Trigon* oder in *Opposition* zueinanderstehen. Hier muß der Orbis sehr klein gehalten werden (3 Grad oder weniger). Wenn die dissoziierte Quincunx durch im Trigon zueinanderstehende Tierkreiszeichen wirkt, hat der Betreffende eine positive oder optimistische Einstellung zu den hier erforderlichen Anpassungen. Er zeigt ein lebhafteres Interesse daran, diejenigen Teile seiner Persönlichkeit neu zu organisieren, die ihn von der Verwirklichung seines besten Potentials abhalten, (da er spüren oder visualisieren kann, wie er seine Fähigkeiten so weiterentwickeln könnte, daß sie den Idealzustand erreichen, und dies kann ihn inspirieren). Daher besteht eine psychische Bereitschaft, sich selbst in kleinen, aber bedeutsamen Schritten zu verbessern, und bisweilen in einer Art und Weise, die dem Betreffenden sogar Spaß macht. Vielleicht neigt er dazu, kreative Ausdrucksmöglichkeiten für seine Bestrebungen, sich selbst zu verbessern, zu suchen. Aufgrund der leichten, spannungslosen Natur des Trigon-Einflusses ist man bei diesem Aspekt weniger reizbar. Und doch kann diese Qualität in einem gewissen Maß nachteilig wirken, und zwar dahingehend, daß sie zu einer Anpassung an das bestehende Problem ermutigt (Trigone fördern Faulheit und das Aufschieben), anstatt sich eifrig darum zu bemühen, eine angemessene Lösung zu finden (auch hier erwartet das Trigon wieder voller Vertrauen, daß sich alles von selbst regeln wird, ohne eine persönliche Anstrengung machen zu müssen). Dieser Aspekt kann auf eine größere Selbstsicherheit in der Bewältigung der subtilen Schwierigkeiten des Quincunx-Dilemmas hinweisen sowie einen genügend starken Idealismus anzeigen, der den starken Wunsch verspüren läßt, die Situation zu verbessern.

Wenn die dissoziierte Quincunx in Tierkreiszeichen fällt, die in Opposition zueinanderstehen, kann es sein, daß der Betreffende eine klarere und breitere Perspektive der hier angezeigten Themen besitzt, als es bei der normalen Quincunx der Fall ist. Der Betreffende hat von Natur aus das Bedürfnis, durch die äußeren Anpassungen, die er vornimmt, sein inneres Gleichgewicht herzustellen. Möglicherweise ist er jedoch weniger motiviert, diese notwendigen Anpassungen ohne psychische Unterstützung und Rückendeckung von anderen Menschen vorzunehmen. Vielleicht besteht eine seiner wichtigsten Lernerfahrungen darin, weniger abhängig von anderen zu werden und mehr Bereitschaft zu zeigen, seine Fähigkeit zu erproben, Selbstsicherheit an den Tag zu legen. Er muß seine Einstellung zu Beziehungen überprüfen. Der Oppositionseinfluß scheint die Tendenz der Quincunx zu verstärken, sich von allem zu trennen oder es gewaltsam zu beseitigen, was das eigene Wachstum behindert (da Oppositionen auf Kräfte hinweisen können, die trennend wirken). Daher kann das psychische Gleichgewicht hier sehr wichtig sein, wenn der Betreffende konstruktiv an sich arbeiten will, ohne den Zweck eines solchen Bemühens aus den Augen zu verlieren. Vielleicht können die Veränderungen hier leichter herbeigeführt werden, wenn der Betreffende erst einmal mehr Bereitschaft zeigt, mit anderen zu kooperieren, und mehr Rücksicht auf ihre Bedürfnisse nimmt. In seiner negativen Ausdrucksform führt der Aspekt dazu, daß der Betreffende das Gefühl für Harmonie verliert und innerlich mit gegensätzlichen Kräften kämpft, die ihn zerreißen, was sich äußerlich in Form von ernsthaften geistigen oder körperlichen Beschwerden manifestieren kann. Er muß sich objektiv mit diesen inneren Einstellungen konfrontieren, die seiner Fähigkeit zur Persönlichkeitsentwicklung im Wege stehen und ihn davon abhalten, ein organisiertes, produktives Leben zu führen.

Die dissoziierte Opposition

Die dissoziierte Opposition fällt in Tierkreiszeichen, die normalerweise eine *Quincunx* miteinander bilden. Dies weist auf die Notwendigkeit hin, wichtige Korrekturen oder Anpassungen in der Einstellung zu Beziehungen vorzunehmen. Gewöhnlich verhilft eine Opposition zu einer breiteren Sicht beider Seiten einer Situation, in der wir eindeutig entweder lernen, die Unterschiede in Einklang miteinander zu bringen oder uns selbst in einen ständigen Konflikt und antagonistischen Austausch mit anderen Menschen zu verwickeln. Aber ein Mensch mit einer dissoziierten Opposition kann Situationen nicht so klar oder genau beobachten (erinnern Sie sich, daß Quincunxen dazu tendieren, die klare Sicht zu behindern, und dies könnte zu geringfügigen Verzerrungen oder der Unfähigkeit, die feineren Details einer Situation wahrzunehmen, führen). Daher kann der Betreffende Gegensätze, die in Beziehungen wirken, nicht besonders gut wahrnehmen. Wenn er diese blinden Flecken schließlich erkennt, irritiert ihn dies gewöhnlich. Dieser Aspekt erzeugt mehr Unsicherheit und Angst im Umgang mit Beziehungsproblemen, da es den beteiligten

Tierkreiszeichen an der Koordinationsfähigkeit mangelt, die für gegensätzliche Tierkreiszeichen typisch ist. Aufgrund dessen besitzt die dissoziierte Opposition eine starke Anziehungskraft, die sie jedoch nicht aufrechterhalten kann wie die normale Opposition, und dies wirkt auf den Betreffenden sehr beunruhigend. Obwohl äußere Konflikte in seinen Beziehungen weniger offensichtlich sind, verschärfen sich bei diesem Aspekt die inneren Konflikte. Dies macht eine subtile geistige oder emotionelle Reorganisation des Prozesses notwendig, sich anderer Menschen bewußt zu sein. Der Betreffende muß sich mehr darum bemühen, die Botschaften anderer Menschen besser zu empfangen, wenn er seine inneren Konflikte lösen will.

Kapitel 4

Das Grosse Trigon

Wenn mindestens drei Planeten an verschiedenen Punkten des Horoskops alle im selben Element und daher im Trigon zueinanderstehen, wird die auf diese Weise gebildete Aspektfigur ein *Großes Trigon* genannt. Der Prototyp für das Große Trigon im Urtierkreis umfaßt die drei Feuerzeichen, da vom Kardinalpunkt des Zeichens Widder aus der 120-Grad-Aspekt im Aspektzyklus gegen den Uhrzeigersinn auf Null Grad Löwe fällt und im Uhrzeigersinn auf Null Grad Schütze. Deshalb bildet das Große Trigon ein großes Dreieck in der Horoskopzeichnung. Es handelt sich um eine besondere Konstellation, die dazu bestimmt ist, einen starken Idealismus, Einsicht und Visionsfähigkeit sowie kreativen Selbstausdruck und Wohlbefinden hervorzubringen. Das Große Trigon kann auf Vertrauen und Selbstsicherheit, optimistische Haltung, ein Gefühl der Lebensfreude, Mühelosigkeit, Inspiration, Entfaltung von Kreativität und ein allgemeines Gefühl von Geborgenheit durch inneres Vertrauen und Hoffnung hinweisen. Kein Wunder, daß die traditionelle Astrologie dem Großen Trigon einen ausgesprochen günstigen Einfluß zugeschrieben hat. Die moderne Astrologie wird sich jedoch zunehmend der potentiellen Nachteile eines fehlgeleiteten Großen Trigons bewußt.

Denken Sie daran, daß sich ein Großes Trigon zu allererst aus drei separaten Trigonen zusammensetzt. Wie bereits erwähnt, ist das Trigon auf Leichtigkeit ausgerichtet und reduziert Druck, Spannung und Streß. Da es im Zusammenhang mit Müßiggang und Selbstlob steht, motiviert es uns nicht dazu, zu kämpfen und durch das Annehmen größerer Herausforderungen zu wachsen. Es erscheint sogar etwas statisch und bisweilen unwirksam, sobald man keine angenehmen Ausdrucksmöglichkeiten für seine Energien findet. Das Trigon hat kein Bedürfnis, mit Frustration oder Einschränkung fertig zu werden und möchte sich, in einem Zustand innerer Entspannung und Harmonie und ungehindert durch äußere Störungen, uneingeschränkt selbst genießen. In dieser Hinsicht konzentriert sich das Trigon etwas unrealistisch auf die persönliche Befriedigung auf Kosten der wachsenden Charakterstärke (die gewöhnlich durch Streß und Konflikte erlangt wird). Zu viele Trigone im Horoskop können ein selbstgefälliges Temperament spiegeln, das immer wieder der Selbstdisziplin ausweicht oder versucht, die wichtigen Verantwortlichkeiten im Leben zu ignorieren. Der Effekt kann den Betreffenden verweichlichen und seine potentielle Antriebskraft und Bereitschaft, sein Leben dynamisch anzupacken, stark beeinträchtigen. Trigone, die negativ gehandhabt werden, rufen ein Gefühl der falschen Sicherheit hervor, was in einer unproduktiven Passivität resultiert, die einen davon abhält, jemals im Leben den Ehrgeiz zu entwickeln, seine bestehenden Talente oder Fähigkeiten weiterzuentwickeln. Der Betreffende ist ganz einfach zufrieden mit dem, was er vom Leben bekommt und er sieht keinen Sinn darin, diese Verhaltensweise zu ändern.

Dieser Sachverhalt wird beim Großen Trigon sogar noch mehr verstärkt. Eine solche Aspektfigur kann tatsächlich zu einer Quelle noch stärkerer Trägheit und Stagnation werden, wenn der Betreffende keinen angemessenen Sinn für Ausgewogenheit in seinem Bewußtsein besitzt (symbolisiert durch eine ausreichende Anzahl von Quadraten und Oppositionen im Horoskop – und besonders, wenn einige von diesen auch einen Aspekt zu einigen oder allen Planeten bilden, die in das Große Trigon eingebunden sind). Dieser vielschichtige Aspekt könnte ein Zuviel an »Glück« im Leben darstellen. Es hängt von dem Charakterprofil ab, das vom gesamten Horoskop angezeigt ist, ob dieses »Glück« nun wirklich ein Vorteil für die innere Entwicklung ist und ob sie fördert oder verzögert und schwächt. Wie Barbara Watters in ihrem Buch *The Astrologer Looks At Murder*[1] schreibt, hat man bei vielen Kriminellen (sogar Mördern) im Geburtshoroskop das Große Trigon gefunden, ebenso bei Menschen, die sehr leicht vor den Härten des Lebens kapitulieren und statt dessen einer Sucht anheimfallen oder einen asozialen Lebensstil entwickeln. Im Horoskop des Kriminellen kann das Große Trigon den Antrieb, gegen einschränkende Lebensumstände in einer realistischen Weise anzukämpfen, mindern, – unglücklicherweise, denn gerade dieser Kampf könnte helfen, solche Einschränkungen in erwachsener Weise mit Erfolg zu überwinden. Die Kriminologie hat die Beobachtung gemacht, daß chronisch Kriminelle eine unrealistische, kindliche Weltsicht haben, aus der heraus sie erwarten oder verlangen, daß die Umwelt ihren persönlichen Bedürfnissen nachgibt und sich ihnen unterwirft oder, wenn sie dies nicht tut, bestraft werden muß. Gewöhnlich werden sie von einem illusionären, nicht in Zweifel gezogenen Gefühl motiviert, daß sie mit den sozialen Verhältnissen fertigwerden und schließlich die Kontrolle darüber erlangen können (wenn sie dies wollen) und sich daher nicht den Gesetzen unterordnen müssen, denen ihre »schwächeren« Opfer gehorchen. Barbara Watters behauptet, daß bei einigen Kriminellen, die sie untersuchte, das Vorhandensein des Großen Trigons nur dazu führte, daß sich die selbstsüchtigen oder rücksichtslosen Aktivitäten als noch erfolgreicher herausstellen (was in manchen Fällen buchstäblich soweit geht, daß sie sogar bei einem Mord ungestraft davonkommen) und zwar über unglaublich lange Zeit hinweg. Natürlich repräsentiert all dies einen sehr pervertierten, primitiven Gebrauch des Großen Trigons und deshalb läßt sich diese Deutung nur auf einen sehr kleinen Prozentsatz von Menschen anwenden.

Bei der Deutung hängt sehr viel davon ab, wieviele Planeten das Große Trigon bilden und wie das grundlegende Wesen dieser Planeten beschaffen ist. Je mehr Planeten in diesen Aspekt eingebunden sind, um so größer ist die Gefahr des Ungleichgewichts und der Charakterschwäche. Übermäßige Bequemlichkeit, persönliche Exzesse und Passivität werden beispielsweise noch mehr verstärkt, wenn Mond, Venus, Jupiter oder Neptun beteiligt sind... oder wenn Zeichen wie Stier, Krebs, Löwe, Skorpion oder Fische im gesamten Horoskop stark vertreten sind. Beachten Sie bitte, daß diese Tierkreiszeichen die Sinnlichkeit als gemeinsamen Nenner haben. Andererseits sind Planeten wie Mars, Saturn und Uranus (manchmal auch Pluto) von Natur aus zu aktiv und ehrgeizig, um jemals zuzulassen, daß sie in Selbstgefälligkeit oder

Stagnation verfallen. In gleicher Weise müssen Tierkreiszeichen wie Jungfrau, Steinbock und Widder ständig beschäftigt und aktiv sein, um normal zu funktionieren.

Wenn das Geburtshoroskop ein Großes Trigon aufweist, kann man möglicherweise feststellen, daß andere Menschen oder die allgemeine Lebenssituation schon sehr früh im Leben des Betreffenden für seine persönlichen Bedürfnisse sorgen. Wahrscheinlich hat er das Gefühl, daß ihn die härteren Realitäten des Lebens nicht berühren, zumindest in bestimmten situationsbedingten Bereichen. Menschen mit Großen Trigonen wachsen womöglich in der unbewußten Erwartung auf, daß ihnen eine besondere Behandlung, einzigartige Privilegien und die verständnisvolle Unterstützung von ihrer Umgebung zusteht, aber sie verspüren nur selten den Drang, selbst für diese Vorteile zu arbeiten. Hier laufen wir Gefahr, eine Lebenseinstellung anzunehmen, in der wir annehmen, daß uns alles »zufliegt«, ungeachtet dessen, ob wir das, was wir wollen, auch verdient haben. Unsere hoffnungsvolle Annahme, daß das Leben immer unsere Bedürfnisse befriedigen wird, ganz einfach weil wir dies so wollen, wird oftmals durch den positiven, angenehmen Ausgang vieler unserer Erfahrungen verstärkt. Mit dem Großen Trigon hat man wahrhaftig ein wunderbares Leben. Doch bei dem kleinsten Rückschlag gelingt es dem Betreffenden nicht, die psychische Kraft zu entwickeln und einzusetzen, die erforderlich ist, um sich großen Lebenskrisen zu stellen und eine effektive Lösung für sie zu finden. Selbst wenn normalerweise alles so läuft, wie es einem gefällt, wird man unvermeidlich bisweilen auf äußere Widerstände stoßen, wenn man in Wirklichkeit stagniert, anstatt zu wachsen. Und wenn dies geschieht, ist man womöglich nicht in der Lage, mit den Problemen, denen man sich stellen muß, in angemessener Weise umzugehen. Besonders in den Häusern/Bereichen, wo sich die Planeten des Großen Trigons befinden.

An diesem kritischen Punkt ist es möglich, daß der Betreffende von jeder größeren Schwierigkeit überwältigt oder gelähmt wird, was in ihm das Gefühl der Machtlosigkeit oder Hilflosigkeit hervorruft, diese unangenehmen Umstände tatkräftig zu verändern. Aufgrund der früheren Konditionierung nimmt der Betreffende möglicherweise wieder Zuflucht darin, sich übermäßig abhängig von dem aktiven Bemühen von jemand oder etwas anderem zu machen, das ihn sofort von dem Streß, den er durchmacht, befreien soll. Dies könnte das Fluchtverhalten unterstützen (besonders bei Großen Wassertrigonen), wobei er den Weg des geringsten Widerstandes geht in dem Versuch, sich vor dem äußeren Konflikt zu schützen, der die tröstlichen Strukturen seiner (inneren) Welt scheinbar bedroht. Und wenn sich dies nicht gewährleisten läßt, zieht er sich in sich selbst zurück und tut absolut nichts gegen seine mißliche Lage. Dies ist natürlich eine extreme Reaktion, die pathologische Züge trägt, und daher kommt sie nur sehr selten vor. Damit soll nur die unglaubliche Macht des Großen Trigons gezeigt werden, die menschliche Psyche von allem abzuschirmen oder vor allem zu schützen, was man als gefährlich oder schädlich betrachtet.

Mehrere Große Trigone im Horoskop (obwohl dies sehr selten vorkommt) können noch schwächender wirken, da mindestens doppelt so viele Planeten in Trigone eingebunden sind. Aber es hängt sehr stark davon ab, welche Aspekte das eine Trigon zum anderen (den anderen) bildet. Wenn beispielsweise ein Großes Feuertrigon Aspekte zu einem Großen Lufttrigon bildet, ist das Ergebnis in Wirklichkeit ein potentielles Großes Sextil, das aufgrund der Tatsache sehr dynamisch wirken kann, daß auf diese Weise drei Oppositionen und sechs Sextile entstehen. Dies kann sehr anregend wirken. Aber wenn diese beiden Großen Trigone in keiner Verbindung miteinander stehen, weil die Orben zu grob sind, um einen Aspekt in Betracht zu ziehen, hat es der Betreffende ausgesprochen schwer, die verschiedenen Teile seiner Persönlichkeit zu integrieren. Dieser außergewöhnliche Umstand könnte auf einen Menschen hinweisen, der sich durchs Leben treiben läßt und nur selten genügend Antrieb verspürt (weshalb er unter den Folgen einer schlechten Zeitplanung leidet), um irgend etwas Bedeutsames zu vollbringen. Obwohl Talente und Fähigkeiten vorhanden sind, werden sie wahrscheinlich aufgrund mangelnder Motivation oder praktischer Anwendbarkeit verschwendet. Und was die Sache noch schlimmer macht, ist, daß es diesen Typ Mensch nur selten kümmert, ob er seinem höchsten Potential gerecht wird, was auf die Illusion der inneren Harmonie und des Wohlbefindens zurückzuführen ist, welche die vielen Trigone hier hervorbringen. Im nächsten Kapitel wird das Große Sextil ausführlich besprochen.

Im allgemeinen gilt, je mehr streßgeladene Aspekte von anderen Planeten im Horoskop auf Planeten, die das Große Trigon bilden, treffen, um so mehr wird sein Einfluß und Ausdruck verändert. In den meisten Horoskopen mit dieser Aspektfigur findet man gewöhnlich diese Situation. Ein isoliertes Großes Trigon (oder ein Trigon, das keine äußeren Kontakte zu wichtigen Aspekten hat – besonders Quadraten und Oppositionen) ist in der Lage, seine Identität intakt zu halten, was auch geschehe. Es läßt sich kaum durch etwas beeinflussen und neigt dazu, autonom zu wirken, ähnlich einem unaspektierten Planeten. Es ist in der Lage, sich entsprechend seiner Reinform zum Ausdruck zu bringen. Auch diese Art von Großem Trigon kommt fast nie vor. Und selbst wenn Sie im Horoskop einen solchen Aspekt finden sollten, denken Sie bitte daran, daß die transitierenden Planeten ständig herausfordernde äußere Kontakte herstellen. Nichts im Horoskop bleibt absolut statisch und unbegrenzt unabhängig. Und daher kann das Große Trigon genau die notwendige Menge an positiver Verstärkung liefern, die nötig ist, um einem Menschen zu helfen, dynamische Streßmuster zu lösen, während es umgekehrt mit zusätzlicher Energie und Antriebskraft versorgt wird und zu einer höchst produktiven und belebenden Quelle kreativer oder spiritueller Kraft wird, wenn im Horoskop ein T-Quadrat oder ein Großes Quadrat ergänzend auftritt (besonders eines, das an das Große Trigon anknüpft).

In den Hunderten von Horoskopen, die ich auf Große Trigone hin untersucht habe, fand ich relativ wenige berühmte Persönlichkeiten. Es ist offensichtlich, daß die wenigen, deren Horoskop einen solchen Aspekt aufweist, in der Lage waren, die Energie des Großen Trigons umzusetzen und nicht zuließen, daß ihre Vorteile verschwendet wurden. Die meisten Prominenten mußten scheinbar erst einmal kämpfen, durchhalten und große Schwierigkeiten überwinden, bevor sie zu den erfolgreichen Positionen aufsteigen konnten, durch die sie bekannt und unvergeßlich geworden sind.

Vielleicht erklärt dies das Fehlen von Großen Trigonen in ihren Horoskopen.

Das Große Feuertrigon

Beim *Großen Feuertrigon* wird die kreative, inspirierende Kraft des Trigons offensichtlicher, da das Element Feuer an sich vital ist und zum Ausdruck der eigenen Persönlichkeit und zu spontanem Handeln neigt. Es strebt danach, sich durch den direkten Ausdruck seines Potentials selbst zu erfahren. Obwohl die Visionsfähigkeit bei diesem Großen Trigon betont sein kann, kann auch das Gefühl der persönlichen Bedeutung oder Macht übertrieben sein, was sich als starkes Geltungsbedürfnis oder übertriebenen Stolz auf sich selbst manifestieren kann. Der Betreffende scheint vom Glück begünstigt, weil er in der Lage ist, sich selbst voll und ganz in aufregende und ziemlich wagemutige Aktivitäten zu stürzen, wobei er nur wenig Angst, Unsicherheit oder Frustration verspürt. Gewöhnlich handelt es sich um einen aktiven Menschen, der ständig in Bewegung ist und sich nicht gerne längere Zeit ruhig hält. Meist findet man bei ihm einen Hang zum Abenteuer sowie eine sympathische Arglosigkeit, die ihm ermöglicht, – ohne lange zu überlegen – Risiken einzugehen. Normalerweise ist er kein berechnender Typ, sondern handelt lieber sofort aus einem Impuls heraus. Gewöhnlich hält er sein Recht, ungehindert das zu tun, was ihm gefällt und wann es ihm gefällt, für selbstverständlich, da das, was er will, normalerweise nur ihn betrifft, was darauf hinweist, daß er glaubt, ein individuelles Privileg zu besitzen. Er strebt danach, unabhängig und autonom zu bleiben und erwartet, daß er sich verwirklichen kann, ohne daß ihn andere dabei behindern. Er verlangt nur, daß seine Umwelt bereit ist, seine spontanen Bedürfnisse in jedem Augenblick unverzüglich oder widerstandslos zu erfüllen. Sein Glauben an sich selbst sowie sein Gefühl, daß ihm nichts etwas anhaben kann, ist oftmals so tief verwurzelt, daß er sogar bereit und begierig ist, alles auszuprobieren, ungeachtet unüberwindlicher Hindernisse, um seine eigenen Ziele zu erreichen. Bescheidenheit ist nicht gerade seine Stärke. Die Dynamik des Großen Trigons gibt ihm jedoch einen starken und unerschütterlichen Glauben an sich selbst, so daß seine Bemühungen meistens vom Erfolg gekrönt sind. Wenn er sich erst einmal einem persönlichen Ziel verschrieben hat, kann er mühelos großen Mut, innere Kraft, Vertrauen und Enthusiasmus an den Tag legen.

Unbewußt kann der Betreffende jedoch ein sehr starkes Bedürfnis nach Aufmerksamkeit, Loyalität und sogar Dienstbarkeit anderer haben (Feuer ist das königliche Element), obwohl er sich selbst nicht um die Bedürfnisse anderer kümmert, besonders wenn diese Bedürfnisse subtil sind oder indirekt zum Ausdruck gebracht werden. Dies soll nicht heißen, daß ein Mensch mit dem Feuertrigon kalt und gefühllos ist, da Feuer ein warmes und großzügiges Element ist (besonders Löwe). Es deutet ganz einfach darauf hin, daß man zunächst die Aufmerksamkeit des Betreffenden von den egozentrischen Interessen ablenken muß und dann kann es sein, daß er bereit ist, eine Menge Energie für Ihr persönliches Wohlergehen aufzuwenden: Bei diesen Menschen geschieht dies nur nicht instinktiv, da das eher eine Eigenschaft des Wasserelements ist. Natürlich dürfen Sie nicht versäumen, Ihre aufrichtige Anerkennung seiner Bemühungen deutlich zu zeigen, wenn er sich für Ihre Bedürfnisse eingesetzt hat. Dann blüht er auf. Aber im Ernst, das Große Trigon, das durch dieses energiegeladene Element wirkt, verleiht normalerweise zusätzliche Vitalität (was sich eher als körperliches Durchhaltevermögen oder hohe Widerstandskraft gegen Viren manifestieren kann als in Forschheit, da Trigone sich nicht immer übermäßig ausdrücken). Der Betreffende neigt zur Zufriedenheit mit seinen momentanen Impulsen, aber dennoch wird er seinen grenzenlosen Drang, das Leben in vollen Zügen zu genießen, zügeln müssen. Ohne die nötige Ruhe wird er sich wahrscheinlich zu früh im Leben verausgaben und auch andere Menschen verschleißen. Persönlich habe ich die Beobachtung gemacht, daß sich eine starke Feuerbetonung manchmal als totale Selbstbezogenheit manifestiert, was dazu führt, daß manche Menschen in sozialen Situationen reserviert oder unbeteiligt bleiben, anstatt das feurige, lebhafte Temperament zu zeigen, das man erwarten würde. Statt sich mit einem

Leben zufrieden zu geben, das sich ausschließlich um sich selbst dreht, ist es für jemanden mit diesem Großen Trigon ratsamer, aktiv nach Führungsrollen im Leben zu suchen oder nach Aufgaben, die ein hohes Maß an körperlicher oder kreativer Leistung erfordern. Herausforderungen, die eine dynamische Interaktion ermöglichen, tragen dazu bei, daß sich diese Art von Großem Trigon produktiv entfaltet, statt zu stagnieren.

(Thomas Jefferson – Mahatma Gandhi – Winston Churchill – Fidel Castro – Albert Schweitzer – Hermann Melville – Gustave Flaubert)

Das Große Erdtrigon

Beim *Großen Erdtrigon* wird die beruhigende, tröstende und anziehende Kraft des Trigons betont. Die Erde wie auch das Trigon strebt danach, den Status quo der bestehenden Lebensumstände aufrechtzuerhalten, in denen man sich sicher und unterstützt fühlt. Sowohl das Element als auch der Aspekt reagieren nicht besonders positiv auf drastische und einschneidende Veränderungen in den Lebensumständen. Der Betreffende mit diesem großen Trigon muß ein tiefes Gefühl der inneren Sicherheit und Stabilität in der physischen Welt haben. Aufgrund der mächtigen Anziehungskraft dieses Aspekts ist er sehr leicht dazu in der Lage, für seinen materiellen Lebensunterhalt zu sorgen; sobald er praktische Hilfe braucht oder in eine hohe Position aufsteigen möchte, bieten sich ihm jede Menge günstige Gelegenheiten. In dieser Hinsicht ist das Große Erdtrigon dasjenige, das die physischen Bedürfnisse am besten befriedigt. Die Fähigkeit, materielle Güter anzuziehen, anzuhäufen und geschickt damit umzugehen, ist meist ausgesprochen stark entwickelt. Doch oftmals fehlt dem Betreffenden der Antrieb, sich in die Welt hinaus zu wagen und eine aggressive Anstrengung zu machen, solche Güter zu erlangen. Im Horoskop eines weniger ehrgeizigen Menschen wird dieses Große Trigon wahrscheinlich einen sehr trägen, materialistischen Einfluß ausüben oder sich dahingehend auswirken, daß der Betreffende in der begrenzten Welt der Materie fest verwurzelt ist und sich in seinem Leben alles um das Materielle dreht (was auf lange Sicht für das innere Wachstum nicht erstrebenswert ist). Eines der konstruktiven Wesensmerkmale eines positiv gehandhabten Großen Erdtrigons ist die bemerkenswerte Ausdauer und Hartnäckigkeit, die es dem Betreffenden ermöglicht, seine Aufmerksamkeit beständig auf konkrete Ziele zu konzentrieren, ohne abgelenkt oder vom Kurs abgebracht zu werden. Wenn er sich erst einmal ein Ziel gesetzt hat, kann er ohne weiteres lange und hart auf einen Erfolg hinarbeiten. Er kann seine enormen Energiereserven mobilisieren und es macht ihm nichts aus, solange zu schuften, bis er die gewünschten, soliden Resultate erzielt hat. Anders als eine reine Erdzeichenbetonung weist die Dynamik des Großen Trigons jedoch auf ein zusätzliches Maß an Inspiration, Erkenntnis- und Visionsfähigkeit hin. Der Betreffende besitzt ein enormes Organisationstalent und praktisches Know-how, da Erdzeichen dazu befähigen, die perfekte oder ideale Struktur und Form zu visualisieren. Es kann auch ein ungewöhnlich starker, gesunder Menschenverstand angezeigt sein. Die enorme Kreativität ist einer der besonderen Vorzüge dieses Großen Trigons.

Menschen mit Großen Erdtrigonen können sich im Leben als phänomenale »Baumeister« erweisen, die ihre eigene Macht und kreative Kraft dann am besten wahrnehmen, wenn sie sie in Form von dauerhaften, materiellen Errungenschaften oder weltlichen Fertigkeiten erkennen können. Da das Sicherheitsbedürfnis und das Wertempfinden in ihrem Bewußtsein so stark verwurzelt ist, neigen sie nur selten dazu, Risiken einzugehen und setzen ihr Leben fast nie in der kühnen, siegesbewußten Weise aufs Spiel wie die Menschen mit Großen Feuertrigonen. Vielmehr neigen sie dazu, die Bedingungen abzuwägen und genau einzuschätzen, bevor sie irgendwelche bedeutenden Schritte unternehmen. Gewöhnlich ist ihre Zeitplanung in solchen Angelegenheiten ausgezeichnet. Trotzdem bringt diese starke Erdbetonung ein konventionelles, konservatives Temperament hervor, dem es oftmals an Phantasie und Ausstrahlung mangelt. Obwohl die innere Kraft und das Erfolgsstreben anderen Menschen Ehrfurcht einflößt, fehlt ihm die Anziehungskraft. In seiner negativen Ausdrucksform führt dieser Aspekt dazu, daß der Betreffende von Natur aus so stark auf Routine und Systematik eingestellt ist, daß er es wahrscheinlich ablehnt, dynamische Veränderungen in seinem Leben anzustreben, und sich manchmal in alten Geleisen festfährt, die seine Bequemlichkeit fördern, sodaß er sich weiterhin an der auf weltliche Dinge gerichteten Oberfläche des Lebens bewegt. Das Streben nach Befriedigung der körperlichen Bedürfnisse könnte das Streben nach tieferer Selbsterkenntnis überschatten. Arbeit und Produktivität werden hier oftmals auf Kosten der inneren Entwicklung überbewertet, selbst wenn diese Menschen gewöhnlich zu Positionen des organisierenden Management streben, in denen sie Aufgabenbereiche an andere delegieren, die dann die Arbeit für sie erledigen (da Menschen mit Trigonen sich meist nicht überanstrengen). Für einen Menschen mit diesem Großen Trigon ist es ratsam, aktiv nach materiellen Zielen zu streben, die den kreativen Einsatz der praktischen Fähigkeiten ermöglichen, um zu verhindern, daß die Energien angestaut werden und zu Trägheit führen.

(Josef Stalin – Napoleon – Aristoteles Onassis – Robert E. Lee – John L. Lewis – Mohammed Ali – John Lennon)

Das Große Lufttrigon

Beim Großen Lufttrigon werden die idealistischen, expansiven, Weisheit erlangenden Aspekte des Trigons betont. Das Element Luft wie auch das Trigon können sich darauf beschränken, im Kopf zu leben, ohne sich in der äußeren Welt übermäßig zum Ausdruck zu bringen. Der gemeinsame Nenner sowohl des Elements als auch des Aspekts ist ihre natürliche Neigung, Konzepte zu entwickeln und auf einer abstrakten Ebene kreativ zu werden. Die unpraktische Seite des Trigons kann daher bei dieser Aspektfigur noch offensichtlicher zutagetreten, wenn der Betreffende unfähig ist, seine idealistischen Erkenntnisse auf die Erde zu bringen. Dieser Mensch ist wahrscheinlich sehr an anderen Menschen interessiert, sehr aufgeschlossen und tolerant (Trigone sind gütig und lässig). Aber möglicherweise läßt er sich nicht unbedingt auf tiefe oder leidenschaftliche Zweierbeziehungen ein. Hier besteht die natürliche Neigung, ein unbeteiligter Beobachter zu bleiben, keine Verpflichtungen einzugehen und sich im wesentlichen die Freiheit zu bewahren, alles zu erforschen, was die geistige Aufmerksamkeit fesselt. Wenn der Betreffende eine Vielfalt von Beziehungen haben kann, die nur wenig Forderungen an ihn stellen, stellt sich eine große innere Zufriedenheit ein. Dies weist darauf hin, daß es für einen Menschen mit einem Großen Lufttrigon eine recht große Herausforderung ist, eine feste Bindung mit einem anderen Menschen einzugehen, ohne dies als Einengung oder Einschränkung zu empfinden. Dennoch verleiht dieses Große Trigon überdurchschnittliche erzieherische Fähigkeiten, einen regen Intellekt und die Fähigkeit, einen breiten Lebenshorizont zu haben. Der Betreffende findet Vergnügen daran, Neues über die Welt, in der er lebt, zu erfahren und gehört daher zu dem Typ des »ewigen Studenten«. Doch da seine rationalen Fähigkeiten normalerweise gut entwickelt sind, kann er wahrscheinlich objektiv alle Seiten einer Angelegenheit abwägen (manchmal endlos), bevor es ihm gelingt, zu dauerhaften Schlußfolgerungen zu kommen. Das Leben zwingt ihn jedoch nur selten dazu, endgültige Entscheidungen zu treffen; es fördert vielmehr seine Fähigkeit für neue, geistige Erkenntnisse. Da es ihm leicht fällt, objektiv zu bleiben und sich auf einer unpersönlichen Ebene zu bewegen, kann er seine Lebensanschauung sehr gut verallgemeinern.

Ein Mensch mit einem Großen Lufttrigon kann eine starke soziale Anziehungskraft ausüben, was seine Popularität verstärkt. Er besitzt eine charismatische Persönlichkeit, die auf ein großes Publikum wirkt. Es gelingt ihm mühelos, die freundliche Unterstützung von anderen Menschen zu erhalten, was sowohl auf seine Ungezwungenheit und Lässigkeit als auch auf seine Fähigkeit, sich auf alle Menschen einzustellen, zurückzuführen ist. Diese Aspektfigur kennzeichnet größtenteils einen Menschen mit natürlichem Charme, einem sympathischen Wesen, einer anziehenden Offenheit und der angeborenen Fähigkeit zu ausdrucksvoller Kommunikation. Doch bei einem schwachen Charakter beschreibt das Große Lufttrigon einen Menschen, der versucht, seine überdurchschnittliche Überzeugungskraft oder Klugheit (der Überredungskünstler) dazu zu benutzen, andere zu beschwatzen, für ihn oder zu seinem persönlichen und sofortigen Vorteil aktiv zu werden. Zusätzlich kann eine Neigung bestehen, das Leben sehr oberflächlich zu betrachten, so daß der Betreffende menschliche Belange nur nach ihrer oberflächlichen Erscheinung beurteilt. Und mit dem natürlichen Gefühl des Wohlbefindens, das das Große Trigon hervorruft, betrachtet er seine oberflächlichen Einschätzungen vielleicht sogar als den Beobachtungen anderer intellektuell überlegen. Obwohl das kreative Denken einer der besonderen Vorteile dieses Großen Trigons ist, kann es sein, daß sich der Betreffende nicht die erforderliche Mühe macht, seine Ideen, Ideale oder abstrakten Erkenntnisse so zu konkretisieren, daß sie von anderen Menschen mühelos verstanden und somit in der äußeren Welt praktische Anwendung finden können. Die Realität seines Geistes kommt womöglich nicht in Berührung mit der Realität seiner sozialen Umwelt. Für einen Menschen mit dem Großen Lufttrigon ist es ratsam, sich in Kommunikationsbereichen oder Gebieten auszudrücken, die ein anregendes Spektrum sozialer Kontakte bieten, so daß er sich selbst verwirklichen und unter Menschen bewegen kann, statt in einem von der Außenwelt abgeschlossenen, geistigen Elfenbeinturm isoliert zu leben.

(Lord Byron – George Orwell – Dwight D. Eisenhower – Marlene Dietrich – Tommy Dorsey – Farrah Fawcett – Janis Joplin)

Das Große Wassertrigon

Beim *Großen Wassertrigon* wird die passive, rezeptive und beschützende Kraft des Trigons betont. Wasser wie auch das Trigon strebt nach Ruhe und einem beruhigenden Gefühl des friedlichen Austausches. Sowohl das Element als auch der Aspekt teilen die Freude an der sinnlichen Befriedigung und Offenheit für innere Bewußtseinszustände. Der Mensch mit einem Großen Wassertrigon im Geburtshoroskop schätzt die Bereicherung auf emotioneller Ebene, so wie jemand mit einem Großen Erdtrigon den

Reichtum auf materieller Ebene schätzt. Dieser Mensch reagiert mühelos auf die subtilen Unterströmungen des Lebens. Seine Fähigkeit, Dinge aufzuspüren, sind überdurchschnittlich entwikkelt, was auf ein gewisses Maß an Medialität hinweist. Seine Beeindruckbarkeit kann jedoch in ein kreatives, produktives Talent umgewandelt werden, sobald er gelernt hat, sich seine sensible Emotionalität nutzbar zu machen. Der fließende Ausdruck seiner Gefühlsnatur erlaubt ihm, sich mühelos in seine innere, private Welt zurückzuziehen, wo er oftmals Zufriedenheit auf tiefen, subjektiven Ebenen erfährt. Er findet Genugtuung daran, die lebendige Welt seiner Phantasie zu erforschen oder über die Vergangenheit nachzudenken. Zumindest fühlt er sich während seiner so geschätzten Phasen der Abgeschlossenheit, des Alleinseins mit sich selbst, der Stille und Ruhe, geborgen und sicher. Doch wenn keine adäquaten, dynamischen Prinzipien im Horoskop wirken (das heißt, Planeten im Feuerzeichen in Eckhäusern, Quadrate oder Oppositionen in Kardinalzeichen oder sogar ein fixes T-Quadrat, das zusätzliche Stabilität und Zielstrebigkeit verleiht), kann dieses besondere Große Trigon zu Realitätsflucht führen und ein Temperament hervorbringen, das zu verletzbar ist, um den übermäßigen Gefühlsstrom effektiv und konstruktiv zu kanalisieren.

Bei dieser Aspektfigur ist ein übertriebenes Bedürfnis nach Abhängigkeit, Bemuttertwerden, Sicherheit vor Bedrohung oder Verletzung und psychischem Abkapseln vor den härteren Seiten der Realität konstelliert. Und je subtiler diese Bedürfnisse zum Ausdruck kommen, desto heimtückischer sind sie. Meiner Meinung nach ist dies das einzige Große Trigon, das sehr leicht problematisch werden kann, da die emotionelle Abgeschlossenheit, die es repräsentiert, es erschwert, daß man diesen Menschen intimer kennenlernt. In seiner negativen Ausdrucksform hat dieser Aspekt zur Folge, daß er Betreffende sich von der Außenwelt abgeschnitten fühlt (da Wasser ein vereinigendes Element ist, das einem das Gefühl gibt, nicht in Harmonie mit der Umwelt zu sein, wenn es blockiert ist). Dann kann der Betreffende den bewußten Kontakt zu sich selbst verlieren und sich passiv unbewußten Kräften überlassen. Doch andererseits kann das Große

Wassertrigon aufgrund der Fähigkeit, eine Verbindung zu den unbewußten Eindrücken herzustellen, zu einem sehr fruchtbaren Aspekt werden, wenn man ihn dazu benutzt, sein inneres menschliches Potential zu entwickeln. Da einer der hervorstechenden Charakterzüge des Großen Wassertrigons seine enorme Fähigkeit ist, die unterschwelligen Energien der Menschen zu spüren, kann dieser Aspekt im Horoskop auf (inneren) Erfolg in sozialen Betätigungsfeldern hinweisen. Aufgrund des gut entwickelten Mitgefühls kann dieser Mensch eine große Hilfe und Stütze für andere sein und zwar in einer Art und Weise, die heilsam und therapeutisch wirkt. Ein Großes Wassertrigon könnte das evolutionäre Aufblühen der Fähigkeit repräsentieren, sich auf die Bedürfnisse des Massenbewußtseins mit großem Mitgefühl einzustimmen. Hier kann man zu dem im Verborgenen wirkenden Tröster oder Heiler der Kranken, Schwachen, Problembeladenen oder sozialer Randgruppen werden. Daher ist dieses Aspektbild ein Vorteil für psychiatrische Arbeit, medizinische Betätigungsfelder oder eine mediale Beratungstätigkeit. Aufgrund der absorbierenden Natur dieses Trigons muß der Betreffende jedoch lernen, sich gefühlsmäßig zu distanzieren, wenn er seine Talente konstruktiv einsetzen will, da er dazu neigt, von den Leiden der Welt zu tief berührt zu werden. Bei einem schwachen Charakter könnte dies dazu führen, daß man kräftemäßig sehr schnell erschöpft oder deprimiert ist, sich unsicher, einsam und dem Streß nicht gewachsen fühlt. Im allgemeinen kennzeichnet das Große Wassertrigon den liebenswürdigen Träumer, der sich vor der Außenwelt verschließt oder sich in eine selbstgemachte Welt der Phantasie, Illusion und Imagination zurückzieht. Wenn er seine Planetenkräfte positiv kanalisieren kann, ist er in Bereichen, die mit besonderer Kreativität, Schönheit, Glanz oder den schönen Künsten zu tun haben, zu außergewöhnlichen Leistungen fähig. Er kann auch in Bereichen erfolgreich werden, die die verborgenen Geheimnisse des Lebens erkunden, bei denen eine besondere Bewußtheit der subtilen Feinheiten erforderlich ist.

(Robert Schumann – Jules Verne – Madame Curie – Jean Paul Sartre – Israel Regardie – Jean Harlow – Marilyn Monroe)

Das dissoziierte Große Trigon

Nicht alle Großen Trigone werden von Planeten in drei Tierkreiszeichen desselben Elements gebildet. Ein Großes Trigon kann auch zwischen zwei Zeichen desselben Elements entstehen, wobei jedoch ein Trigon in ein Tierkreiszeichen eines anderen Elements fällt. Auf diese Weise wird durch die Zeichenstellung des einen Planeten in dem anderen Element ein *Quadrat-* und *Quincunx-*Einfluß hervorgerufen. Diese Aspektfigur wird daher das *Dissoziierte Große Trigon* genannt. Ich möchte Ihnen empfehlen, zu Kapitel 3 zurückzublättern und noch einmal nachzulesen, was dort über das dissoziierte Trigon gesagt wurde, und was zum besseren Verständnis dieser Aspektfigur beitragen sollte. Im allgemeinen hat das Dissoziierte Große Trigon etwas mehr Antrieb und Aktivierung als das normale Große Trigon. Ein Dissoziiertes Großes Trigon kann jedoch die schützende Kraft, die normalerweise mit diesem Aspekt verbunden ist, reduzieren. Aber obwohl die Wirkung dieses Aspekts weniger mühelos fließend erscheinen mag, können die darin enthaltenen Einflüsse dennoch genügend subtile Spannung verleihen, so daß eine zu große Passivität verhindert wird. Obwohl diese Art von Großem Trigon manchmal so erlebt wird, als ob es einen Kurzschluß hätte, stellt es wegen seiner Kompliziertheit für den Betreffenden in psychologischer Hinsicht oftmals eine größere Herausforderung dar. Das Dissoziierte Große Trigon erhält seinen Namen von dem dominierenden Element. *Hans Christian Andersen* hatte ein Dissoziiertes Großes *Wasser*trigon, was ihm ganz offensichtlich dazu verhalf, seine Phantasie und kreative Vorstellungskraft anzuregen. Der Romanschriftsteller *Sinclair Lewis* hatte ein Dissoziiertes Großes *Luft*trigon und schrieb Bücher, die von den sozialen Mißständen seiner Epoche handelten. Die Zeit wird darüber Aufschluß geben, wie *Prinz Charles* das Dissoziierte Große *Erd*trigon seines Geburtshoroskops manifestiert. Ich habe bei meinem nur beschränkt möglichen Studium dieses Aspekts kein Beispiel für das Dissoziierte Große *Feuer*trigon gefunden. Hoffentlich werden Sie bei Ihrer Forschung auf einige Beispiele stoßen.

Der Drachen

Diese selten erörterte Aspektfigur ist in Wirklichkeit ein modifiziertes Großes Trigon. Hier befindet sich ein Planet an einem 4. Punkt in Opposition zu einem der Planeten im Großen Trigon. Gleichzeitig bildet er ein Sextil mit den restlichen beiden Planeten. Zusätzlich zu der Dynamik des Großen Trigons erhält der Drachen also die Anregung des Sextils und der Opposition. Daher handelt es sich hierbei um eine Zusammensetzung aus drei Trigonen, zwei Sextilen und einer Opposition. Ich deute dies als einen dynamischeren Hinweis auf Erfolg im Leben. Der Planet, der im Sextil zu den beiden Planeten des Großen Trigons steht, repräsentiert ein stimulierendes (oftmals geistiges) Betätigungsfeld für den kreativen Energiefluß dieses Aspekts. All die besonderen Vorteile, die durch das Große Trigon angezeigt sind, fließen hier gewöhnlich ganz von selbst in die natürlichen Aktivitäten, die durch die Antriebskräfte dieses zentralen Planeten angezeigt sind, wobei sie oftmals durch die Hausposition dieses Planeten im Geburtshoroskop gefärbt werden. Der Drachen kann tatsächlich flexibler in seiner kreativen Anwendung sein, da der Sextileinfluß das eifrige Bemühen um den Ausdruck der eigenen Persönlichkeit fördert sowie breitgefächerte, äußere Gelegenheiten für einen solchen Ausdruck liefert. Der Bereich im Geburtshoroskop, in dem sich der Planet des Großen Trigons befindet, der in Opposition zu diesem zentralen vierten Planeten steht, kann ein Hinweis darauf sein, wo besondere Talente sich wahrscheinlich ganz von selbst entfalten. Der Planet läßt auf die Natur der auszudrückenden Kraft schließen, aber der vierte Planet dient als Katalysator. Die Anregung, die man durch das Vorhandensein dieser anderen, ergänzenden Aspekte erhält, dient dazu, die Bewußtheit des Betreffenden für das breitgestreute, kreative und spirituelle Potential des Großen Trigons zu verstärken, was wiederum dazu führt, daß das Potential dieses Aspekts innerhalb eines breiteren Spektrums von Lebenserfahrungen verwirklicht wird. Durch die Einbeziehung des Oppositionsaspekts besteht eine erhöhte Bewußtheit dafür, wie dieses Große Trigon in der sozialen Umgebung angewendet werden kann. Diese Aspektfigur führt dazu, daß man ein weniger abgeschlossenes und unabhängiges Leben führt.

Das Kleinere Große Trigon

Diese häufige Aspektfigur entsteht dann, wenn ein Planet Sextile zu zwei Planeten in einem Trigon bildet. Der Planet der Sextile zu den beiden anderen Planeten bildet, sollte im Idealfall genau in der Mitte der beiden anderen stehen. Dieser Planet in der Mitte verhilft dazu, den natürlich fließenden Austausch des Trigons noch mehr zu erleichtern und ermöglicht ihm, auf einer bewußteren Ebene Gelegenheiten zum Ausdruck seiner Talente in der Umwelt anzuziehen. Der Betreffende ist sich hier der potentiellen Alternativen des kreativen Ausdrucks dieses Trigons noch bewußter. Es kann sogar sein, daß er in der Art und Weise, wie er seine Fähigkeiten hier umsetzt, noch erfinderischer oder flexibler ist. Das Kleinere Große Trigon ist weniger statisch und passiv als das mehr geschlossene Große Trigon und deshalb neigt es noch stärker dazu, aktiven Gebrauch von seinen konstruktiven Energien zu machen. Im allgemeinen verleiht das Kleinere Große Trigon zusätzliche Intelligenz und Objektivität und unterstützt den Betreffenden dabei, seine natürlichen Begabungen anderen gegenüber mit größerer Anpassungsfähigkeit zum Ausdruck zu bringen. Möglicherweise fällt es ihm leichter seine Energie besser und intuitiver mitzuteilen.

Kapitel 5

DAS GROSSE SEXTIL

Auf diese Aspektfigur stößt man in Geburtshoroskopen nicht allzu häufig. Sie muß mindestens sechs Planeten an sechs verschiedenen Stellen im Horoskop umfassen. Alle müssen zuallererst im Sextil zueinanderstehen, was eine Art Kettenreaktion auslöst. Das *Große Sextil* bildet daher in der Horoskopzeichnung ein großes *Hexagramm*. Innerhalb dieser Aspektfigur erhält man *zwei* Große Trigone und *drei* Oppositionen. In Anbetracht dieser Großen Trigone sind die drei Oppositionen geradezu die Rettung des Großen Sextils. Sie regen die Bewußtheit an, die wir dringend brauchen, wenn wir unser inneres Potential in der Außenwelt verwirklichen wollen und wenn wir diese Fülle von Gelegenheiten in einer ausgewogenen, konstruktiven Weise nutzen wollen. Aufgrund der Größe dieser Aspektfigur nutzen wir sie am besten, wenn wir zur Entwicklung einer sozialen Sache beitragen, die von uns den Einsatz des ganzen Spektrums unserer Talente und Fähigkeiten fordert. Dieser Aspekt kann auf eine überdurchschnittliche Flexibilität hinweisen. Hilfe und Unterstützung wird uns aus vielen verschiedenen Bereichen unserer Umgebung zuteil, solange wir offen, kooperativ und fähig sind, uns auf die Bedürfnisse anderer Menschen einzustellen. Die Oppositionen erinnern uns daran, unsere Aktivitäten bewußt zu koordinieren und sie auf äußere Ziele zu lenken, statt sie zu unserem egoistischen Vorteil zurückzuhalten. Wir werden dazu angeregt, unsere Kräfte kreativ zu mobilisieren und uns aktiv in der Welt zu betätigen.

Da in diesen Aspekt zwei Große Trigone eingeschlossen sind, ist hier Kreativität im Überfluß vorhanden und es besteht das Bedürfnis, sich aktiv an diese kreativen Energien anzuschließen. Hier ist ein enormes Talent vorhanden, das aktiv ausgeschöpft werden will. Wenn man zuläßt, daß sich die Energien zu sehr zerstreuen oder stagnieren (was durch die Passivität mehrerer

Großer Trigone ausgelöst wird), ähnelt dies sehr dem Verfaulen reifer Früchte. Die Talente, die zu ihrer größten Höhe entfaltet sind, beginnen zu schwinden, weil sie nicht aktiviert werden. Die Versuchung, alles hinauszuschieben, faul oder gleichgültig gegenüber den Kräften dieses Aspekts zu werden, sollte um jeden Preis vermieden werden. Der Betreffende übt normalerweise eine besondere Anziehung aus, die einen wohltuenden, charismatischen Einfluß auf andere haben kann. Er scheint besser daran zu tun, wenn er bereit ist, sich in einer Vielfalt von Lebenserfahrungen zu entfalten (aufgrund des verzweigenden Effekts der sechs Sextile).

Da jedoch mindestens sechs der zehn normalerweise verwendeten Planeten in diese Aspektfigur eingebunden sind, weist das Horoskop insgesamt wahrscheinlich nur selten Quadrate auf. Deshalb kann das Große Sextil erfordern, daß wir eine besondere, bewußte Anstrengung machen, intensiver an der Entwicklung innerer Disziplin, größerer Ausdauer, Geduld und dem Ehrgeiz zu arbeiten, den es erfordert, eine vollere Nutzung unserer besonderen Talente, die uns mit diesem Aspekt gegeben sind, zu gewährleisten. Da uns der Antrieb der Quadrate fehlt, könnten wir sonst zu privilegierten, begabten Dilettanten werden, die viel zu ruhelos und übererregt sind, um irgendeine ihrer Fähigkeiten jemals zu meistern. Das Große Sextil hat zumindest einen »Hans-Dampf-in-allen-Gassen«-Einfluß, wenn auch mit einem stärkeren sozialen Zug als bei einem Menschen, der nur vereinzelte Sextile im Geburtshoroskop hat.

Das Große Feuer-Luft-Sextil

Mit den hier repräsentierten anspornenden, nach außen drängenden Elementen tendiert man ziemlich stark dazu, anregende Aktivitäten mit flammender Begeisterung, Optimismus und vibrierendem Selbstausdruck anzufachen. Jedoch ist die Durchhaltekraft und Hartnäckigkeit, seine Impulse zu realisieren und das einmal Begonnene auch durchzuziehen, geschwächt. Die hier bezeichneten Fähigkeiten werden wahrscheinlich nur kurzfristig wachgerufen und aktiviert und meist dann, wenn die Inspiration und der Impuls sehr stark sind. Ansonsten neigt dieser Mensch nicht dazu, in seinen Bemühungen methodisch, systematisch oder auf lange Sicht planend vorzugehen. Statt dessen ist er in seinem Selbstausdruck spontan und strebt nach dem Augenblick des Hier und Jetzt, aus dem er kreativ seinen Vorteil zu ziehen weiß. Praktische Belange (besonders unbedeutende Details) werden nur selten berücksichtigt, wenn er neue und aufregende Aktivitäten in Angriff nimmt. Da er wahrscheinlich seine eigenen Grenzen ignoriert oder übergeht, spornt er sich bisweilen dazu an, das Unmögliche wahrzumachen. Die besonderen Vorteile dieses Aspekts können jedoch mit einem feinen Instinkt, Farbigkeit, Stil und sprühender Kraft genutzt werden. Der Betreffende kann mit diesen Energien ziemlich einfallsreich sein und Neuerungen einführen.

Da dieser Mensch gewöhnlich sehr extrovertiert, lebendig und geistig anregend ist, neigt er dazu, mehr soziale Aufmerksamkeit positiver Art auf sich zu lenken als die meisten. Die Menschen fühlen sich in seiner Gegenwart wahrscheinlich belebt, obwohl sie von seiner Sprunghaftigkeit ein wenig überwältigt sind. Wenn es ihm gelingt, seine Neigung, sich von einer Aktivität in die andere zu stürzen, herabzusetzen und sich den Dingen statt dessen mit größerer Sorgfalt zuzuwenden, wird er feststellen, daß diese Aspektfigur von großem, persönlichem Wert ist. Diese Art von Großem Sextil ist noch vollkommener und weniger in verschiedene Richtungen verzettelt, wenn Mars, Jupiter und Uranus nicht an diesem Apekt beteiligt sind, da diese Planeten die Ruhelosigkeit und Ungeduld mit allem, was langsamere Erfolge als erwartet zeigt, verstärkt.

Das Große Erd-Wasser-Sextil

Mit all den rezeptiven, in sich gekehrten Tierkreiszeichen, die hier repräsentiert sind, besteht gewöhnlich die Tendenz, sich allen Bereichen des kreativen Potentials mit mehr Konservativismus, größerem Fleiß und sorgfältigerer Organisation zu nähern. Die Durchhaltekraft ist stärker ausgeprägt, was diesem Großen Sextil eine höchst produktive Kraft verleiht, die in vielen Lebensbereichen von großem Nutzen sein kann. Die hier angezeigten Talente und Gelegenheiten wollen aus dem Wunsch nach praktischer Anwendung heraus umgesetzt werden sowie um emotionelle Befriedigung und materielle Sicherheit zu erlangen. Mit dieser Aspektfigur ist der Betreffende motiviert, die Früchte seiner Bemühungen zu bewahren, anders als das Große Feuer-Luft-Sextil, das nur selten auch wirklich besitzt, was es erschafft oder ins Leben ruft. Die Stabilität und Zielgerichtetheit der sensiblen Erdzeichen reduziert die Gefahr dieses Großen Sextils, sich gleichzeitig in zuviele Richtungen zu verzetteln, auf ein Minimum. Die sozialen Aktivitäten, die hier betont sind, lassen sich gewöhnlich besser miteinander koordinieren.

Die drei Oppositionen erfordern, daß der Betreffende mit seiner sozialen Umgebung flexibler umgeht. Im allgemeinen passen sich Erd- und Wasserzeichen schlechter an Veränderungen in der Außenwelt an als die Feuer- und Luftzeichen. Sie sind eher darauf ausgerichtet, zu bewahren und zu sichern, anstatt auszugeben, zu verbrauchen und loszulassen. Daher ist ein Mensch mit dieser Aspektfigur oftmals weniger bereit, Neuerungen einzuführen, zu experimentieren oder plötzlichen Impulsen nachzugeben. Wahrscheinlich geht er auch weniger aktiv seinen Interessen nach und neigt deshalb nicht dazu, sich zu verzetteln. Der Ausdruck der nervösen Energie ist hier weniger sporadisch, von den Launen abhängig und ungleichmäßig. Da hier sowohl ein Großes Erdtrigon als auch ein Großes Wassertrigon vorhanden ist, ist die Sinnlichkeit wahrscheinlich besonders gut entwickelt und der Betreffende kann sie in höchst phantasievolle Bahnen lenken. Welche Methoden auch immer für die gründliche Entwicklung kreativer Projekte notwendig sind: dieser Mensch kann sie leichter akzeptieren und durchführen. Aber aufgrund der etwas energielosen Natur dieser Elemente wirkt sich der Einfluß von Mars, Jupiter und Uranus auf dieses Große Trigon ausgesprochen vorteilhaft aus und sorgt dafür, daß seine Vitalität erhalten bleibt.

Das dissoziierte Große Sextil

Beim *dissoziierten Großen Sextil* wirkt der Einfluß des *Halbsextils*, des *Quadrats* und der *Quincunx* nur dann, wenn einer der sechs beteiligten Planeten in ein Tierkreiszeichen fällt, das eigentlich keinen Sextil-Aspekt zu den anderen Planeten bildet. Wenn mehr als ein Planet dissoziiert ist (was für mich automatisch auf ein Großes Sextil hinweist, das sich nicht leicht integrieren läßt), sind diese verborgenen Einflüsse noch betonter. Auf psychischer Ebene könnte sich dieser Umstand sehr vorteilhaft auswirken, da Quadrat-Beziehungen zwischen den Zeichen bestehen, selbst wenn der Einfluß der Quincunx mit sich bringen kann, daß die Einstellungen des Betreffenden hier sehr schwankend sind, sich nur langsam anpassen lassen oder unproduktiv sind. Ich stelle mir vor, daß diese Version des Großen Sextils in der Praxis häufiger vorkommt. Obwohl ein dissoziiertes Großes Sextil auf einer gewissen Ebene problematischer sein könnte und seine Energien nicht so mühelos fließen, ist es auch möglich, daß es die Aufmerksamkeit des Betreffenden auf die positiven Wirkungen der Spannung lenken und ihn dafür bewußt machen kann, indem er Spannung als Mittler für erfolgreiche Leistung betrachtet. Es kann sogar sein, daß er innerlich ein wenig Angst und Streß verspürt, wenn er die Fähigkeit des Großen Sextils, seine Persönlichkeit in ungewöhnlicher Art und Weise zum Ausdruck zu bringen, nicht nutzt. Wie jemand auf diese Zusammensetzung von Energien reagiert, läßt sich aus dem Horoskop allein nicht zuverlässig sagen.

Kapitel 6

DAS GROSSE QUADRAT UND DAS MYSTISCHE RECHTECK

Wenn die Planeten von zwei Oppositionen Quadrate zueinander bilden, ergibt dies ein großes Quadrat im Horoskop, genannt das *Große Quadrat*. Im Idealfall befinden sich alle vier Planeten in Tierkreiszeichen derselben Qualität. Man findet diese Aspektfigur in Horoskopen nicht besonders häufig, obwohl sie nicht so selten vorkommt wie das Große Sextil. Oftmals wird sie als schwierige Geburts-Konstellation empfunden, und sie kann bei einem Menschen, der in seinem Leben nur wenig Selbstdisziplin und Bescheidenheit zeigt, besonders einschränkend und begrenzend wirken. Er hat mit ziemlich frustrierenden, selbstverschuldeten Umständen zu kämpfen, die ihn zwingen könnten zu lernen, seine Lebensenergien in die richtigen Bahnen zu lenken oder das Risiko einzugehen, die Energien zu zerstreuen und zu erschöpfen (besonders beim veränderlichen Großen Quadrat). Sowie er beginnt, sich darauf zu konzentrieren, wie er dieses mächtige Energiefeld besser nutzen kann, wird er wahrscheinlich ein Reservoir an innerer Kraft in sich entdecken. Wenn wir diese Aspektfigur schlecht handhaben, scheint unser Leben beladen mit inneren Disharmonien und Spannungen, die streßgeladene, belastende Situationen in unserer äußeren Umgebung hervorrufen. Da sich ein Großes Quadrat aus vier Quadraten zusammensetzt, führt es eine innere Spannung, Streß und Druck herbei. Doch die dynamische Konvergenz der Kräfte, die hier erzeugt wird, liefert genau die notwendige Menge zusätzlicher psychischer Energie, die erforderlich ist, um ein besonders zielstrebiges Leben zu führen. Da das Große Quadrat auch aus zwei Oppositionen besteht, ermöglicht es einem, ein geschärftes, soziales Bewußtsein zu entwikkeln. Diese Oppositionen liefern die Perspektive, Ausgewogenheit und das innere Gleichgewicht, die notwendig sind, damit dieser Aspekt zu innerer Harmonie führen kann. Oder sie rufen Konflikte in Beziehungen hervor, die Streit und Zwietracht hervorbringen und mehr negative Energien durch die Handlungen anderer auf uns ziehen. Es hängt sehr stark vom freien Willen des Individuums sowie der Effektivität ab, mit der wir dieses schwierige Dilemma handhaben. Das Große Quadrat hat immer eine auffallende Wirkung in der einen oder anderen Weise. Es weist auf komplizierte, wichtige karmische Lektionen hin, die entsprechend der Qualität, die dieses Quadrat bestimmt, gelöst werden müssen, sowie durch die äußeren Lebensumstände, die durch die von den beteiligten Planeten besetzten Häuser angezeigt werden.

Das kardinale Große Quadrat

Diese Aspektfigur scheint sich am positivsten auszuwirken, wenn sich der Betreffende in Aktivitäten stürzt, die anspornend, energiegeladen und dynamisch sind. Die Unruhe der vier Quadrate verstärkt das bereits ungeduldige, durchsetzungsstarke Temperament der kardinalen Qualität. Wahrscheinlich stacheln sie den Betreffenden dazu an, schnell, aber manchmal unüberlegt zu handeln. Die hier verspürten Spannungen halten ihn in Bewegung und aktiv, aber oftmals ist er zu sehr mit überschüssiger Energie aufgeladen, um zu vollenden, was er so impulsiv in Angriff genommen hat. Obwohl er persönliche Projekte mit einem überdurchschnittlichen Antrieb und Schwung zu beginnen scheint, mangelt es ihm an Durchhaltevermögen, um seine Pläne zum gewünschten Abschluß zu bringen. Die beiden Oppositionen weisen darauf hin, daß andere Menschen ihm die Aufgabe stellen werden, mehr Selbstkontrolle zu lernen, zuverlässiger und beständiger zu sein. Obwohl er sich möglicherweise allen Zwängen widersetzt, disziplinierter zu sein, um in der Verfolgung seiner eigenen Ziele nicht eingeschränkt zu sein, hat er nur selten eine konkrete und realistische Vorstellung davon, was dieses Ziel wirklich ist.

Die Oppositionen, die durch die kardinale Qualität bestimmt werden, weisen warnend darauf hin, daß Kooperation und Rücksichtnahme auf andere in bezug auf den letztendlichen Erfolg im Erreichen der persönlichen Ziele eine entscheidende Rolle spielen. Der Betreffende muß zunächst einmal lernen, sich bereitwillig an den Aktivitäten anderer Menschen zu beteiligen, und soziales Verhalten entwickeln, bevor er erwarten kann, daß andere ihn bei seinen spontanen Zielsetzungen unterstützen. Indem er lernt, sich seine enormen Energiereserven nutzbar zu machen und mehr gesunden Menschenverstand bei seinen Aktionen einzusetzen, kann er die üblichen Fallen dieses Großen Quadrats vermeiden (die da sind: Ungestümes und leichtsinniges Handeln, schlechte Zeitplanung, übertriebene Selbstbehauptung und direkte Konfrontationen mit anderen. Hier kann auch eine Unfallneigung angezeigt sein, was auf die gedankenlose Impulsivität zurückzuführen ist ... besonders dann, wenn Mars und/oder Uranus an diesem Aspekt beteiligt sind). Im allgemeinen kommt hier eine Überdosis von Antriebskraft, Schwung, Impulsivität und Aggression zutage. Auch das Erfolgsstreben ist sehr stark ausgeprägt ebenso wie das Konkurrenzdenken, was Erfolg auf den Gebieten garantiert, wo er seine Zielstrebigkeit einsetzt. Die natürlichen Impulse, die ohne vorherige Überlegung oder Voraussicht ausagiert werden, können sehr leicht Unordnung und Aufregung hervorrufen. Ein Horoskop mit diesem Aspekt deutet auf eine ereignisreiche Inkarnation mit vielen Krisen und sich ständig verändernden Beziehungen hin, die rasches, entschlossenes Handeln von seiten des Horoskopeigenrs erfordern. Doch dies wirkt sich oftmals körperlich aus.

Obwohl der Betreffende oftmals durch Hindernisse frustriert wird, die seine direkte Handlung, mit der er seine bewußten Bedürfnisse zum Ausdruck bringen will, blockieren, lernt er schließlich, sein unternehmungslustiges, eigensinniges Temperament mit größerer Beharrlichkeit so einzusetzen, daß er nur ein größeres Ziel auf einmal in Angriff nimmt. Dies erfordert, daß er sein von Natur aus hyperaktives Wesen zügelt und lernt, sein rasendes Tempo zu verlangsamen. Wichtige Lektionen, die durch das kardinale Große Quadrat angezeigt sind, dienen der Entwicklung von Geduld, innerer Gelassenheit, Ausdauer, Standhaftigkeit, und man lernt, seine Zeit besser einzuteilen und mit seiner Energie besser hauszuhalten. Ohne diese Eigenschaften neigt der Betreffende dazu, sich in neue Aktivitäten zu stürzen, bevor die augenblicklichen Projekte voll ausgereift sind. Aufgrund mangelnder guter Planung bringt er sich oftmals um die Belohnung, die aus der Vollendung eines Projekts resultiert. Wenn er zu voreilig oder mit einem unnötigen Gefühl der Dringlichkeit handelt, führen seine Aktionen zu keinen befriedigenden Ergebnissen. Er muß viel Energie verbrennen, aber wenn er seine Mitte nicht findet, wird er wahrscheinlich kurzlebige Funken hervorbringen, die schnell wieder verlöschen.

(Douglas Fairbanks jun. – Mickey Mantle)

Das fixe Große Quadrat

Dieser Aspekt kann als eine der schwierigsten Proben betrachtet werden, die man bestehen muß, da er eine Bewußtseinshaltung repräsentiert, die dem Betreffenden seit mehreren Inkarnationen wiederholt Schwierigkeiten bereitet hat. Dies kann sich nun in Form von tiefverwurzelten und schwer auszureißenden Problemen in diesem Leben manifestieren, die die volle Konzentration des Horoskopeigners erfordern. Das fixe Große Quadrat hat die Tendenz, seine mächtigen Energien auf der Willens- und Wunschebene auszuagieren, was innere Frustrationen hervorruft, die oftmals zu emotionellen Krisen führen. Die vier Quadrate intensivieren die Eigenwilligkeit und Unbeugsamkeit dieser Qualität. Hier besteht die Tendenz, Gefühle zu unterdrücken und die Willenskraft verstärkt einzusetzen und zwar in einem solchen Ausmaß, daß der Druck auf tieferen Ebenen der Psyche verinnerlicht wird, was zu ständigen Blockierungen oder Hemmungen führt. Der Betreffende kann gefühlsmäßig sehr starr werden. Die emotionelle Flexibilität ist notwendig, um ihn davor zu bewahren, sich festzufahren und zu stagnieren.

Die beiden Oppositionen deuten auf Konflikte hin, die mit dem Besitzstreben des Betreffenden und seinem hartnäckigen Widerstand, sich anderen Menschen gegenüber kompromißbereit zu zeigen oder mit ihnen zu teilen, zu tun haben. Der Betreffende muß durch harte Erfahrungen lernen, wie er in seinen Forderungen weniger stur und absolut werden kann, wenn sich seine Beziehungen so gestalten sollen, daß die Interessen beider Partner zufriedengestellt werden. Obwohl das fixe Große Quadrat auf eine starke innere Kraft, enorme Zielstrebigkeit und eine meisterhafte Fähigkeit zu planen hinweist, ist es auch mit Starrheit und einem Temperament verbunden, das zu stark an Gewohnheiten festhält, um notwendige Veränderungen zuzulassen. Der Betreffende wird daher herausgefordert, sich Veränderungen zu öffnen, sich anderen Menschen anzupassen und aktiv nach neuen Alternativen für den Ausdruck seiner Persönlichkeit zu suchen. Anders als das kardinale Große Quadrat, das Schwierigkeiten hat, die so bereitwillig in Angriff genommenen Projekte zu Ende zu führen, beschäftigt sich das fixe Große Quadrat mit vielen Aktivitäten auf einmal, überanstrengt sich jedoch in dem Versuch, zuviele Dinge gleichzeitig zu bewältigen. Seine phänomenale Ausdauer und verbissene Hartnäckigkeit kann hier zu Mißbrauch führen. Der Betreffende möchte die Kontrolle über seine persönlichen Interessen behalten und wird nur selten zulassen, daß andere die Führung bei den hier angezeigten Angelegenheiten übernehmen. Wenn Mars, Uranus oder Pluto ein Bestandteil dieser Aspektfigur sind, wird die Intoleranz, das diktatorische Verhalten und der Machthunger gewöhnlich noch verstärkt (besonders in den von dem Haus angezeigten Angelegenheiten).

Da es sich hier um das Große Quadrat des Extremismus handelt, kann die Energie, die es erzeugt, zu dem zielstrebigsten, hingebungsvollsten sowie aber auch dem verdorbensten und grausamsten Selbstausdruck führen. Der Betreffende ist hier ständig dazu gezwungen, seine mächtige Gefühlsnatur in dieser Inkarnation zu reinigen und alle übriggebliebenen Ressentiments, Feindseligkeiten, Eifersüchteleien und nagenden Haß zu beseitigen. Die gefühlsmäßigen Disharmonien, mit denen er kämpft, können ihre angestauten Energien zurück in den Körper lenken, wo sie sich als psychosomatische Krankheiten manifestieren, bei denen Giftstoffe eine Rolle spielen, die nicht ausgeschieden werden. Gewöhnlich sind die Körperteile, die den vier Fixzeichen entsprechen, am anfälligsten. Krankheiten, die aus den Spannungen des Großen Quadrats resultieren, sind wahrscheinlich chronisch oder unheilbar, da die Streßfaktoren hier sehr tief verwurzelt und nur schwer zu verändern sind. Die problematischen Symptome können sich dann in Geist und Körper festsetzen. Das Leben wird diesem Menschen unvermeidbar beibringen, wie er seinen Willen mildern und sein Herz einer universelleren Ebene der Liebe öffnen kann. Wenn er sich erst einmal aufrichtig dem höheren, spirituellen Dienst am Nächsten mit bewußterer Selbstlosigkeit widmet, kann er die destruktive Erstarrung dieser Aspektfigur viel besser aufbrechen. Indem er das Leben mit Mitgefühl und Verständnis so akzeptiert, wie es ist, anstatt es dazu zwingen zu wollen, seine eigenen, kompromißlosen Forderungen zu erfüllen, kann er für viele Menschen zu einem Rettungsanker werden, an dem sie sich festhalten und stabilisieren können.

(Mao Tse-tung – Albert Schweitzer)

Das veränderliche Große Quadrat

Dieser ruhelose Aspekt scheint in allen Bereichen des geistigen Ausdrucks am besten zu wirken. Der Streß, der durch die vier Quadrate hervorgerufen wird, manifestiert sich hier jedoch als starke Nervosität und extreme Ruhelosigkeit, obwohl sie auch die Wachheit und Geisteskraft des Betreffenden erhöhen. Das Hauptproblem dieses Großen Quadrates besteht in seiner Neigung, seine Interessen über ein so breites Spektrum zu zerstreuen, daß es nicht mehr erfolgreich damit umgehen kann. Obwohl der Betreffende recht anregend und klug ist, ist er wahrscheinlich sehr unbeständig und geht in der Ausführung seiner Pläne nicht besonders methodisch vor. Das veränderliche Große Quadrat bringt Frustrationen mit sich, was auf übertriebene Wechselhaftigkeit, schlechte Konzentrationsfähigkeit, Unentschlossenheit, negative

Beeinflußbarkeit und eine Tendenz, äußeren Zwängen nachzugeben, anstatt sich zu widersetzen oder den Herausforderungen zu stellen, zurückzuführen ist. Dieser Mensch neigt zu übertriebener Anpassung an Situationen, die nicht vorteilhaft für ihn sind. Und obwohl er im Leben nach einem intelligenten Sinn und Zweck sucht, bringt er nur selten genügend Disziplin auf, um das Wissen anzuwenden, das er zufällig ansammelt.

Die beiden Oppositionen weisen darauf hin, daß der Betreffende seine Fähigkeit der logischen Analyse und der bewußten Argumentation (der konkrete Verstand) mit seinem Glaubenspotential und den theoretischen Konzepten oder Überzeugungen (das abstrakte Denken) mehr in Einklang bringen muß, um sein Potential erfolgreich umsetzen zu können. Er neigt dazu, sich treiben zu lassen, zu schwanken und in bezug auf seine Bedürfnisse in Partnerschaften unsicher zu sein. Dies kann schließlich zusätzliche Instabilität oder Unzuverlässigkeit in seinen Bindungen hervorrufen, was dann wiederum Konflikte erzeugt. Das veränderliche Große Quadrat zeigt keinen direkten Antrieb, seine Energien in der geradlinigen, dynamischen Weise des kardinalen Großen Quadrats zu aktivieren. Noch zeigt es die standfeste, konsolidierende Einstellung zu Macht und Kontrolle wie das organisierte, feste Große Quadrat. Es kann den Betreffenden empfänglicher machen, obwohl dies oftmals in einer Weise geschieht, die dazu führt, daß er sich zuviele Sorgen um jede Facette von Konflikten macht, für die er geistig keine Lösung finden kann. Dies kann ein beunruhigendes Maß an nervöser Spannung hervorrufen, welche die Vitalität dieses Menschen erschöpfen kann (besonders wenn Merkur, Mars, Saturn und alle Planeten der höheren Oktave die Zeichen Zwillinge und Fische besetzen, da Luft- und Wasserzeichen sich nicht leicht stabilisieren und ihre Mitte finden können).

Die Spannungen können den Einsatz der intellektuellen Fähigkeiten des Betreffenden zumindest beeinträchtigen, bis er sich aktiv und bewußt darum bemüht, seine Mentalität zu festigen und zu vertiefen. Dazu wird er ein besseres Unterscheidungs- und Urteilsvermögen in den Angelegenheiten, die von den beteiligten Planeten angezeigt sind, anwenden müssen. Um zu vermeiden, sich geistig im Kreis zu drehen oder orientierungslos zu werden, muß der Betreffende lernen, den übermäßigen Ausdruck des Intellekts zu kontrollieren. Da geistiger Frieden schwer zu erreichen ist, kann er womöglich großen Nutzen aus Meditation, Kontemplation und reflektierender Selbstanalyse ziehen. Für mich ist dieses Große Quadrat wie eine Windmühle im Sturm. Obwohl dieser Mensch sehr vielseitig und hochbegabt ist (bisweilen sogar überladen mit geistigen Fähigkeiten und Talenten), konzentriert er sich nur selten auf ein einziges Ziel bis er an den Punkt kommt, wo er die Methoden beherrscht oder einen bestimmten Persönlichkeitsausdruck entwickelt. Vielleicht ist es einer der größten Nachteile dieses Großen Quadrats, daß ihm die beseelte Überzeugungskraft und das durchsetzungsstarke Selbstvertrauen fehlen, äußere Hindernisse zu überwinden. Statt dessen neigt man hier dazu, sich auf jede augenblickliche Situation einzulassen, ungeachtet dessen, wie unproduktiv oder anspruchslos sie ist. Krankheiten kommen hier durch das Atmungssystem zum Ausdruck (das sehr eng mit dem Denkprozeß verbunden ist) sowie durch das Nervensystem und den Geist. Die Symptome kommen und gehen, anders als die chronischen, bleibenden Symptome des festen Großen Quadrats oder die akuten, krisenartigen Symptome des kardinalen Großen Quadrats. Dieses Große Quadrat kann seine Spannung am effektivsten durch kreative Betätigung in allen erzieherischen Bereichen oder Betätigungsfeldern, die mit Kommunikation zu tun haben, ausagieren.

(Nathaniel West – Evelyn Waugh)

Das dissoziierte Große Quadrat

Wenn mindestens ein Planet des Großen Quadrats in ein Tierkreiszeichen einer anderen Qualität fällt, handelt es sich bei der auf diese Weise entstehenden Aspektfigur um ein dissoziiertes Großes Quadrat. Beachten Sie bitte, daß bei diesem Aspekt nicht alle Zeichenkonstellationen der vier Planeten eine natürliche Quadratbeziehung darstellen und nur bei einer der beiden beteiligten Oppositionen natürliche, polare Gegensätze vorhanden sind. Daher weist eine der Oppositionen auf eine verborgene Quincunx-Beziehung hin. Der dissoziierte Planet bildet auch ein Trigon zu einem der anderen Planeten sowie ein Sextil zu den übrigen. Der Einfluß des Trigons und Sextils kann entweder die frustrierende Spannung abschwächen (in psychologischer Hinsicht und nicht in bezug auf die Lebensumstände), indem er eine flexiblere, kreativere Einstellung in Hinsicht auf den Ausdruck der angezeigten Streßfaktoren hervorbringt oder das Bewußtsein wird noch mehr zerstreut und zwar in einer Art und Weise, die den Betreffenden daran hindert, sich mit dem Dilemma in der kraftvollen Weise auseinanderzusetzen, die Quadrate erfordern. Die unscharfe Sicht der Quincunx kann sogar noch mehr verhindern, daß die Spannungen deutlich erkennbar werden, bis der typische Druck des Großen Quadrats an Intensität verliert, die aber nötig wäre, um sich voll bewußt zu werden, wie man sich hier mit den Schwierigkeiten auseinandersetzen und sie lösen soll.

Doch wenn man die Anpassungsfähigkeit der Quincunx berücksichtigt, die mühelos fließende und inspirierende Natur des Trigons und die Flexibilität des Sextils, dann könnte ein *dissoziiertes Fixes Großes Quadrat* dazu beitragen, die Starrheit und den Widerstand gegenüber Veränderungen auf ein Minimum zu reduzieren. Daher läßt es sich leichter lösen als das normale Fixe Große Quadrat. Andererseits könnten die Einflüsse, die durch ein *dissoziiertes Veränderliches Großes Quadrat* wirksam werden, aus offensichtlichen Gründen zum Nachteil des Betreffenden werden.

Wie das Große Trigon sollte das Große Quadrat auch als eine geschlossene Aspektfigur betrachtet werden, was auf eine größere Fähigkeit zur Unabhängigkeit hinweist. In diesem Fall unterstreicht die Unabhängigkeit das allgemeine Unwohlsein, das dieser Aspekt auslöst (wogegen die Unabhängigkeit beim Großen Trigon dazu führt, daß man sich geborgener und geschützter fühlt). Deshalb kann jeder Planet außerhalb dieses Aspekts, der im Trigon, Sextil oder sogar Quintil zu irgendeinem der vier Planeten in dem Großen Quadrat steht, zu einer wohltuenden Quelle der Erleichterung werden, indem er den Betreffenden unterstützt, diese Energien konstruktiv zu kanalisieren. Wenn mehrere Planeten solche erleichternden Aspekte aufweisen, achten Sie bitte auf die Natur desjenigen, der den genauesten Orbis hat (und besonders, wenn er auch ein Eckhaus im Horoskop beherrscht und/oder mehr als einen der Planeten des Großen Quadrats aspektiert). Bei dem hingebungsvollen Menschenfreund Albert Schweitzer war der entlastende Planet, der ihm dazu verhalf, den Streß seines *Fixen Großen Quadrats* zu transformieren, der Planet *Venus* (der Liebe, soziales Bewußtsein und Wertvorstellungen repräsentiert) im Zeichen *Schütze* (dem Zeichen des Glaubens, des Missionsgeistes, der Inspiration, Güte und internationalen Beliebtheit), der seinen menschlichen, an sozialen Belangen interessierten *Waage-Aszendenten* regierte (was auf persönliches Engagement für andere aus Eigeninitiative heraus hinweist).

Das Große Quadrat und die beiden Hauptachsen

Wenn das Große Quadrat von drei Planeten an verschiedenen Stellen im Horoskop *plus* dem Aszendenten gebildet wird, kann dies auf einen Menschen hinweisen, der überdurchschnittlich starke Schwierigkeiten mit der Entfaltung seiner Identität in der Umwelt erfährt. Hier sind schwere Krisen angezeigt, die ihn dazu zwingen, sich mit seinem Selbstbild zu konfrontieren und es zu verändern. Der Hauptunterschied zwischen dieser Version des Großen Quadrats und dem normalen besteht darin, daß ein Eckfeld und kein Planet betroffen ist. Obwohl der Aszendent und der MC als in ihrem Einfluß ebenso wichtig betrachtet werden können wie jeder Planet, repräsentieren sie keine dynamischen Kräfte, die zum Ausdruck drängen. Statt dessen beschreiben diese Eckfelder durch die Färbung des Tierkreiszeichens, in das sie fallen, eher unsere Einstellung zu äußeren Umständen, mit denen wir persönlich konfrontiert werden. Mit anderen Worten, die Eckfelder verleihen in Wirklichkeit keine Energie, sondern sind eher empfänglich für Kräfte, die außerhalb unseres Bewußtseins erzeugt werden. In diesem Fall hängen die Kräfte der drei Planeten mit einer starken Spannung zusammen und kanalisieren sich durch den Aszendenten entsprechend der Verhaltensweise des Aszendentenzeichens. Dasselbe gilt für den MC, wenn er in das Große Quadrat eingebunden ist. Daher neigt diese Art von großem Quadrat dazu, ein gewisses Maß an Konzentration und Richtung zu verleihen, was der normalen Version dieses Aspekts völlig fehlt. Aufgrund dieser Orientierung nach außen manifestieren sich die Spannungen, die durch eine solche Aspektfigur ausgelöst werden, daher viel leichter in den äußeren Aktivitäten, oftmals in der charakteristischen Art und Weise des Aszendentenzeichens. Dies bedeutet jedoch nicht, daß man besser mit ihnen umgehen kann, sondern nur, daß man hier weniger dazu neigt, sich von der Außenwelt abzuschließen. Die mächtigen Energien des Großen Quadrats weisen darauf hin, daß der Betreffende einen starken Eindruck auf die Menschen macht, mit denen er direkt konfrontiert wird, ob ihnen das nun gefällt oder nicht. Diese Art von Großem Quadrat könnte die Aufmerksamkeit objektiver auf etwas lenken (da der Aszendent tatsächlich ein Teil der Horizontalachse oder Opposition von Aszendent und Deszendent ist, was auf eine Bewußtheit der Außenwelt hinweist) als ein Quadrat, das nur von Planeten gebildet wird.

Wenn der MC einer der vier Eckpunkte des Großen Quadrats ist, kann dies einen Menschen mit einem mächtigen Potential im Bereich des beruflichen Engagements, sozialen Status, den Ehrgeiz, eine öffentliche Person zu werden und weltliche Kontrolle oder eine Managerposition zu erlangen, kennzeichnen. Es versetzt ihn in die Lage, dynamisch auf seine Ziele hinzuarbeiten und zwar in einer Art und Weise, die manchmal zu aggressiv und hartnäckig (kardinales Großes Quadrat), machthungrig, manipulierend oder dominierend (fixes Großes Quadrat) oder unberechenbar, unbeständig und uneffektiv (veränderliches Großes Quadrat) erscheint. Trotzdem verleiht der MC als Brennpunkt des Großen Quadrats dem Betreffenden die Fähigkeit, seine nach außen drängenden Kräfte auf gesellschaftliche Aufgaben zu lenken. In seiner positiven Ausdrucksform könnte dieser Aspekt auf das Potential für bemerkenswerte Leistungen hinweisen, wenn es dem Betreffenden erst einmal gelungen ist, große Schwierigkeiten zu überwinden. Im allgemeinen weisen diese beiden Abwandlungen des

Großen Quadrats auf eine verstärkte Fähigkeit hin, die hier repräsentierten, akuten Spannungen in einer Weise nach außen zu lenken, die weniger zu Zerstreuung führt. Mir scheint, daß jede große Aspektfigur in einem überlebensgroßen Ziel manifestiert werden muß (irgendeinem sozialen Projekt, das dem Betreffenden ermöglicht, vollkommen aus sich herauszugehen und sich in der Umwelt zu entfalten), wenn er seinen enormen Energievorrat positiv umsetzen will. Diese Aspekte erfordern angemessene Aktivitäten, um ihre Größe voll entfalten zu können.

Das Mystische Rechteck

Obwohl diese interessante Aspektfigur nicht mit dem Großen Quadrat verwandt ist, repräsentiert sie dennoch eine andere, potentiell spannungsgeladene, geschlossene Aspektfigur. Das Mystische Rechteck umfaßt im Idealfall zwei *Oppositionen,* deren Planeten sowohl *Trigone* als auch *Sextile* mit anderen bilden. Daher entsteht ein großes Rechteck über dem Horoskop. Dieser Aspekt, auf den Dane Rudhyar in seinem Buch *Astrologie der Persönlichkeit*[1] vielleicht zum ersten Mal aufmerksam gemacht hat, könnte ein Symbol für »praktischen Mystizismus« sein, da es zwei auf Bewußtsein und Erleuchtung deutende Oppositionen enthält, die in kreativer Weise ihren Idealzustand erreichen oder zu inspirierter Reife gelangen können (Trigon-Einfluß) und zwar dadurch, daß man in intelligenter, neuer Art und Weise Gebrauch von den Energien macht (Sextil-Einfluß). Es hängt jedoch sehr stark davon ab, auf welcher Ebene die Oppostionen von dem Betreffenden erfahren werden (da die Opposition auch als Disharmonie, Ungleichgewicht, trennende Kräfte und unbehebbare Spannung zum Ausdruck kommen kann). Normalerweise werden die Herausforderungen der beiden Oppositionen effektiver gehandhabt als man ansonsten erwarten würde, was auf die integrierenden Einflüsse der mit diesem Aspekt verbundenen Trigone und Sextile zurückzuführen ist. Der hier angezeigte Konflikt und die Zwietracht haben eine stimulierende, auffordernde Wirkung und drängen auf eine befriedigende Lösung, so daß solche Oppositionen weniger lähmend wirken, da sie nicht in auswegslose Situationen und Sackgassen führen. Jede hier gewonnene Perspektive kann besser zum Ausdruck der eigenen Persönlichkeit eingesetzt werden und zwar auf wachstumsfördernde Weise. Die Bemühungen um produktive Aktivitäten in Beziehungen können durch *Einsicht* und *Intuition* objektiver eingeschätzt und harmonischer ausgeführt werden, wenn diese Aspektfigur positiv gelebt wird.

Das Harte Rechteck

Diese Aspektfigur umfaßt zwei *Oppositionen,* deren Planeten an beiden Enden sowohl im *Halbquadrat* als auch *Anderthalbquadrat* zueinanderstehen. Charles Jayne[2] muß für die Benennung dieses Vielfachaspekts gedankt werden. Anders als das zuvor erwähnte Mystische Rechteck weist das Harte Rechteck darauf hin, daß die Oppositionen mehr dazu gezwungen sind, ihre Energien miteinander in Einklang zu bringen, was auf subtile, indirekte Spannungen zurückzuführen ist. Dies beinhaltet einen verstärkten Einsatz des Willens, um Harmonie und Gleichgewicht herzustellen. Doch wenn man berücksichtigt, was über die Natur der Halbquadrate und Anderthalbquadrate in Kapitel 1 gesagt wurde, könnten diese Einflüsse auch zu größeren Widersprüchen und mangelnder Kompromißbereitschaft gegenüber anderen Menschen führen, was dies in der Tat zu einem sehr schwer zu kontrollierenden Rechteck macht. Aber normalerweise zwingt eine Anregung kleinerer Konflikte diese Oppositionen dazu, mit mehr Schwung zu handeln als es bei normalen Oppositionen der Fall ist. Der zusätzliche Spannungsfaktor könnte diesem Aspekt zusätzliche Kraft und Zielstrebigkeit verleihen, wenn er in positiver Weise umgesetzt wird.

Natürlich können diese beiden Rechtecke im Horoskop auch in ihrer dissoziierten Form vorkommen. Mein eigenes Horoskop weist ein dissoziiertes Mystisches Rechteck (sowie ein dissoziiertes Großes Trigon und ein dissoziiertes T-Quadrat) auf. Offen gesagt verlangt mein Innenleben, daß ich im Bewußtsein viele subtile Anpassungen vornehme (die trotzdem alle sehr intensiv sind), die nur wenige Menschen äußerlich erkennen. Ich scheine ständig in der einen oder anderen Weise an mir zu arbeiten und ich brauche mehr als alles andere, mich vollkommen zu entspannen und die Früchte meiner Bemühungen in einer angenehmen Weise zu ernten, ohne das ängstliche Bedürfnis zu verspüren, mich noch mehr verbessern zu müssen. Obwohl in meinem Horoskop noch andere Faktoren vorhanden sind, die eine solche innere Orientierung betonen, könnte ich mir vorstellen, daß alle dissoziierten Aspektfiguren auf die Notwendigkeit einer etwas versteckten Anpassung der Einstellung hinweisen, ungeachtet der äußeren Umstände. Denjenigen, die daran interessiert sind, schlage ich vor, Beispiele sowohl vom dissoziierten Mystischen Rechteck als auch dem dissoziierten Harten Rechteck zu suchen, um festzustellen, welche verborgenen Einflüsse hier ins Spiel kommen, zumindest auf der psychischen Bewußtseinsebene. Deuten Sie diese Aspekte dann entsprechend. Obwohl diese dissoziierten Aspekte in Wirklichkeit zu subtil sein können, um sie praktisch in Erwägung zu ziehen, kann der Versuch, sie zu skizzieren, zumindest eine gute geistige Übung sein, um Ihr Verständnis der Prinzipien zu vertiefen.

Kapitel 7

DAS T-QUADRAT

Wenn zwei Planeten in Opposition zueinander stehen, während beide ein Quadrat zu einem dritten Planeten bilden, wird die auf diese Weise gebildete Aspektfigur als *T-Quadrat* bezeichnet (eine zweite gebräuchliche Verwendung ist »T-Kreuz«). Diese Aspektfigur ergibt in der Horoskopzeichnung ein großes T. In ihrem ausgesprochen informativen, tiefgründigen Buch mit dem Titel *How To Handle Your T-Square* behauptet Tracy Marks, daß das T-Quadrat in mindestens 40 % aller Geburtshoroskope vorkommt.[1] Daher darf man es in der Praxis nicht als ungewöhnlichen Aspekt betrachten. Wie mein Studium von Hunderten von Geburtshoroskopen bestätigt hat, ist dies tatsächlich der hervorstechende Aspekt in den meisten Horoskopen von berühmten Persönlichkeiten, die einen überdurchschnittlichen Einfluß auf die Welt hatten. Der Planet, der ein Quadrat zur Opposition bildet, wird oftmals als der zentrale oder »Apex«-Planet bezeichnet. Im wesentlichen liefert er dem Astrologen einen wichtigen Schlüssel zu einem sehr dynamischen Prinzip, das der Betreffende normalerweise nur schwer in den Bewußtseinsprozeß der Opposition integrieren kann, ohne daß er zumindest innere Disharmonie, Unausgewogenheit oder eine spannungsgeladene Blockierung des Selbstausdrucks hervorruft. Dies wirkt sich schließlich in den Beziehungen des Betreffenden aus. Eine so starke Spannung ist für den Horoskopeigner sehr unangenehm, was auf die Tendenz des Apex-Planeten zurückzuführen ist, das Gleichgewicht, die Harmonie und die innere Gelassenheit, die die Opposition im Idealfall anstrebt, ständig zu provozieren. Dieser zentrale 3. Planet führt wohl dazu, daß sich die Planeten in Opposition in trennender, gegensätzlicher Weise zum Ausdruck bringen anstatt in einem sich gegenseitig ergänzenden Austausch. Die Zeichen- und Hausposition dieses Apex-Planeten deutet darauf hin, wo diese

Spannung am stärksten verspürt wird. Die Zeichen- und Hausposition des Punktes im Horoskop, der in *Opposition* zum Apex-Planeten steht (oftmals als das »leere Bein« des T-Quadrats bezeichnet) scheint eine zentrale Rolle dabei zu spielen, wie der Betreffende das durch das T-Quadrat angezeigte Dilemma am besten lösen kann. Die Einstellungen, die typisch für das Zeichen sowie die damit verbundenen Situationen und Lebenserfahrungen sind und von der Hausposition des »leeren Beins« charakterisiert werden, liefern tieferen Einblick in die ideale Lösung dieses komplizierten Aspekts. Wie einem dies am besten gelingt, zeigen die natürlichen Antriebskräfte und Energien des Apex-Planeten. Das T-Quadrat verleiht entschieden mehr Energie und Motivation als das Große Quadrat. Dies ist auf die zusätzliche Spannung der Unsicherheit zurückzuführen, die durch das »leere Bein« hervorgerufen wird, was wiederum bedeutet, daß es sich um einen offenen Aspekt handelt, mit dem es einem nicht leicht fällt, unabhängig zu sein. Zumindest weist das Große Quadrat eine symmetrische Form auf, die in der Lage ist, sich in solider Weise selbst zu helfen, während es dem T-Quadrat an einer vollständigen, wechselseitigen Verbundenheit der hier dargestellten Qualitäten mangelt, weshalb es weniger stabil und leichter aus dem Gleichgewicht zu bringen ist. Aufgrund der geschlossenen Natur des Großen Quadrates wirkt es sich jedoch oftmals als unablässiger Streß aus, der in keine bestimmte Richtung zielt, wobei der Betreffende in den angezeigten Spannungen gefangen ist, ohne dazu gezwungen zu sein, sich mit seinen Problemen auseinanderzusetzen und ihren hemmenden Einfluß zu überwinden. Andererseits ist das T-Quadrat ganz einfach zu anstachelnd, spannungsgeladen und zwingend, um es ohne psychischen Kampf zu akzeptieren.

Die in diese Aspektfigur eingebundene Opposition weist auf das Bedürfnis hin, eine größere Objektivität und stärkere Bewußtheit gegenüber den Rechten und Bedürfnissen anderer zu erlangen. Der Apex-Planet, der ein Quadrat zu dieser Opposition bildet, kann diese Problematik noch verstärken und weist oftmals darauf hin, welcher Natur die Frustrationen, Blockaden, gewohnheitsmäßigen Unsicherheiten und defensiven Reaktionen sind, die im Inneren des Betreffenden wurzeln und eine solche Bewußtheit in Beziehungen anregen. Wenn er augenscheinlich mit dem Druck der Schwierigkeiten dieser Aspektfigur nicht fertig werden kann, bringt er womöglich andere aus der Fassung und läßt unharmonische Situationen entstehen, was auf seine eigenen (oftmals unerkannten) widerstreitenden, egozentrischen Handlungen zurückzuführen ist. Wenn der Apex-Planet falsch gehandhabt wird, neigen die Planeten in Opposition dazu, gegenseitig in ausgesprochen negativer Weise aufeinander zu projizieren. Trotzdem führt der Konflikt zwischen diesen gegensätzlichen Planeten nur selten in eine Sackgasse, wie dies manchmal bei der normalen Opposition der Fall ist, da der Apex-Planet sie ständig in einer Weise aktiviert, die ihren potentiellen Konflikt übermäßig stark manifestiert. Das ist der Grund dafür, warum das T-Quadrat in seiner Wirkungsweise von Natur aus so dynamisch ist. Hier darf keine Kraft latent bleiben oder indirekt wirken. Natürlich kann derselbe Planet im Quadrat zu einer Quelle weiterer Unruhe werden, was den Planeten in Opposition bisweilen unnötigen Streß auflädt, der normalerweise für die Konfliktlösung gar nicht erforderlich wäre. Mit anderen Worten, der Planet, der im Quadrat zu den Planeten in Opposition steht, hält diese Planeten tatsächlich in einem Zustand des Ungleichgewichts, indem sie sich ziemlich getrennt und disharmonisch fühlen. Aber gleichzeitig kann dieser Planet im Quadrat, wenn er richtig gehandhabt wird, auch dazu beitragen, eine notwendige Vermittlerrolle zu spielen, die verhindert, daß die Planeten in Opposition in ihrer Handlungsweise keine Lösung finden. Wenn man die ganze überschüssige Energie, die durch das mächtige T-Quadrat hervorgerufen wird, konstruktiv umsetzt, wird diese Aspektfigur oftmals zu einer ausgesprochen provokativen, treibenden Kraft, die den Betreffenden mit einer ausgeprägten Zielstrebigkeit vorwärtstreibt, während sie ihn zwingt, sich mit den Hindernissen auf seinem Weg zu konfrontieren und sie zu überwinden. Dies läßt sich wahrscheinlich darauf zurückführen, daß der Apex-Planet dem Betreffenden in der Außenwelt ein konkretes Betätigungsfeld für diese spannungsgeladenen Energien gibt, was beim Großen Trigon, Großen Sextil oder Großen Quadrat nicht der Fall ist.

Das kardinale T-Quadrat

Ein Mensch mit diesem dynamischen Aspekt macht viele, sein Wachstum beschleunigende Lernerfahrungen in Lebensbereichen, die mit dem Freisetzen von Energie, Unternehmungen aus Eigeninitiative und der Konzentration der Aufmerksamkeit auf bedeutsame Ziele im Hier und Jetzt zu tun haben. Dieses T-Quadrat kann sehr viel Vitalität, Antrieb und Durchsetzungskraft verleihen. Aber es kann auch dazu führen, daß der Betreffende ständig arbeitet wie ein Verrückter oder durchs Leben hetzt, wobei er versucht, aus seinem Wunsch heraus, zuviel zu schnell zu erreichen, zuviel des Guten tut. Dies kann auch dann beobachtet werden, wenn ein T-Quadrat in Eckhäuser fällt (und meistens, wenn Mars und/oder Jupiter beteiligt sind). Das kardinale T-Quadrat ist normalerweise das extrovertierteste von allen und hat die belebendste Wirkung. Es treibt einen an, aufregende, situationsbezogene Aktivitäten in Angriff zu nehmen, die viel Aggression, Mut, Aufrichtigkeit und aktive, persönliche Anstrengung erfordern. Im Leben eines Menschen mit diesem antreibenden Aspekt scheint eine Krise auf die andere zu folgen. Doch obwohl er oftmals eifrig darum bemüht und bereit ist, einen sichtbaren Einfluß auf seine Umwelt zu nehmen, neigt er möglicherweise dazu, sich gegen konventionelle Regeln aufzulehnen. Er muß mehr Selbstdisziplin, innere Zeitplanung, äußere Geduld und ein allgemeines Gefühl für Gründlichkeit und Organisation entwickeln, wenn er in seinen Unternehmungen erfolgreich sein will. Da er gewöhnlich anfällig für schlechte Zeitplanung ist, muß er die praktischen Seiten seiner eigenen Impulse bewußt analysieren, um zu erkennen, ob sie tatsächlich dazu beitragen, seine Ziele angemessen zu verwirklichen. In seinem Leben werden wichtige, direkte Konfrontationen stattfinden, denen er sich stellen muß. Doch indem er lernt, sich nicht kopfüber und unüberlegt in neue Aktivitäten zu stürzen, sondern erst einmal abzuwägen, wird er seine vitalen Energien nicht mehr so unbedacht einsetzen. Wenn Mars, Jupiter oder Uranus in dieses T-Quadrat eingebunden sind, ist es besonders wichtig (und sogar noch wichtiger, wenn einer dieser Planeten am Apex steht), daß der Betreffende so früh wie möglich in seinem Leben lernt, seine Grenzen zu erkennen und ihren Wert zu respektieren. Da hier oftmals die körperliche Aktivität betont ist, entspricht ihm ein Lebensstil, der ihm ermöglicht, ständig in Bewegung zu sein und schnelle Veränderungen herbeizuführen. Doch je bewußter er wird und je mehr Selbsterkenntnis er erlangt, desto zweckmäßiger werden diese Veränderungen.

(Oliver Cromwell – Francisco Goya – Marie Antoinette – Bonnie Parker)

Das fixe T-Quadrat

Ein Mensch mit dieser Aspektfigur wird wahrscheinlich viele intensive Lernerfahrungen in Lebensbereichen machen, die die Beständigkeit seiner Wünsche, seine eigensinnigen Emotionen und sein Festhalten an dem, was er persönlich wertschätzt, auf die Probe stellen. Der Drang zu erhalten, was auch immer man besitzt, ist hier sehr stark ausgeprägt. Das Akzeptieren und Respektieren der Werte und Besitztümer anderer Menschen kann hier ein hervorstechendes karmisches Thema sein. Dieser Mensch kann in Angelegenheiten, die eine innere Wichtigkeit für ihn besitzen, fast zwanghaft hartnäckig sein. Doch oftmals gerät er in ausweglose Situationen, was auf die Wirkung seiner Sturheit auf andere zurückzuführen ist, die ihm ansonsten sehr zugetan sind. Seine fordernden Bedürfnisse und festen Vorstellungen blockieren die Bedürfnisse und Vorstellungen anderer vollständig. Seine natürliche Begabung, an den eigenen Vorstellungen festzuhalten und nicht nachzugeben, scheint ihn gegenüber äußeren Einflüssen beinahe immun zu machen. Es würde mich nicht überraschen, wenn sich Menschen mit fixen T-Quadraten als höchst widerstandsfähig gegenüber Viren und Bakterien erweisen (besonders solche Krankheitserreger, die mit akuten, kurzlebigen Symptomen verbunden sind). Obwohl dieses T-Quadrat selten so energetisch und aktiv ist wie das kardinale T-Quadrat, verhelfen seine enormen Kraftreserven und seine emotionelle Vitalität dem Betreffenden dazu, alle möglichen Rückschläge und Schwierigkeiten zu überstehen, ohne daran zu zerbrechen, aufzugeben oder das

Ziel aus den Augen zu verlieren. Der Betreffende verspürt den Drang, etwas Solides, Sicheres und Dauerhaftes in seinem Leben zu schaffen.

Innere Zwänge tragen dazu bei, daß er seine ganze Willenskraft zusammennimmt, und drängen ihn, in all seinen Bemühungen um jeden Preis Erfolg haben zu wollen. Bisweilen kann seine ausgesprochen zielorientierte, konsequente, zielbewußte Einstellung zur Erreichung seiner Ziele fast rücksichtslos sein. Der Apex-Planet wirkt oftmals wie ein unerwarteter (und daher emotionell aufwühlender) Katalysator, der ihm dazu verhilft, festgefahrene Wünsche und Gefühle in einer Art und Weise zu verjagen, die ihn zu Veränderungen zwingen. Vorwiegend in dem Lebensbereich, der durch die Hausposition des Apex-Planeten angezeigt ist, ist die Anpassungsfähigkeit an äußere Veränderungen nur sehr schlecht ausgebildet, und hier werden Veränderungen nur sehr ungern herbeigeführt. Der tiefverwurzelte Drang dieses Menschen, andere zu beherrschen, kann zu einem Machtkampf mit anderen führen, mit denen er ein Machtspiel zu treiben versucht. Es wird offensichtlich, wie besonders schwierig dieses T-Quadrat in dieser Hinsicht sein kann, wenn auf Kontrolle ausgerichtete Planeten wie Saturn oder Pluto am Apex wirken. Eine der Gefahren eines falsch gehandhabten, festen T-Quadrats besteht darin, daß hier negative Gefühle so lange aufgestaut und unterdrückt werden können, bis der Druck so stark wird, daß sie explosionsartig freigesetzt werden und in Gewalttätigkeit zum Ausbruch kommen. An diesem Punkt legt der Betreffende womöglich ein irrationales Verhalten an den Tag und zwar in einer Art und Weise, die entweder andere bedroht oder selbstzerstörerisch ist oder beides. Es ist nötig, daß er einen geeigneten Ausdruck für seine aufgestaute Gefühlsart findet (besonders da, wo er über das durchschnittliche, irdische Fühlen hinausreicht, wenn er sich auf konstruktive Weise Luft machen will. Im allgemeinen wird ihm das Leben mit Gewalt beibringen, seinen Wünschen und Bedürfnissen gegenüber gelöster und objektiver zu sein.

(Napoleon – Leo Trotzki – Benito Mussolini – Königin Elizabeth II. – Kaiser Wilhelm II. – Dylan Thomas)

Das veränderliche T-Quadrat

Ein Mensch mit dieser anregenden, geistig herausfordernden Aspektfigur kann seine Spannung am besten durch eine aktive Betätigung in dynamischen Bereichen des Denkens, der Erziehung, der Kommunikation und sogar Reisen ausleben (aufgrund der geistig-mobilen Ausrichtung dieses veränderlichen Aspekts). Typischerweise kann der Streß, der durch das veränderliche T-Quadrat erzeugt wird, das Nervensystem strapazieren (was oftmals auf eine Übererregung zurückzuführen ist) sowie die Denkprozesse beeinträchtigen. Der Betreffende muß seine ständige Ruhelosigkeit und Langeweile, die er in den meisten Situationen verspürt, bewußt lösen, wenn er jemals etwas von dauerhafter Bedeutung vollbringen will. Er neigt dazu, von Augenblick zu Augenblick zu leben, plant nicht gerne weit voraus und ist normalerweise nicht zielstrebig. Unter der Wirkung dieses T-Quadrats entstehen Beziehungen, deren Konflikte sich um entgegengesetzte Ideen und Lebensvorstellungen drehen. Dies wirkt auf den Betreffenden jedoch anregend, da veränderliche Zeichen gewöhnlich Wissen ansammeln und es wiederum an andere weitergeben wollen. Daher ist dieses T-Quadrat oftmals dazu gezwungen, seine übermäßige nervöse Spannung durch intellektuelle Aufgaben auszuagieren, die ein intensives Studium erfordern. Der Betreffende kann den Drang verspüren, die Gesellschaft, in der er lebt, durch alle möglichen Lehren bewußter zu machen. Aber normalerweise lebt er in einem Zustand permanenten geistigen Wandels, was zur Folge hat, daß er hin- und herschwankt und unentschlossen ist, welche Richtung er einschlagen soll. Diese Eigenschaft führt dazu, daß er anderen gegenüber unsicher und unverbindlich ist, bis er lernt, sich zu disziplinieren und seinem Leben eine Struktur zu geben. Er muß den Zweck seiner Beziehungen definieren, wenn sie sich jemals festigen sollen. Es besteht die Tendenz, sich zu oberflächlich zu verzetteln; er hat zu viele sprunghafte Interessen, um jemals ein einziges wirklich verfolgen zu können. Wenn hier auch eine besondere Beweglichkeit angezeigt ist, herrscht doch auch ein Mangel an einer konsequenten oder praktischen Anwendung der Energie und Anstrengung. Der

Betreffende hat nur selten lange genug Interesse an einem bestimmten Ziel, um es letztendlich auch tatsächlich zu erreichen.
Wie beim veränderlichen Großen Quadrat wird die Flexibilität
hier zu einem Problem; sie bringt ihn dazu, sich zu schnell an die
sich verändernden äußeren Umstände anzupassen, anstatt an etwas festzuhalten oder etwas zu stabilisieren. Das Leben wird ihm
beibringen, sich mit größerer Bestimmtheit den Herausforderungen zu stellen (da er dazu neigt, unangenehmen Situationen
auszuweichen). Damit dieses T-Quadrat zu einer produktiven
Kraftquelle werden kann, sind geistige Herausforderungen im
Leben von wesentlicher Bedeutung.

*(Königin Elizabeth I. – Francis Bacon – Friedrich Nietzsche – Hermann
Hesse – Erich Fromm – Manly P. Hall)*

Das dissoziierte T-Quadrat

Wenn einer der Planeten des T-Quadrats in ein Tierkreiszeichen
einer anderen Qualität als die der beiden anderen fällt, entsteht ein
dissoziiertes T-Quadrat. Am bedeutsamsten ist es, wenn der
Apex-Planet dissoziiert ist. Wenn dies der Fall ist, kommen in
psychischer Hinsicht die verborgenen Einflüsse des Sextils und
Trigons ins Spiel; auf der situativen Ebene dagegen wirkt es wie
das normale T-Quadrat. Der Sextil- und Trigon-Einfluß könnte
die inneren Zwänge abmildern, indem er dem Betreffenden ein
wenig mehr Spielraum darin gibt, wie er innerlich auf die Herausforderungen, denen er sich stellen muß, reagiert. Es könnte aber
auch darauf hinweisen, daß es seiner Psyche schwer fällt, sich auf
die – vom T-Quadrat geforderte – Intensität des äußeren Ausdrucks einzulassen. Dementsprechend ist der Betreffende möglicherweise kaum motiviert, die notwendige Energie aufzubringen,
um die augenblicklichen Hindernisse zu überwinden. Es hängt
sehr stark von der Natur der beteiligten Planeten und besonders
dem Apex-Planeten ab, wie dieser Aspekt zur Wirkung kommt.
Mit einem Apex-Saturn beispielsweise verspürt man den Drang,
hart und mit großer Anstrengung und ausdauernder Geduld an

der Überwindung von Hindernissen zu arbeiten, wohingegen dies bei Neptun am Apex nicht der Fall ist. Deshalb würde nicht einmal ein dissoziiertes T-Quadrat den Antrieb dieses Saturns stark abschwächen, wohingegen es Neptun dazu ermutigen könnte, darauf zu hoffen, daß äußere Sofortlösungen auftauchen, die den Betreffenden von den streßgeladenen Herausforderungen befreien. Obwohl das dissoziierte T-Quadrat Anpassungen notwendig macht, die inneren Einstellungen mit den äußeren Realitäten zu integrieren, sollten Astrologen nicht unbedingt davon ausgehen, daß es sich als ein »schwächeres« T-Quadrat manifestiert (dasselbe gilt für alle dissoziierten Aspekte).

Das T-Quadrat und die Eckfelder

Wenn das T-Quadrat von zwei Planeten an verschiedenen Stellen im Horoskop plus dem Aszendenten gebildet wird, betrachte ich diese Aspektfigur immer noch als ein gültiges T-Quadrat. Dies kann sich in zwei Formen manifestieren: Zwei Planeten in Opposition stehen im Quadrat zum Aszendenten oder ein Planet steht in Opposition zum Aszendenten und beide bilden ein Quadrat mit einem zweiten Planeten. Ich neige zu der Überzeugung, daß die Aspektfigur mit dem Aszendenten am Apex die dynamischere von den beiden ist, da die beiden Planeten in Opposition stehen (was den inneren Drang symbolisiert, nach einer ausgewogenen Bewußtheit zu streben). Ein Planet in Opposition zum Aszendenten repräsentiert keinen dynamischen Austausch von zwei Planetenkräften, da der Aszendent technisch keine innere Kraft beschreibt, sondern vielmehr ein rezeptiver Punkt der Energieaufnahme ist. Der Aszendent wird gewöhnlich von anderen Faktoren im Horoskop bestimmt, da er ja Teil der Häuser-Struktur ist, wogegen die grundlegende Kraft oder der Impuls eines Planeten unter jeder Konstellation im Geburtshoroskop gleichbleiben wird. Planeten sind abstrakte Lebensprinzipien, die den Rahmen der Existenz erschaffen, und sie benutzen Tierkreiszeichen und Häuser, durch die sie sich manifestieren, aber sie werden nicht von diesen benutzt. Zeichen beschreiben nur, wie

die Kraft eines Planeten sich durch Einstellungen und Verhaltensweisen ausdrücken könnte, während Häuser nur bestimmen, wo
diese Kraft wahrscheinlich in einer äußeren Lebenserfahrung
wirksam werden wird. Aber Tierkreiszeichen und Häuser verändern die grundlegende Planetenkraft in keinster Weise. Daher
kann der Aszendent den Planeten nicht direkt beeinflussen, wohingegen ein Planet (oder Tierkreiszeichen) den Aszendenten
färben kann. Dasselbe gilt für den MC. Zumindest betrachte ich
die Situation so.

Aus diesem Grund können diese beiden aszendentenbezogenen
T-Quadrate etwas »schwächer« wirken, da beiden die Kraft und
der Antrieb eines dritten Planeten fehlt. Beide Aspektfiguren
lenken die jeweils erzeugte Spannung auf den rezeptiven Aszendenten und verbinden sie mit der persönlichen Identität oder dem
Selbstbild. Aufgrund des Stresses, der von dem Aspekt, der von
den beiden Planeten gebildet wird, angezeigt wird, kann auch die
körperliche Verfassung davon betroffen werden. Normalerweise
kann jedes Quadrat zum Aszendenten die äußere Erscheinung
oder die allgemeine Konstitution des Körpers stark verändern – je
nach der Natur des Planeten, der diesen Aspekt bildet – sowie das
Temperament dieses Menschen färben. Oppositionen zum Aszendenten scheinen das Aussehen oder die Konstitution nicht direkt
zu verändern, sondern sie beschreiben vielmehr, wie die allgemeine persönliche Erscheinung des Betreffenden von anderen
gesehen wird, da Oppositionen mehr mit dem gespiegelten
Selbstbild zu tun haben. Im allgemeinen könnten T-Quadrate, an
denen der Aszendent beteiligt ist, ein Anzeichen für eine »Identitätskrise« sein. Wenn sich der Aszendent am Apex befindet,
empfängt er zwei Quadrate von den Planeten in Opposition. Hier
scheint jede Identitätskrise akuter und verlangt nach einer Lösung. Der Betreffende ist dazu gezwungen, aus Eigeninitiative
heraus seine inneren Konflikte (gewöhnlich Blockaden) zu lösen.
Er lernt, ein neues Fundament für seine persönliche Identität
durch die intensive Auseinandersetzung mit sich selbst zu bauen.
Da er normalerweise sehr subjektiv mit den Konflikten, die er
hier erlebt, beschäftigt ist, ist er sich oftmals nicht bewußt, daß er
sie zum größten Teil selbst erzeugt. Aber wenn er erst einmal

besser in der Lage ist, die innere Spannung, auf die diese beiden Planeten im Quadrat hinweisen, zu transformieren (was bedeutet, daß er auch lernt, wie er die Herausforderung der Opposition besser bewältigen kann), erlebt er sich weniger unsicher oder defensiv, was die Meinung der anderen über ihn betrifft. Da das »leere Bein« dieses T-Quadrats sich am Deszendenten befindet, wird der Betreffende seine Kräfte, die er durch die Selbsterkenntnis gewinnt, dazu benutzen, seine Beziehungen zu anderen Menschen effektiver zu gestalten. Wenn der Aszendent das eine Ende der Opposition bildet, empfängt er nur ein Quadrat (vom Apex-Planeten) plus eine Opposition von dem anderen Planeten. Der Betreffende muß immer noch zuallererst die Spannung des nach innen orientierten Quadrats lösen, bevor er den Planeten in Opposition objektiv integrieren kann. Mit diesem T-Quadrat läßt sich eine Identitätskrise vielleicht schneller lösen, da der Antrieb, der durch den Planeten in Opposition angezeigt ist, ihn dazu zwingt, sich auf die Außenwelt zu konzentrieren und in Beziehung mit ihr zu treten (und gewöhnlich befindet sich dieser Planet in Opposition im 7. Haus oder zumindest in Konjunktion zum Deszendenten (was die Bewußtheit in Beziehungen betont). Zusätzlich steht das »leere Bein« normalerweise nahe dem MC, was darauf hinweist, daß der Betreffende seinen Selbstausdruck im sozialen Engagement in der Welt finden muß.

Wenn das T-Quadrat von den beiden Planeten an verschiedenen Punkten im Horoskop plus dem MC gebildet wird, kann es sein, daß der Betreffende eine Krise durchmacht, die mit seinem Gefühl der »sozialen Identität« zu tun hat. In diesem Fall bilden die beiden Planeten in Opposition jeweils ein Quadrat zum MC, oder ein Planet steht in Opposition zum MC und beide bilden ein Quadrat zu einem zweiten Planeten. Die Dynamik, die hieraus entsteht, ähnelt dem, was oben über das mit dem Aszendenten verbundene T-Quadrat gesagt wurde. Im allgemeinen ist der Betreffende hier dazu aufgefordert, seinen wahren Platz in der Welt zu finden, wo er etwas Sinnvolles zur Gesellschaft beitragen kann. Normalerweise verspürt er den Drang, in den Augen anderer etwas zu vollbringen und zu erreichen, die dann die Qualität seiner Bemühung beurteilen. Das Vorhandensein einer

Opposition plus MC läßt bei diesem T-Quadrat auf eine größere äußere Bewußtheit und Objektivität gegenüber Themen, mit denen man sich auseinandersetzen muß, schließen (außer der Apex-Planet steht auch in Konjunktion mit dem Aszendenten). Wenn der Apex-Planet in Konjunktion mit dem Deszendenten steht, ist das Thema der sozialen Identität ausgesprochen betont. In ihrem Buch *How To Handle Your T-Square*[2] führt Tracy Marks detailliert viele Faktoren auf, die man beim T-Quadrat berücksichtigen muß und die auf diese T-Quadrate angewandt werden können sowie auch auf normale T-Quadrate. Bitte ziehen Sie ihr Buch zu Rate, wenn Sie in dieser Hinsicht mehr Information wünschen.

Der Apex-Planet

Da der Apex-Planet bestimmt, wie der Betreffende im wesentlichen die Energien des T-Quadrats lenken wird, gewinnt er im Horoskop an zusätzlicher Bedeutung. Manchmal kann er die allgemeine Färbung des Horoskops anzeigen. Der Apex-Planet beschreibt die Art und Weise, in der das T-Quadrat seine Spannung ausdrücken und schließlich sein Dilemma lösen soll. Dieser mächtige Planet weist auf die Natur der Stoßkraft hinter der Dynamik des T-Quadrats hin. Wenn sich ein Planet der höheren Oktave am Apex befindet, kann er eine spezielle karmische Absicht symbolisieren. Menschen, die unter einer solchen Konstellation geboren sind, sind dazu gezwungen, Kräfte auszudrücken, welche die vorhandenen gesellschaftlichen Strukturen in Frage stellen, und das hat manchmal einen derart verändernden (und damit auflösenden) Charakter, daß es dem Establishment schwer fällt, dies zu verstehen und zu akzeptieren. Dies ist besonders dann der Fall, wenn das T-Quadrat ausschließlich in Eckhäuser fällt, was dem Betreffenden noch mehr Einfluß auf seine Umwelt gibt, ob ihm dies nun gefällt oder nicht. Ein Mensch mit einem transsaturnischen Apex-Planeten kann bemerkenswerte Beiträge zum Wohle der Menschheit und dem notwendigen Fortschritt der Welt leisten, während er dennoch persönlich distanziert, unbeteiligt oder den weltlichen Aktivitäten im Alltag fremd bleibt. Diejenigen, die diese experimentierfreudigen T-Quadrate primitiver manifestieren, können sich jedoch nur schlecht in die Gesellschaft integrieren oder ihre Beziehungen gestalten sich ganz allgemein unharmonisch. Es kann sein, daß es ihnen recht schwer fällt, sich anderen anzupassen, und sie könnten als soziale Außenseiter betrachtet werden. In jedem Fall gilt, je bewußter der Betreffende ist, um so sicherer und menschlicher können diese besonderen T-Quadrate zum Ausdruck kommen.

Es ist oft interessant, wenn sich Planeten im Geburtshoroskop oder der Progression eines anderen Menschen entweder in Konjunktion mit dem Apex-Planeten oder mit dem »leeren Bein« befinden; das könnte dazu führen, daß sich diese Aspektfigur aktiv in der Beziehung auswirkt. Der andere könnte mit dem Horoskopeigner eine sehr anregende, wenn auch herausfordernde Verbindung eingehen und ihm dabei helfen, sich mit vielen karmischen Lektionen zu konfrontieren und sie zu erledigen. Doch wenn man dies nicht konstruktiv lebt, könnte die Beziehung auch größere Konflikte auslösen, die wiederum den Samen für schwierige karmische Muster in zukünftigen Inkarnationen säen könnten (theoretisch könnte dies zumindest der Fall sein). Fehlgelenkte Energien können für beide Teile, die in diesem Leben miteinander zu tun haben, nachteilig sein. Es könnte auch hilfreich sein, darauf zu achten, wie die eigenen Planeten in Progression oder Transite über den Apex-Planeten oder das »leere Bein« das T-Quadrat beeinflussen. Wenn ein transitierender Planet beispielsweise über den Apex-Planeten läuft (und ich würde mich hier nur mit Jupiter und den Planeten, die danach kommen, beschäftigen), übermittelt er zunächst seine Botschaft dem anderen Planeten, oftmals dadurch, daß er ihn innerlich auffüllt. Dieser innere Konflikt manifestiert sich dann möglicherweise in einer herausfordernden Situation, die von den beiden Planeten in Opposition in den Lebensbereichen dargestellt wird, die von ihren Hauspositionen angezeigt sind. Wenn statt dessen als erstes einer der Basisplaneten ausgelöst wird, sendet dieser Kontakt seine Signale zurück zum Apex-Planeten, wo die Spannung dann zuerst verspürt wird. Der Apex-Planet wird daher das ganze T-Quadrat aktivieren. In diesem Fall kann man eine Art Verzögerung beobachten, bevor die ganze Opposition aktiviert wird, besonders bei Transiten über Saturn, die transaturnischen oder rückläufigen Planeten. Ich gehe von der theoretischen Annahme aus, daß, ungeachtet dessen, an welchem Punkt das T-Quadrat einen Transitkontakt erhält, die Energien zunächst durch den Apex-Planeten manifestiert werden müssen, bevor die ganze Aspektfigur in Bewegung gesetzt werden kann. Aus diesem Grund sollten wir unser Bestes tun, den positivsten Ausdruck dieses Planeten wertzuschätzen, sobald wir in unserem Leben dazu in der Lage sind, so daß er, wenn das T-Quadrat ausgelöst wird, dazu angeregt wird, produktiv und anregend anstatt chaotisch und desorganisiert zu wirken.

Wenn ein transitierender Planet in Konjunktion mit dem »leeren Bein« oder einem der beiden Mittelpunkte der Basisplaneten steht, kann dies auch die Wirkung des T-Quadrats verstärken. Ein Planet, der die Stelle füllt, an der sich das »leere Bein« befindet, bildet vorübergehend ein großes Quadrat, das wiederum entsprechend der Natur des Apex-Planeten und durch die Motivation dieses transitierenden Planeten (oder eines Planeten in Progression) stimuliert wird. Auch einem vorübergehenden Großen Quadrat fehlt meist die Kraft, seine Energie auf ein bestimmtes Ziel zu konzentrieren (anders als das T-Quadrat, das immer auf bestimmte Ziele gerichtet ist und seine Aktivität auf einen bestimmten Lebensbereich lenkt), und es kann sein, daß den Betreffenden diese Zeit wie eine Epidemie von problematischen Lebenserfahrungen erscheint, für die es scheinbar keine dauerhafte Lösung gibt. Der Betreffende muß in dieser kritischen Phase seines Lebens zu Losgelöstheit, spiritueller Gelassenheit und größerer Objektivität finden. Es ist eine Zeit der Prüfung. Wenn die beiden Oppositionen erst einmal konstruktiv angeregt worden sind, können sie zu Erfahrungen führen, die dem Betreffenden ermöglichen, ein erweitertes Bewußtsein, eine tiefere Wahrnehmung, breitere Perspektive und reifere Einsicht in die Lebensaufgaben zu erlangen, mit denen er sich nun beschäftigen muß. Der Betreffende wird Zeuge des geballten Effekts seiner inneren Disharmonie und zwar um so stärker, je weniger es ihm gelungen ist, die positiven Werte des Apex-Planeten bewußt zu machen.

Im folgenden wird die Wirkung der einzelnen Planeten in der Apex-Position beschrieben. Auf den Einfluß durch Tierkreiszeichen und Hausposition wird dabei nicht eingegangen.

Apex-Sonne

Die Apex-Sonne weist auf starke Willenskraft, einen tiefverwurzelten Sinn für Autorität und den aufrichtigen Wunsch hin, große Dinge in einer unabhängigen und originellen Weise zu vollbringen. In der Persönlichkeitsstruktur des Betreffenden stellen Stolz und ein starkes Ego oftmals problematische Wesensanteile dar. Da die Sonne den wesentlichen Lebenssinn oder das Hauptthema im Leben symbolisiert, kann der Betreffende seine eigentlichen Ziele nur schwer in einer für ihn befriedigenden Art und Weise erfüllen, bis er gelernt hat, weniger fordernd und egozentrisch zu sein. Bei produktiver Umsetzung könnte dieses T-Quadrat ein Zeichen für bedeutende Führungsqualität, mächtige, kreative Zielstrebigkeit, betonten Individualismus und anerkannten Erfolg sein. Diese Inkarnation ist für den Betreffenden wahrscheinlich von größter Wichtigkeit, wobei es um sein Seelenwachstum durch die Entwicklung von Charakterstärke und Integrität geht. Streß wird hier am besten durch angemessenen Willenseinsatz und Selbstbehauptung gelöst. Der Wunsch dieses Menschen nach Anerkennung und Ansehen drängt ihn, seine Leistungsfähigkeit offen zu zeigen, aber oftmals in einer Weise, die zu selbstbezogen und dominant ist. Sein Selbstvertrauen muß gezügelt und durch ein gewisses Maß an Bescheidenheit ausgeglichen werden. Ansonsten wird es als Arroganz und Selbstverherrlichung empfunden. Obwohl dieser Mensch ausgesprochen selbstsicher sein kann, wird er dazu gezwungen, sich von anderen nach deren Vorstellungen helfen zu lassen. Seine Eigenwilligkeit verstärkt die Schwierigkeiten und ruft Machtkämpfe mit anderen Menschen hervor. Je weniger er in seiner eigenen Mitte ist, desto mehr heischt er um die Aufmerksamkeit anderer. Obwohl er in der Lage ist, die Aufmerksamkeit anderer auf sich zu lenken, was auf seine beeindruckende Persönlichkeit zurückzuführen ist, gewinnt er nur selten ihre Achtung und Liebe.

(Galileo Galilei – Yogananda – Betty Davis – Marlon Brando – Vanessa Redgrave – Dylan Thomas)

Bei einem *kardinalen T-Quadrat* weist die Apex-Sonne auf willensstarke Impulse, Selbstbehauptung, übermäßiges Selbstvertrauen und Herrschsucht hin. Die »Ich-zuerst«-Einstellung ist für andere sehr leicht zu erkennen, da sie sich sehr deutlich in seinen Handlungen zeigt. Er hat den natürlichen Drang, alles sofort und mit der Gewißheit, die Dinge nach seinem Willen regeln zu können, in die Hand zu nehmen. Er besteht darauf, daß man ihm die ganze Verantwortung für eine Aufgabe überträgt, weshalb er den Vorschlägen oder Forderungen anderer nur wenig Aufmerksamkeit schenkt. Seine mangelnde Bereitschaft zur Kooperation bringt ihn in Situationen, in denen es zum offenen Konflikt mit anderen Menschen kommt, die über sein autoritäres Verhalten aufgebracht sind. Daher könnte diese Konstellation auf eine heftige Aggression auf seiten des Horoskopeigners hinweisen, die sich gegen andere Menschen richtet, mit denen er konfrontiert wird. Gewöhnlich ist hier eine starke Vitalität und ein großes Bedürfnis angezeigt, in den Bereichen etwas zu leisten, die dem Betreffenden gefallen. Bisweilen wirkt er mit seiner grenzenlosen Energie, unaufhörlichen Aktivität und seinem Unternehmungsdrang auf andere einschüchternd oder erschöpfend.

Bei einem *fixen T-Quadrat* weist die Apex-Sonne auf einen Menschen hin, der sich äußeren Einflüssen gegenüber ausgesprochen halsstarrig zeigt und sich ihnen stur widersetzt. Bei dem Versuch, seine großen, lang vorausgeplanten Lebensziele zu erreichen, räumt er alle Hindernisse aus dem Weg; er kann keine Niederlage akzeptieren oder sich den Forderungen anderer beugen. Er ist entschlossen, in seinen vorgefaßten Zielen erfolgreich zu sein, aber er neigt dazu, in Beziehungen dauerhafte Machtkämpfe hervorzurufen, was auf seine Unnachgiebigkeit zurückzuführen ist. Wahrscheinlich bringt er sein inneres Gefühl für Autorität und Führung mit viel Kraft und Beständigkeit zum Ausdruck, aber er wird lernen müssen, den Wert zu erkennen, den Anpassungsfähigkeit in seinen persönlichen Beziehungen bieten kann. Hier liegt eine verstärkte Selbstgefälligkeit vor, was den Betreffenden in die Lage versetzt, sich unabhängig von anderen emporzuarbeiten, bis sein Streben von Erfolg gekrönt ist. Wahrscheinlich wird er sich nicht mit äußeren Autoritäten anlegen, wie die kardinale Apex-Sonne, da er im allgemeinen seinen Willen und seine Macht weniger demonstrativ zum Ausdruck bringt. Eher wird er sorgfältig planen, seine Kräfte einteilen und langsam, aber sicher eine solche Autorität unterwandern, wenn sie ihm beim Erreichen seiner gesteckten Ziele zu einem Hindernis wird.

Bei einem *veränderlichen T-Quadrat* weist die Apex-Sonne auf einen Menschen hin, der den Drang verspürt, Bedeutung und Anerkennung für seine geistigen Leistungen von seinen Mitmenschen zu erhalten. Er möchte stolz auf seine Fähigkeiten sein können, aber riskiert womöglich, sich nervlich überzubelasten und körperlich zu erschöpfen, wenn er sich zu sehr antreibt, soviel Wissen wie möglich zu sammeln. Veränderliche Zeichen brauchen aufgrund ihres geringen Durchhaltevermögens gewöhnlich von Zeit zu Zeit Ruhe. Der Betreffende wird wahrscheinlich keinen sehr beständigen Lebenswandel führen und muß daher feststellen, daß sich seine Hauptziele ständig verändern. Da die Sonne jedoch für den Wunsch nach Zentrierung sowie die zielstrebigen inneren Kräfte steht, führt die Apex-Sonne hier dazu, daß die Fähigkeiten weniger ziellos zerstreut werden, was für das veränderliche T-Quadrat ansonsten typisch ist (beispielsweise im Unterschied zu Merkur). Dieser Mensch kann in seinen Denkprozessen sehr stark um sich selbst kreisen, und es kann sein, daß er deshalb den wahren Wert seiner Gedanken weniger objektiv einschätzen kann. Es kann sein, daß er seine geistigen Fähigkeiten überbewertet und versucht, Ideen und Theorien stolz, eingebildet und besserwisserisch darzulegen (Galileo hatte eine veränderliche Apex-Sonne, und sein Festhalten an seinen astronomischen Überzeugungen trotz der Bedrohung durch gegnerische Autoritäten kostete ihn sein Leben). Diese Apex-Sonne kann zumindest intellektuell eigenwillig und entschlossen sein, ungeachtet dessen, ob die eigenen Konzepte irrational oder logisch sind. Der Betreffende hat entschiedene Ansichten über seine Gedanken, aber er muß lernen, ein besserer Zuhörer zu werden.

Wenn die Spannung der Apex-Sonne gelöst wird, kann sich dieser Mensch als eine wirklich besondere Persönlichkeit erweisen. Es kann sein, daß ihn andere bewundern und achten, weil er seine Kraft und seinen Willen dafür eingesetzt hat, der Gemeinschaft, in der er lebt, der Gesellschaft oder der ganzen Welt etwas Bedeutsames zu geben. Nun hat er mehr in seine innere Mitte gefunden und muß sich nicht mehr übertrieben anstrengen, die anderen auf sich aufmerksam zu machen. Am besten kann er sich in einer Führungsposition entfalten, wo er wichtige Angelegenheiten mit größerer Weisheit, Kreativität, innerer Würde und Organisationstalent bewältigt. Jemand der eine Apex-Sonne positiv zum Ausdruck bringt, kann gewöhnlich zu einer Säule der Kraft und Unterstützung für viele Menschen werden. Er lernt, seinen Willen einzusetzen, ihn aber niemals anderen aufzuzwingen; so können andere Menschen dadurch inspiriert, bestärkt und ermutigt werden, in optimistischer Weise auf seine Zielsetzungen zu reagieren. Seine Vitalität wird zu einer Quelle der Wärme und Ermutigung für diejenigen, die ihm nahestehen. Übertriebener Stolz auf sich selbst wird zu nützlicher Selbstachtung transformiert. Diese Apex-Position weist auf ein starkes Potential für Ruhm und Ansehen in der Welt hin.

Apex-Mond

Der Apex-Mond kennzeichnet einen sensitiven Menschen mit einem intensiven, leicht zu beeinflussenden emotionalen Wesen. Die Instinkte sind hier ausgesprochen lebendig und aktiv, aber aufgrund des Stresses in dieser Konstellation neigen sie dazu, aus einer defensiven Haltung heraus wirksam zu werden. Für diesen defensiven Menschen, der sich leicht bedroht fühlt, ist Sicherheit sehr wichtig. Normalerweise neigt er zu einer Überreaktion auf äußere Streßfaktoren: er grenzt sich entweder so ab, daß er eine sichere Distanz schafft, oder zieht sich tief in sich selbst zurück und versucht so, Spannungen nicht an sich heranzulassen. Die

Gefühle sind ständig konflikthaft oder instabil, bis der Betreffende den bewußten Versuch macht, seine negative, unbewußte Konditionierung, die oftmals die Folge lebhafter, mißverstandener Eindrücke aus der Vergangenheit ist, objektiv neu zu programmieren. Obwohl er sich in seinen intimen Beziehungen ständig nach Trost und psychologischer Unterstützung sehnt, sind seine Bedürfnisse gewöhnlich zu großen Fluktuationen unterworfen, was auf seine schwer kontrollierbaren Stimmungsschwankungen zurückzuführen ist. Im allgemeinen stellt ihn das Leben vor die Aufgabe, weniger subjektiv an anderen Menschen zu hängen, weniger verletzlich und empfindlich zu werden, wenn die innere Spannung abgebaut werden soll. Der Apex-Mond repräsentiert normalerweise das Potential für eine ungewöhnlich starke Rezeptivität, die den Betreffenden im allgemeinen dazu zwingt, sich auf einem Gebiet zu betätigen, wo er das Gefühl hat, gebraucht zu werden. Seine Fürsorglichkeit ist oftmals sehr stark ausgeprägt, obwohl sein Bedürfnis, für sich selbst zu sorgen, ebenso stark sein kann. Diese Konstellation könnte auf sehr empfindliche Beziehungen zur Mutter oder dem Mutterprinzip, der Familie im allgemeinen oder dem weiblichen Archetypus hinweisen. Interessanterweise waren zwei Beispiele, die ich für diese Konstellation finden konnte, berühmte Hollywood-»Sex«-Symbole (was die Verherrlichung des weiblichen Prinzips repräsentiert).

(Greta Garbo – Jean Harlow – Mahatma Gandhi – Martin Luther King – Oscar Wilde – Walt Disney)

Der Apex-Mond in einem *kardinalen T-Quadrat* deutet auf eine starke Emotionalität hin, deren übertriebener Ausdruck die augenblickliche Atmosphäre in den Beziehungen des Betreffenden schnell verändern kann. Dieser Mensch geht sehr leicht in die Offensive, was auf seine Hypersensibilität zurückzuführen ist, und er neigt zu schnellen Stimmungswechseln (besonders wenn der Apex-Mond im Zeichen Widder oder Krebs steht). Unbewußt ruft er oftmals genau die Veränderungen in Beziehungen hervor, die er bewußt zu vermeiden sucht oder vor denen er sich schützen will. Er verspürt den Drang, seine vibrierenden Emotionen in dynamischer, uneingeschränkter Weise in seiner Umgebung auszuleben. Dieser Apex-Mond neigt dazu, den spontansten und impulsivsten Ausdruck zu zeigen. Obwohl er ausgesprochen empfänglich und sensibel für das Hier und Jetzt ist, wird dieser Mensch mehr Selbstdisziplin oder Kontrolle in seinen Gefühlsäußerungen üben müssen. Dies gelingt ihm besser, wenn er sich erst einmal für tiefere Gefühle öffnet und über die Gründe hinter seinen Reaktionen nachdenkt und sie gründlich abwägt, bevor er in der Außenwelt auf diese Gefühle reagiert. Er lebt oftmals an der Oberfläche seiner Emotionen und ist zu eifrig darauf bedacht, unangenehme Eindrücke von sich fernzuhalten und sie statt dessen auf seine äußere Umgebung zurückzuwerfen. Daher sind seine Gefühle gewöhnlich schlecht integriert.

In einem *fixen T-Quadrat* weist der Apex-Mond auf einen Menschen mit unflexiblen, emotionellen Bedürfnissen hin, die auf der unbewußten Ebene eine starke Intensität erzeugen. Instinktive Gewohnheiten sind in seinem Wesen tief verwurzelt und nur selten ist er für Veränderungen offen. Innere Verteidigungsmechanismen wirken hier konträr zu seinen bewußt zum Ausdruck gebrachten Gefühlen, was auf schwer objektivierbare Blockaden zurückzuführen ist (der »Warum esse ich zuviel, wenn ich deprimiert bin«-Typ von innerem Konflikt). Der Betreffende hält an seinen Gefühlsspannungen fest, oder er bringt sie in einer sehr starren Form zum Ausdruck, was weitere Unruhe schafft. Sein Besitzdenken kann zu einem Problem werden, da er dazu neigt, psychisch an allem festzuhalten, was ihm Sicherheit symbolisiert. Er kann sogar die Tendenz haben, hartnäckig an negativen Eindrücken festzuhalten und sie lange Zeit in sich zu speichern, bevor das Leben ihn dazu zwingt, diese seine Sicherheit gefährdenden Einstellungen aufzugeben. Der fixe Apex-Mond deutet auf emotionelle Vitalität hin, aber der Betreffende muß darüber nachdenken, welchen Sinn es hat, Reaktionen aufrechtzuhalten und an ihnen festzuhalten, die für sein inneres Wohlbefinden nachteilig sind. Es mangelt ihm an Objektivität und Anpassungsfähigkeit und daher tendiert er dazu, in der Vergangenheit zu leben und Energie in Lebensumstände zu investieren, die in der Gegenwart nicht mehr vorhanden sind. Das Leben wird ihn dazu zwingen, seine Gefühle von Zeit zu Zeit zu reinigen, so daß er sich von belastenden, psychischen Bindungen an die Vergangenheit befreien kann. Die Neigung, den äußeren Ausdruck seines emotionellen Leids übermäßig zu kontrollieren, erzeugt einen unbewußten Energiestau, der sich schließlich explosiv Luft macht, was womöglich die äußeren Sicherheiten zerstört.

Der Apex-Mond in einem *veränderlichen T-Quadrat* weist auf ein hohes Maß an emotioneller Veränderlichkeit hin und erzeugt ruhelose Stimmungen sowie das Streben nach immer wieder neuen und veränderten Reizen, die seine Gefühle eine Zeitlang beruhigen. Der Betreffende möchte seine Gefühle rationalisieren, oder er überanalysiert sie von einem oberflächlichen Standpunkt aus, was ihm auch mühelos gelingt. Normalerweise verspürt er zumindest den Drang, sich vorübergehend von seinen Gefühlen zu distanzieren und sie als etwas von ihm Getrenntes zu betrachten. Obwohl eine solche Objektivität normalerweise für das emotionelle Wachstum und die persönliche Reife vorteilhaft ist, symbolisiert sie hier eher den Versuch, sich selbst zu schützen und die direkte Konfrontation mit dem wirklichen Einfluß, den der emotionelle Konflikt auf einen hat, auszuweichen. Dieser Mensch schwankt womöglich hin und her, läßt sich treiben, widerspricht sich selbst und verhält sich unschlüssig, wenn es darum geht, emotionelle Verpflichtungen einzugehen. Darüber hinaus versucht er zu angestrengt, seine Gefühlsbasis intellektuell zu interpretieren, anstatt ganz einfach die Tatsache zu akzeptieren, daß er etwas Wertvolles fühlt, selbst wenn es so scheint, als ob dieses Gefühl im Augenblick noch keinen Sinn ergibt. Ein Hauptproblem, das bei dieser Konstellation auftaucht, ist, daß es dem Menschen mit einem veränderlichen Apex-Mond oftmals an Gefühlstiefe mangelt; das hindert ihn, die subtilen Unterströmungen in Beziehungen wahrzunehmen, was dazu führt, daß er zu oberflächlichen Reaktionen neigt (dies ist weniger der Fall, wenn der Mond im Zeichen Fische steht, aber ganz besonders, wenn er sich im Zeichen Zwillinge befindet). Ein Mensch mit dieser Konstellation ist entsprechend der allgemeinen Dynamik des T-Quadrats gezwungen zu lernen, wie er die Gefühle anderer in ihm angenehmer Weise aufnehmen, in sich bewahren und verarbeiten kann, anstatt ihre Bedeutung unterzubewerten. Wenn er das tut, wird es ihm auch möglich, die Bedeutung seiner eigenen Reaktionen klarer zu erkennen und zu verstehen.

Wenn die Spannung des Apex-Mondes gelöst ist, kann der Betreffende seine Emotionalität kreativer empfinden. Dies macht ihn ausgesprochen gut geeignet für einen gefühlvollen Umgang mit Publikum oder der Masse im allgemeinen, was zu großer Beliebtheit und Erfolg auf dem von ihm gewählten Gebiet führt. Da er nun eine offenere, mühelos fließendere Verbindung zu seinen eigenen Gefühlen herstellen kann, kann er einen starken Einfluß auf die Emotionen anderer nehmen. Daher besitzt er das Talent, sich um andere zu kümmern, sie zu beruhigen und für das Wohlergehen der Schwächeren oder Unterdrückten Sorge zu tragen. Sein Einfluß beruhigt andere Menschen, er ist gütig und gibt Geborgenheit, was darauf hindeutet, daß er in allen Zweigen der Heilkunst, des Sozialwesens oder einer Arbeit, die eine enge Beziehung zu Menschen, die Hilfe und Unterstützung brauchen, mit sich bringt, tätig werden kann. Er kann auch andere Menschen dazu ermutigen, ihren eigenen Sicherheitsbedürfnissen gerecht zu werden, indem er sie für ihre innere Selbsthilfeinstanz sensibilisiert. Dieser Mensch kann die Massen dazu bringen, ihre kollektive Sensibilität zu entwickeln, so daß das Gemeinschaftsgefühl fester verankert wird.

Apex–Merkur

Der Apex-Merkur charakterisiert einen Menschen mit einem ständigen Drang, sich eine Fähigkeit, Technik oder ein intelligentes Wissensreservoir anzueignen, das ihm ermöglicht, ausdrucksvoll mit anderen Menschen zu kommunizieren. Der Betreffende wird wahrscheinlich sehr viel Aufmerksamkeit auf erzieherische oder schulische Angelegenheiten konzentrieren, wo er viel geistige oder verbale Energie entfalten kann. Gewöhnlich ist seine Mentalität sehr anregend und neugierig, aber nur selten kommt er zur Ruhe. Dieser Mensch ist normalerweise ständig analytisch und kritisch mit seinen Gedanken beschäftigt und er sucht aktiv nach den geistigen Herausforderungen, die ihn zum Nachdenken anregen oder kontrovers zu seinen eigenen Vorstellungen sind. Seine kritische Einstellung ist oft daran schuld, daß sich seine Beziehungen problematisch gestalten; hinzu kommt seine Fertigkeit, sein Verhalten in engen Beziehungen zu rationalisieren und zwar so weit, daß er selbst seine eigenen, subtileren Motivationen nicht mehr verstehen kann. Er muß in Berührung mit seiner Gefühlsnatur, seinen Instinkten aus dem Bauch und seinen intuitiven Eingebungen bleiben, wenn er das Leben von einer tieferen Wahrnehmungsebene aus begreifen will. Obwohl seine Einschätzungen der Oberflächenstruktur seiner augenblicklichen Lebensumstände ausgesprochen intelligent, klug und gut beobachtend sein können, fehlt ihm die Wärme, das Mitgefühl und das tiefe Verständnis, das notwendig ist, um seine Vorstellungen so in Einklang miteinander zu bringen, daß er sich eins mit der Welt fühlen kann. Gewöhnlich fühlt er sich getrennt von dem, was er zwanghaft analysieren muß. Darüber hinaus hat er oftmals Schwierigkeiten damit, jenseitige, ungreifbare Phänomene zu verstehen, die über den normalen Verstand hinausgehen. Und wenn er eine abstrakte Realität akzeptiert, verspürt er dennoch den Drang, sie auf begrenzte, konkrete Begriffe zu reduzieren, die nur von ihm sein können.

(Aldous Huxley – Herman Melville – W. H. Auden – Richard Wagner – Wilhelm Reich – Billy Graham)

In einem *kardinalen T-Quadrat* beschleunigt der Apex-Merkur die mentalen Prozesse und verstärkt die individuelle Fähigkeit, Daten schnell zu erfassen. Er charakterisiert einen Menschen, der schnell und voller Energie lernt. Der Betreffende hat jedoch den starken Impuls, das, was er lernt, ohne vorherige Überlegung oder Voraussicht sofort anzuwenden. Seine Neigung, voreilige Entscheidungen zu fällen oder vorschnelle Schlüsse zu ziehen, bevor er alle erforderlichen Details studiert hat, ermutigt ihn zu Handlungen, die schlecht geplant und oftmals verfrüht sind. Der kardinale Apex-Merkur neigt zu Kommunikationsschwierigkeiten mit anderen, die offen gegen ihn sind, gewöhnlich aufgrund seiner durchsetzungsstarken, ungeduldigen Einstellung. Das nervöse Temperament des Merkur findet sich hier in seiner akutesten, nervösesten Ausprägung. Der Betreffende selbst läßt sich wahrscheinlich zu leicht anregen und von seinen eigenen Gedanken inspirieren, um den Gedanken anderer Menschen längere Zeit seine volle Aufmerksamkeit zu widmen. Sein Geist ist zu sehr damit beschäftigt, vorwärts zu stürmen, um gründlich nachdenken und analysieren zu können.

Dieser Mensch muß sein Tempo verlangsamen und sich selbst organisieren, bevor er spricht, da Beziehungsprobleme oftmals auf seine gedankenlose, unverblümte Art zurückzuführen sind. Dies ist besonders dann der Fall, wenn Merkur in das Zeichen Widder oder Krebs fällt (sowohl das Element Feuer als auch Wasser sind aufgrund emotioneller Untertöne unbeständig), aber weniger, wenn Merkur im kontrollierten Steinbock oder der diplomatischen Waage steht. Im allgemeinen neigt der Betreffende dazu, seine Ideen in die Welt zu werfen und er braucht Betätigungsfelder, die ihm ermöglichen, energisch zu kommunizieren sowie seinen Geist dazu zu benutzen, Entscheidungen in Fragen zu fällen, die eine schnelle Lösung erfordern. Dieser Merkur könnte den geistig Tätigen repräsentieren, der unter hektischen Bedingungen, die ein schnelles Tempo und Veränderungen der Pläne in letzter Minute erfordern, arbeitet.

Der Apex-Merkur in einem *fixen T-Quadrat* kennzeichnet einen Menschen, der es nicht besonders mag, wenn andere Menschen seine Gedanken in Frage stellen oder ihn zum Umdenken bewegen wollen. Dieser Mensch ist geistig nur schwer zu beeindrukken oder zu beeinflussen, was auf die starke Widerstandsfähigkeit der fixen Qualität zurückzuführen ist. Er neigt dazu, seine eigenen Gedanken überzubewerten und kann in ihrer Anwendung sehr eingleisig sein. Er muß darauf achten, daß sein geistiges Potential nicht in starre, eingleisige Verhaltensmuster fällt, da der fixe Apex-Merkur sehr leicht engstirnig, dogmatisch und in seinem Denken zu absolut werden kann. Das Leben wird ihn lehren, daß sein Geist die Macht besitzt, andere stark zu beeinflussen, ihn aber daran hindern kann, sein bewußtes Verständnis zu erweitern, was auf sein stures Festhalten an dogmatischen Überzeugungen zurückzuführen ist.

Seine geistige Ausdauer kann ebenso wie seine Konzentrations-fähigkeit phänomenal sein, und er wendet sie besser an, wenn er sich in komplexe Studien, detaillierte Arbeit oder Projekte stürzt, die langfristige Planung und Organisation erfordern. Hinder-nisse, die in diesen Bereichen auftauchen und seinen Fortschritt zu behindern scheinen, tauchen wahrscheinlich aufgrund seiner un-flexiblen, nicht anpassungsfähigen Einstellung auf. Es kann sein, daß er zu einseitig wird, um Möglichkeiten und Alternativen zu erkennen, die bei der Verwirklichung seiner geistigen Ziele hilf-reich sein könnten. Da er auf geistiger Ebene sehr eigensinnig ist, kann er versuchen, anderen Menschen seine Vorstellungen aufzu-zwingen, während er von ihrem Feedback unberührt bleibt. Dies führt typischerweise zu Kommunikationsschwierigkeiten, wobei die anderen normalerweise über seine Arroganz und scheinbare Gleichgültigkeit ihren Standpunkten gegenüber verärgert sind.

Der Apex-Merkur in einem *veränderlichen T-Quadrat* verstärkt den Wankelmut und führt zu Nervosität und mangelnder Kon-zentration. Der Betreffende läßt sich leicht ablenken, indem er sich geistig von unbedeutenden Angelegenheiten unterbrechen läßt, die ihn von seinen wichtigeren Zielen ablenken. Er verspürt den Drang, über alles, was im Augenblick sein Interesse weckt, etwas zu wissen, und er kann ausgesprochen wißbegierig sein, aber es mangelt ihm an dem nötigen Unterscheidungsvermögen zu erkennen, was wirklich von Bedeutung und was belanglos ist. Das Leben wird ihn lehren, wie er seinen Geist selektiver benut-zen kann, so daß er seine Energien nicht nutzlos und unproduktiv verschwendet. Obwohl dieser Mensch normalerweise sehr wach, ein guter Beobachter und fähig ist, sich Wissen über ein breites Spektrum von Themen anzueignen, fällt es ihm schwer, seine geistigen Fähigkeiten zu disziplinieren, wodurch er sich effektiv einem Interessengebiet zuwenden könnte, bis er ein gründliches und tiefes Verständnis auf diesem Gebiet hat. Da er oft nur die Oberfläche streift, bleibt sein Verständnis der Dinge eventuell oberflächlich.

Sein Mangel an Konzentration und Zentriertheit macht ihn nervös, reizbar, desorganisiert und von Zeit zu Zeit sogar des-orientiert. Dies ist weniger der Fall, wenn der Apex-Merkur in das

Zeichen Jungfrau fällt, das ein stabilisierenderes Erdzeichen ist. Wenn er jedoch in das weitschweifige Zeichen Fische fällt, kann sich dies als ziemlich problematisch erweisen. Veränderung und Vielfalt wirken auf diesen Menschen sehr anregend, aber in seinen Beziehungen kann er sehr flatterhaft sein, und er ist sehr erfinderisch im Umgehen langfristiger Verpflichtungen. Aufgrund seines mangelnden gesunden Menschenverstands, mangelnder Beständigkeit oder Tiefe können Konflikte in seinen Beziehungen auftauchen. Dieser Apex-Merkur lenkt seine geistigen Fähigkeiten am besten auf Bereiche, wo Flexibilität und Abwechslung erforderlich sind. Die Talente werden hier nur verschwendet oder nicht voll verwirklicht, wenn sich der Betreffende weigert, seine geistigen Fähigkeiten mit mehr Beständigkeit und Geduld anzuwenden. Im allgemeinen neigt er dazu, sich Sorgen zu machen, sich aufzuregen, unentschlossen zu bleiben und mehr zu reden, als zu handeln.

Wenn die Spannungen dieses T-Quadrats gelöst worden sind, ist der Betreffende besser dazu in der Lage, seine überdurchschnittlichen geistigen Kräfte zu zügeln und sie weise in Bereichen anzuwenden, die mit dynamischer Kommunikation, Lehren, Erziehung oder der Vermittlung von spezialisiertem Wissen zu tun haben. Die Wortgewandtheit und/oder seine manuelle Geschicklichkeit können für seinen Erfolg wichtig werden sowie seine Fähigkeit, wichtige Details effektiv zu handhaben. Der Betreffende verspürt womöglich den Drang, Menschen, mit denen er in Beziehung steht, Wissen zu vermitteln, und daher kann er in seinen Beziehungen sehr anregend wirken. Er wird zu einem bereitwilligen Schüler des Lebens und hat ein konstruktives Interesse daran, das Gelernte mit anderen zu teilen. Und was er gelernt hat, ist normalerweise von bedeutendem sozialem Wert. Sein Geist wird zu einem flexibleren Werkzeug, um ein umfassenderes Verständnis der Welt zu erlangen, und er kann die Dinge mit wahrhafter Objektivität, Logik, Klarheit und aus einer intelligenten Perspektive heraus analysieren. Und das Beste von allem ist seine Fähigkeit, geistigen Frieden herzustellen, jetzt, wo er weiß, wie er seine kreativen, geistigen Energien zentrieren kann.

Apex-Venus

Die Apex-Venus beschreibt einen Menschen mit einem starken, sozialen Engagement und einem tiefen Bedürfnis, sich anderer Menschen bewußter zu werden. Doch im Grunde genommen fühlt sich dieser Mensch ungeliebt, nicht gebührend geachtet oder in seinen Partnerschaften sogar ungerecht behandelt. Gewöhnlich hat er hohe Wertvorstellungen, die sich mit den Menschen, die er anzieht, nicht vereinbaren lassen, was emotionelle Spannungen und ein Gefühl der Ungleichheit erzeugt. Die Ehe wird wahrscheinlich schwierige Probleme an ihn stellen und ihr Hauptthema kreist normalerweise um Geben und Nehmen, das freie miteinander Teilen und gemeinsame Handeln. Der Betreffende wünscht sich gewöhnlich eine ideale Partnerschaft, die frei von Konflikten, Spannungen und herausfordernder, offener Konfrontation ist. Er sehnt sich in seinen Verbindungen nach Frieden und Harmonie, aber oftmals versucht er, dies zu erreichen, indem er jede Möglichkeit für eine dynamische Interaktion blockiert. Die Folge ist, daß seine Beziehungen dazu tendieren, statisch und langweilig zu sein, was für seine Partner oftmals frustrierend ist.

Die Apex-Venus wünscht sich ständige Zufriedenheit und erwartet, daß ihr alles mühelos, oder ohne daß sie dafür kämpfen muß, zufließt. Wenn der Betreffende nicht aufpaßt, kann er faul, passiv und zu selbstzufrieden werden, um entscheidende Veränderungen, die in seinem Leben notwendig werden, herbeizuführen. Es fällt ihm schwer, die Initiative zu ergreifen, und in schweren Zeiten verläßt er sich zu sehr auf andere. Die Frustration kann hier einen Hang zur Selbstgefälligkeit hervorrufen, wobei der Betreffende versucht, sich durch Vergnügungen Befriedigung zu verschaffen in dem nutzlosen Bemühen, sich von dem Schmerz und Druck seines inneren Stresses zu befreien. Manchmal können aufgrund seines schlechten Einschätzungsvermögens oder seiner unpraktischen Neigungen finanzielle Probleme entstehen.

(Henri de Toulouse-Lautrec – Claude Monet – George Sand – Irving Berlin – Anaïs Nin – Margaret Mead)

In einem *kardinalen T-Quadrat* weist die Apex-Venus auf einen Menschen hin, der sich zu zwanghaft bemüht, auf andere Menschen anziehend zu wirken, ihre sofortige Anerkennung und Billigung zu erlangen und sie ganz allgemein um ihre Hilfe oder Unterstützung bei der Verfolgung seiner augenblicklichen Interessen zu bitten. Er muß lernen, mit anderen zu teilen und geduldig und in einer Weise, die für alle Beteiligten annehmbar ist, auf ihre Bedürfnisse einzugehen. Andernfalls wird er wahrscheinlich zu einem Opportunisten. Neue Entwicklungen zeichnen sich immer in seinen Verbindungen ab, die normalerweise aufregend, dynamisch, aber von Natur aus auch schwierig sind. Es besteht eine starke Versuchung, sich impulsiv in Beziehungen zu stürzen und seine Zuneigung und sein Interesse sehr schnell wieder zurückzuziehen, weil es zu emotionellen Konflikten kommt und der Betreffende zu aggressivem Verhalten neigt oder seine unüberlegten Handlungen Anlaß zum Streit geben. Dies gilt besonders dann, wenn Venus im Zeichen Widder steht und/oder Mars oder Uranus einer der Basisplaneten dieses Aspekts ist. Der Drang, sich unüberlegt und übereilt in Partnerschaften zu stürzen, muß im Zaum gehalten werden.

Der Betreffende muß lernen, die Vor- und Nachteile praktisch und gründlich abzuwägen, bevor er übereilte Entscheidungen trifft, die er später womöglich bedauert. Es kann sein, daß er ein besonderes Talent besitzt, in einer schillernden, energiegeladenen Weise mit der Öffentlichkeit umzugehen und das Interesse und die Aufmerksamkeit der Menschen zu wecken. Dies kann eine hervorragende Konstellation für einen Menschen sein, der die Aktivitäten anderer Menschen führen und koordinieren muß.

Bei einem *fixen T-Quadrat* weist die Apex-Venus auf einen Menschen hin, dessen feste, unflexible Wertvorstellungen sich in Partnerschaften hemmend auswirken. In seinen Beziehungen möchte er immer seinen Willen durchsetzen, und manchmal übt er sogar Zwang aus, was aufgrund seiner mangelnden Kompromißbereitschaft nur Konflikte und den Widerwillen anderer hervorruft. Seine Beziehungen enden oftmals in einer Sackgasse, führen zu nichts oder entwickeln sich zu langsam, um für beide Partner von Wert zu sein. Aber der Eigenwille und die Hartnäkkigkeit dieses Menschen zwingen ihn, emotionell an einer Beziehung festzuhalten, selbst wenn sie sich als ausgesprochen frustrierend erweist, statt sie radikal zu verändern oder zu lösen. Oftmals zeigt sich hier eine nachteilige, besitzergreifende Tendenz sowie eine versteckte Angst, neue Bekanntschaften anzuknüpfen (vielleicht, weil sie so viele unbekannte Faktoren mit sich bringen).

Die *fixe Apex-Venus* ist die am wenigsten umgängliche und lockere von allen, und sie ist nur selten motiviert, anderen entgegenzukommen oder sich anzupassen. Der Betreffende beherrscht die Menschen, auf die er seine ständige Aufmerksamkeit lenkt, so sehr, daß sie sich gefangen fühlen. Doch paradoxerweise kämpft er darum, seine eigene Unabhängigkeit, Autonomie und Freiheit, sich selbst zu verwirklichen, in seinen Beziehungen zu erhalten. Wenn Pluto einer der Basisplaneten ist (und falls Venus im Zeichen Skorpion steht), ist eine zwanghafte Besessenheit vom Partner sowie eine tiefverwurzelte Eifersucht oder Manipulation angezeigt. Die fixe Apex-Venus kann sich gehemmt und blockiert fühlen und erwärmt sich erst nach langer Zeit für andere Menschen, nachdem sie ausreichend auf die Probe gestellt worden sind.

In einem *veränderlichen T-Quadrat* weist die Apex-Venus auf einen Menschen hin, der in der Liebe flatterhaft sein kann und sich nicht ganz sicher ist, was er in Beziehungen wertschätzt. In Partnerschaften, die ihm keine zeitweisen Trennungen und Raum geben, um emotionell zu Atem zu kommen, kann er besonders ruhelos sein. Dieser Mensch muß ohne Einschränkung oder Vorwürfe anderer kommen und gehen können, wie er will. Doch dies wird oftmals zur Hauptquelle einer zehrenden inneren Unruhe und ständigen Kritik von seiten seiner Partner. Die veränderliche Apex-Venus beschreibt den sozialen Schmetterling, der auf einer eher allgemeinen Ebene angenehm und umgänglich auf andere Menschen wirkt und sich mit allen Menschen, mit denen er in Berührung kommt, zu verstehen scheint. Aber er kann sich nicht leicht an einen bestimmten Partner binden und dessen Zuneigung längere Zeit ertragen, ohne Platzangst zu bekommen.

Obwohl die Sehnsucht nach einer idealen Liebesbeziehung, die den geistigen Wertvorstellungen entspricht, hier sehr stark sein kann, zeigt dieser Mensch nur selten ein dauerhaftes Interesse an den tatsächlichen Partnern in seinem Leben, außer Saturn ist einer der Basisplaneten. Wenn Saturn an diesem Aspekt beteiligt ist, bemüht sich der Betreffende ein wenig mehr um die Lösung von Konflikten, bevor er aufgibt. Aber sogar der in diese Aspektfigur eingebundene veränderliche Saturn deutet darauf hin, daß der Betreffende nicht leicht eine feste Bindung eingeht, ohne sie zumindest zahlreichen Prüfungen unterworfen zu haben (besonders auf der Kommunikationsebene). Natürlich ist dies für Venus Quadrat Saturn überhaupt typisch. Dieser Mensch schätzt Beziehungen, die voller Inspiration, Enthusiasmus, Vielfalt und intellektueller Anregung sind. Aber dennoch wird er eine größere Gefühlstiefe und einfühlsameres Verständnis entwickeln müssen.

Wenn die Spannung dieses T-Quadrats gelöst ist, befähigt es den Betreffenden, bedeutsame Beiträge in allen Bereichen zu leisten, die mit zwischenmenschlichen Angelegenheiten zu tun haben. Möglicherweise befriedigt er sein Bedürfnis nach idealem Selbstausdruck in den schönen Künsten, in kulturellen Interessen, auf dem Gebiet der Ästhetik im allgemeinen, im Sozialwesen, den Public Relations oder sogar in der Justiz (da er hier mehr in Einklang mit sich selbst ist und das Leben von einer unparteilicheren Warte und breiteren Perspektiven aus betrachten kann). Sein Bewußtsein für andere Menschen ist erweitert und erhöht, sowie auch seine Fähigkeit, sich selbst und andere positiv zu bewerten, anzuerkennen und zu lieben. Dann geht er diplomatischer und mit einem stärkeren Gefühl für »fair-play« mit anderen Menschen um. Umgekehrt werden andere eher dazu ermutigt, mit ihm zusammenzuarbeiten und die ihm wertvollen Ziele zu unterstützen.

Apex–Mars

Der Apex-Mars weist auf einen eigenwilligen Menschen mit dem intensiven Drang hin, unabhängig und eigennützig zu handeln und seine persönlichen Angelegenheiten jederzeit sofort unter Kontrolle zu haben. Dieser Mensch ist oftmals sehr stur und in der Lage, sich zwischenmenschlichen Problemen zu stellen, ohne klein beizugeben oder seine Position zu schwächen. Doch sein normalerweise durchsetzungsstarkes, aggressives Temperament kann zu einer Hauptursache für Feindschaft und Konflikte in seinen engen Partnerschaften werden, was auf sein egozentrisches Verhalten zurückzuführen ist. Er neigt dazu, andere so unter Druck zu setzen, daß sie sich entweder gezwungen fühlen, seinen Wünschen nachzukommen oder sich ihm zu widersetzen und die Stirn zu bieten.

Dieser Mensch kann zum Gegenstand heftiger Kontroversen werden. Er ist sehr unduldsam den gewöhnlichen Vorgehensweisen gegenüber, und oftmals widersetzt er sich allen etablierten Autoritäten, um etwas nach seinen Vorstellungen machen zu können. Der Ausdruck seiner Persönlichkeit ist sehr körperbetont, voller Schwung und Vitalität. Er kann den Draufgänger herauskehren, der sich mutig ins Leben stürzt und seine Ziele energiegeladen und schwungvoll in Angriff nimmt. Das Leben wird ihn jedoch dazu zwingen, sein kämpferisches Verhalten, mit dem er seine exklusiven, egoistischen Interessen verfolgt, zu überprüfen und neu zu bewerten. Der Betreffende tut am besten daran, wenn er Führerrollen übernimmt, Pionieraufgaben in Angriff nimmt, ausschließlich für sich selbst arbeitet oder Aktivitäten leitet, die entschlossenes Handeln erfordern, um neue und bedeutsame Projekte zu beginnen.

(J. S. Bach – Thomas Jefferson – Ernest Hemingway – Muhammed Ali – Indhira Gandhi – G. A. Nasser)

In einem *kardinalen T-Quadrat* zeigt der Apex-Mars eine sehr heftige Reaktion auf die Opposition, indem er oftmals alles, womit er konfrontiert wird, offen angreift. Es kann sein, daß der Betreffende seine spontanen Wünsche impulsiv, aber in negativer Weise, auslebt. Wahrscheinlich glaubt er, den Mut, die Kraft und den Schwung von zehn Menschen zu besitzen (besonders von zehn Menschen mit einem Großen Trigon!), und normalerweise hat er keine Schwierigkeiten, sich durchzusetzen. Aber glücklicherweise ist der Apex-Mars in der kardinalen Qualität mehr daran interessiert zu handeln, statt sich anderen Menschen stur zu widersetzen, da die kardinale Qualität Handlung und Bewegung bedeutet. Dadurch wird auch der Wille verstärkt, Hindernisse in der Umwelt aus dem Weg zu räumen, und der Betreffende bekommt deshalb besonders viel Energie, wenn er vor gefährliche, aber herausfordernde Situationen gestellt wird (weniger körperlich, sondern eher psychisch, wenn Mars sich im Zeichen Krebs oder Waage befindet).

Dieser Aspekt bringt jedoch heftige, direkte Kollisionen mit anderen Menschen mit sich, bis der Betreffende seine ungezügelten Spannungen in konstruktive Bahnen lenkt und er sich wirklich um etwas bemüht. Normalerweise hat er nur wenig Ausdauer, und daher ist es besser für ihn, wenn er sich in Aktivitäten stürzt, die keine langfristige Aufmerksamkeit erfordern. Oder er wendet sich Aufgaben zu, die kurze, heftige Anstrengungen erfordern. Körperliche Bewegung und sportliche Betätigung ist für diesen Menschen fast ein Muß, um die starke (sexuelle) Spannung, die er verspürt, freizusetzen. Er braucht die Herausforderung, um seine aggressiven Energien in gesunder Weise zu entfalten.

Der Apex-Mars in einem *fixen* T-Quadrat deutet auf einen eigensinnigen Menschen hin, der seine vitalen Energiereserven bewahren kann, was ihm ermöglicht, alle Härten, Rückschläge und äußeren Hindernisse mit großer Entschlossenheit zu ertragen, während er dennoch für seine Ziele weiterkämpft, bis er ihre Erfüllung schließlich gewährleistet sieht. Er weicht kaum von seinen Handlungsplänen ab, auch wenn äußerer Druck auf ihn ausgeübt wird. Statt dessen zeigt er eine verbissene, entschlossene Hartnäckigkeit in der Verwirklichung seiner gesteckten Ziele, ungeachtet dessen, wie schwierig sich eventuell vorhandene widerstrebende Kräfte erweisen. Hier haben wir es möglicherweise mit einem Bulldozertyp zu tun, der langsam aber sicher alles oder jeden aus dem Weg räumt, der ihn daran hindert oder blockiert, seinem Ziele näherzukommen. Die eingleisige und einseitige Kraft seiner egozentrischen Handlungen kann alle Widersacher überwältigen oder an den Rand der Erschöpfung bringen.

Seine Überzeugungskraft schüchtert diejenigen ein, die versuchen, sich ihm in den Weg zu stellen. Er kann seine ganze

Willenskraft zusammennehmen und sich weigern, nachzugeben und Kompromisse zu schließen, was sich in Beziehungen wiederum als problematisch erweist. Das Leben wird ihn lehren, welchen Wert es hat, nachgiebiger und anpassungsfähiger zu werden. Dieser Mensch muß erkennen, daß es ihm schwerfällt, seine Macht und seine Befehlsgewalt mit anderen zu teilen, und deshalb sollte er sich besonders und bewußt darum bemühen nachzugeben, wann immer er innerlich einen besonders starken Widerstand verspürt. Trotzdem besitzt er eine besondere Fähigkeit zur Machtausübung (besonders mit Mars im Skorpion), was ihm das Talent verleiht, mächtige Strukturen zu errichten und komplexe Organisationen mit großer Selbstsicherheit und Selbstvertrauen zu leiten.

In einem *veränderlichen* *T-Quadrat* weist der Apex-Mars auf einen Menschen hin, der dazu neigt, seine dynamische, nervöse Energie ruhelos zu zerstreuen, doch oftmals so unorganisiert, daß er kaum etwas von bleibendem Wert vollbringt, was auf die Unbeständigkeit seiner Bemühungen zurückzuführen ist. Hier ist Konzentration notwendig, wenn er in der Lage sein will, erst einmal eine Aufgabe zu vollenden, bevor ihn der erneute Drang überkommt, sich in andere Aktivitäten, die nichts damit zu tun haben, zu stürzen. Diese Konstellation kennzeichnet einen Menschen, der eine lebhafte, stimulierende Einstellung zu geistigen Aktivitäten hat, die typischerweise immer mit ihm selbst zu tun haben. Der Streß jedoch, der mit dem T-Quadrat im allgemeinen verbunden ist, bringt eine nervöse, reizbare Disposition mit sich, mit der man zu sehr zu geistiger Unruhe neigt, um effektiv und ausdauernd bei einer Sache zu bleiben.

Gewöhnlich besteht das Hauptproblem dieses Aspekts darin, daß Langeweile, Ablenkung und die flüchtige Aufmerksamkeit diesen Apex-Mars daran hindern, seine Energie voll und ganz auf eine Sache zu lenken. Obwohl der Betreffende die Anregung verspürt, ein weites Spektrum von Aktivitäten in Angriff zu nehmen, muß er sich selbst in intelligenter Weise koordinieren, da eine positiv umgesetzte veränderliche Energie uns dazu verhilft, Energien mit praktischer Flexibilität zu verbinden. Der Betreffende braucht normalerweise (geistige) Ruhepausen, um sich wieder zu regenerieren. Wenn er dies nicht erkennt, neigt er dazu, seine nervöse Energie bis zur Erschöpfung oder völligen Unfähigkeit zu verausgaben (besonders, wenn Mars in die Zeichen Zwillinge oder Jungfrau fällt).

Wenn die Spannung dieses T-Quadrats gelöst worden ist, ist der Betreffende in der Lage, in angemessener, wohldurchdachter Weise die Initiative zu ergreifen und zu handeln, so daß effektive Resultate gewährleistet sind. Seine persönlichen Bemühungen erweisen sich aufgrund der konstruktiven, kreativen Art ihrer Ausführung als erfolgreich. Dieser Mensch kann leicht Veränderungen herbeiführen oder einen Neubeginn machen, was für ihn eine Pionierarbeit ist und ihm neue Energie gibt. Darüber hinaus ist sein direktes Zupacken für andere Menschen so belebend, daß sie sich selbst produktiv einbringen. Der Schwung seiner vitalen Energie wirkt anregend und nicht abstoßend auf andere. Der Impuls zu handeln wird durch das Bewußtsein der Konsequenzen der Handlung ausgewogen. Der Betreffende eignet sich hervorragend für verantwortliche Führungspositionen, die mit einem Engagement für soziale Aktivitäten zu tun haben. Obwohl er immer noch dazu neigt, bei jedem Projekt die Führung zu übernehmen, ist er nun in der Lage, seinen Drang so auszudrücken, daß er denjenigen, für die er sich einsetzt, einen Neubeginn ermöglicht.

Apex-Jupiter

Der Apex-Jupiter läßt auf einen Menschen schließen, der sich aktiv auf der ständigen Suche nach einem höheren Sinn im Leben befindet und von Natur aus die weltlichen Angelegenheiten von einem erweiterten, philosophischen Standpunkt aus betrachtet. Er verspürt den Drang, die Richtigkeit der gegenwärtigen Einstellungen zur sozialen Moral, dem orthodoxen religiösen Denken, der Ethik und der politischen Theorie subjektiv in Frage zu stellen. Das Leben ermutigt ihn, aber zwingt ihn nicht dazu (aufgrund des wohlwollenden Jupiterprinzips, sogar unter dem intensiven Druck eines T-Quadrats), Toleranz anzunehmen und

Wohltätigkeit in diesem Leben zu lernen, wenn er ein persönliches Glaubenssystem entwickeln will, das er nicht gegen den Angriff der Gesellschaft verteidigen muß. Daher wird er feststellen, daß er durch die Entwicklung von Weisheit nicht zum Moralapostel oder Missionar werden muß, um anderen Menschen seinen persönlichen Glauben zu vermitteln. Dennoch bringt ein fehlgeleiteter Apex-Jupiter alle persönlichen Anliegen zu lautstark vor; er zeigt ein schlechtes Urteilsvermögen oder mangelnden gesunden Menschenverstand. Darüber hinaus ist dieser Mensch anfällig für unbewußte Selbstverherrlichung.

Während sein vorrangiges Anliegen darin besteht, sein eigenes Leben zu verbessern und zu bereichern, versucht er auch, andere Menschen durch seine lebhafte soziale Vision von einer besseren Welt zu erheben und bewußter zu machen. Die gegenwärtigen Umstände sind für ihn weniger wichtig. Das Leben führt ihn oftmals in die Rolle eines natürlichen Lehrers oder Sprechers für ethische, erzieherische, politische oder spirituelle Tendenzen seiner näheren Umgebung, der Gesellschaft oder der ganzen Welt. Aber er wird das, was er predigt, auch selbst praktizieren müssen, da Jupiter oftmals mühelos ein ideales, soziales Modell erkennen kann, aber oftmals zu undiszipliniert ist, um ein Vorbild für dieses idealisierte Modell zu werden. Deshalb hat dieser Mensch oftmals einen inneren Kampf auszutragen in dem Versuch, seine idealistischen Vorstellungen, für die er so klar eintritt, auch effektiv anzuwenden, ungeachtet dessen, wie ehrlich er es damit meint. Trotzdem verspürt er den überdurchschnittlich starken Drang, seine Erkenntnisse auf einer breiteren Basis zu vermitteln, ungeachtet seiner eigenen Unzulänglichkeiten.

(Oliver Cromwell – Imanuel Kant – Annie Besant – Eleanor Roosevelt – Madelyn Murray O'Hair – Jimmy Carter)

Mit einem Apex-Jupiter in einem *kardinalen T-Quadrat* neigt der Betreffende dazu, seine Suche nach Verständnis der höheren Wahrheit in einer energievollen, lebhaften Weise voranzutreiben. Er hat einen starken Lebenshunger und ein leidenschaftliches Temperament. Auf seiner Suche nach Betätigungsfeldern, die ihm das persönliche Gefühl der Expansion geben, kann er sehr aggressiv und eigensinnig sein. Er ist wahrscheinlich ausgesprochen ungeduldig gegenüber sozialen Einschränkungen, die ihm von seiner Umwelt auferlegt werden, und er neigt gewöhnlich dazu, sich mit diesen Grenzen offen und direkt auseinanderzusetzen. Aufgrund seiner Initiative, die der kardinalen Qualität entspringt, könnte der Betreffende seine inspirierenden Energien auf Bereiche lenken, die eine soziale Führerrolle erfordern. Er könnte auch der Pionier sein, der neue Konzepte hinsichtlich des sozialen Wachstums aufzeigt und die schlafende Masse durch seine charismatische Ausstrahlung wachrüttelt. Doch wahrscheinlich wird sein Enthusiasmus nur von kurzer Dauer sein, und es fällt ihm schwer, seinen Glauben über lange Zeit aufrechtzuerhalten.

Auf einer mehr persönlichen Ebene weist der kardinale Apex-Jupiter auf eine unpraktische Impulsivität hin, die diesen Menschen unklug dazu ermutigt, sich in vielen Bereichen zu verausgaben, ohne zunächst über seine wirkliche Fähigkeit nachzudenken, solche Aktivitäten in angemessener Weise zu handhaben. Er zieht optimistisch den spontanen Vorteil, den irgendein Unternehmen verspricht, in Betracht, zeigt jedoch nur selten die Voraussicht, die langfristigen Konsequenzen zu überblicken. Dieser Apex-Jupiter ist wahrscheinlich derjenige, der körperlich am aktivsten ist, und daher sind Reisen das natürliche Betätigungsfeld für den Ausdruck der überschüssigen Energien dieses Menschen. Obwohl er den Drang verspürt, mit großem Selbstvertrauen und Enthusiasmus in die Zukunft zu blicken, wird ihn das Leben lehren, in seinem Versuch, seine eigenen sozialen Lebensumstände im Hier und Jetzt zu verbessern, kritischer zu sein.

Apex-Jupiter in einem *fixen* T-Quadrat beschreibt einen Menschen, dessen soziale Ideale langfristigere Anwendung finden und mit größerer Beständigkeit verfolgt werden. Er neigt weniger dazu, seine eigenen Überzeugungen und Vorstellungen mit dem ständigen missionarischen Eifer des kämpferischen, kardinalen Apex-Jupiter zu vermitteln. Doch seine breiteren Theorien oder seine Lebensphilosophie sind gewöhnlich ebenso voreingenommen und dogmatisch wie diejenigen, denen er sich stur widersetzt. Wenn er offener, flexibler wird und seine Weltsicht auf verschiedene Quellen stützt, wird dies von großem Vorteil für sein inneres Wachstum sein. Wenn er dies nicht tut, könnte sich die Intensität und Einseitigkeit (fixe Qualität) in Verbindung mit dem natürlichen Vertrauen und dem Gefühl, im Besitz der Wahrheit zu sein, als Fanatismus und Voreingenommenheit manifestieren. Die starre, emotionelle Haltung der eigensinnigen fixen Qualität könnte hier auf Intoleranz deuten, und zwar in Hinsicht auf die Überzeugungen anderer, die nicht seine uneingeschränkte Anerkennung finden.

Da Fixzeichen dazu neigen, Kräfte zu sammeln und zu bewahren, anstatt sie an die Umwelt zu verschwenden, ist dieser Mensch oftmals sehr selbstgefällig, arrogant und hat übertrieben hohe Erwartungen (indem er normalerweise zuviel des Guten will und nur wenig Neigung verspürt, seinen enormen, sinnlichen Appetit zu zügeln). Da er eher ein Gewohnheitsmensch und schwer zu verändern ist, kann seine Veranlagung, Vitalität zu vergeuden, zu Trägheit und Abgestumpftheit der Sinne führen. Im allgemeinen strebt dieser Apex-Jupiter nach Expansion und erweiterter Kontrolle in finanziellen Bereichen oder im Zusammenhang mit Investitionen, und meist hat er ein starkes Vertrauen in seine Möglichkeiten als guter Geschäftsmann. Obwohl er dazu neigt, sich zu viele Pflichten aufzuladen, besitzt er das Durchhaltevermögen, alle Aktivitäten, an die er fest glaubt, durchzustehen.

Der Apex-Jupiter in einem *veränderlichen T-Quadrat* kann auf einen »Guru-Anhänger« oder einen Menschen hinweisen, der sich ziemlich ruhelos und voller Enthusiasmus von einer Idealvorstellung, einer Theorie oder Philosophie in die nächste stürzt. Die Inspiration ist hier im wesentlichen geistiger Natur, aber gewöhnlich wird sie weder direkt in die Tat umgesetzt wie beim kardinalen Apex-Jupiter, noch wird sie so produktiv aufrechterhalten wie beim fixen Apex-Jupiter. Der Drang, sofortige Weisheit, schnelle Erleuchtung oder besondere soziale Vorteile und Privilegien zu erlangen, ohne sich dafür besonders anstrengen zu müssen, ist oftmals ein zentrales Problem für diesen Menschen. Seine falschen Hoffnungen, etwas Besseres zu bekommen, ohne dafür kämpfen und es sich verdienen zu müssen, läßt ihn gewöhnlich ständig desillusioniert, enttäuscht und ziellos zurück. Wahrscheinlich fällt es ihm schwer, seinen Glauben in bestimmte Dinge aufrechtzuerhalten oder sich irgendwelchen Ideologien längere Zeit zu verschreiben. Der natürliche Trieb des Jupiters, umherzuwandern und zu erforschen, wird durch den nach Abwechslung suchenden, veränderlichen Modus noch verstärkt. Dieser ständig umherschweifende Geist hindert den Betreffenden jedoch daran, in den Beziehungen zu anderen Menschen Sicherheit zu schaffen. Seine Unverantwortlichkeit und Unentschlossenheit löst oftmals Konflikte in Partnerschaften aus, die er gewöhnlich ignorieren, vermeiden oder nicht wahrhaben will. Die schwankende und unbeständige Tendenz der veränderlichen Qualität kann hier noch verstärkt sein.

Der innere Drang nach Freiheit und Expansion dieses Menschen veranlaßt ihn, in seinen Beziehungen ständig nach Abwechslung zu suchen, in denen er ungezwungen und nicht formell sein möchte. Infolgedessen neigt er dazu, nur wenige, wenn überhaupt, langfristige Bindungen einzugehen, die eine dauerhafte Verpflichtung erfordern. Wenn dieses T-Quadrat jedoch konstruktiv umgesetzt wird, kann es auf die Entwicklung eines außergewöhnlichen Lehrers, spirituellen Führers, intelligenten Verwalters oder inspirierten, politischen Sprechers für die breite Öffentlichkeit hinweisen. Der Betreffende ist dazu in der Lage, seine erlangten Erkenntnisse und seine Weisheit mit großer Flexibilität, Anpassungsfähigkeit und sogar Humor (was oft ein wichtiges Plus des spirituellen Wachstums ist) klar zu übermitteln und zu vertreten. Seine Toleranz ermöglicht ihm, auf alle Ebenen der sozialen Mentalität offen und aufrichtig zu reagieren.

Wenn die Spannung dieses T-Quadrats gelöst worden ist, verspürt der Betreffende die besondere Motivation, einen philanthropischen Beitrag zu leisten oder den Fortschritt einer sozialen Verbesserung aus vollem Herzen zu unterstützen. Er sehnt sich danach, seine soziale Gemeinschaft oder die Welt im großen und ganzen der Erfüllung eines kollektiven Ideals näherzubringen. Jupiter neigt dazu, dem einzelnen großartige Gelegenheiten zu bieten, seinen sozialen Einfluß im Leben zu erweitern, und der Betreffende kann so zu Ruhm und Anerkennung kommen (selbst wenn er gar nicht bewußt danach gestrebt hat). Sein ganzes Leben scheint unter dem Schutz von wohlwollenden, höheren Kräften zu stehen und von ihnen gefördert zu werden. Er scheint gesegnet und heilig und unverletzlich zu sein. Durch die Großzügigkeit und Güte anderer Menschen, mit denen er in Berührung kommt, findet er Unterstützung für jedes aufrichtige Bedürfnis. In der Zwischenzeit kann er unbeschwert die moralischen und ethischen »Nährstoffe« verwalten, die notwendig sind, um andere Menschen dazu anzuregen, ihr soziales Bewußtsein zu erweitern. Er kann eine wichtige Rolle darin spielen, anderen dabei zu helfen, die kreativen Lebensprinzipien zu verstehen, die die menschliche Evolution auf einem Weg noch größerer, innerer Bereicherung bestimmen.

Apex-Saturn

Der Apex-Saturn weist auf einen Menschen hin, der eine praktische, realistische Einstellung hat und solide, langfristige Ziele im Leben verwirklichen will. Oftmals muß er jedoch Verzögerungen und Rückschläge einstecken, während er dennoch danach strebt, Anerkennung, soziales Ansehen, beruflichen Erfolg und den allgemeinen Respekt von anderen Menschen zu erlangen. Das Leben zwingt diesen Menschen, die Weisheit der Geduld, des richtigen Planens, der Zeitplanung und Reife zu begreifen. Ehrgeiz ist für diesen Menschen wahrscheinlich eine überwältigende Motivation; gewöhnlich beginnt er sein Leben mit einem Gefühl der Frustration, der Hemmung und der Angst, vor anderen Menschen persönliche Unzulänglichkeiten zu zeigen (oder sogar vor sich selbst). Selbstzweifel und Entmutigung hindern ihn meist daran, problemlos Kontakt zu anderen Menschen herzustellen, die ihm behilflich sein könnten, seine Ziele bereits sehr früh in seinem Leben zu strukturieren. Wahrscheinlich ist er immer auf der Hut, ausgesprochen reserviert, sehr unsicher und im allgemeinen mißtrauisch gegenüber einer zu starken Vertrautheit in Beziehungen. Obwohl er versucht, sich vor Verletzungen zu schützen, indem er die anderen kontrolliert, hat er auch die Tendenz, ihre praktischen Fähigkeiten für die Erreichung seiner konkreten Ziele einzusetzen, was schließlich zu Ausnutzung anderer führen könnte.

Der Druck der Verantwortung, der für dieses T-Quadrat typisch ist, treibt diesen Menschen oftmals dazu, eine wichtige Position in Bereichen von Macht und Kontrolle, des Managements, der Supervision und allen leitenden Tätigkeiten einzunehmen, in denen er Autorität über andere ausüben kann. Oftmals besitzt er ein besonderes Talent, das geweckt und bewußt genutzt werden muß. Sein überdurchschnittliches Organisationstalent und seine Begabung, Pläne entsprechend größeren Zielen auszuarbeiten, kann sehr effektiv sein, wenn es auf geschäftliche Unternehmen gelenkt wird. Darüber hinaus kann er seine Schritte genau berechnen und ein hohes Maß an Disziplin und Selbstkontrolle ausüben, wann immer dies erforderlich ist. Aufgrund seines intensiven Wunsches nach Stärkung seines Egos fällt es ihm schwer, sich zu entspannen, sich wohlzufühlen und sich in seinen engen Beziehungen zu entfalten. Er neigt dazu, Verbindungen zu vermeiden oder auf Distanz zu halten, wo Wärme, Zärtlichkeit oder demonstrative Liebesbezeugungen von ihm erwartet werden. Statt dessen versucht er, mit eiserner Faust zu regieren und zu befehlen. Im allgemeinen muß dieser Mensch mehr Vertrauen entwickeln und sich auf einer tieferen, sensibleren Ebene mit anderen Menschen austauschen.

(Theodor Roosevelt – Tschiang Kai-Schek – Charles de Gaulle – Fidel Castro – Hugh Hefner – Lyndon B. Johnson)

In einem *kardinalen T-Quadrat* weist der Apex-Saturn auf einen Menschen hin, der oftmals unter starker Frustration, Angst und Besorgnis leidet, was auf äußere Widerstände zurückzuführen ist, auf die er immer stößt, wenn er einen sofortigen Erfolg anstrebt. Das Leben scheint ihm zunächst die Erfüllung seiner Eigenaktivitäten zu verweigern, was zu Zeiten großer Bedrückung und Entmutigung führt. Dennoch verhilft ihm die Energie, die in diesem T-Quadrat enthalten ist, dazu, seinen großen Ehrgeiz noch mehr zu stärken, was ihm ermöglicht, sich schwierigen Aufgaben dynamisch zu stellen, bis er seine Widersacher erfolgreich geschlagen hat. In Krisenzeiten konzentriert er seine Führungsqualitäten normalerweise auf Angelegenheiten, in denen er Kontrolle ausüben kann und die eine sofortige Lösung erfordern. In der Regel ist das Führungstalent hier sehr gut entwickelt. Die Tendenz der ungeduldigen, kardinalen Qualität, sich durchzusetzen, weist jedoch auf ein gewisses dominierendes, beherrschendes Verhalten hin, aus dem heraus der Betreffende die vollständige Kontrolle über alle Aktivitäten, die er persönlich ins Leben ruft, zu haben scheint. Er wird sehr schnell ärgerlich auf jeden, der versucht, seine Pläne zu durchkreuzen oder der das Tempo der Ausführung seiner Pläne bremst. Dennoch mangelt es ihm gewöhnlich an Durchhaltevermögen, und das, obwohl der ausdauernde Saturn an diesem Aspekt beteiligt ist; und er wird große Selbstkontrolle und Geduld aufbringen müssen, um Pläne ausführen zu können, die gründliche Organisation und Zeitplanung erfordern, um die richtige Struktur zu erhalten. Wenn seine eigenen Pläne verzögert oder vorübergehend aufgeschoben werden, lernt er daraus, die langfristigen Konsequenzen seiner augenblicklichen Ziele sorgfältiger abzuwägen.

Der Apex-Saturn in einem *fixen T-Quadrat* kennzeichnet einen Menschen, der sehr straff organisiert, ausgesprochen zielstrebig, aber eigensinnig, unnachgiebig oder höchst widerstrebend ist. Dieser Aspekt deutet auf einen fixierten, fast zwanghaften Drang, dauerhafte Sicherheit durch die Ausübung von starrer Kontrolle über Menschen und Situationen zu schaffen. Der Betreffende ist absolut entschlossen, die von ihm geschätzte Struktur und Ordnung aufrechtzuerhalten, wo es nur möglich ist. Er möchte die absolute Macht über andere Menschen und alle Angelegenheiten, die seiner Autorität unterstehen, manipulieren, und er ist wahrscheinlich nicht dazu bereit, seine Machtposition mit anderen zu teilen. Es ist wahrscheinlich, daß er zu irgendeiner Zeit in vergangenen Leben andere Menschen ständig gezwungen hat, ausdrücklich seine Befehle auszuführen, und jetzt gerät er in einen starken, inneren Konflikt, immer wenn er dazu aufgefordert ist, seinen unbezähmbaren Willen für einen anderen Menschen aufzugeben. Verbissen strebt er danach, immer die Oberhand im Leben zu haben, und er kann ziemlich rücksichtslos in der Art und Weise werden, wie er darauf aus ist, seine Macht zu sichern.

Obwohl dieser Mensch meist kompromißlos und eigensinnig ist, kann er zu einer zuverlässigen Quelle der Kraft für andere Menschen in Krisenzeiten werden und schreckt nur selten vor den Pflichten und Aufgaben zurück, die er gewöhnlich immer im Auge hat. Er kann alle Kämpfe überstehen und hartnäckig an seinen klaren Zielvorstellungen festhalten, bis er sie erreicht hat. Möglicherweise hat er das Gefühl, daß es allein in seiner Verantwortung liegt, dauerhafte Fundamente zu errichten und sie mit übermäßiger Sorgfalt zu festigen, und er ist in der Lage, lange, hart und geduldig zu arbeiten, um greifbare Resultate zu erzielen. Dennoch wird er lernen müssen, in seinen Zielen weniger absolut und in seinen Beziehungen weniger diktatorisch zu sein. Seine defensiven Hemmungen werden wahrscheinlich dazu führen, daß er Partnerschaften eingeht, die emotionell für alle Beteiligten blockierend sind.

In einem *veränderlichen* *T-Quadrat* verlangt der Apex-Saturn mehr Disziplin der geistigen Interessen und eine geringere Zerstreuung der nervösen Energie. Das Leben wird diesen Menschen zwingen zu lernen, wie er seine intellekten Energien konzentrieren und sie praktisch und mit gutem Urteils- und Unterscheidungsvermögen anwenden kann. Dies kann für den veränderlichen Saturn in der Tat zu einem sehr nutzbringenden T-Quadrat werden. Der Betreffende leidet oftmals unter Frustration und Unsicherheit in vielen Bereichen der Kommunikation, bis er sich darum bemüht, eine angemessene Konzentration und Zielstrebigkeit zu entwickeln. Die Ziele richten sich hier letztendlich auf tiefgründige, geistige Errungenschaften, wobei der Betreffende schließlich zu einem Experten ausgereifter Gedankengebäude wird, die auf das gesellschaftliche Bewußtsein einen dauerhaften Eindruck machen können. Zunächst muß er jedoch daran arbeiten, sich von negativen, pessimistischen Einstellungen zu befreien, um zu verhindern, daß seine Konzepte zu engstirnig oder zynisch werden.

Diese Aspektfigur beschreibt normalerweise den übermäßig rationalen Skeptiker, der der Macht der Phantasie oder Emotionen mißtraut. Er neigt dazu, sich persönlich sehr stark für einen Ausbildungshintergrund einzusetzen, der ihm Sicherheit gibt, denn er fürchtet sich davor und es ist ihm sehr peinlich, in Bereichen, mit denen er sich geistig ernsthaft beschäftigt, über ein unzureichendes Wissen zu verfügen. Das Leben wird Aufgaben an ihn herantragen, die ihn in Autoritätspositionen bringen, welche mit der Verbreitung von sinnvollen Daten und spezialisierten Informationen zu tun haben. Er muß sich selbst disziplinieren, um das Wissen, das er mit soviel Geduld zusammenträgt, zu organisieren oder miteinander in Einklang zu bringen. Der veränderliche Apex-Saturn eignet sich hervorragend für wissenschaftliche Arbeit, technologische Studien oder geisteswissenschaftliche Analysen, was alles ein peinlich genaues Detailbewußtsein erfordert. Wenn er erst einmal die Unbeständigkeit seines Geistes im Zaum halten und kontrollieren kann, ist er in der Lage, es in allen Bereichen des geistigen Schaffens zur Meisterschaft zu bringen.

Wenn die Spannung dieses T-Quadrats gelöst ist, hat der Betreffende einen ausgesprochen starken Ehrgeiz, ernste Pflichten und soziale Verpflichtungen auf sich zu nehmen, ohne Machtspiele, Kontrolltaktiken oder ein übertriebenes Dominanzverhalten einzusetzen. Seine ständigen Bemühungen um das Errichten von wahren Gesetzen, Ordnung und Gerechtigkeit innerhalb der Gesellschaft, in der er lebt, stehen bei anderen in hohem Ansehen. Sein Umgang mit Autorität und seine Führungsbegabung weisen auf starke Integrität, Charakterstärke und Fairneß hin. Hindernissen stellt er sich jetzt ohne Angst, ohne selbstzerstörerische Gefühle der Entmutigung oder Unzulänglichkeit. Weder scheut er sich vor Verantwortung in persönlichen und sozialen Beziehungen noch ignoriert er sie, sondern er zeigt eine reife Einstellung dazu und nähert sich ihnen mit konstruktiver Selbstdisziplin, die allen Beteiligten ermöglicht, ihre Absicht in dieser Beziehung konkreter zu entfalten. Der Betreffende kann eine bedeutsame und aktuelle Position im Leben erreichen, was auf seine ernsthaften, selbstlosen Bemühungen zurückzuführen ist, dazu beizutragen, die kollektiven Ziele zu stützen. Sein Einsatz und sein Engagement für wichtige Belange der Welt können ihn dazu inspirieren, seine eigenen Stärken und Prioritäten zu organisieren. Darüber hinaus lernt er, sich in engen Partnerschaften mehr mitzuteilen, ohne zu versuchen, den spontanen Ausdruck anderer zu behindern. Sein inneres Fundament ist so stark und so schwer zu erschüttern, daß er weniger dazu gezwungen ist, den Einfluß anderer auf sich abzuwehren.

Apex-Uranus

Der Apex-Uranus weist auf einen Menschen hin, der als sozialer Katalysator für kollektive Reformen und dem allgemeinen sozialen Fortschritt dienen kann. Oftmals verspürt er den starken inneren Drang, plötzliche und radikale Veränderungen des augenblicklichen Status quo herbeizuführen. Er möchte zum nötigen sozialen Erwachen beitragen, so wie er diese Notwendigkeit sieht. Die enormen Energien, die in diesem mächtigen T-Quadrat verborgen liegen, zwingen ihn jedoch oftmals dazu, sich zu extrem oder sozial explosiv zu verhalten, um sich mühelos auf andere einstimmen zu können. Der Apex-Uranus weist auf eine überdurchschnittliche Fähigkeit hin, eine enorme Menge von nervös-elektrischer Spannung zu erleben, was zu einer Reizbarkeit und Überempfindlichkeit führt, welche wiederum viele anregende, geistige Betätigungsfelder benötigt, um zu verhindern, daß sie sich in gewalttätigen, destruktiven Handlungen manifestiert. Der Drang, alles niederzureißen und zu zerstören, was den Betreffenden an der Verwirklichung seiner einzigartigen Ideale oder Inspirationen hindert, ist ausgesprochen stark und muß kontrolliert werden.

Wenn dieser Aspekt falsch gehandhabt wird, deutet er oftmals auf den sozialen Außenseiter hin, der sich absichtlich gegen die etablierte Ordnung seiner augenblicklichen Umgebung stellt. Er neigt dazu, nach seinen eigenen Gesetzen zu leben und seinen Willen defensiv von allen äußeren Zwängen fernzuhalten. Obwohl er ausgesprochen eigensinnig und unberechenbar ist, besitzt er eine starke Anziehungskraft und kann in bezug auf andere Menschen sehr intuitiv sein und seine Einsicht dazu benutzen, ihnen ihre menschlichen Schwächen in einer Weise vorzuhalten, die sie dazu zwingt, ihren Lebensstil radikal zu verändern. Seine Fähigkeit, äußere Strukturen zu durchschauen und in tiefere

Schichten der Wahrheit einzudringen, kann bisweilen phänomenal sein. Wenn dieser Aspekt konstruktiv umgesetzt wird, kann dieser Mensch zu dem so notwendigen sozialen Visionär werden, der die charismatische Anziehungskraft besitzt, das Massenbewußtsein aus dem überholten kollektiven Muster, in dem es bis dahin zum Ausdruck gekommen ist, zu befreien.

(Emiliy Brontè – Thomas Becket – Winston Churchill – Rudolf Steiner – Georg J. Gurdjieff – Jim Jones)

In einem *kardinalen T-Quadrat* weist der Apex-Uranus auf einen ausgesprochen ungeduldigen, übererregten Menschen hin, der sich in die von ihm selbst erklärte Rolle des sozialen Aktivisten oder Vorkämpfers für eine aktuelle Gruppenangelegenheit oder Massenbewegung stürzt. Zumindest möchte er wahrscheinlich an der Spitze seiner Vision von Fortschritt in allen persönlichen Beziehungen stehen. Aufgrund der Plötzlichkeit seiner von ihm selbst in die Wege geleiteten Handlungen neigt er dazu, sich denjenigen zu entfremden oder sie einzuschüchtern, denen er seine aggressive Reform aufzwingen will. Obwohl er seine Ziele wahrscheinlich mit viel Schwung, Zielstrebigkeit und sogar Begeisterung verfolgen wird, neigt er dazu, plötzlich eine andere Richtung einzuschlagen, was sich mit den bereits in Angriff genommenen Plänen nicht vereinbaren läßt und im Gegensatz zu ihnen zu stehen scheint. Wenn der kardinale Apex-Uranus falsch gehandhabt wird, kennzeichnet er Gesetzlosigkeit, sozialen Widerstand und einen Menschen, der die Organisation eines Gruppenbemühens impulsiv unterbrechen und zerstören kann. Dies ist besonders dann der Fall, wenn Mars als Basisplanet in dieses T-Quadrat eingebunden ist, was das Potential für unberechenbare persönliche Impulse oder rücksichtsloses Handeln verstärkt. Falls Saturn an dieser Aspektfigur beteiligt ist, könnte er ein gewisses Maß an Beschränkung und Selbstkontrolle liefern; er bringt jedoch auch einen gefährlichen Energiestau mit sich, der sich schließlich in autoritärer Weise Luft machen muß.

Da die kardinale Qualität nach Veränderung und Bewegung in der Außenwelt strebt und da Uranus radikale Reformen bewirken möchte, kann der Apex-Uranus, wenn er konstruktiv umgesetzt wird, hier den sozialen Reformer, Freiheitskämpfer oder aktiven Forscher charakterisieren, der kollektive, geistige Archetypen wecken kann, die radikale, soziale Veränderungen innerhalb der existierenden Strukturen auf der ganzen Welt hervorrufen können. Andererseits könnte er auch den Grenzgänger repräsentieren, dessen zwanghafte, sozial ausgerichteten Aktivitäten die etablierten Konventionen schockieren und aufrütteln. Der Sektenführer Jim Jones hatte den kardinalen Apex-Uranus im Quadrat zum Saturn (im Steinbock) in Opposition zu Pluto (was auf ein übertriebenes Bedürfnis hinweist, andere entsprechend seiner höchst persönlichen Erkenntnisse, die nur selten mit anderen geteilt werden, zu kontrollieren). Das Bedürfnis nach Führung ist auch durch die Konstellation von Saturn und Pluto im Geburtshoroskop angezeigt.

In einem *fixen T-Quadrat* weist der Apex-Uranus auf einen Menschen hin, der entschlossen nur nach seinem eigenen Gesetz lebt. Dieser in einzigartiger Weise eigenwillige Individualist kann sich geistig von dem Einfluß anderer freimachen und statt dessen unabhängig seinen eigenen, originellen Weg gehen. Obwohl er nicht dazu neigt, sich vorhandenen Autoritätspersonen aktiv zu widersetzen, ist es eher so, daß er die bestehenden Gesetze und Regeln zugunsten seiner eigenen, von ihm für wertvoll befundenen Erkenntnisse ignoriert. Mit anderen Worten, wahrscheinlich wird er nicht so zwingend wie ein Mensch mit einem kardinalen Apex-Uranus soziale Veränderungen in die Wege leiten; er kann sich besser mit den äußeren Umständen abfinden, bis er in der Lage ist, sie von einer sicheren Position aus zu reformieren. Seine inspirierenden Einsichten sind oftmals auf sein Wertempfinden abgestimmt und können in seinen Beziehungen oftmals zu starkem Aufruhr führen. Obwohl er über lange Zeit hinweg eine elektrische Spannung aufbauen kann, ist er schließlich gezwungen, diese übermäßige Spannung plötzlich und mit entnervender Macht und Kraft freizusetzen.

Das Leben fordert von ihm, daß er neue, noch nie dagewesene Erfahrungen macht, die ihn buchstäblich dazu zwingen, sein eigenes Wertesystem radikal zu verändern. Auf einer zwischenmenschlichen Ebene möchte er das Privileg haben, seine Freiheit ständig so auszudrücken, wie er dies möchte. Doch aufgrund der Dynamik dieses T-Quadrats, wenn seine Vision der »Wahrheit« nicht allumfassend ist, wird sie schließlich einstürzen und ihre Struktur vollständig verlieren. Dies könnte zu einer langen Phase der Desorientierung führen; erst wenn er seinen Willen dazu einsetzt, sein Leben zu reformieren, kann er sich auf neue Ziele konzentrieren. Im allgemeinen verhilft die fixe Qualität hier dazu, die zwanghafte Nervosität des Uranus zu reduzieren, was seinen Ausdruck weniger sprunghaft und instabil macht.

In einem *veränderlichen* T-Quadrat kann der Apex-Uranus die Entwicklung eines radikalen Denkers fördern, der sich oftmals den traditionellen Wissenssystemen widersetzt. Obwohl dieser Mensch oftmals ausgesprochen originell ist, wird sein Genie gewöhnlich mißverstanden oder von seinen Zeitgenossen heftig kritisiert. Er wird entweder als intellektueller Außenseiter oder ein exzentrischer, komischer Kauz betrachtet, der für subversive Ideen eintritt, die das augenblickliche konventionelle Denken bedrohen könnten. Der Ansatz dieses Menschen ist oftmals zu sprunghaft und ziellos, um seine Ideale praktisch zu verwirklichen. Es kann sein, daß er plötzlich ein Ideal für ein anderes aufgibt, ohne Erklärung oder offensichtlichen Grund. Wegen der natürlichen Unbeständigkeit der veränderlichen Qualität kann der Apex-Uranus hier ein breites Spektrum persönlicher Eigenarten offenbaren. Das Nervensystem ist meist so elektrisiert, daß es nur in einem ständigen Zustand von Erregung und sporadischen Stromstößen funktioniert, was dem Betreffenden ein ausgesprochen hochgespanntes Temperament verleiht, das zu instabil ist, um mit den weltlichen Aktivitäten effektiv fertig zu werden. Obwohl der Betreffende eifrig darum bemüht ist, alles, was seine kurzfristige Aufmerksamkeit erregt, zu verändern, kann es sein, daß er absichtlich ruhelos wird, wenn er mit normalen Routineaufgaben zu tun hat.

Der unberechenbare Uranus, der hier durch die wechselhafte veränderliche Qualität wirkt, deutet darauf hin, daß es dem Betreffenden sehr schwer fällt, seine anregenden und geistigen Fähigkeiten lange genug auf ein Gebiet zu konzentrieren, um dauerhafte Reformen zu erreichen. Es kann aber auch sein, daß er alle seine revolutionären Erkenntnisse nur in seinem Kopf hat und es ihm nicht gelingt, sie in praktischer, greifbarer Weise zu manifestieren. Obwohl er sehr stark auf innovative Alternativen und Möglichkeiten, die sich seiner sozialen Umgebung bieten, anspricht, neigt er dazu, in seinen Beobachtungen in bezug auf andere, die er entweder magnetisch anzieht oder über die er allgemein theoretisiert, zu frei heraus zu sein. Er kanalisiert seine drängenden, geistigen, forschenden Energien am besten durch alle möglichen Bereiche der Kommunikation, die aufregende Neuerungen und vollständige Freiheit des intellektuellen Ausdrucks ermöglichen.

Wenn die Spannung dieses T-Quadrats gelöst ist, kann der Betreffende wahrhaftig zu einem Lichtbringer für die dunkle Welt werden. Er wird zu einem progressiven Vermittler für den universellen Fortschritt, der dazu beiträgt, aktuelles, sozial befreiendes Wissen aktiv zu verbreiten. Da er jetzt in der Lage ist, eine bewußtere Verbindung mit der höheren, geistigen Ebene herzustellen, kann er seine intuitive Wahrnehmung effektiv einsetzen, um anderen Menschen die Energie zu geben, sich an ihr eigenes einzigartiges Potential anzuschließen. Er legt allen Menschen gegenüber eine offenere, aufrichtigere und positivere Freundlichkeit an den Tag, was ihm ermöglicht, alle Gruppenbewegungen zu vereinigen, die sich um den sozialen Fortschritt bemühen. Er wird zu einem lebendigen Vorbild, das wachrüttelt und das Potential für soziale Freiheit weckt, oftmals so, daß er seinen Erfindergeist und seine Originalität zum Ausdruck bringen kann. Er erhält das besondere Privileg, außerordentliche Beiträge zur Gesellschaft zu leisten, die wiederum humanitäre Belange fördern. Obwohl er sich möglicherweise immer noch nicht ganz mit denjenigen identifiziert, die er idealistisch unterstützt, da Quadrate zu Uranus sich den üblichen Organisationsmustern widersetzen, weckt er ihr dynamisches Potential für beschleunigtes Wachstum, während er dennoch ein freier Mittelsmann bleibt.

Apex-Neptun

Der Apex-Neptun weist auf einen Menschen hin, der über-
sensibel auf alle Sinnesreize reagiert und in der Lage ist, fast
grenzenlose, emotionelle Bewußtseinszustände zu erfahren. Normalerweise besitzt er ein ausgesprochen verfeinertes Empfindungsvermögen und ist auf der Gefühlsebene wahrscheinlich
zutiefst inspiriert. Doch seinem empfindlichen inneren Wesen
mangelt die Egostruktur, die es ihm ermöglicht, mit den gewöhnlichen Schwierigkeiten des irdischen Lebens fertig zu werden. Mit den praktischen Realitäten umzugehen, erscheint ihm zu
schwierig und unbefriedigend. Da in dieser empfindlichen
Aspektfigur zwei Quadrate von Neptun ausgehen, besteht die
Neigung zur Selbsttäuschung und Weltflucht. Gewöhnlich ist
eine verborgene, psychische Labilität vorhanden, oder die Psyche
weist blinde Flecken auf, mit denen man sich objektiv auseinandersetzen und sie analysieren muß, wenn der Betreffende seine
Bedürfnisse in Partnerschaften jemals klar erkennen will. Er hat
die natürliche Neigung, seine Wahrnehmung anderer Menschen
durch seinen übertriebenen Idealismus zu verschleiern und zu
färben, was auf seine Weigerung zurückzuführen ist, die menschliche Unvollkommenheit zu akzeptieren. Die Erkenntnis der
Fehler anderer Menschen, mit denen er in Berührung kommt,
macht ihm in schmerzlicher Weise seine eigenen menschlichen
Unzulänglichkeiten bewußt und er versucht unrealistisch, sich
vor solchen Erkenntnissen zu schützen, indem er die Tatsachen
verleugnet. Er versucht, sich vor der Bedrohung der harten
Realität zu schützen, indem er alles, was er durch seine Emotionen spürt, verzerrt wahrnimmt.

Obwohl er zu stark beeindruckbar ist, wird er gezwungen sein
zu lernen, in bezug auf das, was er von der Umwelt absorbiert,
kritischer und wählerischer zu sein. Seine Verletzbarkeit wird nur
noch verstärkt, wenn er die Disziplin der Selbstanalyse und
Unterscheidungsfähigkeit zu vermeiden sucht. Wenn er sich entscheidet, seine tieferen Ebenen zu ignorieren (selbst wenn eine
solche Entscheidung vorwiegend unbewußt ist), macht ihn dies
anfällig für Beziehungen, in denen andere seine Gefühle in subtiler

Weise ausnutzen können. Immer wenn er nach außen hin so erscheint, wie er innerlich nicht ist, zieht er magnetisch Menschen an, die ihn täuschen und in ihren Absichten unehrlich sind. Wenn er diese Verbindungen schließlich als das erkennt, was sie sind, ist er zutiefst desillusioniert und verspürt den Drang, sich in negativer Weise in sich selbst zurückzuziehen.

(Ludwig van Beethoven – Lord Byron – Henri Matisse – Peter Tschaikowsky – Artur Rimbaud – Voltaire)

In einem *kardinalen T-Quadrat* weist der Apex-Neptun auf einen Menschen hin, der dazu neigt, unpraktisch und schlecht organisiert zu handeln, wenn er in seinem Leben etwas dynamisch anpackt. Er geht unrealistisch an spontane Ziele heran und stürzt sich impulsiv in vage Aktivitäten, wobei er Scheuklappen aufsetzt. Oftmals verspürt er den emotionellen Drang, sich energiegeladen (soweit der passive Neptun dazu in der Lage ist) für seine idealistischen Ziele einzusetzen, aber nur selten wendet er sich den feineren Details zu, die damit verbunden sind (möglicherweise erkennt er nicht einmal, daß es feinere Details gibt). Das Leben wird ihn dazu zwingen, langsamer zu tun und die Dinge mit mehr Geduld und Sorgfalt zu organisieren, da er sehr schnell desillusioniert werden kann, wenn seine Pläne auf Hindernisse oder Schwierigkeiten stoßen. Wenn er nicht die Disziplin aufbringt, irgendein praktisches System oder eine praktische Methode anzuwenden, werden ihn seine schlecht koordinierten Bemühungen erschöpft, verwirrt und im Augenblick sogar ausgesprochen deprimiert zurücklassen.

Der kardinale Apex-Neptun ist oftmals zu ungeduldig, um sich lange genug auf die Verwirklichung seiner inneren Träume und wunderbaren Ideale zu konzentrieren. In Partnerschaften schreckt dieser Mensch vor Verpflichtungen zurück, wenn zuviel Verantwortung von ihm verlangt wird. Sein mangelndes Durchhaltevermögen, in Verbindung mit seiner regen Phantasie führt ihn in die Versuchung, sich Abkürzungen, Schemen, bequeme Auswege und zweifelhafte Pläne auszudenken, die den schnellsten Erfolg mit dem geringsten Aufwand zu versprechen scheinen. Da die Kardinalzeichen mit den verschiedenen Ausdrucksformen der

Identität zu tun haben, könnte ein fehlgeleiteter Apex-Neptun auf Selbstverleugnung oder ein übertriebenes Selbstbild hinweisen. Wenn dieser Aspekt konstruktiv genutzt wird, kann der Betreffende dazu inspiriert werden, neue Stilrichtungen der Kunst und Musik einzuführen oder Pionierleistungen in den Bereichen des kreativen Ausdrucks zu vollbringen, da diese Bereiche ausgesprochen geeignet sind, sein weltfremdes Temperament und seine starke Sensibilität besser zu kanalisieren.

In einem *fixen T-Quadrat* weist der Apex-Neptun auf einen Menschen hin, der wahrscheinlich tiefe, emotionelle Sehnsüchte hat, die durch normale, irdische Betätigungsfelder kaum zu befriedigen sind. Aufgrund der Tendenz der fixen Qualität, feste Gewohnheiten zu entwickeln, die nicht leicht aufzugeben sind, macht sich der Betreffende Illusionen über sich selbst und andere, von denen er sich nur schwer abbringen läßt, ungeachtet der nackten Tatsachen, vor denen er steht. Er kann sich lange Zeit selbst etwas vormachen, was auf die Tatsache zurückzuführen ist, daß seine verzerrte Wahrnehmung oftmals für ihn selbst befriedigend ist, und deshalb hält er stur alles von sich fern, was diese von ihm geschätzte falsche Auffassung bedroht. Wenn er jedoch erst einmal erkennt, daß ihm seine Gefühle falsche Botschaften gegeben haben und daß das, wofür er sich eingesetzt hat, keine wirkliche Substanz hat, könnte seine starke Desillusionierung eine ständige Sehnsucht auslösen, dem auf diese Weise erzeugten inneren Schmerz zu entfliehen. Da Neptun und die fixe Qualität Sinnlichkeit zum gemeinsamen Nenner haben, kann der Betreffende in die Versuchung geraten, die Auseinandersetzung mit sich selbst durch Drogen-Mißbrauch zu vermeiden, wobei sein Empfindungsvermögen betäubt oder seine Sinneswahrnehmung verzerrt wird. Je weniger kreativ er sich fühlt, um so stärker und körperlicher wird sein Verlangen – und um so unbefriedigender.

Oftmals verspürt dieser Mensch eine tiefe, innere Einsamkeit und mangelnde emotionelle Bindung zu anderen Menschen, da die unglaubliche Widerstandskraft der Fixzeichen hier so übermäßig stark ist, daß der Betreffende unfähig ist, sich in irgendeiner Weise von seiner äußeren Umgebung berührt zu fühlen. Das Leben wird ihn dazu zwingen, seinen unflexiblen Eigenwillen aufzugeben, so daß er auf die tieferen Bedürfnisse anderer Menschen eingehen kann, die seine Kraft brauchen. Indem er sein Ego für eine wertvolle, soziale Sache aufgibt, die nichts mit ihm zu tun hat, kann es ihm gelingen, aus inneren Quellen zu schöpfen, die dazu benutzt werden können, ideale Strukturen in der Welt zu errichten. Er wird gezwungen, die Bereitschaft zum Dienen zu beweisen und das tiefe Mitgefühl zu zeigen, das in ihm angelegt ist. Aktivitäten, die ihm dazu verhelfen, seine Sinneseindrücke dramatisch darzustellen, eignen sich besonders gut für ihn und zwar dahingehend, daß sie ihm dazu verhelfen, in Berührung mit intensiven, inneren Gefühlen zu kommen, die an die Oberfläche kommen und ausgedrückt werden müssen.

In einem *veränderlichen T-Quadrat* kann der Apex-Neptun in ausgesprochen desorientierter Weise zum Ausdruck kommen. Gewöhnlich ist dieser Mensch geistig verwirrt, wenn er unter Streß steht und die Botschaften oder Signale in seiner Umwelt nicht genau oder klar interpretiert. Sein eigenes verworrenes Denken neigt dazu, seine Fähigkeit, mit anderen Menschen direkt zu kommunizieren, zu beeinträchtigen. Es kann jedoch sein, daß er in der Lage ist, in ausgesprochen kreativer Weise höchst subtile Dinge auf indirektem Wege mitzuteilen. Der Drang, sich von den Alltagspflichten zu befreien, indem man in den Kopf flüchtet, ist sehr stark. Wahrscheinlich fühlt sich dieser Mensch sicherer, wenn er in der Phantasiewelt seines eigenen Geistes lebt. Dies könnte eine schlechte Beobachtungsgabe zur Folge haben sowie unpraktische Ablenkbarkeit, geistige Abwesenheit und übermäßige Tagträumerei. Obwohl er eine schwammartige Mentalität besitzen kann, mit der er in der Lage ist, ein breites Spektrum von Eindrücken aufzunehmen und zu speichern, ist dieser Mensch oftmals zu desorganisiert, um die Ideen, die er entwickelt, logisch und vernünftig zu strukturieren. Das Leben wird ihn lehren, seine Konzepte gründlich zu analysieren, um zu erkennen, ob sie Fehlinformationen oder falsche Daten enthalten, bevor er zu definitiven Schlußfolgerungen gelangen kann.

Diesem T-Quadrat mangelt es an Willenskraft, und es zeigt eine Tendenz aufzugeben oder sehr leicht nachzugeben, anstatt sich mit den Schwierigkeiten auseinanderzusetzen. Der Betreffende bemüht sich womöglich nicht einmal darum, sich mit Problemen zu beschäftigen, sondern er könnte seine Schwierigkeiten ganz einfach ignorieren oder unterschätzen. Da er von den Menschen in seiner Umgebung ausgesprochen leicht zu beeinflussen ist, ist er wahrscheinlich leichtgläubig oder naiv, bis er aufhört, alles für bare Münze zu nehmen und die Dinge objektiv beurteilt und einschätzt. Ansonsten kann es passieren, daß er mit seiner naiven und vertrauensseligen Natur von Menschen mit einem stärkeren Ego leicht manipuliert wird. Der veränderliche Apex-Neptun weist auf eine chamäleonartige Fähigkeit hin, den Ausdruck seiner Persönlichkeit zu verändern, so daß er die augenblickliche Umgebung spiegelt (Flexibilität ist hier kombiniert mit der Fähigkeit Neptuns zu imitieren), weshalb der Betreffende oftmals seine Mitmenschen unbeabsichtigt irreführt oder von ihnen vollkommen mißverstanden wird. Wenn dieser Aspekt konstruktiv genutzt wird, kann dieser Mensch eine Vielfalt von künstlerischen, literarischen oder kommunikativen Talenten zeigen, die durch Selbstdisziplin, Konzentration, ständige Bemühung und praktische Organisation ausgebildet werden müssen.

Wenn die Spannung dieses T-Quadrats gelöst ist, kann dieser Mensch seine inspirierenden Energien in einer konkreteren, praktischeren Weise zu dem Zweck benutzen, die Träume und hohen Ideale seiner Gesellschaft oder der ganzen Welt zu verwirklichen. Er kann zu einer kreativen Quelle werden, aus der die Welt Heilung, Trost für die Seele, emotionelle Erleuchtung und ein stärkeres Gefühl der Vereinigung erhält. Er ist in der Lage, durch die göttliche Macht der Liebe auf die Menschheit einzuwirken. Sein mitfühlendes Herz versetzt ihn in die Lage, seine vorübergehenden Interessen weise zu opfern, um zur Besserung der Welt beizutragen, oftmals durch Betätigung auf sozialen Gebieten oder in den schönen Künsten. Darüber hinaus ist seine Fähigkeit, sich für die sensiblen Bedürfnisse seiner Umwelt zu öffnen, nun harmonisiert durch die Fähigkeit zu erkennen, wie er unerwünschte Kräfte von sich fernhalten kann, die ihn aus dem emotionellen Gleichgewicht bringen könnten.

Apex-Pluto

Der Apex-Pluto kennzeichnet einen Menschen, der mit großer Intensität, Zielstrebigkeit und psychischer Durchhaltekraft an sein Leben herangeht. Er fühlt sich von Natur aus dazu hingezogen, die komplexen Unterströmungen des Lebens zu erforschen, und es fällt ihm leicht, in die subtilen Bereiche des Lebens mit großer Tiefe und Einsicht einzudringen. Er verspürt den Drang, alles, was in ihm vorgeht, an die Oberfläche zu bringen, geschehe was da wolle. Er neigt jedoch dazu, seine Ziele unbarmherzig und zielstrebig zu verfolgen. Dieser Mensch tendiert zu einer mächtigen, alles verschlingenden Besessenheit, die seine emotionellen Energien stark strapazieren kann, wenn er ihren Sinn nicht versteht. Dies ist vielleicht der schwierigste aller Apex-Planeten im Horoskop, da Pluto den Betreffenden dazu zwingt, eine vollständige psychische Metamorphose durchzumachen, bevor er die komprimierte Macht des T-Quadrats gefahrlos und menschlich handhaben kann.

Paradoxerweise beinhaltet Pluto hier, daß dieser extreme Mensch sich innerlich zwischen dem eigensinnigen Wunsch, seine Ziele durch die Anwendung von Gewalt, Manipulation oder subversiven Handlungen zu erreichen... und seinem bewußten Wunsch, sich von allen Versuchungen des Machtmißbrauchs zu befreien, hin- und hergerissen fühlt. Oftmals verfällt er lange Zeit von einem Extrem ins andere, bis er schließlich zuläßt, daß eine Seite die Oberhand über ihn gewinnt. Dieser Mensch ist ziemlich kompliziert und sehr verschlossen. Nicht viele dürfen Einblick in seine innere Welt nehmen, und diejenigen, die die Erlaubnis dazu haben, haben dennoch nicht den Zugang zu allen Bereichen seiner Seele. In seinen Beziehungen zu anderen Menschen kann er sehr rätselhaft und mysteriös sein, da er hier entweder eine starke, kühle Distanziertheit und emotionelle Selbstkontrolle oder Leidenschaftlichkeit, ein besitzergreifendes Wesen und starke Gefühlsintensität zeigt. Und oftmals kämpft er mit sich selbst in dem Versuch, diese Kräfte zu begreifen.

(Johann Wolfgang von Goethe – Aleister Crowley – J. B. Rhine – Ralf Nader – Gloria Steinem – Anita Bryant)

In einem *kardinalen T-Quadrat* weist der Apex-Pluto auf einen Menschen hin, der ein ausgesprochen starker Individualist aus eigenem Antrieb ist, aber oftmals auch ein einsamer Wolf, der nicht leicht mit anderen harmoniert. Er lehnt fast trotzig die Unterstützung und Hilfe anderer Menschen ab, wenn er seine Ziele verfolgt, und gewöhnlich ist dies auf seine Angst zurückzuführen, daß sie die Kontrolle über diese Angelegenheiten erlangen wollen. Verborgene Kräfte zwingen diesen Menschen dazu, sich mit Schwierigkeiten zu konfrontieren und sie in einer kraftvollen, rücksichtslosen Weise zu überwinden, wenn er herausgefordert oder bedroht wird. Er ist in der Lage, seine Kraftreserven schnell zu sammeln und zu aktivieren und sie in Krisensituationen, die sofortige, entschlossene Reaktionen erfordern, anzuwenden. Daher könnte der kardinale Apex-Pluto für diejenigen, die in hohen, machtvollen Führungspositionen sind, und von denen durchdringende Einsicht in alle entscheidenden Phasen einer Operation verlangt wird, ausgesprochen vorteilhaft sein.

Dieser Mensch ist so geladen, daß die Kooperation mit anderen Menschen bisweilen fast unmöglich ist. Seine natürliche Neigung, die Führung zu übernehmen, erschwert es ihm in psychologischer Hinsicht, seine Macht bereitwillig mit anderen zu teilen oder sie aufzugeben, ohne zumindest ein Gefühl äußersten Widerwillens zu haben und sogar offen seine Verachtung zu zeigen. Dieser Apex-Pluto neigt wahrscheinlich mehr als die anderen dazu, seine Intensität an der Oberfläche zum Ausdruck zu bringen, was auf die offene und freimütige Natur des kardinalen Modus zurückzuführen ist. Dies deutet darauf hin, daß die plutonischen Energien dieses Menschen von anderen oder der Umwelt im allgemeinen besser wahrgenommen werden, was vielleicht eine Erklärung dafür ist, warum er wahrscheinlich mehr in aktive Konfrontationen verwickelt ist, als man dies von Pluto erwarten würde. Das Leben wird ihn dazu zwingen, eine Phase seiner persönlichen Entwicklung explosionsartig abzuschließen, um einen Neubeginn in einem anderen Entwicklungsstadium zu machen.

In einem *fixen T-Quadrat* weist der Apex-Pluto auf einen Menschen hin, der sehr stark auf seine Wünsche fixiert ist und sie hartnäckig verfolgt. Auf emotioneller Ebene verfügt er über ein enormes Durchhaltevermögen und bricht nicht leicht zusammen. Dieser Mensch kann bemerkenswert entschlossen sein, an einem einmal eingeschlagenen Kurs festzuhalten, ungeachtet der Hindernisse, von denen er weiß, daß er sich mit ihnen konfrontieren muß. Anita Bryants persönlicher Kreuzzug für die sexuelle Moral ist ein hervorragendes Beispiel für die Ausdauer und Überzeugungskraft, die für dieses T-Quadrat typisch ist. Der Betreffende ist in der Lage, seine Kraftreserven langsam, aber gut organisiert, zu sammeln, was ihm ermöglicht, auf ein schwieriges zukünftiges Ziel hinzuarbeiten, ohne sich in seinen dauerhaften Bemühungen durch irgend jemanden oder irgend etwas stören oder behindern zu lassen (vorausgesetzt, er steht ganz für dieses Ziel ein). Die Sinnlichkeit und Sexualität sind hier oftmals betont und haben einen mächtigen Einfluß auf diesen Menschen. Es ist jedoch meist so, daß bei Pluto-Quadraten Elemente der Sexualunterdrückung offensichtlicher sind. Ein freier Ausdruck der Sexualität kann problematisch werden, da die Neigung besteht, die natürliche Verwirklichung der libidinösen Bedürfnisse übermäßig stark zu kontrollieren.

Durch die an diesem Aspekt beteiligte Opposition könnte der Betreffende durch starke Frustrationen dazu gezwungen werden, die Sexualität anderer Menschen zu beherrschen, was zu Machtkämpfen in Partnerschaften führt. Wenn er sich von den negativen Einstellungen, die ihn oftmals innerlich zerfressen, befreien will, ist es noch zwingender, daß er sich dieser inneren Kräfte entledigt anstatt der problematischen äußeren Umstände. Apex-Pluto ermöglicht dem Betreffenden hier, eine vollständige und dauerhafte Transformation aller dunklen Bereiche seiner Persönlichkeit durchzumachen, die ihn ansonsten psychisch versklaven und ihn der Welt um ihn herum entfremden.

In einem *veränderlichen T-Quadrat* deutet der Apex-Pluto auf einen Menschen hin, der in geistigen Bereichen revolutionär sein kann. Es handelt sich um einen Menschen, der mit oberflächlichem Wissen unzufrieden ist und statt dessen intellektuell danach strebt, die verborgenen Grundprinzipien all dessen, worauf er seine intensive, geistige Kraft lenkt, zu erforschen. Das Leben fordert ihn oftmals dazu heraus, mit umfassenden, komplizierten Studiengebieten zu kämpfen (z. B.: Kernphysik). Er kann sich sehr dazu hingezogen fühlen, wichtige – jedoch normalerweise verborgene – Fakten zu untersuchen, zu testen oder aufzustöbern. Am besten sollte er diese Informationen zur Transformation des gesellschaftlichen Bewußtseins einsetzen.

Der veränderliche Apex-Pluto kann jedoch auch auf ein empfindliches Nervenkostüm hinweisen, was auf die bei diesem Aspekt vorhandene Wachsamkeit zurückzuführen ist. Der mit diesem Pluto geborene Horoskopeigner verspürt den starken Drang, Konzepte und Theorien, die seiner Meinung nach nicht tiefgründig oder wahrhaftig genug sind, umzuwerfen. Doch aufgrund der bei dieser Konstellation üblichen starken Intellektbetonung scheint sich dieser Mensch gezwungen zu fühlen, neue, tiefsinnige Gedankengebäude zu erschaffen, die ihm zumindest zu einer anderen Perspektive verhelfen. Er wird die Erfahrung im Leben machen, daß seine Gedanken eine unglaubliche Macht besitzen, weshalb er sie nur mit größter Vorsicht und Besonnenheit auf seine Umwelt richten darf.

Der veränderliche Apex-Pluto kann den Propagandisten bezeichnen, der in sozialen Bereichen starke Wirkungen erzielt, oder den überzeugenden, radikalen Denker, dessen Konzepte einen tiefen, aufwühlenden Einfluß auf die Gesellschaft haben können. Seine Fähigkeiten können am besten verwirklicht werden, wenn er sie auf Bereiche der Kommunikation oder Erziehung richtet. Der politische Theoretiker Karl Marx hatte ein veränderliches T-Quadrat in seinem Horoskop, in dem sowohl Pluto als auch Saturn am Apex standen. Offensichtlich fühlte er sich dazu gezwungen, sich der Autorität mit seinen radikalen Konzepten, die sich mit einem idealeren Gleichgewicht der Macht innerhalb der Hierarchie der sozialen Struktur befaßten, zu widersetzen. Sein Bedürfnis, die politische Macht der Arbeiterklasse zu stärken, scheint einleuchtend, da Pluto und Saturn im Zeichen Fische standen (das Zeichen des unterdrückten, leidenden Untertans). Der Betreffende muß Selbstdisziplin entwickeln, um seine geistigen Prozesse von Zeit zu Zeit abzustellen, da seine Neigung, alles genauestens zu analysieren und Gedankengebäude zum Einsturz zu bringen, zu Nervenzusammenbrüchen oder dem völligen geistigen Zusammenbruch führen könnten, wenn er geistig das normale Maß des Erträglichen überschreitet (Pluto überfordert hier den veränderlichen Modus, dem es von Natur aus an Durchhaltevermögen mangelt und der zeitweilige Ruhepausen braucht). Er muß seine überdurchschnittliche Wahrnehmungsfähigkeit dazu verwenden, seine emotionellen Bedürfnisse zu erkennen.

Wenn die Spannung dieses T-Quadrats gelöst ist, ist der Betreffende in der Lage, sich ständig auf allen Ebenen seines Lebens mit neuer Energie aufzuladen. Er hat eine besondere Fähigkeit, sich an seine mächtigen, kreativen Reserven anzuschließen, in denen eine höchst konzentrierte Kraft verborgen liegt. Da er jetzt jedoch frei von verborgenen Zwängen und Negativität ist, kann er seine inneren Kräfte besser zu seinem eigenen Vorteil und zum Nutzen aller, denen er begegnet, einsetzen. Obwohl er dazu neigt, sich gegen Intoleranz zu widersetzen – sogar gegen den heftigen Widerstand anderer, die möglicherweise versuchen, seine Ziele zu behindern – (Pluto repräsentiert die nackte Realität und nur, weil dieser Mensch eine dramatische Transformation des Selbst durchlaufen hat, bedeutet dies nicht, daß sich auch seine Umwelt so drastisch verändert), wird er wahrscheinlich letztendlich voll und ganz akzeptiert und erlangt Anerkennung für seine Bemühungen, die fundamentale Wahrheit zu enthüllen, die der Welt zuvor verborgen war (Anerkennung könnte ihm manchmal sogar erst nach seinem Tod zuteil werden, da Pluto auf ausgesprochen langsame, aber zeitlich angebrachte Erfüllung hinweisen kann). Bei einigen Menschen könnte der Apex-Pluto die Fähigkeit anzeigen, in eine Machtposition aufzusteigen, nachdem sie sich in einer langen Phase der Dunkelheit entwickelt haben. Auf einer gewissen Ebene hilft dieser Mensch der Welt, die kollektive Macht wirkungsvoll einzusetzen.

Zusätzliche Betrachtungen

Manchmal werden Sie aufgrund von Konjunktionen im Geburtshoroskop feststellen, daß Sie mehr als einen Apex-Planeten berücksichtigen müssen, ebenso wie auch mehr als zwei Basisplaneten vorhanden sein können. Es gibt keine narrensicheren Regeln, anhand derer man bestimmen kann, welcher der beiden Apex-Planeten den stärkeren Einfluß haben wird. Entsprechend den Ausführungen von Tracy Marks[2] kann die Stärke der Wirkung eines Apex-Planeten daran gemessen werden, ob er in sein eigenes Zeichen oder Haus fällt, eine Konjunktion zu einem Eckfeld bildet (natürlich ist bei zwei Apex-Planeten derjenige stärker, der näher an einer der Hauptachsen steht), oder ob er stationär oder in der Mitte der beiden Planeten in Opposition steht. All diese Faktoren sollten natürlich in Betracht gezogen werden. Darüber hinaus bin ich der Meinung, daß es wichtig ist festzustellen, ob der Apex-Planet ein Eckfeld beherrscht (besonders AC oder MC) oder ob er der natürliche Herrscher des Zeichens des Basis-Planeten oder des Zeichens des »leeren Beins« ist. Dies würde das Prinzip, das der Planet symbolisiert, noch mehr verstärken. Tatsächlich werden Apex-Planeten in Konjunktion meistens zusammenarbeiten. Wenn sich der Schwerpunkt von Zeit zu Zeit zu verlagern scheint, ist dies wahrscheinlich darauf zurückzuführen, daß durch die tatsächliche, situationsbedingte Herausforderung, die durch das T-Quadrat ausgelöst wird, das Prinzip des einen Planeten mehr als das des anderen geweckt wird. Aber sogar wenn das Thema des einen Planeten zu einem Zeitpunkt mehr betont ist, liefert der andere oftmals ergänzende Themen im Hintergrund, die gleichzeitig zur Wirkung kommen. Es kann sehr wichtig sein festzustellen, ob ein Apex-Planet rückläufig oder in einem eingeschlossenen Haus steht. Die nachfolgenden Kapitel sollen Ihnen in Hinsicht auf solche Phänomene nützliche Informationen liefern.

Kapitel 8

»DER FINGER GOTTES« (YOD)*

Diese nicht allzuhäufige Aspektfigur entsteht dann, wenn mindestens zwei Planeten im Sextil zueinander stehen, wobei beide eine Quincunx zu einem dritten Planeten bilden, was ein großes »Y« im Horoskop erzeugt. Dieser dritte Planet (der Apex des »Finger Gottes«) repräsentiert ein ausgesprochen bedeutsames Prinzip, das klarer und zielgerichteter zum Ausdruck gebracht werden muß, bevor dieser Aspekt zu irgendeinem Zeitpunkt im Leben aktiviert werden kann. Ähnlich wie bei der Wirkungsweise des T-Quadrats wird dieser Apex-Planet zum Brennpunkt des »Finger Gottes«. Sein Wesen enthüllt viel über die charakteristische Motivation, welche die äußere Manifestation dieses Aspekts bestimmt. Dieser Aspekt wird auch »Yod« genannt.

Meiner Meinung nach wird der ideale »Finger Gottes« dann gebildet, wenn der Apex-Planet in zunehmender Quincunx zu einem der Planeten im Sextil steht, während er gleichzeitig eine abnehmende Quincunx zum anderen bildet. In der Praxis jedoch begegnet man einem potentiellen »Finger Gottes«, bei dem der Apex-Planet gleichzeitig in einem zunehmenden oder abnehmenden Aspekt zu beiden Planeten im Sextil steht.

Dies ist durch die natürliche Umlaufbewegung der beteiligten Planeten bedingt. Al H. Morrison glaubt, daß ein »echter Finger Gottes« nur dann entstehen kann, wenn der zentrale Planet sich

---

* Der Autor verwendet für diesen Aspekt die Begriffe »Yod« und »Finger Gottes«. In der deutschen astrologischen Fachterminologie ist der Ausdruck »Yod« ungebräuchlich. Hier wird dieser Aspekt u.a. auch als »Die Gabel« bezeichnet (Anm. d. Übers.).

am langsamsten von allen drei Planeten bewegt. Wo sich der Hauptplanet schneller bewegt als die beiden anderen, handelt es sich nicht um einen »Finger Gottes«, sondern nur um eine doppelte Quincunx.[1] Im Falle von Morrisons »echtem Finger Gottes« würde der Apex-Planet daher sowohl einen abnehmenden als auch einen zunehmenden Aspekt zu den Planeten im Sextil bilden. Ich bin nicht qualifiziert genug, um irgendwelche absoluten Aussagen über die anderen beiden möglichen Aspektfiguren zu machen, da ich diese Konfigurationen nicht so gründlich erforscht habe, daß ich zu bedeutungsvollen Resultaten gelangt bin. Meine eigenen Vorstellungen in bezug auf die hauptsächliche Wirkungsweise des »Finger Gottes« laufen jedoch darauf hinaus, daß Morrison sehr wahrscheinlich recht hat. Wenn dies der Fall ist, dann hätte man es immer mit einem »echten Finger Gottes« zu tun, wenn sich Pluto am Apex befindet, da dieser Planet langsamer läuft als alle anderen Planeten unseres Sonnensystems. Interessanterweise stimmen die Prinzipien, die Pluto symbolisiert, sehr stark mit den Charaktermerkmalen des »Finger Gottes« überein.

In der Mehrheit der Horoskope in unserem 20. Jahrhundert kennzeichnen alle Planeten der höheren Oktave am Apex normalerweise einen idealen »Finger Gottes«. Wenn man dieser Logik folgt, würden Sonne, Mond, Merkur, Venus und Mars als Apex-Planeten normalerweise auf die »Doppelquincunx«-Version deuten, da es sich hierbei um die schneller laufenden Planeten handelt. Und besonders die Sonne, Merkur und Venus, da sie rein technisch keine Quincunx zueinander bilden können. Morrison nimmt an, daß der Doppelquincunx-Aspekt auf sehr schwierige (vielleicht nicht zielorientierte) Leben hinweist im Gegensatz zu dem zielstrebigen Schicksal, das von dem »echten Finger Gottes« angezeigt ist. Obwohl ich diese Unterscheidung sehr interessant und anregend finde, habe ich dennoch einige Beispiele für Menschen mit dem »Doppelquincunx«-Aspekt angeführt.

Wenn man in Erwägung zieht, was in Kapitel 1 über die abnehmende und zunehmende Quincunx gesagt wurde, sollte es einleuchten, daß die Kombination beider Einflüsse, die im »Finger Gottes« zum Ausdruck kommt, eine ganz besondere Herausforderung darstellt, das, was die vollständige Entfaltung der Persönlichkeit beeinträchtigt oder behindert, klarer zu erkennen und konstruktiv zu verändern. Hier üben innere und äußere Kräfte zusammen einen subtilen aber verstärkten Druck aus, und können schließlich in einer vorübergehenden Krise freigesetzt und bewußt gemacht werden. Es kann Jahre dauern, bis der Wendepunkt erscheint und dem Menschen neue Alternativen bietet. Aber wenn dies geschieht, ist der Betreffende reif und bereit für eine schicksalhafte Veränderung oder eine vorbestimmte neue Lebenseinstellung. Die Haltung, die er dann einnimmt, kann sein Leben vollständig umkrempeln.

Ein »Finger Gottes«, der bereit zur Aktivierung ist, erinnert an eine Weggabelung, an der man sich für die eine oder andere Richtung entscheiden muß, ohne genau zu wissen, wo die beiden Wege nun hinführen. Wir sind uns ganz einfach bewußt, daß wir einen anderen Weg einschlagen müssen. Diese Kursänderung ist nicht wirklich eine bewußte, freiwillige Entscheidung, die wir aufgrund dessen treffen, daß wir das darin verborgene Potential erkennen (anders als bei der Herausforderung der Opposition), sondern vielmehr ist dies auf eine unbewußte Notwendigkeit zurückzuführen. Obwohl diese neue Wendung sehr abrupt und ungewiß erscheinen mag, hat sie dennoch über einen Zeitraum von vielen Jahren Kraft gesammelt und Gestalt angenommen. Doch wenn der richtige Zeitpunkt für die Aktivierung dieses Aspekts gekommen ist, gibt der Betreffende bestimmte Interessen und Gewohnheiten auf oder läßt sie in psychischer Hinsicht los, um sich neu aufscheinenden Einstellungen zuzuwenden. Obwohl er zunächst in der Ausführung dieser neuen, ungewohnten Haltung ein wenig unsicher oder sogar unzulänglich sein kann, ist dieser Mensch oftmals erstaunt, wenn er feststellt, wieviel Talent und Wissen er auf diesem Gebiet tatsächlich besitzt (zweifellos läßt sich dies auf all die vergangenen Jahre der inneren Vorbereitung zurückführen).

Wenn er in dieser Zeit der Vorbereitung ein höheres Bewußtsein entwickelt hat, kann es sein, daß ihm die potentielle Energie der Planeten im Sextil intelligente und neue Anpassungen an seine soziale Umgebung ermöglicht – oder zumindest in den Lebensbereichen, die von den Häusern regiert werden, die an dem Aspekt beteiligt sind. Besonders wichtig ist das vom Apex-Planeten besetzte Haus und das diesem gegenüberliegende Haus, wo die Kulmination der in Bewegung gesetzten Veränderungen durch den Apex-Planeten stattfindet. Aber wenn er sich den Forderungen der Doppelquincunx nicht in angemessener Weise angepaßt hat, wird seine Fehlanpassung auch zu diesem Zeitpunkt zu Tage treten und er wird mit seiner Umwelt zu kämpfen haben.

Der Punkt der Reaktion, der dem Apex-Planeten gegenüberliegt, ist sehr sensitiv. Er deutet auf den genauen Bereich hin, wo die Orientierung des Betreffenden sich manifestieren wird, ob ihm dies nun gefällt oder nicht. Transite oder Progressionen im Geburtshoroskop über diesen Reaktionspunkt sollten sorgfältig beachtet werden, besonders dann, wenn langsamer laufende Planeten daran beteiligt sind. Die Planeten der höheren Oktave, die bereits darauf angelegt sind, die Persönlichkeit zu transformieren, sollten genau beobachtet werden. Manchmal findet sich im Geburtshoroskop ein Planet an der Stelle des Reaktionspunktes in Opposition zum Apex-Planeten. Solange der »Finger Gottes« nicht vollständig aktiviert ist, kann dieser Reaktionsplanet Disharmonie, Schwankungen und Konflikte hervorrufen, die den Interessen dieses Menschen zuwiderlaufen, und zwar in Hinsicht auf seine Fähigkeiten, die Energie des Apex-Planeten zu lenken. Aber wenn er erst einmal den vollständigen Prozeß der Reorganisation, der typisch für einen konstruktiv mobilisierten »Finger Gottes« ist, durchlaufen hat, kann ihm dieser Reaktionsplanet noch mehr Bewußtheit und Perspektiven geben, wie er sowohl diesen 4. Planeten als auch den Apex-Planeten transformativ benutzen kann. Der Reaktionsplanet wirkt ursprünglich konditionierend und wird schließlich zu einem bedeutsamen Katalysator für die innere Bewußtwerdung.

Richard Nixon hat einen verändlichen Apex-Mars in Opposition zu seinem Pluto im 10. Haus als Teil seines Yod-Aspektes. Dieser »Finger Gottes« (an dem auch Saturn im Sextil zu Neptun beteiligt ist) könnte ein Beispiel für Morrisons Doppelquincunx sein. Doch nach meiner Ansicht kam er während der Prüfung der Watergate-Affäre in einer besonders schicksalhaften Weise stark zum Ausdruck und vielleicht war die Wirkung für Nixon dann besonders stark zu spüren, als der transitierende Saturn eine Konjunktion mit seinem Pluto am Reaktionspunkt bildete. Der Lauf der Ereignisse während dieser schweren Zeit in seinem Leben war sicherlich repräsentativ für eine abrupte, unerwartete Wendung der Dinge, die den früheren Status quo drastisch verändert. Der Höhepunkt der Geschehnisse, der dazu führte, daß er eine neue Richtung einschlug, paßte genau zu dem mit Macht verbundenen Pluto, der durch das 10. Haus wirksam wird, das wiederum mit dem Urteil der Öffentlichkeit zu tun hat. Ungeachtet dessen kann der Apex-Mars einen neuen Lebensweg eröffnen, der eine Alternative des persönlichen Selbstausdrucks mit sich bringt, die mit dem aktiven Ausdruck der Identität zu tun hat. Der Pluto am Reaktionspunkt zwingt hier zu einer tiefen, inneren Läuterung der Werte in zwischenmenschlichen Beziehungen, was neue Prioritäten zur Folge haben könnte, was Nixons persönlichen Ausdruck von Macht und Willen anbelangt. Das veränderliche Element, das in dieser Apex-Reaktionsachse wirksam wird, könnte (in diesem Zusammenhang) auf ein transformiertes, geistiges Bewußtsein der kreativen Möglichkeiten und Alternativen hinsichtlich neuer Formen des Selbstausdrucks hinweisen. Das rehabilitierende Potential von Pluto am Reaktionspunkt sowie die initiative Qualität des Apex-Mars sagt mir, daß Expräsident Nixon nicht allzulange aus dem Blickfeld der Öffentlichkeit verschwunden sein wird, wenn ich das Potential dieses Aspekts richtig interpretiere.

Normalerweise würde ich für einen gültigen Yod-Aspekt einen Orbis von 7 Grad für die Planeten im Sextil und 3 Grad für den Apex-Planeten zulassen. Jeder erfahrene Astrologe ist sich jedoch der Tatsache sehr bewußt, das der ideale Orbis von Zeit zu Zeit aus verschiedenen Gründen erweitert werden muß. Ich würde den Orbis beispielsweise erweitern, wenn ein Planet am Reaktionspunkt steht oder wenn sich ein Planet in der Mitte des kürzeren Winkels zwischen den beiden Basisplaneten befindet. Jeder Planet in dieser Mitte verbindet die Energien der beiden Basisplaneten noch fester miteinander und stärkt die Gesamtstruktur des Yod-Aspekts. Ich würde den Orbis auch dann erweitern, wenn der Apex-Planet eines der Zeichen der Basisplaneten regiert oder umgekehrt. In ihrem ausgesprochen anregenden Buch *Side Lights of Astrology* (eines meiner ständigen astrologischen Lieblingsbücher) sagt Thyrza Escobar (Jones), daß »an den drei Armes des »Y« Planeten beteiligt sein sollten, nicht nur Häuserspitzen, Mondknoten oder andere sensitive Punkte«.[2] Ich empfehle Ihnen dringend, ihr kurzes und prägnantes Kapitel über den Yod-Aspekt zu lesen.

Andererseits legen die Autorinnen Helen Paul und Bridget Mary O'Toole in ihrem Buch *The Yod And Other Points In Your Horoscope* dar, daß ihre Forschung ergeben hat, daß auch verschiedene sensitive Punkte als Teil der Yod-Struktur effektiv sind (das heißt die Eckfelder, die Mondknoten, arabische Punkte).[3] Da ich jedoch weiß, das Astrologen gerne jeden Punkt im Horoskop rationell erklären, weil sie eine Unmenge von Faktoren im Horoskop verwenden wollen, rate ich denjenigen, die diesen Aspekt selbst erforschen wollen, sich zunächst an die tatsächlichen Planeten zu halten, bevor sie sich anderen Horoskopfaktoren zuwenden. Dies bedeutet nicht, daß ich das Werk von Paul und O'Toole nicht schätze, sondern damit möchte ich nur vorschlagen, daß Studenten zunächst einmal die Gültigkeit von Yod-Aspekten, die ausschließlich von Planeten gebildet werden, überprüfen sollten.

Es kann eine gute Übung für einen Astrologen sein (besonders für jemanden, der keinen Yod-Aspekt im Horoskop hat, ein separates Horoskop aus seinem Horoskop zu erstellen, in dem nur alle Sextile im Geburtshoroskop in ihrer richtigen Hausposition aufgeführt sind. Alles was Sie für einen potentiellen »Finger Gottes« brauchen, damit dieser Aspekt im Geburtshoroskop durch eine Progression oder einen Transit gebildet wird, ist ein Sextil! Aber außer wenn sie exakte Sextile haben (das heißt einen Orbis von 1 Grad), empfehle ich Ihnen, die Mittelpunkte jeden Sextils zu berechnen, um eine größere Genauigkeit des Zeitpunktes zu bestimmen. Dann stellen Sie fest, auf wieviel Grad, in welchem Zeichen und in welchem Haus sich der Mittelpunkt des längeren Winkels befindet. Denn genau hier kann ein vorübergehender Yod-Aspekt entstehen. Ein transitierender Planet wie zum Beispiel die Sonne, der Mond, der Merkur, die Venus oder der Mars wird wahrscheinlich nicht so aufwühlend wirken, daß man es zu diesem Zeitpunkt im Leben als besonders stark oder »schicksalhaft« empfindet. Diese schnellerlaufenden Planeten sollten in ihrem Progressionsumlauf jedoch beachtet und beobachtet werden. Doch wenn ein Planet der höheren Oktave diesen sensitiven Punkt transitiert, schenken Sie diesem zeitweiligen Yod-Aspekt besondere Aufmerksamkeit. Wenn der Mond in Progression gleichzeitig auch eine Konjunktion oder ein Quadrat entweder zum Apex, dem Reaktionspunkt oder einem Mittelpunkt der Planeten im Sextil-Aspekt im Geburtshoroskop bildet, dann sollten Sie dies ganz besonders beachten (da der Mond in Progression der wichtigste zeitliche Auslöser bei sekundären Progressionen ist)! Denn an diesem Punkt könnte jeder andere transitierende Planet in Konjunktion oder Quadrat zu diesen Punkten eine bemerkenswerte Reaktion Ihres vorübergehenden Yod-Aspektes hervorrufen, der in diesem besonderen Jahr eine unerwartete, leicht schicksalhafte Veränderung der Lebensumstände herbeiführen kann.

Vorübergehende Yod-Aspekte findet man in Horoskopen zum Zeitpunkt des Todes, dem Beginn langer Krankheiten, schwerer Verletzungen und während Trennungen (oftmals durch Gewalt oder Umstände), die außerhalb der eigenen Kontrolle liegen). Im allgemeinen weisen diese Aspekte auf alle unvorhersehbaren Wendungen des Schicksals hin. Natürlich können zu dieser Zeit noch viele andere wichtige Aspekte wirksam sein (die scheinbar streßgeladen sind und gleichzeitig mühelos zur Wirkung kommen). Insbesondere die Vorhersage des Todes ist fast unmöglich, Gott sei Dank! Wie jede andere Aspektfigur, an der viele Aspekte beteiligt sind (oder wie auch jede Aspektphase), wirkt sich der Yod-Aspekt oder der vorübergehende Yod-Aspekt entsprechend der Ebene des Verständnisses aus, das der Betreffende in bezug auf die Grundprinzipien der beteiligten Planeten bis dahin erlangt hat.

Nachfolgend finden Sie Interpretationen der einzelnen Planeten im Geburtshoroskop am Apex eines Yod-Aspektes. Dabei wird das Wesen der Basis-Planeten, das Apex-Zeichen oder die Hausposition aller drei Planeten nicht berücksichtigt.

Apex-Sonne

Die Apex-Sonne deutet auf einen Menschen hin, dessen zentraler Lebenssinn um ständige, persönliche Anpassungen und eine entscheidende Verbesserung seiner Persönlichkeit kreist. Normalerweise ist er dazu gezwungen, in der Weise, wie er seinen Willen, seine Macht, seine Autorität und seinen Stolz zeigt, notwendige Veränderungen herbeizuführen. Objektive Selbstkritik und Analyse ist für das Persönlichkeitswachstum dieses Menschen besonders wichtig, da Fehlanpassungen hier oftmals auf unbewußte, egozentrische Einstellungen zurückzuführen sind. Der Betreffende hat möglicherweise Schwierigkeiten, seine eigene Mitte zu finden. Die Kräfte seines Egos werden nicht direkt und in extrovertierter Weise zum Ausdruck gebracht, sondern richten sich gewöhnlich nach innen und werden angestaut. Dieser Mensch geht mit geringer Selbstachtung und einem Minderwertigkeitsgefühl ins Leben, was ihm bereits sehr früh das Gefühl gibt, nicht in Einklang mit seiner Umwelt zu sein. Er scheint für einige Zeit hilflos und machtlos zu sein, was ihm den Eindruck gibt, in den Augen anderer unbedeutend zu sein (besonders in den Augen von Autoritätspersonen). Quincunxen zur Sonne können ganz allgemein das Selbstwertgefühl mindern. Der Betreffende kämpft gewöhnlich innerlich mit seiner schrecklichen Unsicherheit. Wenn dieser Yod-Aspekt jedoch erst einmal voll aktiviert ist, kann eine dramatische Veränderung seines Charakters eintreten, was auf neue und entscheidende Umstände zurückzuführen ist, die für sein karmisches Hauptthema von wesentlicher Bedeutung sind und sich nicht vermeiden lassen. Die Ziele, die jetzt am Horizont auftauchen, könnten seine volle Aufmerksamkeit erfordern sowie seine ganze innere Kraft und Fähigkeit, aus sich herauszugehen. Es kann sogar sein, daß er seine Vitalität auf körperlicher Ebene mobilisieren muß. Er kann sich in einen neuen Erfahrungsbereich begeben, der ihm erlaubt, sich voller Vertrauen und Selbstsicherheit zu entfalten. Diese Inkarnation könnte ihm die besondere Fähigkeit verleihen, den Kern seines Leben neu zu organisieren und zwar in einer vitalen, produktiven und kreativen Weise. Der Betreffende besitzt nun die bewußte Kraft, seine

Willenskraft fast alchemistisch zu transformieren. Wenn er dies erst einmal in Angriff genommen hat, könnte ihm seine neue Lebensrichtung ermöglichen, viele Seiten seiner äußeren Lebenssituationen mit Erfolg und Ausstrahlungskraft zu beherrschen, was zu einer positiven Anerkennung von seiten der Umwelt führt. Die Jahre der inneren Vorbereitung haben dazu beigetragen, seine Individualität vollständiger zu entwickeln.

Aber wenn dieser Yod-Aspekt aktiviert und dennoch falsch gehandhabt wird, kann er die Macht freisetzen, seinen persönlichen Willen und seine Autorität zu mißbrauchen. Der Betreffende kann möglicherweise die Angelegenheiten auf seinem neuen Weg machtvoll beherrschen, aber er ruft damit oftmals schicksalhafte Auswirkungen hervor. Das einzige Beispiel, das ich für eine bekannte Persönlichkeit mit einer Apex-Sonne finden konnte, war der Mann, der dazu beitrug, daß der Begriff »Sadismus« ins Lexikon aufgenommen wurde . . . nämlich Marquis de Sade. Dieser dominante, machtbesessene Individualist hatte die Sonne in seinem Geburtshoroskop in Quincunx zu Pluto im Sextil zu Uranus. Offensichtlich hatte die Natur dieser beiden willensstarken Basisplaneten sehr viel mit der Perversion und Intensivierung seiner egoistischen Triebe zu tun. Mit Pluto im Quincunx zur Sonne könnten Machtkämpfe extreme Formen annehmen, doch die kommen nur selten direkt oder offen zum Ausdruck. Mit Uranus in Quincunx zur Sonne hatte de Sade überdurchschnittliche geistige Fähigkeiten, aber er repräsentierte eher das »verrückte« Genie. Zusätzliche Unterstützung in Hinsicht auf Macht und Kontrolle kommen hier von der Pluto-Konstellation im Skorpion und der Uranus-Position im Steinbock. Eine weitere Verstärkung kam vom Mars im Widder (auch der Ko-Herrscher des Zeichens Skorpion) in Quadrat zu Saturn (Herrscher des Steinbocks). De Sade starb in einer Irrenanstalt.

(Marquis de Sade)

Apex-Mond

Der Apex-Mond kennzeichnet einen Menschen, dessen innere emotionelle Entwicklung sensitive Anpassung benötigt. Es kann sein, daß er immer noch in chaotischen, verzerrten Eindrücken aus der Vergangenheit gefangen ist, die objektiv beobachtet und geklärt werden müssen, bevor er gefühlsmäßig frei für Wachstum und Weiterentwicklung ist. Dies ist ein sehr persönlicher Apex-Planet. Potentielle emotionelle Fehlanpassungen sind an der Oberfläche nur kaum zu sehen. Der Betreffende ist sich dieser Konflikte vielleicht nicht einmal bewußt, was auf das unbewußte Wesen des Mondes sowie seine Fähigkeit zurückzuführen ist, das Verhalten in einer sehr subtilen, subjektiven Weise zu konditionieren. Seine instinktive Reaktion auf die Eindrücke aus der Umwelt stimmen möglicherweise nicht mit dem überein, was man normalerweise erwarten würde, da es diesem ausgesprochen beeindruckbaren Menschen nicht leichtfällt, die emotionellen Botschaften, die er von anderen erhält zu entschlüsseln. Er kann sogar versucht sein, sich von der Außenwelt, durch indirekte Methoden des Selbstschutzes abzuschirmen. Hier könnte ein emotionelles Trauma aus der Vergangenheit vorliegen (das vielleicht aus früheren Inkarnationen stammt und dessen Thema dann in der frühen Kindheit dieses Lebens wiederholt wurde), das dazu führt, daß dieser Mensch zu defensiv angepaßt und verletzbar ist, um mit den Bedürfnissen nach Sicherheit im Hier und Jetzt effektiv umgehen zu können.

Der Apex-Mond weist auf eine schlechte Verarbeitung von Eindrücken hin, die diesen Menschen dazu bringen, in seiner gewohnten, defensiven Weise zu reagieren. Obwohl er viel Nähe und Intimität von den Menschen braucht, denen er vertrauen und bei denen er sich geborgen fühlen kann, fühlt er sich normalerweise nicht in Einklang mit anderen und kann sich in einen psychischen Panzer zurückziehen, und so versuchen, Schutz und Zuflucht zu finden, wann immer es ihm nicht gelingt, sich an die emotionellen Realitäten einer Beziehung anzupassen. Ich könnte mir vorstellen, daß der Apex-Mond während der frühen Entwicklungsjahre des Betreffenden seine spannungsreichste Phase durchläuft, was bedeutet, daß dieser Yod-Aspekt aktiviert werden könnte, sobald dieser Mensch das Erwachsenenalter erreicht hat. Vielleicht ist dies bei einem fixen Apex-Mond weniger der Fall, aber sicherlich bei einem kardinalen Apex-Mond. Der veränderliche Apex-Mond ist weniger entschlossen, die Herausforderung des Yod-Aspektes anzunehmen. Darüber hinaus würden Saturn und/ oder Pluto als Basisplaneten darauf hindeuten, daß es länger dauern kann, bevor konstruktive Anpassungen gemacht werden können.

Wenn dieser Yod-Aspekt erst einmal voll aktiviert ist, beginnt der Betreffende, eine vorbestimmte Veränderung des Lebensmusters herbeizuführen, die ihn von den negativen Einflüssen aus der Vergangenheit befreien könnte. Aufgrund der subtilen, jedoch beständigen Umstrukturierung der Gefühlsnatur hat er sich innerlich auf eine Lebensrichtung vorbereitet, die ihm ermöglicht, anderen Menschen zu helfen und beruhigend auf sie einzuwirken. Sein mütterlicher Instinkt hat die notwendige Regeneration erfahren, so daß sich ihm ein neuer Weg eröffnen kann, der ihm erlaubt, sich um die Grundbedürfnisse der Menschheit zu kümmern, die Interessen der Schwächeren zu vertreten oder anderen Menschen zu helfen, sich fundamentale Sicherheiten zu schaffen. Ungeachtet dessen, was das Leben jetzt an ihn heranträgt, wird er sich durch sein inneres Fundament gestärkt fühlen und durch die ihm nun wieder voll zur Verfügung stehenden emotionellen Energien unterstützt und genährt. Er erkennt seine persönlichen Bedürfnisse nun klarer, bringt sie direkt zum Ausdruck und auf diese Weise können sie problemlos erfüllt werden.

(Alexander Graham Bell – Thomas Jefferson – George Gershwin – Grant Lewy)

Apex-Merkur

Der Apex-Merkur weist auf einen Menschen hin, der zunächst einmal sein Durcheinander auf geistiger Ebene ordnen muß, bevor dieser Yod-Aspekt aktiviert werden kann. Normalerweise geht er mit einer großen Neugierde auf die Funktionsweise des

Geistes ans Leben heran, aber in der persönlichen Kommunikation scheint er etwas aus dem Rahmen zu fallen (etwa so wie ein Mensch mit einem rückläufigen Merkur). Mit einem Apex-Merkur besteht gewöhnlich der innere Drang, die anregende Oberfläche des Lebens zu begreifen, aber es fällt einem schwer, diesen Drang klar und direkt zum Ausdruck zu bringen. Der Betreffende kann ein ziemlich introvertierter Denker sein, der seine Gedanken aber oftmals nicht effektiv sammeln kann, um produktiv danach zu handeln. Vielleicht lenkt er zuviel Aufmerksamkeit darauf, seine Konzepte neu zu definieren, indem er sie zunächst in ihre Bestandteile zerlegt und jede Facette im Detail sorgfältig studiert. Die Schwierigkeit besteht hier jedoch darin zu lernen, wie man die so analysierten Details wieder zusammensetzt, so daß sie realisierbar sind. Bisweilen neigt der Betreffende dazu, zuviele Konzepte in einer zufälligen und unzusammenhängenden Weise miteinander zu kombinieren und es gelingt ihm nicht, eine Kohärenz herzustellen.

Die Quincunxe zu Merkur erfordern, daß man die Gedankenprozesse von überflüssigen Faktoren befreit und seine Konzepte rationalisiert, so daß sie durch eine sinnvolle Einfachheit strukturiert werden. Ansonsten neigt man geistig dazu, sich weiterhin mit unnötigen Nebensächlichkeiten zu beschäftigen in dem Versuch, mehr Informationen zu sammeln als vernünftig umgesetzt werden können. Dadurch wird zwar nicht die Intelligenz beeinträchtigt, wohl aber die Art ihrer Anwendung. Die innere Vorbereitung, die für den Yod-Aspekt typisch ist, kann hier ein wenig bewußter vonstatten gehen, da der Betreffende erkennt, daß er einen fast zwanghaften Drang hat, ein weites Spektrum von Möglichkeiten zu suchen, Neues zu lernen und sich auf erzieherischem Gebiet zu betätigen. Aufgrund der Dynamik des Yod-Aspekts wird der Betreffende darin geübt, seine geistigen Energien mit mehr Gründlichkeit einzusetzen, was eine größere Wirksamkeit und Beständigkeit ermöglicht, so daß er die objektive Welt besser begreifen kann. Wenn dieser Yod-Aspekt erst einmal richtig aktiviert ist, wird dieser Mensch wahrscheinlich auf einer angemesseneren intellektuellen Ebene aktiv werden. Zu diesem Zeitpunkt wird er wahrscheinlich neue und anregende Kommunikationsmöglichkeiten finden, die ihm ermöglichen, einen stärkeren, erzieherischen Einfluß sowohl auf sich selbst als auch auf seine Mitmenschen zu nehmen. Da er nun viel besser in der Lage ist, sich geistig zu konzentrieren, kann er sich auf einen Bereich spezialisieren, für den er sich geistig interessiert und von dem er nun völlig vereinnahmt wird. Wenn dieser Aspekt konstruktiv umgesetzt wird, kann der Betreffende eine vorbestimmte Rolle als einflußreicher Lehrer spielen oder es auf dem Gebiet der Kommunikation zur Meisterschaft bringen oder zur Bewußtwerdung seiner Mitmenschen beitragen.

(Helena Blavatsky – Werner Erhardt – Angela Davis – Marcel Marceau – Guru Maharay Ji)

Apex-Venus

Die Apex-Venus beschreibt einen Menschen, der in dem Gefühl ins Leben geht, zu den Wertvorstellungen seiner sozialen Umgebung keine Beziehung zu haben. Seine nach innen gekehrte Art die Menschen einzuschätzen, läßt ihn Beziehungen von einer andern Warte her sehen (ähnlich der rückläufigen Venus) und er ist meist nicht in der Lage, Verbindungen in der angenehmen und mühelosen Weise einzugehen, die für Venus sonst typisch ist. Wahrscheinlich fühlt sich dieser Mensch in gewöhnlichen sozialen Situationen schrecklich fehl am Platz, wo man von ihm erwartet, sich offen und ungezwungen zu beteiligen. Es fällt ihm schwer, ein Gefühl der Gleichheit mit anderen herzustellen, was ein gewisses Maß an Entfremdung zur Folge hat. Dennoch kann es sein, daß sich dieser Mensch innerlich sehr viele Gedanken über andere Menschen macht und sie gründlicher analysiert, als dies oberflächlich den Anschein hat. Obwohl er anscheinend distanziert ist und sich bisweilen sogar fast antisozial verhält, ist er zu einer großen Tiefe des Verständnisses in Hinsicht auf die subjektive Natur der Menschen fähig. Sowie er lernt, sich konstruktiv an die Facetten seiner eigenen Liebesfähigkeit anzupassen, indem er sich einer gründlichen Selbstprüfung unterzieht, ist er besser dazu in der Lage, aus dem Hintergrund herauszutreten und seine

Gefühle mit größerer Offenheit und Klarheit zum Ausdruck zu bringen.

Wenn dieser Yod-Aspekt erst einmal aktiviert und zum Ausdruck gebracht wird, zeigt der Betreffende ein verstärktes Interesse daran, sich auf der sozialen Ebene zu bewähren. Er verspürt den Drang, seine Energien auf die Entwicklung der kollektiven Werte zu richten. Wenn er erst einmal an seinen vorbestimmten Scheidewegen angekommen ist, gewinnt die Entwicklung in Partnerschaften eine neue Bedeutung und die Beziehungen, die er zu diesem Zeitpunkt anzieht, können ihm dabei helfen, sich zielstrebig für die Verwirklichung seiner Ziele einzusetzen. Bisweilen kann dieser schicksalhafte Wendepunkt durch die Verwirklichung eines umfassenden, sozialen Ziels beschleunigt werden, das durch die fortschreitende Entwicklung eines persönlichen Talents oder einer Eigenschaft erreicht wird, die der Betreffende seit langem durch sein subjektives Bemühen verfeinert. Möglicherweise entdeckt er, daß er fähig ist, einen bemerkenswerten Einfluß auf die Wertvorstellungen anderer zu nehmen und ihre Empfindungen in einer Weise zu beeinflussen, die ihr eigenes Wohlbefinden stärkt. Da seine eigene Zuneigung nun besser auf ein konkretes Ziel gelenkt werden kann, entdeckt er zu diesem vorbestimmten Zeitpunkt möglicherweise auch, daß sein persönliches Liebesleben auffallend befriedigender ist und daß er sich jetzt besser und tiefgründiger mit anderen austauschen und das Zusammensein mit anderen Menschen mehr genießen kann. Darüber hinaus ermöglichen ihm seine ständigen Bemühungen um innere Anpassung und Umstrukturierung, mehr Selbstliebe und Anerkennung seines wahren Wertes zu entwickeln, was eine dauerhaftere Zufriedenheit und das beständige Gefühl der Sicherheit zur Folge hat. Die durch den Yod-Aspekt ausgelöste neue Lebensrichtung könnte auch bewirken, daß sich der Betreffende in den schönen Künsten, an sozialen Unternehmen, beraterischen Tätigkeiten oder auf dem Gebiet der Rechtssprechung engagiert.

(Friedrich Nietzsche – Yves St. Laurent)

Apex-Mars

Apex Mars kennzeichnet einen Menschen, der seine körperlichen Energien im Leben unwirksam einsetzt oder Schwierigkeiten damit hat, seine persönlichen Angelegenheiten direkt und offen in Angriff zu nehmen. Die Methode seiner Selbstbehauptung muß oftmals verbessert und verändert werden. Seine aktiven Bemühungen können solange fruchtlos bleiben, bis er lernt, seinen inneren Antrieb besser mit seiner tatsächlichen Fähigkeit in Einklang zu bringen, Situationen mit größerem Organisationstalent und intelligenter zu meistern. Ansonsten neigt dieser Mensch dazu, sich in Aktivitäten zu stürzen, ohne eine zweckmäßige Richtung anzusteuern, was eine unproduktive Verschwendung der Energien zur Folge hat. Wahrscheinlich muß er auch Anpassungen in Hinsicht auf seine aggressiven Instinkte vornehmen. Von Natur aus neigt er dazu, den äußeren Ausdruck seiner heftigen Leidenschaften zu kontrollieren, was wiederum dazu führen kann, daß er diese Triebe in selbstzerstörerischer Weise auf sich selbst zurücklenkt. Oder er zeigt Wut, die fehl am Platz ist, indem er seine Feindseligkeiten auf ungeeignete Ziele richtet. Mit einem Apex-Mars fühlt sich der Betreffende womöglich sehr unwohl mit seinen sexuellen Spannungen und findet keine angemessenen Ausdrucksmöglichkeiten für die Freisetzung dieser Energien. Im allgemeinen kann er dadurch, daß er seine sexuellen Bedürfnisse auf indirektem Wege befriedigen will, aus dem Gleichgewicht kommen.

Wenn dieser Yod-Aspekt reif zur Aktivierung ist, kann es sein, daß der Betreffende einen neuen Kurs im Leben einschlägt, der erfordert, daß er seine Vitalität mobilisiert, indem er sich äußeren Herausforderungen stellt. Diese neue Lebensphase kann sich ziemlich plötzlich manifestieren, vielleicht in einer akuten Krisensituation, die ihn dazu zwingt, einen dynamischen Neubeginn zu machen, der Mut und Kühnheit erfordert. An diesem Punkt wird er sich möglicherweise der Tatsache sehr bewußt, daß er die volle Verantwortung für sein Leben übernehmen und vollkommene Unabhängigkeit beweisen muß. Sein Lebenstempo ermöglicht ihm jetzt nicht mehr, hin- und herzuschwanken, sich treiben zu lassen oder auf indirektem Wege zu handeln, sondern statt dessen ist er dazu gezwungen, mit großem Schwung und starker Entschlossenheit zu reagieren. Der ungestüme und kraftvolle Mars als Apex-Planet könnte darauf hindeuten, daß der Betreffende während dieser Zeit der Auseinandersetzung mit sich selbst Bindungen an die Vergangenheit lösen oder frühere, beruhigende Sicherheiten aufgeben muß. Er muß seine volle Aufmerksamkeit auf diesen neuen Weg lenken und lernen, sich schnell anzupassen. Wenn er hier erst einmal klarer sieht, könnte er sich mit seiner ganzen Kraft einsetzen, hart zu arbeiten und in dieser aktiven Phase seines Lebens ausgesprochen fleißig werden. Normalerweise kann er alleine arbeiten, ohne von anderen Menschen dabei behindert zu werden. Ein fehlgeleiteter Yod-Aspekt mit diesem Apex-Planeten könnte jedoch schicksalhafte und einschneidende Konsequenzen haben, was auf übereilte oder plötzliche Handlungen von seiten des Horoskopeigners zurückzuführen ist. Er muß lernen, seinen Eigenwillen besser zu kanalisieren.

(Friedrich Nietzsche – William Blake – Emily Dickinson – Carl Gustav Jung – George Bernhard Shaw – Richard Nixon)

Apex-Jupiter

Der Apex-Jupiter kennzeichnet einen Menschen, der subjektiv sein Bewußtsein erweitert, seine soziale Vision ausdehnt und seine moralische Entwicklung durch Reflexion viele Jahre lang bereichert, bevor er in der Lage ist, durch diesen Yod-Aspekt voll aktiviert zu werden. Er geht mit einem Gefühl ins Leben, nicht in Einklang mit den sozialen Gesetzmäßigkeiten, den Glaubenssystemen und Moralvorstellungen zu sein, mit denen er sich dennoch abfinden muß. Von Natur aus sehnt er sich nach Inspiration, Erhebung und geistiger Freiheit sowie danach, seinen Glauben realistisch umzusetzen. Nur selten ist er jedoch in der Lage, zufriedenstellende Vorbilder in der Außenwelt zu finden und daher ist er gezwungen, sich nach innen zu wenden und zu hinterfragen, warum dies so ist. Gewöhnlich sind Quincunxen zu Jupiter, die auf dieser abgehobenen, geistigen Ebene zur Wirkung kommen, nur selten problematisch und oftmals können sie sogar sehr wohltuend sein. Die ständigen, intellektuellen Anpassungen, die man hier vornimmt, während man über solche abstrakten Dinge nachdenkt, führen dazu, daß man geistig offen und aufgeschlossen für alle neuen Theorien und Möglichkeiten bleibt. Auf einer mehr weltlichen Ebene können sich Jupiter-Quincunxen jedoch als ziemlich chaotisch und unpraktisch erweisen. Normalerweise kommt der Betreffende mit seinen Alltagspflichten nicht besonders gut zurecht. Er neigt dazu, in seinen Bemühungen eher unbeständig zu sein und es gelingt ihm nicht, den notwendigen Details Aufmerksamkeit zu schenken. Seine Erwartungen werden fast immer enttäuscht, da sie mehr versprechen, als sich verwirklichen läßt, und gewöhnlich liegt dies daran, daß er dazu neigt, alles hinauszuschieben, die Dinge falsch einzuschätzen oder sogar über sein Ziel hinauszuschießen. Obwohl es ihm nur selten an dem inneren Glauben an die letztendliche Erfüllung seiner Ziele mangelt, muß seine Methode, wie er diese Überzeugung zur Anwendung bringt, korrigiert werden. Er lernt zu erkennen, daß seine idealistischen Verbesserungspläne Geduld erfordern sowie angemessene Zeitplanung und dauerhafte, persönliche Anstrengung sowie mehr gesunden Menschenverstand.

Wenn dieser Yod-Aspekt erst einmal aktiviert ist und zum Ausdruck gebracht wird, tritt der Betreffende oftmals in eine Phase seines Lebens ein, wo er bereit ist, eine lange gehegte frühere Überzeugung oder Ideologie fallenzulassen und statt dessen eine andere Weltsicht zu übernehmen, die ihn dazu inspiriert, sich mit den Bedürfnissen seiner Seele besser in Einklang zu bringen. Der Betreffende bekommt – meist aufgrund einer scheinbar glücklichen Wendung des Schicksal – bessere Gelegenheiten, sich an gesellschaftlichen Modellen der idealen Entwicklung zu beteiligen. Nun kann er einen breiteren, sozialen Einfluß ausüben und er ist dabei bestrebt, seine neue Bewußtheit wohltätig und selbstlos anzuwenden. Toleranz ist nötig, um Nutzen aus diesem Yod-Aspekt ziehen zu können. Das Leben schenkt hier womöglich das Privileg, die eigenen sozialen oder abstrakten Konzepte in dem Bemühen zu verbreiten, die Masse geistig anzuregen. Jupiters natürlicher Optimismus und sein Drang nach

Expansion deuten darauf hin, daß sich der Betreffende sehr gut an diesen vorbestimmten Übergang anpassen kann und dem neuen Gang der Dinge sieht er meist recht zuversichtlich entgegen. Er zweifelt nur selten an der Richtigkeit der von ihm eingeschlagenen Richtung und handelt so, als ob er einer höheren Führung und einem höheren Schutz untersteht. Manchmal wird dieser Wendepunkt durch Gelegenheiten, ausgiebigst zu reisen (eine Art Pilgerschaft), oder Fortbildungsmöglichkeiten ausgelöst. Wenn dieser Yod-Aspekt jedoch geweckt und falsch gehandhabt wird, ermöglicht er ihm zwar trotzdem, starken Einfluß auf das Massenbewußtsein zu nehmen, aber letztlich mit verhängnisvollen Konsequenzen, die oft durch die Selbstverherrlichung dieses Menschen herbeigeführt werden.

(Charles Dickens – Andrew Carnegie – Kirpal Singh – Adolf Hitler – Wernher von Braun – Pat Nixon)

Apex-Saturn

Man könnte den Apex-Saturn als einen ausgesprochen karmischen Yod-Aspekt betrachten, wobei Saturn den für diese Konfiguration ohnehin charakteristischen »schicksalhaften« Unterton noch verstärkt. Er weist darauf hin, daß sowohl die richtige Zeitplanung als auch die innere Reife eine entscheidende Rolle dabei spielen, wenn der Betreffende bereit ist, mit diesem Wendepunkt in seinem Leben fertigzuwerden, und daß er wahrscheinlich schrecklich fehlgehen würde, wenn er versucht, eine solche neue Wendung unklug zu erzwingen, bevor alle notwendigen Eigenschaften voll entwickelt sind. Aber bis er an diesen besonderen Scheideweg in seinem Leben kommt, muß er normalerweise ständige Anpassungen seiner Bedürfnisse nach Sicherheit und Selbsterhaltung vornehmen. In seinem Kampf um die Befriedigung seiner Sicherheitsbedürfnisse leidet er oft unter Angst und Unsicherheit und vielleicht deshalb, weil die Autoritätspersonen seiner Kindheit in der Strukturierung seines Lebens ambivalent oder unbeständig waren. Als Heranwachsender ist der Betreffende oft nicht in der Lage, die eigene Identität zu strukturieren und zu definieren, und manchmal fühlt er sich wie ein unerwünschter Außenseiter in seiner Umwelt. Selbstzerstörerische Züge können hier ziemlich tiefverwurzelt sein und werden durch die harten, äußeren Umstände noch verstärkt. Die beiden Quincunxen zu Saturn weisen darauf hin, daß sich der Betreffende anfänglich unzulänglich und unbedeutend fühlt und sich seiner Fehler und Schwächen schmerzlich bewußt ist (wirtschaftliche Unzulänglichkeiten ebenso wie psychologische Fehler). Aufgrund der korrigierenden Natur der Quincunx und dem natürlichen Drang des Saturn, Hindernisse zu überwinden, ist dieser Yod-Aspekt jedoch sehr hilfreich bei allen Veränderungen, die bei einer Neustrukturierung erforderlich werden, damit Stabilität und ein effizientes Funktionieren in der Welt gewährleistet sind.

Mit diesem Yod-Aspekt, der den Horoskopeigner auf die Probe stellt, bereitet man sich innerlich auf eine neue Ebene der inneren Kraft vor, die einen von negativen, belastenden Einstellungen, die lange Zeit schwer auf der Seele lasteten, befreien kann. Wenn dieses Yod erst einmal aktiviert ist, konzentriert sich der Betreffende zielstrebig auf eine aktuelle Lebensrichtung, wo er seine besondere Begabung, soziale Verantwortung zu übernehmen und sinnvolle Aktivitäten in Angriff zu nehmen zeigen kann. Jetzt können seine Ambitionen voll ans Licht kommen und werden von der Außenwelt besser erkannt. Die entscheidenden Wendepunkte im Leben ergeben sich dann, wenn dieser Mensch genügend Selbstdisziplin, Zielstrebigkeit und Mut bewiesen hat. Dann nimmt sein Schicksal eine Wendung, die für sein Seelenwachstum von größter Wichtigkeit sein kann und in der er sich viel mit Entscheidungen und Verpflichtungen konfrontieren muß. Der neue Weg hat gewöhnlich schwerwiegende Konsequenzen und wird nicht leicht genommen. Von diesem Zeitpunkt an wird der Betreffende wahrscheinlich hart arbeiten und sich für ein einziges Lebensziel voll einsetzen, das sich langsam, aber zielstrebig entfalten wird. Da hier Saturn die Zügel in der Hand hält, ist ihm ziemlich vorgegeben, wie er seinen Pflichten nachkommen soll. Schicksalhafte Konsequenzen sind hier ausgesprochen stark betont, besonders wenn sich der Betreffende dazu entscheidet, diesen herausfordernden Weg zu ignorieren, sobald er ihn erst einmal eingeschlagen hat. Schicksalhaft bedeutet hier nicht, daß der Betreffende ein tragisches Geschick hat, sondern es kann auf zunehmende Frustration hinweisen, an der man selbst schuld ist, was ein Gefühl des Mißerfolgs und persönliche Verzweifelung zur Folge hat. Es gibt Grund zu der Annahme, daß dieser Yod-Aspekt in der Zeit um den 28. und 30. Geburtstag dieses Menschen ausgelöst wird, wenn auch seine erste Saturnrückkehr stattfindet (was an sich schon ein ziemlich starker Wendepunkt im Leben sein kann). Zu diesem Zeitpunkt kann er eine neue Lebensrichtung einschlagen, die ihm ermöglicht, eine bedeutsame und angesehene soziale Position zu erlangen.

(Johannes Brahms – Anton Tschechow – Thomas Jefferson – Lewis Caroll – Maxim Gorki – Alfred Lord Tennyson – Leo Trotzki – Bernhard Baruch – Marcia Moore)

Wenn der Apex-Planet des Yod-Aspekts zufällig ein Planet der höheren Oktave ist, könnte dies ein Anzeichen für einen noch entscheidenderen Wendepunkt im Leben dieses Menschen sein. Sein neuer Lebensweg kann tatsächlich darauf hinweisen, daß er ein magnetischer Pol zur Förderung der fortwährenden Entfaltung des kollektiven Schicksals werden kann. Dieser Mensch kann eine entscheidende Veränderung seiner Lebensziele durchmachen, die ihn dazu befähigt, einen außergewöhnlichen Einfluß auf die Welt im großen und ganzen zu nehmen, und der Menschheit dazu zu verhelfen, ihre notwendigen, sozialen Anpassungen vorzunehmen. Dies ähnelt dem Potential, das von einem Apex-Planeten der höheren Oktave in einem T-Quadrat angezeigt ist. Der Unterschied besteht darin, daß der Betreffende mit dieser Aspektfigur nicht den bewußten Drang verspürt, seine schicksalhafte Rolle in der kraftvollen, spannungsgeladenen Weise zu manifestieren wie ein Mensch mit einem T-Quadrat. Statt dessen ist es fast so, als ob er von einer Laune des Schicksals dazu auserwählt worden wären, eine solche kosmische Rolle zu spielen. Unbewußte Faktoren werden hier ausgesprochen wirksam. Interessanterweise haben fast alle berühmten Persönlichkeiten, die einen Yod-Aspekt im Geburtstagshoroskop haben, auch einen Planeten der höheren Oktave am Apex. Vergleichen Sie dies bitte mit dem einzigen Beispiel, das ich für einen Yod-Aspekt mit einer Apex-Sonne angeführt habe. Vielleicht deutet dies darauf hin, daß Menschen mit solchen Apex-Planeten weniger Schwierigkeiten haben, eine schicksalhafte Lebensrichtung einzuschlagen, die der ganzen Welt bekannt ist, da Planeten der höheren Oktave bereits ausgesprochen unpersönlich, transformierend und kollektiv ausgerichtet sind. Dies soll nicht heißen, daß diese Apex-Planeten nicht auch in weniger altruistischer, selbstloser Weise sogar nur zum eigenen Vorteil des einzelnen eingesetzt worden können (da jeder Yod-Aspekt falsch gehandhabt werden kann). Im allgemeinen neigen diese Yod-Aspekte jedoch weniger dazu, sich ausschließlich auf persönliche Betätigungsfelder zu konzentrieren. Statt dessen zwingen sie diesen Menschen seine Interessen auf breitere und umfassendere Tätigkeitsbereiche auszudehnen.

Apex-Uranus

Der Apex-Uranus beschreibt einen Menschen, der sich schon sehr früh in seinem Leben sehr verschieden und besonders dissonant zu seiner Umgebung fühlt. Während er lernt, sich in einer vorgeschriebenen, konventionellen Weise mit anderen Menschen in Einklang zu bringen, nimmt er ständige und manchmal sprunghafte Veränderungen vor, in dem Versuch, mit seiner Einzigartigkeit fertigzuwerden. Da Uranus ein Planet der beschleunigten geistigen Energie ist, kann die schneller vorangehende nervöse und intellektuelle Entwicklung dieses Menschen dahingehend Probleme aufwerfen, daß er auf der durchschnittlichen, irdischen Ebene Kommunikationsschwierigkeiten mit anderen Menschen hat. Er betrachtet alles von einem sehr individuellen Blickwinkel aus und ist nur selten in der Lage, sich so prägen und strukturieren zu lassen, daß er mit den normalen, etablierten Methoden und Vorgehensweisen konform gehen kann. Oftmals ist er widerspenstig und rebellisch und muß lernen, sein eigenwilliges Temperament zu ändern, bevor er erwarten kann, die von diesem Yod-Aspekt angezeigte neue Richtung einschlagen zu können. Seine angeborene Distanziertheit von den Alltagsaktivitäten muß zu einer unpersönlichen, jedoch menschlich ausgerichteten Neigung transformiert werden, Reformen zum Besseren aller herbeizuführen. Die Lebensumstände, die eine schicksalhafte Veränderung der Lebensrichtung vorantreiben, tauchen wahrscheinlich plötzlich und unerwartet auf und durchkreuzen alle sorgfältig durchdachten Pläne, die womöglich früher bereits in Angriff genommen worden sind. Normalerweise manifestiert sich dieser Apex-Planet als eine unerklärbare Wendung der Aktivitäten, was den Betreffenden im Augenblick sehr stark aufrütteln kann und neue, unerprobte Ausdrucksmöglichkeiten mit sich bringt. Der vorbestimmte Weg dieses Menschen wird wahrscheinlich seine Originalität zu Tage bringen und ihm ermöglichen, mehr persönliche Freiheit und einen uneingeschränkten Selbstausdruck zu gewinnen. Es kann sein, daß er sich für das Wohlergehen einer Gruppe oder ein progressives, kollektives Unternehmen engagiert.

Die Rolle, die er zu diesem vorbestimmten Zeitpunkt in seinem Leben spielt, ist an sich schon ein Katalysator oder sie ist in gewisser Hinsicht zumindest außergewöhnlich. All die Jahre der inneren Vorbereitung haben ihm ermöglicht, sich größtenteils von jeglicher Mittelmäßigkeit zu befreien, so daß er schließlich das einzigartige Privileg besitzt, dazu beizutragen, das soziale Bewußtsein zu heben und die Menschen zu einer umfassenden, kollektiven Kooperation zu ermutigen. Wenn dieser Yod-Aspekt nur auf einer persönlichen Ebene genutzt wird (da das Nervensystem des Betreffenden die verstärkte Energie der Planeten höherer Oktaven nicht immer aushalten kann und sie daher nicht zu einem universellen Zweck verwendet, sondern nur zum persönlichen Selbstausdruck genutzt werden muß), wird der Betreffende wahrscheinlich einen aufregenden, neuen Weg einschlagen, der ihm mehr Unabhängigkeit und Lebendigkeit ermöglicht. Er neigt dazu, Pionierleistungen zu vollbringen und zwar normalerweise in höchst kreativer Weise, weshalb er sich mit viel Erfindungsreichtum auf seinen neuen Lebensweg begibt. Aber wenn dieser Yod-Aspekt aktiviert und falsch gehandhabt wird, deutet dies auf plötzliche Rückwirkungen der Umwelt hin, die den Lebensstil des Betreffenden radikal verändern und oftmals gegen seinen

Willen. Dieser Wendepunkt kann aufgrund seiner Intoleranz gegenüber den gesellschaftlichen Konventionen, seinem reizbaren und sprunghaften Verhalten, seiner aktiven Rebellion gegen die Norm oder sogar seiner Gesetzlosigkeit ausgelöst werden. Die schnellen Veränderungen, die während dieser Phase eintreten, verändern ihn so, daß er nicht mehr derselbe ist wie zuvor, aber wahrscheinlich bekommen seine Beziehungen Sprünge, die sich nicht mehr rückgängig machen lassen.

(Franz Schubert – Oscar Wilde – Aleister Crowley – Upton Sinclair – Alfred Adler – Aldous Huxley – Yogananda – General Douglas MacArthur – Herzogin von Windsor – Dag Hammarskjold – John F. Kennedy – George Wallace – Henry Kissinger – Barbara Walters – Jonny Carson)

Apex-Neptun

Der Apex-Neptun weist auf einen Menschen hin, der sein Leben mit dem Gefühl beginnt, nicht in Einklang mit den normalen, irdischen Realitäten seiner Umgebung zu sein und der sich innerlich danach sehnt, irgendwo anders zu sein, wo das Leben ruhiger, friedlicher und auf allen Ebenen schöner ist. Er würde die notwendigen sozialen Anpassungen lieber ignorieren, indem er in seinem emotionellen Elfenbeinturm bleibt und die harte Realität von einer solchen sicheren und tröstlichen Entfernung aus betrachten. Offensichtlich ist seine Interpretation der äußeren Situationen Irrtum und Verzerrung unterworfen, was dazu führt, daß er sich in einem Zustand von großer, subjektiver Angst und sogar Furcht befindet, wenn das Leben nicht seiner Idealvorstellung entspricht. Mit diesem Yod-Aspekt muß man ständige Anpassungen in seiner emotionellen Einstellung vornehmen, wenn man psychisch überleben und sich an die Umwelt anpassen will, der man sich ansonsten unterwerfen muß. Das emotionelle Chaos, in dem sich dieser Mensch befindet, verursacht wahrscheinlich großes, inneres Leid und Verwirrung, was ihn dazu zwingt, schließlich nach Möglichkeiten zu suchen, die seinen Zustand verbessern, wenn er jemals inneren Frieden finden will. Indem er hart daran arbeitet, seine Verletzbarkeit zu analysieren, kann er schließlich lernen, nicht mehr vor der Realität zu fliehen und unproduktive Wege des Selbstausdrucks zu beschreiten. Die beiden Quincunxen zu Neptun repräsentieren Charaktereigenschaften, die ausgesprochen wenig im Einklang mit den Realitäten der augenblicklichen Lebensumstände sind und daher besser strukturiert und definiert werden müssen. Seine persönlichen inneren Anpassungen sind ziemlich subtil und werden daher viele Jahre lang entweder von ihm selbst und/oder anderen nicht klar erkannt. Obwohl seine Phantasie sehr stark ausgeprägt ist, wendet er sie nur selten in einer konstruktiven, realisierbaren Weise an. Destruktive Gefühle der Minderwertigkeit verstärken seine Probleme noch mehr. Während dieser bisweilen einsamen und unbefriedigenden Jahre bereitet sich dieser Mensch jedoch auf einen neuen Lebensweg vor, wo seine Vision und Sensitivität produktiver umgesetzt werden kann.

Wenn dieser Yod-Aspekt voll aktiviert ist, gelangt der Betreffende an die versprochene Weggabelung in seinem Leben und beginnt, fast magisch in die ihm hier gebotene, neue Richtung zu fließen. Seine vorbestimmte Lebensausrichtung ermutigt ihn an diesem Punkt, hingebungsvoll nach einem emotionellen Ideal, der höchsten Liebe, überirdischer Schönheit oder der Entdeckung einer universellen Einheit des Lebens zu suchen, die alle Lebensformen manifest gewordener Energie in einer Weise miteinander verbindet, die das Gefühl für ein kreatives Ganzes verstärkt. Er kann diesen Weg mit großer Inspiration, Hingabe und Selbstlosigkeit beschreiten. Manchmal macht dieser Weg jedoch erforderlich, daß er eine Weile im Hintergrund oder Untergrund arbeitet, bevor er vor die Augen der Öffentlichkeit tritt und der Welt den Beitrag, den er leistet, präsentiert. Zumindest stellt er seine innere Ordnung her, indem er notwendige Phasen der Abgeschlossenheit durchlebt; da kann er aus seinen inneren, spirituellen Quellen schöpfen. Dieser Yod-Aspekt wird gewöhnlich dann ausgelöst, wenn der Betreffende seine Fähigkeit, seine vorübergehenden Bedürfnisse für ein höheres und oftmals unerreichbares Ideal zu opfern, ausreichend entwickelt hat. Diese schicksalhafte Veränderung seines Lebens kann dennoch voller Unsicherheiten, Illusionen oder Täuschungen sein (besonders in den Bereichen, wo er immer noch schlecht angepaßt ist), aber trotzdem könnte der Betreffende in stärkeren Einklang mit dem universellen Herzen kommen. Seine Rolle könnte darin bestehen, der mitfühlende Heiler oder Kämpfer für die sozial Schwächeren, der inspirierte Künstler oder der Erleuchtete zu sein, der in der Lage ist, tief in die Geheimnisse des Lebens einzudringen. Aber wenn dieser Aspekt aktiviert und falsch gehandhabt wird, könnte er auch auf den sozialen Märtyrer oder das Opfer der Gesellschaft hinweisen, dessen innere Unzufriedenheit Erfahrungen herbeiführt, die ihn aus dem Gleichgewicht bringen und seine Persönlichkeit schwächen und untergraben (und dies läßt sich normalerweise auf seine Weigerung zurückführen, sich mit den schmerzlichen Emotionen, die in seiner Psyche vorborgen sind, zu konfrontieren und sie zu lösen).

(Leonardo da Vinvi – Isaac Newton – Yogananda – Meher Baba – Marlon Brando – Richard Burton – Robert Kennedy – Christine Jorgenson)

Apex-Pluto

Der Apex-Pluto kennzeichnet einen Menschen, der sein Leben mit sehr tiefer Bewußtheit und Gefühlsintensität anpackt, aber nur selten in der Lage ist, diese Eigenschaften an der Oberfläche zu zeigen. Seine durchdringende Wahrnehmung wird normalerweise von anderen nicht geteilt und verstanden. Daher neigt der Betreffende möglicherweise dazu, sich noch tiefer in sein inneres Selbst zurückzuziehen, und er befindet sich nicht in Einklang mit den oberflächlichen, weltlichen Aktivitäten seiner Umgebung. Mangelnde Anpassung kann hier stärker betont sein als bei jedem anderen Yod-Aspekt, da die verbesserungsbedürftigen Einstellungen hier tief verwurzelt sind und sich schon seit langer Zeit in ihm eingenistet haben. Dem Betreffenden wird schließlich bewußt, daß seine emotionale Unansprechbarkeit eine tiefe, beunruhigende Wirkung auf ihn hat. Obwohl er mit einem etwas antisozialen Verhaltensmuster ins Leben geht, ist er fähig, die subtilen Details bei anderen Menschen, welche die meisten Menschen übersehen, genau zu beobachten und im Gedächtnis zu behalten. Selbst die gewöhnliche, weltliche Interaktion offenbart ihm innere Strukturen, die einen mächtigen Energieaustausch anzeigen. Dieser in sich gekehrte Mensch ist nicht dazu veranlagt, seine Lebensanschauung zu vereinfachen, sondern er wird vielmehr von den potentiellen Komplikationen des Lebens ziemlich stark in Anspruch genommen. Da es ihm meist an Objektivität fehlt und seine extreme Perspektive verzerrt sein kann, muß er lernen, seine Beobachtungen durch größere Mäßigung, Flexibilität und emotionelles Gleichgewicht abzumildern. Dieser Yod-Aspekt hat starke, karmische Untertöne, ähnlich dem »Finger Gottes« mit einem Apex-Saturn. Erstens einmal erweisen sich die Lebensumstände, die der vollen Aktivierung dieses Yod-Aspekts vorausgehen, als unwesentlich für das weitere Persönlichkeitswachstum, wenn dieser neue Weg erst einmal eingeschlagen wurde. Daher werden sie wahrscheinlich zerstört oder im Laufe dieser vorbestimmten Veränderung vollständig beseitigt.

Neue Situationen, die oftmals plötzlich dann auftauchen, wenn er diese neue Richtung einschlägt, zwingen den Betreffenden dazu, sich ihnen zu unterwerfen; das bedeutet, daß er diese Lebensumstände in psychischer Hinsicht akzeptieren muß. Es kann sein, daß sie ihm scheinbar aufgezwungen werden, ohne daß ein Ausweg oder andere Möglichkeiten in Sicht sind. Typisch für Pluto, muß etwas aus seinem vergangenen Muster des Selbstausdrucks sterben oder neu erschaffen werden, bevor dieser Übergang vorteilhaft für ihn sein kann. Mit anderen Worten, dieser Mensch darf, wenn er einmal an diese Kreuzung gelangt ist, nicht zu Zielen zurückkehren, die ihm früher wünschenswert erschienen. Die innere Vorbereitung, die er während der Jahre, im Verborgenen und im Untergrund vollzogen hat, ermöglicht ihm nun, sich auf eine neue Ebene der Macht einzustimmen, was ihm dazu verhilft, sich von seiner früheren Verletzbarkeit zu befreien... und in diesem Prozeß wiedergeboren zu werden. Dieser Yod-Aspekt kann eine hohe Autoritätsposition mit sich bringen, die dem Betreffenden bisweilen die organisatorische Kontrolle über Superstrukturen in der Gesellschaft verleiht. Der Betreffende ist entweder fähig, die Verantwortung für Angelegenheiten zu übernehmen, die eine komplizierte Planung erfordern, oder er ist mit Aufgaben beschäftigt, die damit zu tun haben, Themen auf ihre Grundprinzipien zu reduzieren. Die ihm bestimmte Rolle könnte damit zu tun haben, unbekannte, mächtige Energiequellen zu erforschen, die der Menschheit zur Verfügung stehen. Oder sogar damit, eine neue Ordnung einzuführen und daher das Weltkonzept zu revolutionieren. Wenn dieser Yod-Aspekt auf einer persönlichen Ebene eingesetzt wird, bringt er den Betreffenden mit einem Betätigungsfeld in Berührung, auf dem seine geistige Tiefe und durchdringende Erkenntnis kreativ eingesetzt werden kann. Er kann einem spezialisierten Weg folgen, der ihm ermöglicht, die innere Bedeutung einer Sache zu enthüllen, ohne sich von der Außenwelt ablenken oder stören zu lassen. Doch wenn dieser mächtige Yod-Aspekt aktiviert und falsch gehandhabt wird, könnte er auf unvermeidbare Veränderungen hindeuten, die den Betreffenden auf eine frustierende Ebene der Dunkelheit und Isolation zurückwerfen. Dafür könnte der Betreffende aufgrund seiner selbstzerstörerischen Neigungen, seiner erfolgreichen Versuche, andere Menschen zu manipulieren und ihnen seinen Willen aufzuzwingen, oder ganz einfach seiner offenen Mißachtung und seines Wunsches, die bestehende Autorität um jeden Preis zu unterminieren, selbst verantwortlich sein.

(Ralph Waldo Emerson – Steven Foster – Admiral Byrd – J.P. Morgan – J. Edgar Hoover – Gerald Ford – Charlie Chaplin)

Der »Finger Gottes« im Composit

Wenn ein Planet (oder mehrere Planeten) im Geburtshoroskop oder in Progression eines anderen Menschen in Konjunktion mit dem Reaktionspunkt unseres Horoskopeigners steht, kann dieser Mensch besonders stark mit den schicksalhaften Veränderungen des Betreffenden zu tun haben, ob ihm das nun gefällt oder nicht. Dieser Mensch kann die Natur dieser Veränderungen zu dem Zeitpunkt, wo der Horoskopeigner sie herbeiführen muß, entweder ergänzen und mit ihm teilen, oder er widersetzt sich den Situationen, indem er einen trennenden Einfluß ausübt (mit anderen Worten, er kann Harmonie oder Disharmonie bewirken). Zwei andere bemerkenswerte Aspektbilder, die man beachten sollte, sind erstens, wenn ein Planet in Konjunktion mit dem Apex-Planeten des anderen und zweitens, wenn der Planet des einen zum Apex-Planeten wird und daher in Quincunx zu den Planeten im Sextil im Geburtshoroskop des anderen steht. Letzteres Aspektbild scheint theoretische Gültigkeit zu besitzen, doch es ist zu vermuten, daß diese Menschen nur den Drang verspüren, die Wirkungsweise dieses Aspektes durch ihre oftmals zufällige Begegnung zu erleben (da keiner der beiden die Energien des Yod-Aspekts als Teil seiner eigenen Persönlichkeitsstruktur erfährt). Dieses Aspektbild bezeichne ich als »Composit-Yod«.

Das unverbesserliche Gaunerpärchen Clyde Barrow und Bonnie Parker könnte einen solchen gemeinsamen Yod-Aspekt gehabt haben, wobei Bonnies Sonne den Apex-Planeten repräsentierte (da ich nur ihre Solarhoroskope verwendet habe, hängt die tatsächliche Existenz dieses Yod-Aspekts von dem genauen Grad von Clyde Barrows Mond ab). Doch aufgrund des Zufalls ihrer Begegnung sowie der dramatischen und drastischen Kette von Ereignissen, die darauf folgten, scheint es sehr wahrscheinlich, daß dieser Composit-Yod wirksam war. Ein anderes berüchtigtes Paar, die Massenkindermörder Ian Brady und Myra Hindley, hatte einen auffallenden Yod-Aspekt im Composit. Myras Geburtspluto stand im Sextil zu Saturn (zwei Planeten, die mit Macht und Kontrolle zu tun haben und zu besonderer Härte fähig sind) und in enger Quincunx zu Ians drei Apex-Planeten... Venus, Merkur und Sonne (die alle in dem von Saturn beherrschten Zeichen Steinbock standen). Barbara Watters, die in ihrem Buch *The Astrologer Looks At Murder* einen gräßlichen Bericht von der kriminellen Beziehung der beiden widergibt (ein Buch, das sich definitiv nicht für die empfindlichen, stark beeindruckbaren Neptun-Typen, sondern eher für hartgesottene Plutonier wie mich eignet), behauptet, daß Myra »schicksalhaft in Ian verliebt« war (Apex-Venus).[4] Watters geht auch davon aus, daß Myra fast vollständig von seinem berechnenden Geist und unbezähmbaren

Willen besessen war (Apex-Merkur und Apex-Sonne in dieser Reihenfolge). Natürlich gab es einige andere wichtige Faktoren in ihrem Aspektbild, das den negativen Einfluß erklärt, den sie aufeinander hatten. Aber der Yod-Aspekt im Composit mit seiner dreifachen Apex-Betonung scheint mir als einer der Hauptfaktoren hervorzustechen.

Ich hoffe, daß Sie verstehen, daß ich damit nicht behaupten will, daß Yod-Aspekte im Composit nur das unerwünschte, primitive Potential einer Beziehung in der extremen Weise dieser beiden hier angeführten Beispiele hervorbringt. Ich habe sie nur herangezogen, um die Eigenart des Yod-Aspekts zu verdeutlichen, in schicksalhaften Wendepunkten manchmal unvorhergesehene, aber oftmals extreme Veränderungen in der individuellen Lebensrichtung auszulösen. Denjenigen, die den Yod-Aspekt im Composit weiter erforschen wollen, rate ich, Horoskope von berühmten Paaren zu analysieren, die, indem sich ihre Kräfte plötzlich miteinander verbanden, völlig neue oder noch nie dagewesene außergewöhnliche Elemente in ihrem gemeinsamen Lebensmuster hervorbrachten, die sie unabhängig voneinander nicht so leicht hätten hervorrufen können. Ihre Verbindung sollte durch eine recht unerwartete beschleunigte Veränderung der Umstände gekennzeichnet sein, statt durch eine langsamere und sorgfältig strukturierte Entwicklung.

Die meisten Beobachter würden zugeben, daß die schicksalhafte Begegnung des Herzogs von Windsor mit Wallis Simpson als klassisches Beispiel für die Wirkungsweise des Yod-Aspekts im Composit betrachtet werden sollte, wenn man berücksichtigt, daß ihre Verbindung den gewohnten Lebensstil beider schließlich völlig veränderte und dramatische und entscheidende Wendungen zur Folge hatte (besonders für den Herzog). Darüber hinaus schritt der gesamte Lauf der Ereignisse, der ihrer ersten Begegnung folgte, rapide auf einen unvermeidlichen Schluß zu, indem der Herzog als zukünftiger König von England auf den Thron verzichtete, um die geschiedene Amerikanerin zu heiraten. Sicherlich ein folgenschwerer Scheideweg. Das Composit der beiden bildete einen Yod-Aspekt, obwohl der Orbis der Planeten ein wenig zu weit war, um ein »klassisches« Beispiel abzugeben.

Doch die Natur ihrer schicksalhaften Begegnung paßt zu gut in das Muster des Yod-Aspekts im Composit, um unberücksichtigt bleiben zu können. Der Mond im Geburtshoroskop des Herzogs bildete den Apex-Planeten dieses Yod-Aspekts, indem er in Quincunx zu Jupiter Sextil Mond der Herzogin stand. Ich halte es für gerechtfertigt, den Orbis zu erweitern, weil Mrs. Simpsons Jupiter auch der Co-Herrscher des Apex-Zeichens des Herzogs war (Fische). In diesem besonderen Yod-Aspekt erlangte der Apex-Planet meiner Meinung nach größere Bedeutung, da der Mond des Herzogs in sein 1. Haus fällt (starke Konstellation in einem Eckhaus) und der Herrscher seines Sonnenzeichens im 5. Haus ist. Und natürlich war der Herzog mit dem Mond als auslösendem Apex-Planeten dazu gezwungen, von England nach Paris zu ziehen, wo er fast völlig geächtet von der königlichen Familie lebte (was definitiv auf Mond-Anpassungen auf vielen Ebenen hinweist).

Liz Taylors magnetische Begegnung mit ihrem späteren Filmpartner Richard Burton war so schicksalhaft wie die von Antonius und Kleopatra und hatte erstaunliche, obgleich sehr plötzliche Wendungen für beide zur Folge (besonders für Richard). Und tatsächlich hatten sie zwei separate Yod-Aspekte im Composit. Liz lieferte beide Apex-Planeten. Vielleicht ist derjenige mit dem Apex-Planeten gewöhnlich der psychische Auslöser für die Wirkungsweise des Yod-Aspekts im Composit. Liz Taylors Apex-Jupiter bildete einen Yod-Aspekt zu Richard Burtons Jupiter im Sextil zu Uranus. Gleichzeitig bildete ihr Apex-Uranus einen Yod-Aspekt im Composit mit seinem Mond Sextil Saturn. Dies bedeutet für mich, daß Liz Taylors Einfluß auf Richard Burtons vorbestimmte Lebensrichtung Jupiter-Uranus-Untertöne hatte. Natürlich bewahrheitete sich dies zum Zeitpunkt ihrer Begegnung ziemlich stark, da seine Ehe mit ihr ihm fast über Nacht weltweite Anerkennung in der Filmszene brachte. Bis dahin war seine Popularität relativ begrenzt auf die Britischen Inseln. Und obwohl Burtons außergewöhnliche Talente ihm womöglich unvermeidlich zu dem öffentlichen Ansehen verholfen hätten, das er später genoß, erwies sich die Anziehung, die Liz zu ihm verspürte, sicherlich als Katalysator.

Ein weiteres berühmtes Paar, dessen plötzliche Anziehung und unerwartete Eheschließung die Welt in Erstaunen versetzte, waren Jaqueline Kennedy und Aristoteles Onassis. Ihre Verbindung schien die Lebensrichtung von Jacky offensichtlicher verändert zu haben, da sie größere, persönliche Anpassungen in Hinsicht auf ihren gewohnten, amerikanischen Lebensstil machen mußte, als sie diesen einflußreichen, griechischen Schiffsmagnaten heiratete und im Ausland lebte. Diese Tatsache allein sollte den Astrologen zu der Vermutung führen, daß Ari die Apex-Betonung lieferte. Und ganz gewiß bildeten der Apex-Merkur und Apex-Uranus von Onassis einen Yod-Aspekt im Composit zu Jackys Sonne Sextil Jupiter. Aber auch sein Neptun stand in Konjunktion zum Reaktionspunkt, was diesem Yod-Aspekt im Composit eine noch komplexere Dimension verlieh. Ich bin sicher, daß es für Astrologen ein großer Tag wäre, die vielschichtigen Zusammenhänge und Auswirkungen dieser Konfiguration zu interpretieren! Im allgemeinen sollten Sie besonders den Paaren besondere Aufmerksamkeit schenken, deren individuelle Horoskope eine Vielzahl von Sextilen aufweisen. Obwohl es statistisch nicht so ungewöhnlich ist, den Yod-Aspekt im Composit zu finden, erweisen sich diese Aspekte dennoch als besonders inspirierend in Hinsicht auf die Definition der Natur solcher scheinbar zufälligen Begegnungen, die den Lebensstil zumindest eines der beteiligten Partner radikal verändern.

Kapitel 9

UNASPEKTIERTE PLANETEN

Obwohl der Schwerpunkt dieses Buches bislang auf den Aspekten lag, ist es doch auch wichtig, Planeten im Horoskop zu betrachten, die keine Aspekte aufweisen. Der Begriff »unaspektiert« kann irreführend sein, da jeder Planet ausnahmslos in irgendein Aspektbild eingebunden sein wird... entweder durch kleinere Aspekte, die Verbindung zu Eckfeldern, Mittelpunkten oder durch Harmonien. Ein unaspektierter Planet wird jedoch gewöhnlich als ein Planet definiert, der keine größeren Aspekte innerhalb eines zulässigen Orbis bildet (obwohl bezüglich der Frage, was einen »vernünftigen Orbis« bestimmt, immer noch heftige Kontroversen bestehen). Astrologen werden von Zeit zu Zeit auf solche Planeten stoßen. Vielleicht die beste Quelle, die zu diesem Thema zur Verfügung steht und eine Auswahl verschiedener astrologischer Meinungen bezüglich unaspektierter Planeten liefert, ist Geoffrey Deans Werk »*Recent Advances In Natal Astrology*«.[1] Dean widmet der Erörterung dieses Phänomens ein ganzes Kapitel. Im allgemeinen glauben Astrologen, daß ein unaspektierter Planet, obwohl er nicht unbedingt schwach ist, sich nicht leicht in Einklang mit den anderen Komponenten der Psyche bringen läßt (die durch die anderen Planeten symbolisiert sind). Dies ist auch meine Ansicht zu unaspektierten Planeten. Zwar stehen diese Planeten nicht in wechselseitiger Beziehung zu anderen, aber ihr Hauptunterscheidungsmerkmal ist, daß sie ihre wahre Natur zumindest besser erhalten und bewahren können als aspektierte Planeten.

Ein unaspektierter Planet kann ziemlich intensiv und eindeutig in seinem Ausdruck erscheinen, da seine Energie nicht durch andere Planeten, die durch andere Tierkreiszeichen wirken, gefärbt wird. Und da keine anderen Häuser beteiligt sind, wird dieser Planet seine Manifestation in den Lebensumständen wahrscheinlich auf ein spezielles Gebiet konzentrieren. Hier verschmelzen keine Prinzipien miteinander und daher wird der natürliche Ausdruck des Planeten offensichtlich auch nicht modifiziert. Doch Planeten ohne Aspekte werden nicht dazu angeregt, sich in der vielschichtigen Weise von aspektierten Planeten auszudrücken. In einer zweijährigen Studie hat Dr. Dean herausgefunden, daß unaspektierte Planeten, obwohl sie im Charakter eines Menschen sehr wohl zum Ausdruck kommen (er streitet ab, daß sie »stumme Noten« im Horoskop sind), in ihrem Ausdruck viel schwerer kontrollierbar zu sein scheinen als aspektierte Planeten. Er behauptet auch, daß »das Prinzip eines unaspektierten Planeten entweder dazu neigt, aktiv oder inaktiv zu sein, wobei es keinen Mittelweg gibt, und der Horoskopeigner schwankt hin und her, das Planetenprinzip wie einen Schalter an- und abzustellen. Daher ist ›alles oder nichts‹ eine weitere passende Beschreibung für diese Planeten.« Er gelangt zu der Schlußfolgerung, daß, aufgrund dieses schwankenden Charakters, die Kraft der unaspektierten Planeten sehr schwer zu ermitteln ist.

Thyrza Escobar behauptet, daß der Einfluß eines unaspektierten Planeten »höchst außergewöhnlich« sein kann. Doris Hebel betrachtet solche Planeten als »bedeutsam, charakteristisch und unbeständig. Und ihr Einfluß läßt sich nicht voraussagen.« Diese charakteristische, jedoch unbeständige Qualität wird auch von Eugene Moore unterstützt, der eine sehr interessante Theorie über unaspektierte Planeten entwickelt hat. In einem Workshop, den er in Atlanta für die *Metro Atlanta Astrological Society*[2] abhielt, beschrieb er das Verhalten eines unaspektierten Planeten als dem des Uranus ähnlich. Moore glaubt, daß ein solcher Planet zeigt, wo ein Mensch allein oder unerreicht dasteht. Die Richtung, in der sich der Planet auswirkt, kann hier ungewiß, sporadisch und unregelmäßig sein. Obwohl es dem Planeten an Stabilität mangelt, könnte er ein geniales Talent repräsentieren. Moore interpretiert beispielsweise eine unaspektierte Sonne im Horoskop als charakteristisch für einen Menschen, der ausgesprochen unabhängig und frei von äußerer Beeinflussung ist, was diesen Menschen im Grunde genommen zu einer Art »Insel« macht. Wenn die Geburtsdaten, die für Ayatollah Khomeini angegeben werden, stimmen (17. Mai 1900), hätte er eine unaspektierte Sonne. Eugene Moores Beschreibung würde genau zu diesem eigenwilligen Patriarchen passen. Es ist interessant festzustellen, daß Moores Betrachtung eines unaspektierten Planeten als »sporadisch und unbeständig« mit Dr. Deans Erkenntnissen übereinstimmen, daß unaspektierte Planeten eine »Ein/Aus-Qualität« besitzen.

Wenn man herausfinden will, was ein unaspektierter Planet im Geburtshoroskop bedeuten könnte, ist es zunächst wichtig zu fragen, warum Aspekte überhaupt von Bedeutung sind. Meiner Meinung nach ermöglichen Aspekte dem jeweiligen Planeten, durch die Interaktion mit anderen Planeten Erfahrungen zu machen, die seine Bewußtseinsentwicklung vorantreiben. Aspekte regen einen Planeten an, sein Potential zu erproben und dadurch seine innere Fähigkeit zu entwickeln, sich durch eine Vielfalt von Erfahrungen auszudrücken. Aspekte ermöglichen Planeten, ihre Kräfte in einer Weise zu kombinieren, die neue Dimensionen für beide beteiligten Planeten eröffnet. Wenn also ein Planet unaspektiert ist, verspürt er einen geringeren Drang, sich in einem breiteren Spektrum von Aktivitäten zu entfalten, wie für aspektierte Planeten typisch ist. Da ein solcher Planet keine Aspekte bildet, sollte er sich doch in einer höchst unabhängigen und autonomen Weise verhalten (aufgrund der Tatsache, daß er keine Beziehungen zu anderen Planeten eingeht). Unaspektierte Planeten können sich wie exakte Konjunktionen in Hinsicht auf eine Zielstrebigkeit des Antriebs und Interesses manifestieren. Doch anders als eine Konjunktion im Geburtenhoroskop erfährt ein unaspektierter Planet wahrscheinlich ein Gefühl der Isolation im Umgang mit seinen Grundprinzipien. Da hier nur ein Planet beteiligt ist, hat der Betreffende nicht das Gefühl, mit irgendeinem andern Planeten zu verschmelzen oder eine Synthese einzugehen. Ohne die Dynamik der Konjunktion erlangt der Betreffende nicht so leicht Selbstbewußtsein durch persönliches Handeln. Anders als Planeten in Konjunktion bringt dieser Planet seine Natur vollständiger zum Ausdruck, aber gewöhnlich in einer höchst automatischen, und dabei unkontrollierten Weise. Andere Planeten beeinflussen den Ausdruck eines Planeten durch die Aspektverbindungen, was hier nicht der Fall ist.

Wird nun ein unaspektierter Planet von irgend etwas modifiziert? Zunächst einmal wird das Tierkreiszeichen, in das ein unaspektierter Planet fällt, verstärkt und hat deshalb einen besonders starken Einfluß. Die Hausposition kann eine einzigartige Bedeutung erlangen, wenn sich dort kein anderer Planet befindet... einzigartig zumindest in Hinsicht darauf, wie sich der Betreffende zu den Angelegenheiten dieses Hauses stellt. Ohne Quadrate oder Oppositionen erlebt ein unaspektierter Planet nicht den Streß der üblichen Herausforderungen im Leben, noch erhält er die zusätzliche Kraft, die für denselben Planeten typisch ist, wenn er in einem Spannungsaspekt steht. Vielleicht arbeitet dieser Planet auf eine besondere Ebene der Entwicklung hin, die nicht erreicht werden kann, wenn er stark aspektiert ist. Obwohl sich hier kreative Betätigungsfelder für den Selbstausdruck schwerer finden lassen (so wie dies bei Trigonen und Sextilen der Fall ist) oder nicht so sehr geschätzt werden, könnte der unaspektierte Planet sein Potential dennoch mit größerem Einfluß innerhalb eines exklusiven Lebensbereichs manifestieren (angezeigt durch seine Hausposition und durch die Wirkung seines Zeichens). Er könnte sich auch durch das Haus (die Häuser) entfalten, über die er im Horoskop herrscht.

Ein unaspektierter Planet könnte zu einer Art »Einzelkind« werden und zwar in der Hinsicht, daß er zu einem auffallenden Brennpunkt der Aufmerksamkeit werden kann. Doch er ist nicht in der Lage, die Mischung der Kräfte, die durch die Verbindung mit anderen Planeten im Horoskop zustande kommt, entstehen zu lassen. Ich glaube, daß ein besonders hervorstechendes Charaktermerkmal eines unaspektierten Planeten seine unvorhersagbare Natur ist. Gewöhnlich werden unsere Deutungen, wie ein Planet seine Impulse ausagieren könnte, durch das Vorhandensein von Aspekten zu diesen Planeten bestimmt. Aber wenn keine Aspekte in Betracht gezogen werden können, was kann man dann als Astrologe in Hinsicht auf den Ausdruck dieses Planeten erwarten? Wahrscheinlich gibt es andere unbekannte Faktoren im Leben, die die Manifestation der Lebensprinzipien jenseits dessen steuern, was gegenwärtig durch die Struktur der Astrologie in ihrem bisher erlangten Entwicklungsstand erkennbar werden kann. Die Astrologie ist ebenso dem Evolutionsprozeß unterworfen wie alles andere (was jedesmal offensichtlich wird, wenn ein neuer Planet entdeckt und dem astrologischen System hinzugefügt wird). Wir dürfen nicht annehmen, daß alles, was ist, ausschließlich in dem Sonnensystem enthalten ist, auf dem die astrologischen Archetypen basieren (wie wir das normalerweise tun, wenn wir Lebensprozesse beschreiben, die durch den Zodiak angezeigt sind). Was wäre, wenn die auf der Erde basierende Astrologie nur das notwendige Sprungbrett für die Menschen ist, um schließlich an völlig fremde Lebenskonzepte anzuknüpfen? Was wäre, wenn noch mächtigere, galaktische Archetypen, die uns unbekannt sind, den Mechanismus der erdbezogenen astrologischen Phänomene steuern würden? Offen gesagt, wissen wir nicht einmal genau, ob die astrologischen Formeln, die wir auf unser menschliches Leben anwenden, uneingeschränkte Gültigkeit besitzen. Wenn daher ein unaspektierter Planet dazu neigt, einen periodischen Mangel an Kontrolle in seinen Handlungen oder Augenblicke eines schwankenden Ausdrucks zeigt, die nur schwer zu erklären sind, könnte er dazu gezwungen sein, aufgrund von Prozessen, die zu kennen wir noch nicht reif genug sind, aktiv zu werden. Diese Planeten haben gezeigt, daß sie Perioden von sprunghafter Aktivität aus keinem offensichtlichen Grund durchmachen (das heißt: Nicht aufgrund von Transiten oder Progressionen). Mit unserem begrenzten Wissen läßt es sich schwer erklären, wie diese Planeten ohne irgendeinen Aspekt-Stimulus zum Ausdruck gebracht werden.

Theoretisch wäre es wichtig festzustellen, ob der betreffende unaspektierte Planet rückläufig, stationär oder eingeschlossen ist oder in Konjunktion zu einem Eckfeld steht (da all diese Phänomene ungeachtet dessen auftauchen können, ob Aspekte zu anderen Planeten bestehen). Forschung und genaue Beobachtung sind notwendig, bevor Astrologen hier zu konkreten Schlußfolgerungen gelangen können. Die folgenden Ausführungen geben nur einige der Möglichkeiten wider, wie ein unaspektierter Planet im Horoskop den individuellen Charakter beeinflussen könnte. Obwohl dem Zeichen und Haus eines unaspektierten Planeten große Bedeutung zukommen (da sie dem Ausdruck der Planetenkraft mehr Komplexität geben), wird deren Einfluß in den nachfolgenden Interpretationen nicht berücksichtigt:

Sonne

Eugene Moores Aussage, daß sich ein Mensch mit einer unaspektierten Sonne wie eine von der Außenwelt abgeschlossene Insel verhält, erscheint mir richtig. Wenn die Sonne unaspektiert ist, kommt ihr autonomes, selbständiges Wesen noch verstärkt zum Ausdruck. Diese Konstellation sollte einen unabhängigen Geist hervorbringen, der aber nicht immer gesund und ausgewogen ist. Eine stark aspektierte Sonne im Geburtshoroskop weist auf einen Menschen hin, der den Drang verspürt, Anerkennung und Ansehen in der Außenwelt durch das schillernde, selbstsichere Zurschaustellen seiner Fähigkeiten zu erlangen. Ein solcher Mensch bemüht sich darum, die Aufmerksamkeit auf sich zu lenken und offene Bewunderung oder Lob für seine Leistungen zu erhalten, um das Gefühl zu haben, daß sein Ego erfolgreich ist. Daher versucht er bewußt, seine Energien in einer Weise einzusetzen, die einen direkten Einfluß auf seine Umgebung gewährleistet. Der Mensch mit einer unaspektierten Sonne verspürt jedoch weniger den Drang, aus sich herauszugehen. Er scheint weniger nach Ruhm zu streben und bemüht sich daher weniger darum, sich eine Position im Rampenlicht zu sichern oder immer im Mittelpunkt zu stehen. Dennoch verspürt er den Drang, sich auf die Bedeutung seiner eigenen Persönlichkeit zu konzentrieren, und er sorgt dafür, daß er in hohem Ansehen steht. Die Selbstachtung und der Stolz auf sich selbst sind wichtig für ihn, ob sie nun durch seine Umwelt bestätigt werden oder nicht. Da seine Kraft und Integrität aus einer subjektiven Quelle stammen, ist er weniger abhängig von äußeren Beziehungen, die sein Ego stärken. Er kann tief in seinem eigenen Wesenskern verwurzelt sein, ungeachtet dessen, wie instabil oder chaotisch seine äußere Umgebung ist. Eine so intensive Zentriertheit in sich selbst kann den Anschein erwecken, daß er teilnahmslos und distanziert ist, beinahe so, als ob er vollständig von seiner eigenen, selbstgemachten Welt in Anspruch genommen wäre.

Das innere Wesen dieses Planeten verbindet sich nicht besonders gut mit anderen Charakterseiten dieses Menschen, die von anderen Planeten bestimmt werden. Daher wird die Individualität nur selten voll zum Ausdruck gebracht, obwohl sie in einzelnen Lebensbereichen durchaus konzentriert sichtbar sein kann. Planeten, die durch einen Aspekt mit der Sonne verbunden sind, nehmen ihre eigene, zielbewußte Kraft stärker wahr. Da sie auf diese Weise mehr in die vitale Egostruktur dieses Menschen eingebunden sind, werden sie bewußter und kreativer zum Ausdruck gebracht und erhalten mehr Zielstrebigkeit durch den positiven Einsatz des Willens. Mit einer unaspektierten Sonne kommen die restlichen Planeten zwar trotzdem zur Wirkung, aber ohne ein dominantes, zentrales Lebensthema, um das sie kreisen. Sie unterstützen weder die Hauptziele des Betreffenden noch behindern sie sie, aber nur deshalb, weil sie in keinem direkten Zusammenhang mit diesen Zielen stehen. Die Antriebskräfte dieser Planeten müssen eventuell im Hintergrund bleiben, wo sie als rein sekundäre Bedürfnisse erfahren werden, denen man nur wenig Aufmerksamkeit schenkt und die weniger entwickelt werden. Statt dessen konzentriert sich der Betreffende mehr auf die ausschließliche Entwicklung der Charakterzüge, die allein von der Sonne bestimmt werden.

Mond

Meiner Ansicht nach ist der Mond (der das empfängliche, fürsorgliche Prinzip repräsentiert) ein Planet, der eine Beziehung zu anderen Planeten haben muß, um richtig zu funktionieren. Der Mond hat mit dem Drang zu tun, sich an etwas festzuhalten und durch dieses Anklammern Energie aufzunehmen. Aspekte zum Mond tragen dazu bei, den Menschen darauf zu konditionieren, ständig funktionelle Anpassungen innerhalb seiner direkten Umgebung vorzunehmen, was ihm ermöglicht, sich ständig in seiner Mitte einzupendeln, um mit den Spannungen der Umwelt fertigzuwerden (in dieser Hinsicht ist der Mond der natürliche Helfer der Sonne). Aber wenn er unaspektiert ist, führt dieser isolierte

Mond dazu, daß der Betreffende ein unnatürliches Gefühl der Getrenntheit von seiner direkten Umgebung verspürt, besonders auf der emotionellen Ebene. Vielleicht fällt es dem Betreffenden schwer, sich über längere Zeit an eine Umgebung zu gewöhnen und deshalb erscheint er ruhelos, unbeständig und fühlt sich absolut nicht wohl mit seinen gegenwärtigen Lebensumständen. Er kann sprunghafte Phasen durchleben, in denen sich seine Ruhelosigkeit noch mehr verstärkt und er heftigen Stimmungsschwankungen unterworfen ist, was einen ständigen Wechsel von emotionellem Hoch und Tief zur Folge hat. Der Mond wird von den anderen Planeten beeinflußt und sie verleihen ihm eine konkrete Struktur. Ohne Mond-Aspekte bliebe dieser Prozeß der Persönlichkeitsentwicklung formlos und unklar. Darüber hinaus würden andere Komponenten unseres Wesens (symbolisiert durch die übrigen Planeten) weniger durch die natürlichen, beschützenden Instinkte des Monds genährt und unterstützt werden. Der Betreffende zeigt möglicherweise weniger Fürsorglichkeit in Hinsicht auf die Entwicklung seiner anderen Wesensanteile. Mit einem unaspektierten Mond ist die Gefühlsnatur des Betreffenden nicht unbedingt geschwächt, aber er ist weniger dazu in der Lage, seine Gefühle zu zeigen. Emotionen werden hier wahrscheinlich nur unauffällig geweckt und kaum offen zum Ausdruck gebracht; so ist es möglicherweise nur schwer zu erkennen, wodurch Gefühle ausgelöst werden (da Aspekte zum Mond uns dazu verhelfen, unsere Bedürfnisse klar zu erkennen und auszudrükken, anstatt sie im Verborgenen zu lassen und nicht konkret zu definieren).

Dean fand in seiner Studie heraus, daß die psychologischen Wirkungen eines unaspektierten Monds »die persönlich traumatischsten eines Planeten sein könnten«.[3] Da der Mond dazu beiträgt, daß sich ein Mensch in seiner Umwelt geborgen, sicher und unterstützt fühlt, ist es offensichtlich, daß sich ein Mensch mit einem unaspektierten Mond möglicherweise ausgesprochen instabil oder ungewöhnlich verletzbar fühlt, was sich traumatisch auswirken könnte. Es erscheint einleuchtend, daß dieser alleinstehende Mond die lunaren Prinzipien der Abgeschlossenheit und Isoliertheit hervorheben könnte, was darauf schließen läßt, daß der Betreffende dazu neigt, seine Gefühle und Eindrücke in sich zu verschließen, anstatt zuzulassen, daß sie in einem freien Austausch mit seinen anderen Wesensanteilen stehen. Und da seine Gefühlsnatur aufgrund eines mangelnden, aktiven Ausdrucks unterentwickelt ist, bleiben seine Gefühle in einem Zustand der Unreife. Obwohl das Spektrum für einen offenen Gefühlsausdruck hier eingeschränkt sein kann, besteht möglicherweise trotzdem eine ausgesprochene Gefühlintensität und gefühlsmäßiges Engagement in dem Bereich des Horoskops, wo der Mond steht.

Merkur

Wie der Mond ist Merkur ein weiterer Planet, der von einer Vielzahl von Aspektverbindungen mit anderen Planeten profitiert (obwohl er in Anbetracht seiner abstrakten Natur in diesem Zusammenhang weniger abhängig ist). Da der Merkur das Prinzip der klaren, unvoreingenommenen Objektivität repräsentiert, kann er ein neutraler Einfluß sein. Er funktioniert jedoch effektiver, wenn er in der Lage ist, sich mit anderen Planeten zu verbinden, da sich sein Potential dann am besten entfaltet, wenn er von einer Vielzahl von unterschiedlichen Einflüssen angeregt wird. Merkur wird dazu motiviert, sein natürliches Potential verstärkt zum Ausdruck zu bringen, was auf seine Neugierde auf alles Unbekannte zurückzuführen ist (er verspürt den Drang, wissen zu wollen, wie alles im Leben funktioniert). Andere Planeten können Merkur wesentliche Lernerfahrungen zuteil werden lassen, die er nur zu gerne annimmt. Aber ein unaspektierter Merkur, dem diese Möglichkeit, sich Wissen anzueignen, fehlt, könnte einen Menschen repräsentieren, dessen geistige Entwicklung nur selten abgerundet ist. Obwohl sein Geist oftmals sehr rege und intelligent ist, kann er ihn sehr einseitig anwenden. Und obwohl der Betreffende möglicherweise in der Lage ist, auf intelligente Weise Informationen auf allen Gebieten zu sammeln, die sein Interesse fesseln (angezeigt durch die Merkur-Position im Geburtshoroskop), versteht er sich selbst nicht besonders gut. Merkur verleiht uns die Fähigkeit, unseren Verstand in allen

Bereichen unserer menschlichen Natur zu benutzen, zumindest in einer Weise, die dazu führt, daß wir unsere Impulse hinterfragen. Ein Mensch mit einem unaspektierten Merkur verspürt weniger den Drang, seine geistige Kraft auf die Beobachtung und Analyse der anderen Bestandteile seiner Persönlichkeit zu lenken. Daher ist es unwahrscheinlich, daß sich diese Anteile seiner Psyche dank seines logischen, objektiven Urteilsvermögens entwickeln und entfalten (außer sie fallen in Tierkreiszeichen und/oder Häuser, die von Merkur regiert werden). Der Betreffende kann jedoch eine außerordentliche, geistige Begabung in einem einzelnen Lebensbereich besitzen, der durch die Hausposition des unaspektierten Merkur angezeigt ist.

Ein Vorteil des unaspektierten Merkur könnte vielleicht darin bestehen, daß er – anders als ein stark aspektierter Merkur – weniger dazu neigt, zerstreut zu sein und sich zu sehr ablenken zu lassen, da er nicht gleichzeitig in vielen verschiedenen Bereichen aktiv wird. Doch da dieser Mensch weniger vielseitig ist, ist er vielleicht auch geistig weniger flexibel und kann sich nur schlecht an Veränderungen anpassen (besonders dann, wenn Merkur in einem Fixzeichen steht). Der Betreffende neigt weniger dazu, alle Seiten eines Themas abzuwägen, da er mit all diesen verschiedenen Facetten weniger vertraut ist. Obwohl ein unaspektierter Merkur nicht unbedingt stur oder starr ist, neigt er ganz einfach nicht dazu, die Möglichkeiten und Alternativen, die sich gedanklich anbieten, zu erkennen, wie dies bei einem gutaspektierten Merkur der Fall wäre. Entsprechend Deans Studie ist das Kommunikationsbedürfnis meist nicht reduziert. Doch es scheint nur sporadisch wirksam zu werden (obwohl oftmals in sehr brillanter Weise), wobei der Betreffende hyperaktiv erscheinen kann (geistig und verbal). Ich könnte mir vorstellen, daß sich der Betreffende auf geistiger Ebene zum größten Teil isoliert und gespalten fühlt.

Venus

Für eine unaspektierte Venus ist Weitsicht nicht gerade ein charakteristisches Merkmal, da das Fehlen von Aspekten zu anderen Planeten diesem Menschen nur wenig Gefühl für Gegensätze liefert, ein Faktor, der für die Entwicklung von Weitsicht jedoch von wesentlicher Bedeutung ist. Und auch wenn Gegensätze durch Oppositionen, die von anderen Planeten gebildet werden, im Geburtshoroskop erfahren werden können, kann diese Fähigkeit hier nicht durch Venusprozesse entwickelt werden. Gegensätze, die mit dem Venusprinzip zu tun haben, können andeutungsweise durch Widersprüche erfahren werden, die sich aus der Zeichen- und/oder Hausposition ergeben. Ansonsten bleibt diese Fähigkeit latent. Da die unaspektierte Venus nicht in der Lage ist, Beziehungen zu anderen Planeten einzugehen, fällt es der extrovertierten, sozial anpassungsfähigen Seite dieses Planeten schwer, sich auszudrücken (zumindest mit einem Gefühl der Koordination, Harmonie und Ausgeglichenheit). Diese Venus-Konstellation kann das Mauerblümchen beschreiben, dessen soziale Instinkte zu unabhängig sind, um einen Einfluß auf die Umwelt zu haben. Venus repräsentiert das Prinzip der Anziehung. Ohne Aspekte ist die Fähigkeit der Anziehung auf einen einzelnen Interessenbereich begrenzt, der sich als zwanghaft und einseitig erweisen könnte. In Liebesangelegenheiten ist dieser Mensch wahrscheinlich nicht besonders aktiv. Vielmehr ist er hier sehr passiv, wobei jedoch seine Reaktion ausgesprochen intensiv ist. Die auf sinnliche Befriediging ausgerichtete Seite der Venus könnte hier betont sein, da man unabhängig bleiben kann und keine festen Bindungen eingehen muß, während man dennoch seinen persönlichen Bedürfnissen gerecht wird.

Wenn die Venus unaspektiert ist, neigt man weniger dazu, nachzudenken und abzuwägen, bevor man mit Bedacht oder schwankend handelt, wie dies für eine stark aspektierte Venus typisch ist. Der Betreffende ist weniger dazu gezwungen, Bedürfnisse seiner Psyche zu berücksichtigen, die von anderen Planeten dargestellt werden, und daher verspürt er weniger den Drang, im Ausdruck seiner Persönlichkeit ausgewogen zu sein. Hier kann

Venus dazu neigen, ihre Impulse in einer sporadischen, fast zwanghaften Weise zu erfüllen, wobei sie nur wenig Zurückhaltung oder Mäßigung zeigt. Der Betreffende kann in der Befriedigung seiner Wünsche sehr zielstrebig vorgehen. Aber meistens bleiben die Bedürfnisse nach Zuneigung latent und werden nicht aktiviert oder nur selten offen gezeigt. Diese Venus kann ziemlich zurückhaltend sein, obwohl sie auf subjektiveren Ebenen sehr empfänglich und beeindruckbar ist. Obwohl der Betreffende das Gefühl hat, daß ihm die normalen Freuden der sozialen Interaktion nicht zuteil werden, was ihm mehr zu einem Beobachter anstatt einem Teilnehmer in allen sozialen Bereichen macht, kann er dennoch eine ausgesprochen starke Befriedigung aus einem exklusiven und für ihn interessanten Bereich seines persönlichen Lebens ziehen, der gewöhnlich von der Hausposition der Venus angezeigt wird. Er ist dazu fähig, sich auf diesem Gebiet innerlich ins Gleichgewicht zu bringen und ein Gefühl der inneren Harmonie zu erlangen, das durch die gewöhnlich auf die Außenwelt gerichteten Aktivitäten der Venus nur selten erlangt werden kann.

Mars

In psychologischer Hinsicht verspürt der Planet Mars von Natur aus den Drang, sich abzusondern und unabhängig von äußeren Einflüssen zu handeln, um seinen unabhängigen Selbstausdruck zu gewährleisten. Dem eigenwilligen Mars scheint es nicht zu gefallen, daß seine impulsiven Triebkräfte durch die oftmals gegensätzlichen Bedürfnisse der anderen Planeten modifiziert werden. Wenn Mars stark aspektiert ist, fühlt er sich vielleicht eher behindert und eingeschränkt. Ein unaspektierter Mars kann leichter in Reinform zur Wirkung kommen, was ziemlich kompromißlos sein könnte. Dieser Mensch ist dazu in der Lage, für sich selbst und ohne die Unterstützung anderer Faktoren seiner Persönlichkeit zu handeln. Obwohl die aktive Kraft des Mars darauf begrenzt ist, in wenigeren Bereichen der Psyche dieses Menschen zum Tragen zu kommen, kann sie dort mit großer Zielstrebigkeit und Energie zum Ausdruck kommen. Dean fand in seiner Studie heraus, daß ein unaspektierter Mars Wirkungen hervorrief, die »nach außen hin am auffälligsten und kennzeichnendsten von allen waren...«.[4] Die Menschen, an denen er diese Beobachtungen anstellte, schienen nicht teilnahmslos und gleichgültig noch mangelte es ihnen an Initiative. Tatsächlich waren die meisten Menschen auffallend energiegeladen und in einem bestimmten Lebensbereich sehr aktiv, fast ununterbrochen. Vielleicht könnte der unaspektierte Mars, der sich mehr gemäß seiner wahren Natur entfalten kann, logischerweise auf eine ständige Aktivität hinweisen, die nicht von den anderen Planeten eingeschränkt oder verändert wird. Der Drang, ständig in Bewegung zu sein oder immer etwas zu tun, könnte daher bisweilen zwanghaft sein. Das beteiligte Tierkreiszeichen kann einen Hinweis darauf liefern, in welchem Erfahrungsbereich dieser Mensch gewöhnlich die stärkste Aktivität zeigt.

Es kann sein, daß der unaspektierte Mars mehr in seiner eigenen Mitte ist als der stark aspektierte Mars. Die Fähigkeit, seinen eigenen Interessen gemäß zu handeln, könnte hier betont sein. Der aspektierte Mars ist dazu gezwungen, in seinem Bewußtsein ein breiteres Spektrum an Erfahrungen zu machen, was ihn dazu befähigt, sich an die Zwänge und Notwendigkeiten des Lebens besser anzupassen. Ohne Aspekte neigt Mars dazu, sein Interesse auf einen einzigen Bereich zu lenken, wobei ihm der lenkende Einfluß anderer Wesensanteile fehlt. Der unaspektierte Mars könnte seine Energie uneingeschränkt und fast grenzenlos ausleben, da die konstruktiven Grenzen, die ihm andere Planeten setzen, fehlen. Alle Spannungen, die für Mars typisch sind (wie zum Beispiel Wut, Aggression, Gewalttätigkeit etc.) können plötzlich aufflackern und sich von Zeit zu Zeit aktiv Luft machen. Die primitive, grobe Energie des Mars läßt sich hier weniger modifizieren. Da der Betreffende keine Motivation verspürt, seine marsischen Impulse darauf zu lenken, andere Wesensanteile zu aktivieren (was zur Freisetzung von Energie beitragen könnte), staut sich hier übermäßig viel Energie auf, bis die Psyche diesen Druck nicht mehr länger ertragen kann. Hier sind die negativen Manifestationen des Mars wahrscheinlich sehr unbewußt und treten daher bisweilen ziemlich irrational in Erscheinung, da die hier angezeigten Handlungen nicht von den Persönlichkeitsanteilen beeinflußt werden, die ihnen Vernunft, Kontrolle, Einsicht, Perspektive und das Bewußtsein der möglichen Konsequenzen verleihen könnten.

Jupiter

Von Natur aus strebt Jupiter nach einer aktiven Beteiligung am gesellschaftlichen Leben und nicht nach Einsamkeit. Jupiter ist der Planet der Expansion und des erweiterten Horizonts. Wenn er unaspektiert ist, ist er gewöhnlich weniger gesellig, sozial engagiert und interessiert oder er zeigt diese Verhaltensweisen nur mit vorübergehender Begeisterung. Jupiters natürliche Spontanität wird hier wahrscheinlich nicht voll ausgelebt, außer für kurze Augenblicke. Der Betreffende legt vorübergehend einen ungezügelten Überschwang an den Tag, der ebenso schnell wieder verschwindet, wie er gekommen ist. Aspekte zu anderen Planeten helfen Jupiter, seine Urteilsfähigkeit besser zu entwickeln, da eine Vielfalt von Aspekten den Betreffenden dazu motiviert, Erfahrungen zu sammeln, die diese Fähigkeit fördern. Der unaspektierte Jupiter zieht weniger Situationen an, in denen er sein Urteilsvermögen aktiv anwenden muß (was darauf hindeutet, daß es unterentwickelt sein kann). Andere Wesensanteile können nicht durch den Prozeß der Inspiration und den inneren Auftrieb, die für die Jupiterenergien so typisch sind, wachsen. Da ihm Schwung und Antrieb fehlen, kann es sein, daß sich dieser Mensch durch die Last des Lebens niedergedrückt fühlt (außer er erhält eine starke Unterstützung von Schütze-Konstellationen und Aktivitäten im 9. Haus). Entsprechend Jupiters Hausposition kann es jedoch auch sein, daß der Betreffende einen starken Lebenshunger verspürt und fähig ist, sich selbst anzuspornen. Dieser Mensch ist nicht zwanglos und freimütig, sondern erscheint eher unbeteiligt und geistig distanziert (da Jupiter wie auch Uranus mit Themen zu tun haben, die weit entfernt von der Realität oder entrückt sind).

Anders als der aspektierte Jupiter, der recht weltklug ist (da er im Leben mehr Gelegenheiten erhält, die dazu beitragen, daß er weise wird), ist der Betreffende wahrscheinlich ausgesprochen idealistisch, doch in vielen Lebensbereichen sehr naiv und bescheiden. Diese Konstellation könnte darauf hinweisen, daß der Betreffende in einem Elfenbeinturm lebt. Der unaspektierte Jupiter fühlt sich abgeschnitten von den moralischen oder religiösen Maßstäben, die in der Gesellschaft vorherrschen. Der Betreffende neigt weniger dazu, Glaubenssystemen oder Lebensanschauungen zu folgen, was man aufgrund kultureller Zwänge oder früher Konditionierung von ihm erwartet. Selbst wenn er ausgesprochen philosophisch ist, läßt seine Unabhängigkeit hier darauf schließen, daß er ein Einzelgänger auf der Suche nach einem höheren Lebenssinn oder der letztendlichen Wahrheit ist. Seine diesbezügliche Vision könnte aufgrund dessen einzigartig sein. Eine positive Entwicklung findet dennoch in den Bereichen statt, die von Jupiters Hausposition angezeigt sind.

Saturn

Wie der unabhängige und selbstsichere Mars kann auch Saturn müheloser funktionieren, wenn er unaspektiert ist. In diesem Zustand könnte Saturns Sehnsucht nach Einsamkeit noch verstärkt sein. Da Saturn jedoch besser in der Lage ist, eine Struktur zu entwickeln, wenn er durch schwere Lebenserfahrungen auf die Probe gestellt wird, könnte das Fehlen von Aspekten hier darauf hinweisen, daß weniger Lebensumstände vorhanden sind, an denen er seine Stärken und Schwächen erproben kann. Saturn im Aspekt zu einem anderen Planeten ermöglicht diesem (oder dem Teil der Psyche, der von diesem Planeten symbolisiert wird), in einer vernünftigen, verantwortlichen Weise produktiv zu werden. Der Planet ist besser geerdet und kann realistischer zur Wirkung kommen. Wenn er aber unaspektiert ist, kann dieser normalerweise pflichtbewußte Planet gleichgültiger oder teilnahmsloser in Hinsicht auf Prozesse werden, die außerhalb seines eigenen Wirkungsbereichs liegen. Struktur und Präzision findet man hier nur in begrenzten Lebensbereichen und sie sind nicht mit den übrigen

Komponenten der Gesamtpersönlichkeit verbunden. Deshalb könnte dies bedeuten, daß der Betreffende keine Motivation verspürt, die direkte, bewußte Kontrolle über viele Wesensanteile zu erlangen. Selbstdisziplin und Bedürfnis-Organisation sowie Vorsicht oder Selbsterhaltungstrieb können fehlen (Saturn symbolisiert die Kraft, die nach Sicherheit strebt und dem Willen alle notwendigen Grenzen setzt, um die Integrität der Persönlichkeit zu bewahren).

Bei einem unaspektierten Saturn sind zwar Rigidität und Verfestigung weniger problematisch (anders als bei einem Saturn, der eine Vielzahl von Kontakten hat), aber dafür kann der Betreffende zu empfänglich für viele, zufällige Einflüsse werden, da ihm die normale Fähigkeit eines aspektierten Saturns fehlt, Grenzen zu setzen und Kontrolle auszuüben. Die Versuche, sein Leben zu ordnen, sind zumindest unbeständig und das Gewissen wird in den unterschiedlichen Situationen weniger angewendet. Der Betreffende neigt dazu, sich größtenteils durchs Leben treiben zu lassen; er stellt keine festen Lebensrichtlinien auf oder hält sich nur an wenige, innere Gesetze (egal wie erfolgreich und vollkommen er nach außen hin erscheint). Auch Geduld und langfristige Planung sind hier weniger ausgeprägt, während die Zeitplanung im allgemeinen völlig fehlt. Saturn neigt hier jedoch ziemlich stark dazu, sich ausdauernd immer nur auf einen Bereich zu konzentrieren, anstatt seine Aufmerksamkeit auf viele verschiedene Gebiete zu verstreuen. Daher kann ein auffallender Drang bestehen, die Angelegenheiten in dem Lebensbereich, der durch die Hausposition des Saturns angezeigt ist, zu kontrollieren und zu handhaben, ohne sich ablenken zu lassen. Doch dieser Mensch muß darauf achten, daß er in bezug auf die möglichen Variationen des Selbstausdrucks nicht zu unflexibel wird.

Uranus

Alle Planeten der höheren Oktave sind zu intensiv und ehrfurchtgebietend, um in ihrer Reinform zum Ausdruck gebracht zu werden. Sie brauchen Aspektkontakte ganz besonders, um ihre beschleunigten Energien zu bremsen, wenn sie gefahrlos angewendet werden sollen. Wenn diese Planeten unaspektiert sind, überfordern sie den normalen menschlichen Organismus zu sehr und können so kaum effektiv gehandhabt werden. Daher wirken sie entweder ausschließlich unbewußt (in gelegentlichen, kurzen Ausbrüchen eines unvorhersagbaren und ungewöhnlichen Verhaltens) oder sie kommen vielleicht gar nicht zur Wirkung (indem sie im eigenen Charakter völlig verborgen bleiben und daher auf Menschen und Situationen projiziert werden). Doch aus uns unbekannten Gründen könnte ein unaspektierter Planet der höheren Oktave bei manchen Menschen auf eine außergewöhnliche Fähigkeit hinweisen, die weit über den durchschnittlichen, menschlichen Ausdruck hinausreicht (fast so, als ob diese Menschen ständig an unbegrenzte, kosmische Energiequellen angeschlossen wären). Wenn Uranus unaspektiert ist, wird er ausgesprochen unabhängig von äußeren, gesellschaftlichen Einflüssen. Er verspürt weniger den Drang, Durchbrüche in der äußeren Umwelt in der offeneren, rebellischeren Weise eines stark aspektierten Uranus herbeizuführen. Die distanzierte, unbeteiligte Qualität eines unaspektierten Planeten kann hier verstärkt sein, da Uranus an sich schon dazu neigt, unpersönlich zu sein. Ohne ausreichende Möglichkeiten, seine Energie zu kanalisieren (wozu Aspekte verhelfen würden), könnte die nervöse Spannung hier angestaut und verstärkt werden, was zu Phasen der Ruhelosigkeit und Unzufriedenheit führt. Der Betreffende könnte daher kurzfristige Energieausbrüche erleben. Das Potential des Uranus, die Lebensumstände durcheinanderzubringen oder abrupte Wendungen in den äußeren Angelegenheiten herbeizuführen, ist hier jedoch großenteils eingeschränkt (nur auf die Angelegenheiten reduziert, die von seiner Hausposition angezeigt sind), ohne andere Lebensbereiche des Betreffenden zu stören. Mit anderen Worten, die Fähigkeit dieses Menschen, Chaos oder Unordnung zu erfahren, ist reduziert (was für manche Menschen wie ein Segen erscheinen mag). Aber da Uranus dazu beiträgt, das menschliche Wachstum durch sinnvolle Unordnung zu beschleunigen, könnte das Fehlen von Aspekten hier das Seelenwachstum auf lange Sicht behindern. Ohne die elektrisierende Anregung des

Uranus, der verschiedene Wesensanteile mit Energie auflädt, verspürt der Betreffende weniger den Drang, starre und hemmende Verhaltensmuster aufzulösen. Deshalb geht der Fortschritt hier langsamer voran. Geniale Einfälle oder Intuitionsblitze können besonders in dem Lebensbereich auftauchen, der von dem entsprechenden Haus angezeigt ist, wo sich dieser Mensch auch für ziemlich einmalig und unübertroffen hält.

Neptun

Aus seiner ureigensten Natur heraus neigt Neptun bereits zu Introvertiertheit und Verschlossenheit und dazu, sich in sich selbst zurückzuziehen. Er zieht es vor, in den inneren Welten des Bewußtseins zu leben und es fällt ihm schwer, sich konkret und solide zu manifestieren. Je mehr Aspekte er aufweist, desto mehr wird er dazu gezwungen, sich durch äußere Erfahrungen zu manifestieren, ungeachtet der angezeigten Bewußtseinsebene oder Qualität. Er ist sozusagen gezwungen, aus seinem Versteck herauszukommen. Der unaspektierte Neptun könnte vielleicht einen höchst passiven Zustand dieses jenseitig orientierten Planeten darstellen. Ohne den Anreiz, der durch Aspekte geliefert wird, könnte dieser nicht aktivierte Neptun den Betreffenden dazu ermutigen, für sich selbst nach endgültigen, emotionellen Idealen zu suchen, anstatt sie in der Umwelt zu leben. Es könnte sein, daß er inneren Trost und Ruhe findet, indem er sich im Bereich seiner fruchtbaren, aber unentwickelten Phantasie wunderschöne Vorstellungen erschafft. Neptuns Phantasie könnte hier sehr mächtig und intensiv sein, da diese Begabung nicht unbedingt durch eine aktive Betätigung in der Umwelt unterstützt werden muß, um wirksam zu werden. Aber Vorstellungskraft, Phantasie, Offenbarung und inspirierte Vision haben nur wenig greifbare Ausdrucksmöglichkeiten, anders als bei einem stark aspektierten Neptun. Diesem Menschen erscheinen seine Träume daher ziemlich unerreichbar. Je weniger aktiv Neptun im Horoskop ist, um so weniger neigt der Betreffende normalerweise dazu, in einer Weise zu handeln, die Selbsttäuschung fördert

(Illusionen könnten hier als unabhängig beschrieben werden. Und eventuell vorhandene Illusionen könnten sich in Form von Angelegenheiten, die von der Hausposition Neptuns angezeigt sind, manifestieren.) Wenn Neptun unaspektiert ist, ist er nicht in der Lage, die Antriebskräfte der übrigen Planeten direkt zu beeinflussen, wodurch er ihnen die spirituelle Erkenntnis verweigert. Bei einigen Menschen bedeutet dies, daß sie eine mehr materielle Weltsicht haben, die frei von Visionen von höchster Perfektion und Einheit sind. Diesem Menschen fällt es schwerer, an Wunder zu glauben, und deshalb ist er weniger dazu in der Lage, sie selbst zu erfahren oder zu erkennnen. Dennoch neigt er weniger zu Verwirrung und Desorientierung in der Welt, der er Glauben schenkt.

Pluto

Pluto ist der Planet des isolierten Einelgängers. Er repräsentiert einen Teil unserer Psyche, der sich von den normalen Aktivitäten des Lebens distanziert und unbeteiligt bleibt. Zumindest im Geburtshoroskop wirkt er oftmals ausgesprochen subtil und unbewußt und von einem höchst subjektiven Standpunkt aus. Wenn Pluto unaspektiert ist, kann seine Neigung, sich zu isolieren und von allem weit zu entfernen, noch mehr verstärkt sein. In der Psyche dieses Menschen wirken unterschwellige Kräfte, die völlig abgespalten von anderen Wesensanteilen sind. Und bei Pluto besitzen diese verborgenen Kräfte normalerweise noch mehr Macht, egal wie schwer man sich an sie anschließen und sie an die Oberfläche des Bewußtseins bringen kann. Der unaspektierte Pluto weist auf Ausbrüche von zwingenden und fast überwältigenden Triebkräften hin, die dem Betreffenden im Vergleich zu seiner normalen, bewußten Selbstwahrnehmung ziemlich befremdlich erscheinen. Pluto braucht Aspekte, um seine Macht und Intensität zu reduzieren und dem Betreffenden die Möglichkeit zu geben, sich dessen bewußter zu werden, was ansonsten seine tiefsten und dunkelsten Triebe sind. Aspekte sind notwendige Mittler, die solchen Urkräften ermöglichen, an die Schwelle des Bewußtseins zu dringen und den notwendigen inneren Kampf besser durchzustehen, der erforderlich ist, damit sie zu neuen Kräften transformiert werden können. Doch ohne Aspekte könnte Pluto die Fähigkeit dieses Menschen, angemessene Möglichkeiten zur Regeneration zu finden, einschränken. Seine Fähigkeit, die Lebensgestaltung sinnvoll zu kontrollieren und Selbstbeherrschung zu gewinnen, wird weniger auf die Probe gestellt (besonders auf der emotionellen Ebene) und deswegen auch weniger entwickelt. Seine dunklen Seiten können ihn ziemlich überschatten. Andere Wesensanteile (die von den übrigen Planeten symbolisiert werden) können auf ihren fundamentalen Ebenen nicht von der Regeneration profitieren. Ihnen wird keine Selbsterkenntnis gewährt, außer vielleicht dann, wenn Planeten im Zeichen Skorpion oder im 8. Haus stehen. Andererseits kann der unaspektierte Pluto (der latenter zum Ausdruck kommt) bedeuten, daß dieser Mensch wahrscheinlich nicht versuchen wird, Macht über andere zu erlangen, zumindest in der dominanten, überwältigenden Weise eines stark aspektierten Pluto. Aber falls dies trotzdem so ist, werden derartige Machtspiele schlechter erkannt und nicht objektiv analysiert. Es ist notwendig, daß sich dieser Mensch von Zeit zu Zeit einer aufrichtigen Selbstprüfung unterzieht, besonders in bezug auf die Aktivitäten, die durch die Hausposition Plutos angezeigt sind. Ansonsten erhält ein Mensch mit einem unaspektierten Pluto weniger Gelegenheit im Leben, sich mit seiner dunkleren Seite zu konfrontieren und sie zu überwinden, egal wie sehr ihn diese Facetten seiner Persönlichkeit auch beunruhigen mögen.

Bevor ich dieses Kapitel beschließe, möchte ich noch einmal betonen, daß meiner Meinung nach das Wichtigste an einem unaspektierten Planeten nicht so sehr die Natur des Planeten an sich ist, sondern vielmehr, in welcher Weise das Fehlen des Einflusses dieses Planeten andere Wesensanteile beeinflußt. Andere Planeten sind nicht in der Lage, eine direkte Verbindung mit dem betreffenden unaspektierten Planeten herzustellen und können deshalb nicht von ihm gefärbt werden. Daher sollte eine Deutung dieser Aspekte nicht nur auf dem intensivierten, unabhängigen Temperament des unaspektierten Planeten basieren, sondern auch auf der Wirkung, die dies auf alle übrigen Planeten hat. Dies gibt dem Astrologen die Möglichkeit, den gesamten Prozeß, der mit dem Phänomen des unaspektierten Planeten verbunden ist, zu überblicken. Es ermöglicht eine holistischere Deutung. Wenn ein Planet keine großen Aspekte im Horoskop aufweist, würde ich den engsten, kleinen Aspekt betrachten (besonders Spannungsaspekte), und ich würde diesem besonderen Aspekt mehr Aufmerksamkeit schenken als sonst.

Kapitel 10

RÜCKLÄUFIGE PLANETEN

In der Umlaufbahn eines Planeten gibt es Phasen, wo er seine Laufbahn scheinbar verlangsamt, zum Stillstand kommt und dann in die umgekehrte Richtung weiterläuft. Dies ist als die rückläufige Phase des Planeten bekannt. Gewöhnt an die Gleichmäßigkeit seines normalen täglichen Bewegungsrhythmus manifestiert der Planet jetzt den Drang, sich von der weiteren Vorwärtsbewegung zurückzuziehen (was das Sammeln von neuen Erfahrungen symbolisiert) und statt dessen läuft er noch einmal über bereits überschrittene Grade (was vergangene Erfahrungen symbolisiert). Doch dazwischen liegt eine Phase, in der fast keine Bewegung stattfindet, stationäre Phase genannt, in der sich der Planet in einer seltenen Ruhe und inneren Gelassenheit befindet. Dieses Phänomen ist für die astrologische Deutung der rückläufigen Planeten von wesentlicher Bedeutung. Kein Planet läuft tatsächlich rückwärts auf seiner Umlaufbahn. Doch die Tatsache, daß diese Rückläufigkeit in Wirklichkeit eine astronomische Illusion ist, die durch die beschleunigte Bewegung der Erde erzeugt wird, entkräftet den psychologischen Einfluß, den rückläufige Planeten auf die menschliche Persönlichkeit haben, in keinster Weise.

Die Lebensprinzipien, die von rückläufigen Planeten repräsentiert werden, kommen wahrscheinlich eher in den tieferen Schichten der Persönlichkeit eines Menschen zum Ausdruck, weshalb sie an der Oberfläche nicht leicht zu beobachten sind. Da sie mehr im Verborgenen wirken, symbolisieren rückläufige Planeten Eigenschaften, die von einem subjektiveren Standpunkt aus wirksam werden. Stellen Sie sich einmal folgendes Bild vor: Der Tierkreis beginnt bei 0 Grad Widder. Der Ausgangspunkt für die 12 Häuser ist der Aszendent. Ein Planet auf 0 Grad Widder oder dem Aszendenten ist ein Symbol für das Auftauchen des bewußten Ausdrucks und daher kündigt er den Beginn eines neuen Erfahrungszyklus für diesen Planeten an (sei dies nun durch die innere Einstellung des Horoskopeigners oder seine äußeren Lebensumstände). Aber wenn der Planet rückläufig ist, würde er wieder ins 12. Haus zurückkehren, wobei er die letzten Grade des Zeichens Fische im natürlichen Umlauf noch einmal überqueren würde. In dieser Hinsicht betrachte ich rückläufige Planeten als eine Manifestation von Kräften, die den Prinzipien des Zeichens Fische, dem 12. Haus und dem Planeten Neptun (als dem Herrscher von beiden) ähnlich sind. Sie scheinen auch auf die karmischen Implikationen des 29. Grads hinzuweisen.

Dies wiederum würde darauf hindeuten, daß rückläufigen Planeten eine Rückkehr zu früheren Bewußtseinszuständen oder »unerledigten Geschäften«, die in den verborgenen Tiefen des persönlichen Unbewußten wurzeln, bewirken. Die von einem rückläufigen Planeten symbolisierten Prinzipien erfordern weniger bewußte Teilnahme und Aktivität in der Außenwelt. Sie streben mehr nach der reflektiven, kontemplativen Erfahrung, um die Kräfte des Planeten zu entfalten. Die Rückläufigkeit aktiviert diejenigen nicht allzu offensichtlichen Facetten der Persönlichkeit, die zum größten Teil »hinter den Kulissen« bleiben. Dieser Umstand könnte zu einer inneren Erleuchtung führen, wenn der Planet positiv gehandhabt wird, oder, wenn das Planetenprinzip negativ gehandhabt wird, könnte dies selbstzerstörerische Wirkung haben. Da die unbewußten Komponenten des Selbst noch unzugänglicher sind als unbewußte Einflüsse, liegt die Wirksamkeit eines rückläufigen Planeten im Dunklen und der Horoskopeigner kann sie nur schwer objektiv erkennen. Die allmähliche Verlangsamung der rückläufigen Bewegung des Planeten bedeutet, daß es etwas in der Vergangenheit gibt, mit dem man sich noch einmal gründlich beschäftigen oder das man noch einmal geduldig betrachten muß und es auf diese Weise besser verarbeiten kann. Hier ist bereits ein bestimmtes Maß an Bewußtheit vorhanden, das man noch einmal in Ruhe einer Prüfung unterziehen soll. Rückläufige Planeten könnten auf Prinzipien hindeuten, mit denen man sich entweder zu oberflächlich beschäftigt hat und die in vergangenen Leben ohne tieferes Verständnis angewendet worden sind (und nun müssen sie in dieser Hinsicht bereichert werden) oder sie wurden bis hin zur Perversion mißbraucht (und müssen nun innerlich regeneriert werden, bevor sie äußerlich konstruktiv benutzt werden können). Um das richtige Wachstum und die psychologische Reife des Horoskopeigners zu gewährleisten, muß er das Grundprinzip des rückläufigen Planeten erfassen und vollständiger erkennen, bevor seine Persönlichkeitsentwicklung voranschreiten kann.

Auf einer bewußten Ebene hat der Betreffende Schwierigkeiten, die jeweiligen Planetenkräfte nach außen zu lenken. Es scheint, daß diese Planeten passiv auf äußere Aktivitäten reagieren. Zumindest neigen sie dazu, stubtiler und indirekter zu wirken. Obwohl sie ausgesprochen empfänglich für innere Strömungen sind, zeigen sie ihr Talent nur widerwillig an der Oberfläche der Lebensangelegenheiten. Meiner Meinung nach verlieren rückläufige Planeten ihre Ausdruckskraft nicht. Sie deuten ganz einfach darauf hin, daß der Schwerpunkt hier mehr auf inneren Entwicklungen liegt als bei direkten Planeten. Doch der Betreffende muß ein klareres und konkreteres Verständnis dessen erlangen, was der Planet auf seiner tieferen und tiefgründigeren Ebene bedeutet, bevor er erwarten kann, die hier angezeigten Prinzipien produktiv nutzen zu können. Aufgrund dessen ist die Erfüllung oder Vollendung der von dem Planeten repräsentierten Angelegenheiten (die durch das Tierkreiszeichen und die Hausposition des Planeten angezeigt sind) oftmals verzögert, bis der Betreffende bewußter geworden ist. Der Betreffende entwickelt sich psychisch langsamer, um ein vollständigeres und gründlicheres Verständnis zu gewährleisten, ... und daher muß er oftmals lernen, sich an einschränkende Lebensumstände anzupassen, die manchmal auftauchen können.

Die Autorinnen Virginia Ewbank und Joanne Wickenburg haben ein außergewöhnliches Konzept bezüglich rückläufiger Planeten ausgearbeitet. In ihrem ebenfalls einzigartigen Buch *The Spiral of Life* behaupten sie, daß die Rückläufigkeit bei Planeten von Merkur bis zu Saturn (die beiden Lichter haben keine rückläufigen Phasen) so wirkt, als ob sie das Prinzip des vorhergehenden Zeichens, das der Planet beherrscht (da diese Planeten in der klassischen Astrologie alle zwei Tierkreiszeichen beherrschen), ausarbeiten würden.[1] Mit anderen Worten, der rückläufige Merkur verkörpert eher Jungfrauenprozesse als Prinzipien des Zeichens Zwillinge. Jungfrau neigt dazu, alles gründlich zu studieren und zu analysieren, was das Zeichen Zwillinge mühelos an Wissen ansammelt. Der rückläufige Mars handelt in einer Weise, die besser zu Skorpion als zu Widder paßt. Die rückläufige Venus ist mehr auf das abstrakte Waage-Prinzip eingestimmt als auf den erdverbundenen Stier. Der rückläufige Jupiter ist mit den Fische-Prinzipien verbunden anstatt mit Schütze, während der rückläufige Saturn eher wie der Wassermann als der Steinbock zum Ausdruck kommt. Ich empfehle dem interessierten Leser dringend, dieses erkenntnisreiche Buch zu lesen, da es viele Dimensionen der astro-psychologischen Deutung in einer sehr einfühlsamen und konkreten Weise beleuchtet. Die Autorinnen sind in der Darstellung der astrologischen Prinzipien sehr konsequent und logisch, was in der verfügbaren Literatur eher eine Seltenheit ist.

Wenn der Horoskopeigner vier oder mehr rückläufige Planeten hat (besonders wenn es sich um persönliche Planeten handelt – Merkur bis Saturn – und nicht hauptsächlich um Planeten der höheren Oktaven), neigt er eher dazu, seine Planetenkräfte im Leben zu verinnerlichen. Er lenkt seine Aufmerksamkeit mehr auf seine subjektive Welt. John McCormick bezeichnet in seinem Buch *The Book of Retrogrades* vier rückläufige Planeten als ein »Quadron« und behauptet, daß diese Konstellation »eine Tendenz« widerspiegelt, »daß sich der Horoskopeigner (mit einem rückläufigen Quadron) von der Welt zurückzieht und nach Selbstausdruck in der Abgeschlossenheit seiner Privatsphäre strebt«.[2] Ich glaube, je mehr rückläufige Planeten das Horoskop aufweist, um so mehr neigt der Betreffende dazu, das Leben von einem anderen Gesichtspunkt aus zu betrachten als andere Menschen mit wenigen oder gar keinen rückläufigen Planeten. Rückläufige Planeten können ein Hinweis auf einzigartige und höchst individuelle Fähigkeiten sein, da sie mehr dazu motivieren, aus den Quellen des tieferen Selbst zu schöpfen. Mehrere rückläufige Planeten im Geburtshoroskop könnten auf eine originelle Lebenseinstellung hinweisen und dies wahrscheinlich aufgrund der Tatsache, daß der Betreffende von den äußeren, sozialen Strukturen weniger geprägt oder geformt wird. Statt dessen ist er mehr dazu in der Lage, sich entsprechend seiner inneren Neigungen zu entwickeln, was andere Menschen nicht immer verstehen oder akzeptieren. Ein Großteil der wahren Natur dieses Menschen wird normalerweise nicht sichtbar, bis er gelernt hat, die Essenz seiner Kräfte zu erkennen, indem er sich gründlich und subjektiv mit ihnen beschäftigt. Aufgrund der natürlichen Tendenz der rückläufigen Planeten zur Innenschau, kommen sie in den frühen Lebensjahren des Betreffenden erst zum Ausdruck, wenn er sie gründlicher erforscht und sich mit ihnen auseinandergesetzt hat.

Viele rückläufige Planeten im Geburtshoroskop könnten den »Spätentwickler« kennzeichnen, der erst in seinen reiferen Jahren unerwartete Talente und Fähigkeiten zeigt (ähnlich einem einzelnen rückläufigen Planeten). Wenn jedoch viele rückläufige Planeten in Spannungsaspekte eingebunden sind (besonders in Quadrate oder Quincunxen, die zu einem indirekten Ausdruck neigen), wird der Betreffende wahrscheinlich vermeiden, sich direkt an den weltlichen Ereignissen seiner Umwelt zu beteiligen und er weicht sinnvollen Herausforderungen aus, die seine aktive Reaktion erfordern, und zieht sich statt dessen lieber in sich selbst zurück. Er neigt dazu, in seiner privaten Umgebung von einer anderen Wellenlänge aus zu operieren und fühlt sich daher im allgemeinen in der Gesellschaft schrecklich unwohl oder fehl am Platz. Sein Problem, in Kontakt mit dem Alltagsleben zu kommen, vermittelt ihm zu Beginn seines Lebens das Gefühl, unzulänglich zu sein, während er lernt, sich an die üblichen Verhaltensregeln anzupassen. Dies könnte besonders dann der Fall sein, wenn rückläufige Planeten Spannungsaspekte zum Herrscher des Aszendenten, zum Aszendenten selbst oder einem Planeten bilden, wenn der rückläufige Planet der Herrscher des Aszendenten ist. Wenn Streßmuster hier ungelöst bleiben, kann es sein, daß sich der Betreffende ziemlich distanziert oder von seiner Umwelt getrennt fühlt, was wiederum Gefühle starker Einsamkeit und Isolation hervorruft.

Viele positiv umgesetzte Planeten andererseits können auf einen Menschen hinweisen, der in der Lage ist, alle Planetenkräfte auf eine höhere Bewußtseinsebene zu bringen, was seiner spirituellen Entwicklung oder seinem Selbstbewußtsein auf inneren Bewußtseinsebenen zuträglich ist. Der Betreffende ist besser dazu in der Lage, sich auf die Macht und Weisheit seines Unterbewußten einzustimmen. Deshalb kann er die scheinbaren Grenzen seiner Persönlichkeit effektiver transzendieren. Rückläufige Planeten suchen innen nach Antworten, während direkte Planeten es vorziehen, durch offenkundige Aktivität in der materiellen Welt Erkenntnisse zu sammeln.

Diese Planeten können für sehr erhabene Ziele eingesetzt werden, wenn jemand ein tieferes Verständnis von den Bedürfnissen des höheren Selbst gewinnen möchte. Ich stimme nicht vollkommen mit den astrologischen Schulen überein, die behaupten, daß rückläufige Planeten ausschließlich negatives Potential repräsentieren, das aufgrund von falschem Verhalten in früheren Inkarnationen entstanden ist und mit in dieses Leben gebracht wurde. Vielleicht ist dies manchmal der Fall, aber ich betrachte dies nicht als ein allgemeingültiges Prinzip der Rückläufigkeit. Direkte Planeten können ganz offensichtlich ebenso kennzeichnend für unerwünschte Charakterzüge sein und vielleicht sogar noch mehr, da sie wahrscheinlich stärker in der Umwelt entfaltet werden. Rückläufige Planeten scheinen jedoch bisweilen zwanghafter zu wirken, indem sie ihren eigenen Weg gehen, ungeachtet der Zwänge in der Außenwelt. Aber auch dies sollte man nicht als negative Aktivität betrachten.

Schlüsselbegriffe für rückläufige Planeten

Konstruktiv	*Unproduktiv*
meditativ	zurückgezogen
tiefgründig	gehemmt
tiefe Bewußtheit	Blockierung der bewußten Wahrnehmung der Außenwelt
innere Kraft	mangelnde Anpassung
Reformierung	Regression
Bescheidenheit	Schüchternheit

universelle Identität	gehemmte Identität
Selbsterkenntnis	morbide Selbstbezogenheit
subtil	ausweichend
Harmonie mit sich selbst	Selbstzerstörung
nachdenklich	repressiv
spirituelle Kraft	Gesundheitsprobleme (oftmals psychisch)

Stationäre Planeten

Eine sehr wichtige Phase für jeden Planeten während seiner natürlichen Umlaufbahn ist dann erreicht, wenn der Planet zum Stillstand kommt. Damit ist der Zeitraum kurz bevor ein Planet entweder rückläufig wird oder wieder direkt läuft, gemeint. An diesem besonderen Punkt in seiner Umlaufbahn verlangsamt ein Planet seine Bewegung drastisch. Tracy Marks behauptet, daß ein Planet als stationär betrachtet werden kann, »wenn seine Geschwindigkeit sich auf weniger als ein Zehntel seiner normalen Bewegung verringert hat«.[3] Es liegt in Ihrem eigenen Ermessen, wann ein Planet beginnt, stationär zu werden. Normalerweise ist es bei den langsamer laufenden Planeten (wie den Planeten der höheren Oktaven) so, daß ein Planet dann stationär ist, wenn er auf demselben Grad und derselben Minute stehenbleibt, bevor er seine Richtung ändert.

Schneller laufende Planeten betrachte ich dann als stationär, wenn sie auf derselben Gradzahl stehenbleiben, bevor sie die Richtung wechseln (zumindest in bezug auf das Geburtshoroskop, nicht unbedingt in Hinsicht auf Progressionen). Was bedeutet ein stationärer Planet in der Horoskopanalyse? Vielleicht liefert uns einer seiner offensichtlichsten Charakterzüge den besten Schlüssel zur Beschreibung seiner Natur: Er konzentriert sich sehr stark auf einen einzelnen Bereich des Horoskops, der von der jeweiligen Gradzahl bestimmt wird. Man könnte sagen, daß stationäre Planeten ein starkes Interesse zeigen (entsprechend der Natur des Planeten), was wiederum auf eine starke Antriebskraft schließen läßt.

Im allgemeinen läßt sich ein stationärer Planet auf dem Gebiet, auf das er sich konzentriert, nicht leicht aus der Bahn werfen. Da er praktisch bewegungslos ist, neigt er dazu, sich fest zu verwurzeln, und dies kann darauf hinweisen, daß er kraftvoll zur Wirkung kommt und eine verbissene Hartnäckigkeit besitzt. Auf jeden Fall hat ein stationärer Planet einen starken Einfluß auf das Wesen des Horoskopeigners. Aufgrund all der oben erwähnten Wesensmerkmale könnte ein stationärer Planet jedoch auch auf Charakterzüge hinweisen, die innerhalb der Persönlichkeit nicht aktiviert werden und blockiert sind. Der Betreffende ist möglicherweise zu festgefahren, um eine Anpassung zuzulassen, was zu einer sturen, unflexiblen Art des Selbstausdrucks führt. Andererseits weist die Festigkeit dieser Planetenkonstellation, wenn sie konstruktiv umgesetzt wird, auf viel Ausdauer und Durchhaltevermögen hin. Anhand der Aspekte zu diesem Planeten läßt sich feststellen, ob die stationäre Phase dazu tendiert, daß der Betreffende zielstrebig, fest und resolut ist oder ob er festgefahren ist und stagniert. Gewöhnlich manifestieren sich diese Planeten von Zeit zu Zeit sowohl in der einen als auch anderen Weise. Dieser Planet muß oft für eine Aufgabe eingesetzt werden, die seine überdurchschnittliche Aufmerksamkeit braucht, wenn man ihn zufriedenstellen will. Dennoch muß der Betreffende in diesem Bereich mehr Objektivität walten lassen, um zu gewährleisten, daß er von den Prozessen dieses Planeten nicht so fasziniert ist, daß die Entwicklung anderer Wesensanteile ausgeschlossen ist.

In einem Geburtshoroskop ist ein stationärer Planet entweder gerade dabei, rückläufig zu werden (genannt stationär rückläufig) oder er beginnt wieder direkt zu laufen (genannt stationär direkt). Dies ist in der Deutung von besonderer Wichtigkeit. Ein stationär rückläufiger Planet bringt eine subjektivere, mehr nach innen gerichtete Disposition mit sich, da der Horoskopeigner beginnt, sich zunehmend für die psychischen Implikationen des Planeten zu interessieren. Diese Phase des Planeten zeigt eine konzentriertere Intensität, was einen stärkeren inneren Einfluß ausübt, als derselbe Planet hätte, wenn er nur rückläufig wäre. Ein stationär direkter Planet hat die Planetenkräfte bereits auf einer tieferen, nach innen gerichteten Ebene integriert und ist nun bereit, an der

Oberfläche des Bewußtseins aufzutauchen und das anzuwenden, was er im Verborgenen entwickelt hat. Stationär direkte Planeten erscheinen unternehmungslustiger, da sie reif dafür sind, einen Neubeginn in Hinsicht auf die Prinzipien des jeweiligen Planeten zu machen. Sie könnten eine gewisse Vorfreude, Erwartungshaltung oder Dringlichkeit an den Tag legen, was bei den direkten Planeten selten vorkommt. Da beide Zustände jedoch einen Planeten repräsentieren, der sich fast nicht bewegt, muß man an seine Bemühungen um innere Selbstprüfung oder äußere Entfaltung seines Potentials mit Geduld, Gründlichkeit und ausdauernder Konzentration herangehen. Es ist sehr wichtig, sich der Feinheiten bewußt zu sein. Dieselbe Wirkung zeigen transitierende Planeten in ihrem stationären Zustand. Wie bei allen Transiten rufen hier jedoch die augenblicklichen äußeren Umstände (anstatt die im Inneren verwurzelten Wesensanteile) die individuelle Reaktion während der stationären Phase hervor. Transite müssen im Zusammenhang mit der gegenwärtigen Umgebung des Horoskopeigners gedeutet werden.

Ein rückläufiger Planet im Horoskop kann schließlich durch Progression stationär werden, bevor er wieder direkt läuft. Die schneller laufenden Planeten werden dies innerhalb der normalen Lebensspanne des Horoskopeigners höchstwahrscheinlich tun (insbesondere Merkur und Venus und manchmal auch Mars). Bei allen anderen Planeten hängt es sehr stark davon ab, ob der rückläufige Planet im Geburtshoroskop bereits nahe genug an seine stationäre Phase herangerückt ist. Ebenso wie die stationäre Phase bei einigen Planeten einige Tage dauern kann, kann der Einfluß eines stationären Planeten in Progression einige Jahre lang wirksam sein. Anders als Transite, haben Progressionen mehr mit der aktuellen inneren Entfaltung des Charakterpotentials zu tun (das durch Beziehungen oder Ereignisse nach außen projiziert werden kann oder auch nicht). Ich glaube, je weniger ein Planet projiziert wird, um so besser wurde die Progression integriert und konnte zu einem festen Bestandteil des inneren Wesens werden. Aber selbst wenn eine gut integrierte Progression sich durch Projektion ausdrückt, wirkt das, was projiziert wird, konstruktiv und harmonisch auf die Bedürfnisse des eigenen Charakters zurück. Transite repräsentieren jedoch normalerweise die äußeren Lebensumstände und wirken durch konkrete, situationsbedingte Angelegenheiten. Aber selbst diese Energien können nicht immer durch die Lebensumstände des Horoskopeigners zum Ausdruck gebracht werden (da Transite nicht immer mit den persönlichen Ereignissen oder dem Drang zu handeln zu tun haben). Es ist eines der Geheimnisse der Astrologie, daß keiner mit absoluter Sicherheit voraussagen kann, auf welcher Ebene ein Mensch die Prinzipien der Planeten zum Ausdruck bringen wird, da dies von dem Entwicklungsstand jeder Persönlichkeit bestimmt ist (sowie ihrer Fähigkeit, ihren freien Willen effektiv zu nutzen). Im allgemeinen gilt, je bewußter ein Mensch ist, um so wahrscheinlicher wird er einen Planeten (im Geburtshoroskop, in Progression oder Transit) durch sein Verhalten und seine innere Einstellung erfahren anstatt durch konkrete, weltliche Lebensumstände. Natürlich sollte jeder Mensch mit einer gut integrierten Persönlichkeit in der Lage sein, seine innere Haltung müheloser in produktive, kreative Tätigkeit umzusetzen.

Wenn ein rückläufiger Planet in Progression stationär wird und kurz davor ist, wieder direkt zu laufen, erreicht der Horoskopeigner (in diesem besonderen Jahr, in dem die Progression stattfindet) einen entscheidenden Wendepunkt in seinem inneren Wachstum. Dieses besondere Jahr könnte eine bedeutsame Veränderung in der Lebensausrichtung bewirken, so wie sie von der Natur des beteiligten Planeten beschrieben wird. Es könnte symbolisieren, daß die Vorbereitungsphase der tieferen Verarbeitung und Integration ihre Vollendung erreicht. Der Betreffende lenkt seine innere Aufmerksamkeit nun wieder auf die objektive Welt und beginnt, die Energien dieses Planeten dazu zu benutzen, die Außenwelt zu beeinflussen. Der Betreffende kann nun Energien außerhalb seiner eigenen Mitte mobilisieren und einen stärkeren Einfluß auf seine Umgebung ausüben. Obwohl er in bezug auf diesen Planeten ein tiefes Verständnis besitzt, wird er in den ersten Jahren, die auf die Progression folgen, die damit verbundenen Prinzipien wahrscheinlich ein wenig unsicher und ängstlich anwenden (da er von Geburt an nicht darauf konditioniert ist, sich in der Richtung, die ihm jetzt offensteht, zu entfalten). In dem

Versuch, seine Bewußtheit auf diesem Gebiet zu demonstrieren, zeigt er jedoch großen Eifer und Erwartungsfreude. Bei manchen Menschen ähnelt dieser Zustand sehr stark einer Befreiung von einer hemmenden Beschränkung, wonach sie schließlich die Möglichkeit haben, sich in der Welt frei zu entfalten und zu verwirklichen. Die Autoren Sakoian und Acker sind der Meinung, daß »der Betreffende einen neuen Erfahrungszyklus in Hinsicht auf die Dinge, die von dem Planeten beherrscht werden, beginnt«, wenn ein rückläufiger Planet in Progression stationär geworden ist und schließlich wieder über die Gradzahl seiner Rückläufigkeit im Geburtshoroskop läuft.[4] Ich vermute jedoch, daß das Gefühl eines neuen Zyklus zunächst dann ausgelöst wird, wenn der Planet stationär geworden ist, aber seinen Höhepunkt der Aktivierung erreicht, wenn der Planet in Progression an diesem sensitiven Punkt im Horoskop angelangt ist (da dies gewöhnlich viele Jahre nach dieser Übergangszeit geschieht, in denen sich der Planet in Progression befindet, was dem Horoskopeigner genügend Zeit gibt, sein Talent in der Außenwelt zu entwickeln). Aber da ich dieses Konzept nicht erprobt habe, ist meine Behauptung reine Theorie.

Wenn ein direkter Planet in Progression stationär und danach rückläufig wird, kommt der Betreffende (in diesem Jahr der Progression) an einen Wendepunkt in seiner Entwicklung. Diese Konstellation könnte sich jedoch als eine schwierige Anpassung erweisen, da der Betreffende jetzt beginnt, sich nach innen zu wenden, nachdem er von Geburt an darauf konditioniert worden ist, sich an der weltlichen Oberfläche des irdischen Lebens zu bewähren. Diese Übergangszeit könnte daher denjenigen, die die Planetenkräfte noch nie von einer mehr nach innen gerichteten Perspektive aus betrachtet haben, mehr wie eine Krise erscheinen. Der Betreffende verspürt diesen Übergang viel tiefer, da sich die Energien nun von selbst auf sein inneres Zentrum und weg von den normalen, äußeren Interessen lenken. Die Dinge scheinen abrupt zum Stillstand zu kommen und in psychischer Hinsicht eine plötzliche Wendung zu nehmen, was als sehr intensiv empfunden werden könnte. Wenn diese Konstellation konstruktiv umgesetzt wird, weist sie auf eine Zeit hin, in der der Horoskopeigner sein Bewußtsein der angezeigten Prinzipien vertiefen und bereichern kann. Es kann sein, daß er beginnt, in Berührung mit seinen inneren Quellen zu kommen, die vorher in seinem Leben noch nicht angeregt worden sind (mit anderen Worten, ein Potential, das während der wichtigen prägenden Jahre nicht geweckt wurde). Vielleicht ist er sich bisher noch nicht einmal bewußt gewesen, daß er solche Energiereserven besitzt, was darauf hinweist, daß er allmählich in einen direkteren Kontakt mit den Inhalten seines Unbewußten kommt. In Hinblick auf die Reinkarnation kann es sein, daß der Betreffende wieder in Berührung mit Bewußtseinsebenen aus vergangenen Leben kommt, die während seiner Kindheit latent waren (aus evolutionären Gründen kann die Astrologie dies nicht klären). Alles, was in der Psyche dieses Menschen verborgen war, kann jetzt in subjektive Bewußtseinszustände dringen, wo er sich damit konfrontieren kann – ob dies nun positiv ist oder nicht, sei dahingestellt. Aber ich könnte mir vorstellen, daß die Absicht hier eher positiv ist.

Ähnlich wie ein rückläufiger Planet in Progression, der stationär wird, wieder direkt und über seinen ursprünglichen Standort im Geburtshoroskop läuft, könnte ein direkter Planet in Progression, der stationär und dann rückläufig wird und wieder über seine ursprüngliche Position im Geburtshoroskop läuft, auf einen Höhepunkt im Leben des Horoskopeigners hindeuten. Zu diesem Zeitpunkt hat er möglicherweise tiefe Einsichten, die im Zusammenhang mit den Prinzipien des betreffenden Planeten stehen (Einsichten, die ihm dazu verhelfen, seine gesamte Einstellung, so wie sie von dem Planeten symbolisiert wird, zu verändern). Dies könnte einen unauslöschlichen Eindruck bei ihm hinterlassen, so daß er während dieser Phase seines Lebens eine mehr spirituell und auf die Tiefe gerichtete Einstellung in diesem Lebensbereich gewinnt. Obwohl es nicht häufig ist, gibt es Zeiten, wo mindestens zwei Planeten gleichzeitig am selben Tag der Progression rückläufig werden oder wieder direkt laufen. Wenn dies der Fall ist, wird die hier beschriebene Wirkungsweise noch verstärkter zum Ausdruck kommen. Es gibt auch Zeiten (obwohl dies sehr selten ist), wenn am gleichen Tag der Progression ein Planet direkt läuft, während ein anderer rückläufig wird. Dieses besondere Jahr der Progression sollte sicherlich beachtet und beobachtet werden, da der Betreffende einen inneren Wandel durchmacht und ein sehr widersprüchliches Verhalten an den Tag legen kann (abhängig von den Planeten).

Die Astrologen fragen sich oftmals, wie ein rückläufiger Planet im Geburtshoroskop beeinflußt wird, wenn derselbe Planet im Transit vorübergehend rückläufig wird. Ich glaube nicht, daß irgend jemand, der auf dem Gebiet der Astrologie kompentent ist, hierfür eine Antwort parat hat. Dennoch habe ich gehört, daß viele Menschen, die einen rückläufigen Merkur im Geburtshoroskop haben, behaupten, daß ihr Geist besser zu funktionieren scheint und sich ihre persönlichen Pläne und Entscheidungen besser realisieren und befriedigendere Resultate erzielen, als man sonst erwarten würde, wenn der transitierende Merkur rückläufig ist. Natürlich haben diese von einem rückläufigen Merkur geprägten Menschen letztendlich in dieser Hinsicht etwas zu vermitteln, was auf die geistig anregende Natur dieses Planeten zurückzuführen ist. Über die Wirkung anderer rückläufiger Planeten ist mir jedoch nichts bekannt. Wenn ein rückläufiger Planet im Geburtshoroskop durch einen Transit wieder rückläufig wird, ist der Betreffende in dieser Phase vielleicht mehr in Einklang mit sich selbst. Daher könnte es sein, daß er äußerlich aktiver ist und sich in den Lebensbereichen mehr verwirklicht, die durch die Konstellation des rückläufiger Planeten im Geburtshoroskop angezeigt sind. Dies erscheint logisch, wenn man berücksichtigt, daß während aller anderen direkten Phasen der Transite der Betreffende sich eher in Disharmonie mit seiner unmittelbaren Umgebung fühlt und sich dementsprechend anders verhält. Die hier verspürte Harmonie könnte daher auf eine innere Erfüllung bei diesem Menschen hindeuten, selbst wenn die äußeren Bedingungen typischerweise anders beschrieben werden. Wahrscheinlich hat er in dieser Hinsicht auf tieferen Ebenen eine stärkere Verbindung zu sich selbst und fühlt sich deshalb in dieser kurzen Phase mehr in Einklang mit den äußeren Ereignissen.

Es gibt noch vielmehr Konstellationen, über die man in Hinsicht auf das Phänomen der Rückläufigkeit Spekulationen anstellen könnte wie zum Beispiel: Wie hängen sie mit umgekehrten

Progressionen zusammen oder welche Wirkung haben in dieser Hinsicht Solardirektionen (was die Planeten der höheren Oktaven spürbar beschleunigt und dadurch genauere Vorhersage ermöglicht) und wie müssen sie in Hinsicht auf Partnerschaftshoroskope betrachtet werden (besonders wenn der eine einen rückläufigen Planeten hat und der andere nicht)? Aber an dieser Stelle möchte ich die Wirkung besprechen, die Rückläufigkeit auf die Planeten haben kann. Die folgenden Ausführungen befassen sich mit jedem einzelnen Planeten, der im Horoskop, in der Progression oder während der Transite rückläufig ist:

Merkur

Im Geburtshoroskop:

Ein rückläufiger Radixmerkur kann auf einen Geist hindeuten, der von Natur aus introvertiert und kontemplativ veranlagt ist. Der Betreffende scheint weniger den Drang zu verspüren, in einer direkten und eindeutigen Weise mit seiner Umwelt zu kommunizieren (besonders dann, wenn es um ihn selbst geht). Diese Menschen scheinen in ihrer Sprache eher reserviert, antworten bedächtiger oder überlegter und gemessen an den normalen, gesellschaftlichen Maßstäben erscheinen sie sogar ein wenig schwer von Begriff oder ausdruckslos. Andererseits sind mir auch schon Menschen mit einem rückläufigen Radixmerkur begegnet, die ziemlich beredt und wortgewandt waren, wenn sie unpersönliche Themen oder universelle, abstrakte Konzepte erörterten. Je persönlicher ihre Gedanken jedoch wurden, um so mehr zeigten sie die Tendenz, fast ganz zu verstummen und nur zögernd detaillierte Informationen über sich zu geben. Vielleicht ist es hier nicht leicht, das, was man auf geistigen Ebenen erfährt, im nächsten Augenblick nach außen zu übertragen (und dies scheint besonders dann der Fall zu sein, wenn Merkur einen Spannungsaspekt entweder zu Saturn, Neptun oder Pluto bildet – alle drei sind schwerfällige Planeten). Daher kann man mit Sicherheit annehmen, daß dieser Mensch innerlich immer mehr wahrnimmt und über mehr nachdenkt, als er nach außen hin bereit oder fähig ist, zu zeigen (zumindest solange, bis er eine Weile über die Dinge nachgedacht hat). Wahrscheinlich offenbart er seine Gedanken über viele persönliche Angelegenheiten nicht, außer er wird direkt danach gefragt. Und selbst dann neigt er mit seiner natürlichen, geistigen Reserviertheit dazu, nur eine äußerst knappe Antwort zu geben. Doch bei einigen Menschen kann eine solche Antwort kurz und bündig sein.

Da rückläufige Planeten normalerweise keine besondere Betonung darauf legen, sich nach außen hin zu entwickeln, können sie bisweilen etwas behindert scheinen, wenn sie dazu gezwungen sind, mit den rein weltlichen Lebensumständen umzugehen... besonders auf der Ebene der sozialen Interaktion. In diesem Fall neigt ein Mensch mit einem rückläufigen Radixmerkur dazu, anders zu denken und Probleme anders zu analysieren, als jemand mit einem direkten Merkur. Hier sind die Lösungen des Betreffenden sowohl größerer als auch kleinerer Probleme individualistischer, da die Logik und Argumentationsfähigkeit oftmals weniger auf die offensichtlichen Faktoren und eher auf die Beobachtung von Details und Feinheiten gelenkt wird, die andere Menschen normalerweise übersehen oder ignorieren würden. Eine solche introvertierte Geisteskraft macht dies zu einer okkulten, geistigen Konstellation, in der die tieferen Funktionen des Denkprozesses mehr angeregt werden. Der Intellekt ist enger mit dem Unbewußten und all seinen mächtigen Inhalten verbunden. Doch von einem rein praktischen Standpunkt aus betrachtet könnte diese Konstellation auch ein Zeichen für geistige Unklarheit sein, wobei der Betreffende seine persönlichen Gedanken nicht klar ordnen oder anderen verständlich machen kann.

Bei dieser Konstellation ist das Ego gewöhnlich weniger dazu in der Lage (angezeigt durch die Sonne), den Ausdruck des Geistes zu steuern und zu kontrollieren, da sich der rückläufige Merkur symbolisch von der Richtung abwendet, in die die bewußte Sonne läuft. Daher kann es sein, daß dieser Mensch seine geistige Energie weniger selbstbewußt auf seine Hauptziele richtet (da das Unbewußte hier eine stärkere Macht über den konkreten, rationalen Verstand hat). Der Betreffende neigt dazu, Informationen aufzunehmen, ohne sich dessen bewußt zu sein. Er speichert mehr Daten aus der Umwelt, als offensichtlich ist. Doch an der Oberfläche scheint er langsamer zu lernen als andere. Dies könnte daran liegen, daß seine Bemühungen, Wissen anzusammeln, tiefere Ebenen der Bewußtheit aufwühlen und die Informationen gründlicher analysiert und durchdacht werden müssen, bevor der Betreffende in der Lage ist, dieses Wissen in der Außenwelt effektiv anzuwenden.

Oftmals findet man einen rückläufigen Merkur in den Horoskopen von ausgesprochen selbstkritischen Menschen, da sich das Urteils- und Unterscheidungsvermögen des Merkur sehr leicht nach innen kehren. Die subjektive Selbstüberprüfung ist verstärkt. Es scheint diesen Menschen schwerer zu fallen, schnelle und spontane Entscheidungen zu treffen oder in absoluten Begriffen zu denken (da die Rückläufigkeit dazu führt, daß sie geistig ständig in Bewegung und vorrangig damit beschäftigt sind, ihre Pläne abzuändern, ihre früheren Gedanken zu revidieren oder sich ständig an äußere Veränderungen anzupassen, die oftmals unvorhersehbar sind). Normalerweise muß sich dieser Mensch mehr darum bemühen, den Details in seiner Umwelt mehr Aufmerksamkeit zu schenken. Besonders in Hinsicht auf schriftliches Material. Hier beobachtet man eine seltsame, geistige Abwesenheit, verbunden mit einem unglaublichen Gedächtnis für subtile Angelegenheiten, die den meisten anderen Menschen entgehen oder die sie vernachlässigen würden. Obwohl der Geist auf der weltlichen Ebene schwer stabilisierbar zu sein scheint (da er weniger dazu neigt, einer Sache seine volle Aufmerksamkeit zu schenken), läßt er sich mit den Geboten des Höheren Selbst besser in Einklang bringen (besonders wenn Merkur günstig aspektiert ist). Die abstrakten Komponenten des bewußten Verstands werden in dieser Hinsicht leichter stimuliert. Was diesem Geist in Hinsicht auf die direkte Kommunikation nicht gelingt, wird in bezug auf die indirekte, subtile, nonverbale Antwort wieder aufgewogen. Die Tiefe des Verständnisses, das man hier findet, sollte nicht unterschätzt werden, da der Betreffende eher davor zurückschreckt, seine geistigen Fähigkeiten an der Oberfläche zu zeigen.

(*Nostradamus – F. A. Mesmer – Frédérick Chopin – Alan Leo – Israel Regardie – Salvador Dali – Erich Fromm – Howard Hughes – Norman Mailer*)

Progression:

Wenn Merkur durch Progression rückläufig wird, kennzeichnet er eine Phase im Leben des Betreffenden, die auf eine allmähliche und subtile Abkehr von seiner gewohnten Weise, wie er objektiv und intellektuell Fakten sammelt, hinweist. Der Betreffende ist jetzt in der Lage, die subjektive Macht seines Geistes stärker zu erfahren. Natürlich hängt sehr viel davon ab, in welchem Alter der Merkur rückläufig wird. Je früher dies geschieht, desto weniger Einfluß scheint er auf das Wachbewußtsein zu haben. Je später die Rückläufigkeit eintritt, um so intensiver kann sich der Betreffende auf die Tiefe seiner geistigen Prozesse einstimmen. An diesem Punkt kann er zunehmend mit sich selbst beschäftigt sein, was seine Kommunikation mit anderen Menschen anbelangt, da er jetzt empfänglicher für die Antwort ist, die er erhält (und oftmals, weil diese Antworten nicht immer mit dem übereinstimmen, was er ursprünglich vermitteln wollte. In dem Maße, wie die Kluft breiter wird, ist er gezwungen, überlegter und nachdenklicher zu werden). Bestenfalls muß er feststellen, daß nur wenige Menschen in der Lage sind zu erfassen, was er auszudrükken versucht. Nun ist eine wachsende Bereitschaft zu einer tiefgründigeren Selbstanalyse vorhanden, die den Betreffenden dazu bringen kann, seine Aufmerksamkeit auf alle geistigen Entwicklungsmethoden oder Fortbildungsmöglichkeiten zu lenken, die ihn bei seiner Suche nach einem inneren Sinn unterstützen können. Dennoch ist es bei der Deutung wichtig, das Alter zu berücksichtigen. Im Alter von 7 Jahren beispielsweise könnte diese rückläufige Phase auf Probleme mit dem Lesen, mit Zahlen, Sprachschwierigkeiten oder ein geringes Interesse an Fächern, die eine genaue Denkweise oder ein detailliertes Gedächtnis für Fakten erfordern (die beispielsweise in der Mathematik oder Wissenschaft angewendet werden) hindeuten. Diesem Kind fällt es vielleicht leichter, sich mit Fächern zu beschäftigen, die zur Entwicklung seines Verständnisses von visuellen Bildern oder Symbolassoziationen beitragen (da Imaginationsprozesse oftmals stimuliert und verstärkt sind).

In Hinsicht auf seine größeren Lebenspläne ist dieser Mensch unsicher und verspürt deshalb eine innere Ruhelosigkeit, die dazu führt, daß er geistig ständig in Bewegung ist (obwohl dies gewöhnlich an der Oberfläche weniger sichtbar ist). Da diese Phase der Rückläufigkeit ungefähr 24 Jahre dauert, wird der Geist hier langsam darauf konditioniert, kontemplativer und philosophischer zu werden. Abhängig von den Aspekten im Geburtshoroskop kann es in manchen Fällen auf eine Phase der geistigen Frustration oder Lernschwierigkeiten hinweisen. Oftmals braucht dieser Mensch jetzt mehr Zeit dafür, ein gründliches Verständnis der Dinge zu erlangen, und deshalb muß er sich mehr darum bemühen, seine äußeren Studien und Beobachtungen zu verinnerlichen. Seine unbewußten, geistigen Inhalte können mehr an die Oberfläche kommen und seine Aufmerksamkeit von weltlichen Gedankenprozessen ablenken. Er schenkt den äußeren Details seiner Umwelt weniger bewußt Aufmerksamkeit, was vorübergehend dazu führen kann, daß er vergeßlich, abwesend oder in seinem Denken und seiner Sprache ganz einfach unbedacht ist. Andererseits wird er für die subtilen Veränderungen, die er normalerweise übersehen könnte, zunehmend empfänglich. Er ist auch äußerst sensibilisiert für die inneren Anpassungen in seinem eigenen Wesen, fast so als ob ihm sein Unbewußtes beibringen würde, in einer völlig andersartigen Weise zu verstehen, als dies seinem bewußten Verstand jemals möglich wäre. Stellen Sie fest, in welches Haus im Geburtshoroskop Merkur fällt sowie welche Häuser von dem Zeichen Zwillinge und besonders Jungfrau besetzt werden (dieses Zeichen ist noch nachdenklicher). Dies sind wahrscheinlich Lebensbereiche, wo geistige Veränderungen notwendig sind sowie neue Einstellungen oder revidierte Gedanken, die dem Betreffenden dazu verhelfen werden, während dieser progressiven, rückläufigen Phase mehr in Kontakt mit seinem inneren Selbst zu kommen.

Obwohl es sein kann, daß der Betreffende genau in dem Jahr, in dem Merkur rückläufig wird, auf die progressive, rückläufige

Phase Merkurs reagiert, kann es sein, daß er einige Jahre zuvor während der stationären Phase dieses Planeten einen Bewußtseinswandel verspürt. Bei denjenigen, die früher keinen ausreichend starken Kontakt zu ihrem subjektiven, inneren Selbst hergestellt hatten, manifestiert sich diese Richtungsänderung in den ersten Jahren in Form von Verwirrung oder einer plötzlichen Veränderung der äußeren Lebensumstände. Wenn Merkur wieder direkt wird, nachdem er einige Zeit rückläufig war, fühlt sich der Betreffende so, als ob sein Geist von seinem subjektiven Ausdruck befreit worden wäre und nun in der Lage ist, seine äußeren Angelegenheiten aktiver und effektiver zu beeinflussen. Die Vorbereitungsphase ist offiziell vorüber und nun müssen sich die geistigen Energien dieses Menschen wieder auf die äußere Erfahrungswelt richten, um ihre volle Leistungsfähigkeit zu demonstrieren. Der Betreffende hat nun das Gefühl, daß er in bezug auf seine Kommunikationsfähigkeit freier und offener ist, aber jetzt kommuniziert er von einem profunderen Standpunkt aus. Er möchte sein intuitives Verständnis auf die Alltagsangelegenheiten in seiner Umgebung anwenden, um ihre wahre Natur zu verstehen. Obwohl seine Beobachtungen nur selten oberflächlich sind, ist er jetzt weniger unklar und schwerfällig und schwer zu verstehen. Er selbst verliert seine Unsicherheit in bezug auf seine Denkprozesse, und er befreit sich von Blockierungen, die in früheren Jahren entstanden sind. Er möchte nun verstärkt den geistigen Austausch mit anderen Menschen pflegen und mehr geben und nehmen, was zuvor fast unmöglich schien. Merkurs stationäre Phase vermittelt dem Betreffenden ein Gefühl der inneren Krise, in der er nun mit seinem Geist klarkommen und beginnen muß, neue Kommunikationsmöglichkeiten zu entwikkeln, die sein Wachstum fördern. Die Zwänge während dieser stationären Phase nehmen zu, bis eine transformierende Freisetzung des geistigen Potentials zu einem Muß wird. Aspekte zu Merkur während dieser Progression könnten einen Hinweis darauf liefern, wie eine solche Freisetzung stattfinden kann.

Transit:

Diese Phase dauert ungefähr 24 Tage und taucht normalerweise dreimal im Jahr auf. Transitierende Planeten neigen mehr dazu, äußere Ereignisse auszulösen, anstatt innere Zustände oder Einstellungen zu aktivieren. Dennoch wirken sich diese Ereignisse auf der Ebene aus, die der Betreffende in Form des Radixplaneten innerlich erfährt. Wenn ein Planet daher während eines Transits rückläufig wird, scheint er den normalen Fluß der Aktivitäten zu stören, der durch diesen Planeten in der Außenwelt symbolisiert wird. Dies kann Frustration, Verzögerungen, Rückschläge oder das Abändern von Plänen in letzter Minute hervorrufen, je nachdem, wie empfänglich der Horoskopeigner ist. Wenn der transitierende Merkur rückläufig wird, ist dies nicht gerade die beste Zeit, um wichtige Entscheidungen zu treffen oder Dokumente und Papiere zu unterzeichnen, mit denen man eine langfristige Verpflichtung eingeht oder irgendeinen langfristigen Vertrag schließt. Der Grund dafür ist, daß die normale Betonung der Kommunikation, die durch Merkur bewirkt wird (zusammen mit seiner Fähigkeit für klare Wahrnehmung, kühle, logische Analyse und objektive Argumentation) sich vorübergehend vom Alltag und den darin stattfindenden Aktivitäten abwendet. Statt dessen zwingt diese Phase zu einem geistigen Ausdruck auf weniger greifbaren Ebenen. Daher kann man hier mit allen Arten von geringfügigen, aber irritierenden Unterbrechungen rechnen, wenn es um Kommunikation oder Möglichkeiten der Vermittlung geht. Je merkurischer die Aktivität ist, um so verletzbarer ist man in dieser Zeit. Und da Merkur auch so viele unbedeutende und scheinbar zufällige Dinge in unserem Alltag beherrscht, können in dieser Phase gleichzeitig auf vielen verschiedenen Gebieten Schwierigkeiten auftauchen. Die typisch weltlichen Probleme, die hier angetroffen werden, haben mit Autoreparaturen, Störungen des Telefons, durcheinandergebrachten Mitteilungen, Verzögerungen der Post, Verzögerungen von Lieferungen, kaputten Maschinen, plötzlich abgesagten Verabredungen oder Änderungen von früheren Plänen und Verhandlungen in letzter Minute zu tun.

Wenn der transitierende, rückläufige Merkur zu diesem Zeitpunkt Spannungsaspekte zu einem (oder mehreren) Radixplaneten bildet, sollte der Betreffende besonders stark auf mangelnde Klarheit oder Logik in seinem Denken achten. In dieser Phase übersieht er Details und es könnte daher sein, daß er die Dinge durcheinanderbringt, was darauf zurückzuführen ist, daß er unbedeutende und scheinbar belanglose Faktoren vernachlässigt (besonders bei seiner Arbeit oder Hausarbeit, die er gerade erledigt). Unter diesem Transit macht man leichter Fehler, wiederholt denselben Fehler öfter und bemerkt dies sogar eine Weile lang nicht. Manchmal werden dem Horoskopeigner jetzt jedoch Fehler bewußt, die er in der Vergangenheit gemacht hat, und er korrigiert sie (ich habe immer wieder beobachtet, daß diese Konstellation sich in beiden Richtungen auswirken kann). Während dieser Phase kann man sogar verlorene oder versteckte Gegenstände wiederfinden. Allgemein ist es ratsam, nichts mit Sicherheit anzunehmen oder für selbstverständlich zu halten, wenn Merkur rückläufig ist. Überprüfen Sie alles zweimal. Denken Sie daran, dies kann eine der schwierigsten Zeiten für einen Menschen sein, was den alltäglichen Kleinkram betrifft.

Das Haus, das Merkur transitiert, ist wahrscheinlich der Bereich, wo der rückläufige Einfluß seine größte Auswirkung hat, zusammen mit den von Merkur regierten Häusern im Geburtshoroskop, aber hier in geringerem Maße. Jeder Planet, der zu Merkur während dieser Phase einen exakten Aspekt bildet, sollte besonders berücksichtigt werden. Die Gradzahl, auf der Merkur rückläufig wird, ist auch ein sehr sensitiver Punkt. Aspekte im Geburtshoroskop zu diesem Transit sind oftmals maßgebend für die gesamte Phase der Rückläufigkeit, wie meine Beobachtungen zeigen. Die rückläufige Phase des transitierenden Merkur eignet sich hervorragend für eine Beteiligung an allen geistigen Aktivitäten wie zum Beispiel Forschung, das Redigieren von schriftlichen Arbeiten, Korrekturlesen etc. Aufgrund der nach innen gerichteten Natur der Rückläufigkeit eignet sich diese Phase auch besonders gut für Meditation, Selbstanalyse und verschiedene Formen psychologischer Techniken der Selbsterkenntnis. Es ist eine gute Zeit für einen geistigen Rückblick, aus dem der Horoskopeigner Nutzen ziehen kann, indem er seine früheren Ideen und Konzepte noch einmal durchdenkt und auf ihre gegenwärtige Relevanz und Gültigkeit hin überprüft und dann alle notwendigen Korrekturen und Veränderungen vornimmt. Da sich Merkur langsamer bewegt, kann der Geist in seinen Urteilen bedächtiger sein und gründlicher nachdenken. Dies ist eine konstruktive Zeit für Neubewertung. Neue Aktivitäten sollten in dieser Zeit detailliert geplant, aber nicht ausgeführt werden, während ungelöste Probleme aus der Vergangenheit jetzt am besten erledigt werden können.

Venus

Im Geburtshoroskop:

Wenn ein Planet rückläufig ist, weist dies auf die Notwendigkeit hin, daß man sich verstärkt darauf konzentrieren und seine Aufmerksamkeit darauf lenken muß, die subjektiven Facetten der Grundprinzipien des jeweiligen Planeten zu wecken. Daher wird der Schwerpunkt weniger auf die äußerliche Anwendung dieses Planeten gelegt. Normalerweise symbolisiert Venus das Bedürfnis, sich in der Außenwelt mit Schönheit, Verfeinerung und Komfort zu umgeben. Sie zwingt uns, den zivilisierten Umgang mit anderen Menschen zu erlernen und zu schätzen und sensibilisiert uns für die ästhetischen Seiten des Lebens. Wenn Venus im Geburtshoroskop rückläufig ist, sind die ästhetischen Werte des Betreffenden persönlicher und nicht so sehr von der Gesellschaft konditioniert. Seine sozialen Instinkte kommen zumindest weniger extrovertiert zum Ausdruck. Dies bedeutet, daß der Betreffende in seiner Bewertung von Liebe, Schönheit und Partnerschaft im allgemeinen mehr reflektiert und subjektiver ist. Er ist in der Lage, Dinge zu schätzen, die von Menschen mit einer direktlaufenden Venus entweder übersehen werden oder weniger Anziehung auf sie ausüben. Dies kann darauf hinweisen, daß ein Mensch mit einer rückläufigen Venus sich der inneren oder abstrakten Schönheit mehr bewußt ist, weshalb ihn die rein oberflächliche, körperliche Erscheinung eines Menschen nicht so stark anzieht wie andere. Vielmehr ist er harmonischer auf die subtileren Elemente eingestimmt. Er erfährt die Liebe tiefer, da Emotionen hier einen stärkeren Einfluß auf sein Wesen haben können. Aber es fällt ihm schwerer, seine Gefühle offen zu zeigen. In diesem Fall wird die eher etwas oberflächliche Seite der Venus weniger aktiviert. Der Betreffende neigt weniger dazu, sich angepaßt zu verhalten, nur um von anderen Menschen akzeptiert zu werden und ihre Bestätigung zu bekommen. In der Bekundung seiner Zuneigung kann er ein wenig reserviert oder gehemmt sein und braucht deshalb mehr Zeit, sich auf diesem Gebiet zu entwikkeln. In der Liebe ist er oft ein Spätentwickler (in Hinsicht auf die innere Erfüllung).

Was Beziehungen anbelangt, ist die rückläufige Venus weniger extrovertiert und gesellig. Da sie emotionell unabhängiger ist, verspürt sie weniger den Drang, aktiv den Kontakt zu anderen Menschen zu suchen, um eine freundschaftliche, vertraute Beziehung herzustellen. Dieser Mensch scheut meist enge Beziehungen, und stellt statt dessen eine Beziehung zwischen den verschiedenen Wesensanteilen seiner selbst her. Er zweifelt womöglich an seiner Fähigkeit, zwischenmenschliche Kontakte zu genießen, und er neigt dazu, emotionelle Erfüllung in sich selbst zu suchen (meistens ist ihm die eigene Gesellschaft am liebsten, was auf sein Bedürfnis nach Abgeschlossenheit und Einsamkeit hinweist). Nach außen hin erscheint er deshalb zurückhaltend und ziemlich einsiedlerisch. Aus diesem Grund wird ihm die wahre Zufriedenheit, die man aus der Liebe und anderen auf Emotionen basierenden Beziehungen gewinnt, erst später in seinem Leben zuteil (wenn überhaupt). Offensichtlich muß dieser Mensch seine persönlichen Werte, seine zärtlichen Gefühle und sogar seine Bedürfnisse nach Schutz und Geborgenheit in einer Beziehung innerlich noch einmal überprüfen, bevor er sich in der Gesellschaft anderer Menschen wohl und geborgen fühlt und fähig ist, die vielen Wesensanteile seiner selbst in einer ausgewogenen und koordinierten Weise mit anderen zu teilen. Er muß seine Motivationen ergründen, andere Menschen lieben oder für sie sorgen zu wollen (da seine Bindungen für ihn selbst und andere schwer zu verstehen sind). Da hier unbewußte Faktoren mit im Spiel sind, kann die Zuneigung dieses Menschen unverständlich, irrational oder unpraktisch erscheinen. Auf einer positiven Ebene kann das verfeinernde Prinzip der Venus in seiner Psyche noch durchdringender sein, was ihm die Möglichkeit gibt, eine reifere und vergeistigtere Ausdrucksform für seine Liebe zu entwickeln. Aber dies ist normalerweise erst dann möglich, wenn er sich selbst einer eingehenden Prüfung unterzogen hat. In diesem Fall ist die Venus in manchen Fällen fähig, aus einer mehr abstrakten, universellen Einstellung heraus zu lieben.

Die rückläufige Venus hat weniger Interesse daran, materielle Besitztümer um ihres rein irdischen Wertes willen anzuhäufen und deshalb ist der Betreffende im pragmatischsten Sinne dieses Wortes weniger materialistisch eingestellt. Der innere Wert seiner Besitztümer spielt für ihn eine größere Rolle. Doch in manchen Fällen könnte diese Konstellation einen Menschen widerspiegeln, dem es schwerfällt, sich in seinem Leben eine finanzielle Sicherheit zu schaffen, was auf die widersprüchlichen Wertvorstellungen zurückzuführen ist (seine eigenen im Gegensatz zu den Wertvorstellungen der Gesellschaft). Es kann daher sein, daß er sich selbst darin behindert, seine emotionellen Bedürfnisse durch physische Dinge zu befriedigen. Wenn sehr starke Streßaspekte im Horoskop vorhanden sind, könnte die rückläufige Venus auf starke, emotionelle Frustrationen hinweisen, die eine Folge der eingeschränkten Möglichkeiten des Betreffenden sind, seine Zuneigung zum Ausdruck zu bringen oder sich künstlerisch zu entfalten. Seine Fähigkeit, sich selbst zu akzeptieren, kann ebenfalls blockiert sein, was wiederum dazu führen kann, daß er seine Liebe und Mitmenschlichkeit nur schlecht oder verzerrt zum Ausdruck bringen kann. Diese Konstellation könnte auf einen Menschen hinweisen, der das Gefühl hat, es nicht wert zu sein, Liebe zu bekommen, da er eine verworrene Vorstellung von seinem Selbstwert hat. In manchen Fällen kann es jedoch auch sein, daß das Prinzip der Liebe seine Energien in einer sehr subjektiven, instinktbetonten Weise auf das Selbst richtet, was auf eine Tendenz zu unbewußtem Narzißmus hinweist (das heißt: eine morbide Verliebtheit in sich selbst). Alle unterdrückten oder indirekten Gefühle müssen schließlich bewußt gemacht und an die Oberfläche gebracht werden, bevor es diesem Menschen möglich ist, eine gesunde Objektivität und Einstellung zu seinen Emotionen zu entwickeln.

(Michelangelo – Gustav Mahler – Adolf Hitler – Pearl S. Buck – Winston Churchill – Meher Baba)

Progression:

Wenn Venus durch Progression rückläufig wird, leitet dies eine Phase ein, in der in den zwischenmenschlichen Beziehungen eine starke Emotionalität und Unruhe entsteht und sich die Wertvorstellungen ändern. Normalerweise verspürt der Horoskopeigner den Drang, sich aus seinem sozialen Umfeld, das er sich früher aufgebaut hat, zurückzuziehen. Der Betreffende beginnt möglicherweise, sich in der sozialen Interaktion unsicherer oder unwohler zu fühlen und denkt mehr über die tieferen Werte von Partnerschaften nach. Er kann eine breitere, innere Perspektive gewinnen, was nicht zuletzt darauf zurückzuführen ist, daß die latenten, emotionellen Faktoren jetzt stärker in Kontakt mit seinen bewußten Gefühlen kommen. Diese Progression dauert ungefähr 42 Jahre. Daher sollte sie als eine schrittweise, subtile Konditionierung betrachtet werden, die sich aus inneren Anpassungen anstatt vorwiegend aus Ereignissen vollzieht. Man hat des öfteren beobachtet, daß das Jahr, in dem ein Planet durch Progression rückläufig wird sowie das Jahr, in dem er wieder direkt läuft (was den Höhepunkt der stationären Phase dieses Planeten repräsentiert) die kritischen Zeiten sind, in denen entscheidende Veränderungen im Bewußtsein oder innere Krisen in Hinsicht auf die beteiligten Prinzipien offensichtlich werden und durch das Haus, das von dem betreffenden Planeten besetzt wird, zum Ausdruck kommen. Wenn die Venus stationär ist, kann dies Unsicherheiten in der Gesellschaft auslösen sowie eine Verwirrung der Wertvorstellungen oder das Bewußtwerden verborgener Liebessehnsüchte. Unter Reinkarnationsgesichtspunkten betrachtet, kann es sein, daß sich der Betreffende jetzt mehr auf Einstellungen zu Beziehungen einstimmt, die er in vergangenen Leben entwickelt hat und die möglicherweise im Gegensatz zu denen stehen, die er bislang in diesem Leben gewonnen hat. Aufgrund dessen verspürt er wahrscheinlich auf der emotionellen Ebene Unzufriedenheit, obwohl er dies zu Beginn dieser rückläufigen Phase nur als undeutliche Wünsche wahrnimmt.

Zu diesem Zeitpunkt verliert ein Mensch mit einer rückläufigen Venus in Progression zunehmend das Interesse daran, in einer konventionellen Weise attraktiv oder anziehend auf andere zu wirken. Er scheut tendenziell Verbindungen, die mit normalen, sozialen Interaktionen verbunden sind, da er die Einsamkeit bevorzugt. Er geht dabei eher seinem Bedürfnis nach Selbstbefriedigung nach. Die äußere Welt der Erscheinungen übt kaum Anziehung auf ihn aus, und das zeigt sich auch darin, daß er sozialen Erwartungen gegenüber immer unkooperativer wird. Dies ist besonders dann der Fall, wenn die Venus im Geburtshoroskop Oppositionen aufweist, was auf ein stärkeres Bedürfnis hinweist, gegen Kompromisse zu rebellieren. Seine Neigung, sich in intimen Beziehungen auszutauschen, kann abgeschwächt sein. Der Betreffende zeigt jedoch weniger Neigung, seine sozialen Bedürfnisse oberflächlich und leichtfertig auszuleben. Da er in sozialer Hinsicht jetzt nachdenklicher ist, kann es sein, daß er in Hinsicht auf andere Menschen distanzierter und abgehobener erscheint. Er strebt nun nach menschlichen Werten, die universeller, wenn auch unpersönlicher sind. Deshalb hat sein Unbewußtes mehr Macht, die Wahl seiner Beziehungen zu bestimmen, so daß Beziehungen, die er jetzt eingeht, einen mehr schicksalhaften Unterton haben. Menschen, mit denen er hier intime Beziehungen eingeht, können ihn in Berührung mit seinen emotionellen Tiefen bringen, in positiver und negativer Hinsicht (was durch die Venusaspekte im Geburtshoroskop angezeigt ist). Seine Reaktionen auf solche Beziehungen können als Hinweis auf ungelöste, emotionelle Bedürfnisse gesehen werden, die jetzt transformiert werden müssen. Aufgrund dessen können sein Verhalten in Liebesbeziehungen und seine Liebesbekundungen zu dieser Zeit sehr komplex und schwer definierbar sein.

Wenn die Radixvenus Spannungsaspekte bildet, könnte das Jahr, in dem die Venus rückläufig wird, mit ereignisreichen

Lebensumständen einhergehen, die mit inneren Erkenntnisprozessen in bezug auf die Liebesfähigkeit verbunden sein können. Emotionen, die dem Betreffenden früher nicht bewußt waren, erfährt er jetzt subjektiv und analysiert sie. Wenn Venus eindeutig mehr als »Geld-Planet« anstatt als »Liebes-Planet« im Horoskop aktiv ist, kann ihre Rückläufigkeit durch Progression auf eine Phase finanzieller Schwierigkeiten oder einen schlechten Umgang mit Geldmitteln und Gütern hindeuten, da sich der Betreffende psychisch von dem weltlichen Bereich der Materie abwendet. Das Persönlichkeitswachstum des Betreffenden verlangt jetzt, daß er versucht, seine materiellen, weltlichen Werte durch eine innere Ausgewogenheit auf eine spirituellere Ebene zu bringen. Für einige kann dies bedeuten, daß sie sich mehr darum bemühen müssen, sich an verborgene Kraftreserven anzuknüpfen, die für die Selbsterhaltung benutzt werden können. Bei anderen könnte diese Konstellation auf das Bedürfnis hinweisen, die persönlichen Fähigkeiten kollektiver einzusetzen. Aber stets ist der Betreffende unter dieser Progression dazu gezwungen zu überprüfen, wie er sich in Einklang mit den Menschen bringen kann, die in seine Lebenserfahrung eingebunden sind. Die rückläufige Venus ermöglicht einem, Talente und Fähigkeiten zu entwickeln, die man in früheren Inkarnationen einmal geschätzt hat. Der Betreffende ist nun dabei, neue Möglichkeiten zu finden, solche Reserven zum Nutzen aller anstatt nur zu seiner eigenen Befriedigung anzuwenden.

Transit:

Der Transit der rückläufigen Venus dauert ungefähr 42 Tage. Er taucht ungefähr alle 1 ½ Jahre auf. Diese Phase verändert höchstwahrscheinlich die Lebensumstände, die mit unseren Emotionen, Zuneigungen, bewußten Gefühlsreaktionen, persönlichen Werten und partnerschaftlichen Angelegenheiten zu tun haben. Sie kann auch mit den Einstellungen in bezug auf die augenblicklichen, finanziellen Umstände und persönliche Besitztümer zu tun haben. Gewöhnlich ist es eine Zeit, wo die äußeren Umstände Veränderungen in den engen Beziehungen auslösen. Das Haus, über das die transitierende Venus läuft, sollte besonders beachtet werden. Denn gewöhnlich ist dies der Bereich, wo der Betreffende dazu gezwungen ist, seine Einschätzung einer Person oder Lebenssituation zu ändern. Der Betreffende kann jetzt womöglich besser in Kontakt mit den diesbezüglichen tieferen, subjektiven Gefühlen kommen, obwohl er diese Emotionen an der Oberfläche weniger offen zeigen kann. In dieser Zeit setzt man sich emotionell mit den Dingen auseinander in dem Versuch, sich mit den in dieser Phase im Vordergrund stehenden Angelegenheiten wohler und harmonischer zu fühlen. Es ist ratsam, alle Seiten einer Angelegenheit gründlich abzuwägen, bevor man in den gegenwärtigen Verbindungen feste Verpflichtungen eingeht. Daher ist es keine günstige Zeit, um eine Ehe einzugehen oder eine Scheidung einzuleiten. Sowohl der Horoskopeigner als auch sein Partner (seine Partner) sind in dieser Zeit unentschlossener und auf der emotionellen Ebene unbeständiger, besonders wenn diese transitierende, rückläufige Venus Spannungsaspekte zu Radixplaneten bildet (besonders dann, wenn Mars, Jupiter oder Uranus beteiligt sind). Dieses Charaktermerkmal gilt auch für neue Verbindungen in Geschäftsbeziehungen und allen beruflichen Angelegenheiten.

Da Venus auch ein Geldplanet ist, kann ihr rückläufiger Transit darauf hinweisen, daß es eine schlechte Zeit für wichtige finanzielle Käufe oder Investitionen ist, da der Horoskopeigner den wahren Wert eines gewünschten Produkts nicht so gut einschätzen kann. Es kann sein, daß er in dieser Phase die Dinge blind überschätzt. Hier ist die Notwendigkeit angezeigt, hinter die Oberfläche von scheinbarer Schönheit oder Charme zu blicken (sei dies nun bei Menschen oder Gegenständen) und den wahren Wert einer Sache oder eines Menschen, die einen anziehen, vorsichtiger abzuwägen. Wahrscheinlich sind wir mehr zu kurzen Ausbrüchen von emotionellem Idealismus motiviert anstatt zu praktischer Notwendigkeit. Im allgemeinen sollte man in Hinsicht darauf, was man im Bereich der Verschönerung, an Luxusartikeln, Schmuck, Einrichtungsgegenständen, Mode, teuren Möbeln oder anderen schönen Dingen kauft oder verkauft, zurückhaltender sein. Später, wenn die Venus schließlich wieder direkt läuft und wir beginnen, unsere Handlungen, die wir vorher getätigt haben, zu überprüfen und zu überdenken, könnten wir vielleicht unsere Extravaganz und spontane Verschwendungssucht bedauern. In manchen Fällen können hier auch Verzögerungen auftauchen, gewünschte Besitztümer zu erhalten (vielleicht weil wir in der Vergangenheit schlecht mit Geld umgegangen sind und uns dessen jetzt bewußt werden) oder weil diese Dinge im Augenblick nicht vorrätig sind (die gewünschten Gegenstände sind während dieser Zeit oftmals nicht auf Lager), was darauf hindeutet, daß der Zeitpunkt zum Kaufen schlecht gewählt ist. Und da unsere ästhetische Wahrnehmung weniger scharf auf die Details eingestellt ist, ist dies kein guter Zeitpunkt, um Farben, Farbtöne und Schattierungen zu beurteilen (wenn man versucht, passende Farben oder Stoffe auszuwählen).

Da der Transit der rückläufigen Venus darauf hindeutet, daß die beschriebenen Umstände nicht im Gleichgewicht sondern ständig in Bewegung sind, besteht in dieser Phase verstärkt die Möglichkeit, daß Mißverständnisse in Beziehungen auftauchen. Es kommt häufig zu Fehldeutungen der Absichten und Vermutungen über die Gefühle anderer erweisen sich oft als falsch. Eine offene Konfrontation kann hier sehr unangenehm sein und der indirekte Gefühlsausdruck anderen gegenüber verkompliziert die Lage. Eine Verwicklung in Rechtsstreitigkeiten (besonders Streitigkeiten, die vor Zivilgerichten verhandelt werden) können sich als unrentabel erweisen oder sind zumindest mit Verzögerungen und Rückschlägen verbunden. Solche Verfahren leitet man am besten erst dann ein, wenn die Venus wieder direkt läuft, wenn dies unerläßlich ist. Auf einer konstruktiven Ebene kann der Transit der rückläufigen Venus eine ausgezeichnete Phase zur Überprüfung aller bestehenden Beziehungen in Hinsicht auf ihren wahren Wert für den Betreffenden darstellen, bevor er zu endgültigen Schlußfolgerungen gelangt, die zu Entscheidungen oder Verpflichtungen führen. Wir müssen unsere Bedürfnisse, die mit anderen Menschen verbunden sind, gründlicher überdenken. Darüber hinaus ist dies eine wunderbare Gelegenheit, zu künstlerischen/kreativen Arbeiten, die man früher fertiggestellt hat, zurückzukehren und sie zu vollenden, bevor man sich an neue Projekte begibt. Hier können wir langersehnte Verbesserungen erzielen, was uns innerlich mit den Resultaten zufriedener werden läßt. Es ist auch von Vorteil für uns, wenn wir finanzielle Angelegenheiten aus der Vergangenheit noch einmal überdenken, die Vor- und Nachteile unserer Handlungen abwägen und bessere Möglichkeiten finden, unsere finanziellen Angelegenheiten zukünftig mehr ins Gleichgewicht zu bringen.

Mars

Im Geburtshoroskop:

Mars beherrscht das Bedürfnis oder den Drang, vitale Energie in der Außenwelt freizusetzen und zu entfalten. Er möchte Umstände schaffen, die seinen persönlichen Impulsen entgegenkommen, und er bewegt sich dabei sehr bestimmt und oft sehr rapide. Es ist ein Planet, der am besten funktioniert, wenn er sich mit voller Kraft in die stoffliche Welt stürzen kann in dem Versuch, sich direkt und dynamisch mit allen behindernden Situationen zu konfrontieren und sie zu überwinden. Seine psychische Natur braucht diese Art von Herausforderung für ihr Wachstum. Wenn Mars jedoch im Geburtshoroskop rückläufig ist, hat er offensichtlich größere Schwierigkeiten, seine aggressiven Impulse mit dem ungezügelten Schwung, der typisch für den direktlaufenden Mars ist, auf ein äußeres Ziel zu lenken. Die Energie wird sehr leicht nach innen gerichtet, was den Betreffenden an der Oberfläche den Anschein von Ruhe, Ausgeglichenheit und Stabilität verleiht. Doch innerlich kann er sich kaum entspannen, da die Energie ständig durch subjektive Spannungen sowie innere Prozesse im Körper freigesetzt wird. Der rückläufige Mars stürzt sich nicht spontan in persönliche Aktivitäten, wie das bei dem direktlaufenden Mars gewöhnlich der Fall ist. Dieser Mars bringt nur selten die Energie auf, sich Hindernissen direkt zu stellen. Seine Aktivität tritt weniger offen zutage. Menschen mit einem rückläufigen Mars verhalten sich oft passiver oder friedlicher, als sie sich tatsächlich tief in ihrem Inneren fühlen. Der Hauptantrieb dieses Mars ist eindeutig mehr psychischer als physischer Natur und der

Betreffende ist nachdenklicher und nicht so impulsiv und wägt seine Schritte besser ab.

Es ist schwerer zu verstehen, was diesen Menschen zum Handeln motiviert, da es oft subjektive, innere Anreize sind die ihn anregen und weniger äußere Faktoren. Hier wird er vorwiegend durch unbewußte Seiten seiner Psyche motiviert und es kann sein, daß er sich überhaupt nicht bewußt ist, warum er sich zum Handeln angespornt fühlt. Vielleicht gibt der rückläufige Mars Gelegenheit, über Handlungsmotive nachzudenken, und ermutigt den Betreffenden dazu, seine Aktivitäten besonnener und zielstrebiger anzugehen, statt sich übereilt und planlos hineinzustürzen. Seine reflektierende Haltung könnte auf ein gewisses Maß an Unsicherheit hindeuten: er möchte innerlich noch einmal überprüfen, was getan werden muß, bevor er zur Tat schreitet. Daher kann seine scheinbar mangelnde Initiative und sein fehlender Unternehmungsgeist irreführend sein, da er tatsächlich eine Strategie entwickelt (indem er durch sorgfältiges Planen den günstigsten Augenblick findet, in einer Situation aktiv zu werden). Daher ist es typisch für diesen Menschen, daß er seine Handlung auf einen späteren Zeitpunkt verschiebt, wenn er das Gefühl hat, daß dies der richtige ist. Normalerweise handelt er lieber alleine in der Abgeschiedenheit oder Einsamkeit statt in Gegenwart anderer Menschen.

Im Horoskop eines Mannes kann ein rückläufiger Mars mit starken Spannungsaspekten zu einer übermäßig gehemmten oder fehlgeleiteten Sexualität führen, was möglicherweise Impotenz zur Folge haben kann. Zumindest ist die körperliche Erregung durch die gewohnten Reize meist geringer, und eine kompliziertere psychische Stimulierung ist erforderlich. In einem weiblichen Horoskop kann diese Konstellation auf Frigidität hinweisen oder es deutet auf ein Problem in bezug auf die Integration des inneren männlichen Prinzips hin, das größer ist, als es den Anschein hat. Frauen mit dieser Konstellation können dieses Problem nach außen projizieren, indem sie Männer anziehen, die sie entweder sexuell frustrieren oder in psychischer Hinsicht ihre Identität bedrohen. Diese Männer kommen im Grunde genommen selbst schlecht mit der Äußerung ihrer Männlichkeit zurecht. Für beide

Geschlechter gilt, daß sexuelle Spannungen nur langsam aufgebaut wird und daß die Menschen sie kaum wahrnehmen.

In Verbindung mit Streßaspekten im Geburtshoroskop kann dieser Mars einen sehr negativen Einfluß auf die Psyche ausüben, da die Energie, die ursprünglich durch die Konflikte in der Außenwelt erzeugt werden, sich zuallererst nach innen und gegen das Selbst richtet. Feindseligkeiten, Ressentiments, Eifersucht und offene Wut erhalten nur selten die Möglichkeit, sich offen und spontan Luft zu machen. Statt dessen werden sie aufgestaut und im Inneren gespeichert, so daß sie im Inneren dieses Menschen gefährlich verdichtet werden. Die Astrologin Mary Vohryzek bezeichnete den rückläufigen Mars einmal als einen Planeten, der eine »brodelnde« Qualität besitzt, die phasenweise unerwartet zum Ausbruch kommt. Meine eigenen Beobachtungen bestätigen ihre Erkenntnis über den rückläufigen Mars. Diese Menschen sind oftmals bestürzt über die Intensität ihrer leidenschaftlichen, ziemlich destruktiven Reaktionen. Bei manchen Menschen, die ihre Spannungen übertrieben stark unterdrücken, kann der Körper schließlich zum Brennpunkt für diese überschüssige Energie werden. Daher kann es sein, daß sie unter Entzündungen und Infektionen leiden, die komplizierter und resistenter sind, als dieselben Erkrankungen, die durch einen direktlaufenden Mars ausgelöst werden. Dies scheint besonders dann der Fall zu sein, wenn Mars in irgendeiner Verbindung mit dem Zeichen Jungfrau, Skorpion oder dem 1., 6. und 8. Haus steht. Die körperlichen Selbstbestrafungstendenzen können sehr stark ausgeprägt sein, sei dies nun durch direkte, aber unbewußte Verletzungen, Mißbrauch oder Unfallneigung. Manchmal ist die körperliche Vitalität etwas beeinträchtigt, was vielleicht auf die Tatsache zurückzuführen ist, daß der Betreffende seine Energie darauf lenkt, die nicht faßbaren, geistig-seelischen Wesensanteile zu aktivieren. Deshalb zeigt sich möglicherweise Erschöpfung, auch wenn der Betreffende sein Bedürfnis nach vollständiger körperlicher Entspannung vielleicht ignoriert. Andererseits kann das innere Durchhaltevermögen bei einem rückläufigen Mars stärker sein, fast so, als ob der Betreffende unter dem Zwang steht, ungeachtet der Grenzen der Belastbarkeit seines Körpers aktiv zu sein.

Demjenigen, der danach strebt, seine Energien für seine spirituelle Entwicklung einzusetzen, kann ein rückläufiger Mars die Ausdauer und innere Kraft verleihen, die dazu notwendig sind, weniger offensichtliche, innere Konflikte mutig zu erforschen und tapfer alle »Feinde« zu bekämpfen, denen er auf dem psychischen Schlachtfeld in seinem Inneren begegnet. Und da die Wünsche dieses Menschen wahrscheinlich mehr von seinem Unbewußten gesteuert werden, kann es sein, daß er den Drang verspürt, sich für ein unpersönliches Ziel oder eine weltweite Angelegenheit einzusetzen, in dem Wunsch, in altruistischer Weise für andere Menschen zu kämpfen und Pionierleistungen zu vollbringen. Da er genügend losgelöst ist, kann er handeln, ohne nur seine egozentrischen Bedürfnisse befriedigen zu wollen.

(Henri de Toulouse Lautrec – Sigmund Freud – Ludwig van Beethoven – Lord Byron – Judy Garland – Al Capone)

Progression:

Wenn Mars nach der Geburt des Horoskopeigners durch Progression rückläufig wird, wird diese Konstellation wahrscheinlich für den Rest seines Lebens bestehen bleiben (da die rückläufige Phase des Mars 80 Jahre in Progression bleibt). Mit seiner stationären Phase beginnt Mars eine Veränderung der Ziele einzuleiten; dabei entfernt sich der Betreffende allmählich von den Methoden, die er sich früher für die Erreichung seiner Ziele im Hier und Jetzt angeeignet hat. Der Betreffende erscheint wahrscheinlich weniger aggressiv in dem, wie er seine Impulse in der Umwelt auslebt. Er verspürt weniger den Wunsch, eine dynamische, eigensinnige Anstrengung zu machen, bestimmte Bedürfnisse zu befriedigen. Das Haus, das Mars im Geburtshoroskop besetzt, durchlebt bisweilen irgendeinen Konflikt und innere Spannung, sowie der Betreffende beginnt, die Richtung seiner vitalen Energien zu ändern. Wenn er versucht, sich dem dringenden Bedürfnis zu widersetzen, in seiner Handlungsweise innere Veränderungen herbeizuführen, wird er viele äußere Erfahrungen machen, die seine eigenwilligen Absichten zu behindern und zu vereiteln scheinen. Es ist von Vorteil für ihn, sich der Notwendigkeit anzupassen, alle egozentrischen Wünsche aufzugeben und entsprechend der Richtung, die ihm sein Unbewußtes weist, zu handeln (das zu diesem Zeitpunkt zu seinem inneren Führer wird). Von diesem Zeitpunkt an neigt er weniger dazu, sein Konkurrenzdenken offen zu zeigen. Wenn überhaupt, wird er eher mit sich selbst konkurrieren als mit anderen Menschen.

Diese progressive Phase kann eine Zeit sein, in der der Betreffende weniger darum bemüht ist, sich für weltliche Projekte zu engagieren, die große körperliche Anstrengung erfordern. Statt dessen zieht er sich mehr von den Geschäften zurück oder seine Handlungen werden subtiler. Er neigt mehr dazu, seine Energien auf weniger offensichtliche Aufgaben zu lenken oder er wendet sich einer Arbeit zu, die erfordert, daß er sich von der Öffentlichkeit zurückzieht. Obwohl er nicht unbedingt weniger Initiative besitzt, sucht er sich ganz einfach weniger sozial herausfordernde Aufgaben, mit denen er sich beschäftigt. In der Außenwelt tritt er langsamer auf, aber dafür beschleunigt er seine Aktivität, die mit seinem Innenleben zu tun hat. Die Innenschau kann nun zu einer starken Motivation werden. Er kommt mehr in Berührung mit der wahren Natur seiner persönlichen Impulse. Diese langfristige Phase kann ihm tiefere Einsicht in das verschaffen, was seine Wünsche in bezug auf sein inneres Wachstum von ihm verlangen. Deshalb neigt er womöglich weniger dazu, aus einem blinden Instinkt heraus zu handeln. Obwohl der Betreffende jetzt subjektiver ist, erhält er eine breitere Perspektive, da er in aktiverem Kontakt mit seinem Unbewußten ist. Konflikte können jedoch nun mit größerer Kraft aus seinem Inneren hervorbrechen und wenn sie nicht gelöst werden, kann dies bisweilen zu destruktiven, psychischen Spannungen führen. Aufgrund der Tatsache, daß er seine Aufmerksamkeit nach innen lenkt, wird die Aktivität oder die Entwicklung der Ereignisse in dem Haus, das Mars besetzt, wahrscheinlich verzögert (sowie in allen Häusern im Geburtshoroskop, die von Mars beherrscht werden).

Für diejenigen, die sich für ihre spirituelle Entwicklung geöffnet haben, kann diese Rückläufigkeit bedeuten, daß sie die Fähigkeit erlangen, die Energien der Leidenschaften und egozentrischen Instinkte zu transformieren und auf eine weniger egozentrische

Ebene zu bringen, wobei das Gesamtselbst vitalisiert und erneuert wird. Daher beginnt der Betreffende zu verstehen, warum der Kampf des Lebens zuallererst in ihm selbst und nicht in seiner äußeren Umwelt ausgetragen werden muß. In karmischer Hinsicht ist dies keine Zeit, in der er frei und eigenwillig ein neues Territorium erforschen oder einem unbekannten Weg folgen kann. Statt dessen ist der Betreffende mehr dazu gezwungen, seine Arbeit an Projekten zu vollenden, die in vergangenen Leben aufgrund von Ungeduld, mangelndem Durchhaltevermögen oder rücksichtslosen und leichtsinnigen Handlungen unvollendet geblieben sind. Nun muß er entsprechend früher ausgearbeiteten Plänen handeln, die tief in seiner Psyche vergraben sind. Er muß das vollenden, was in der Vergangenheit begonnen wurde, bevor er vertrauensvoll einen neuen Zyklus der Aktivität beschreiten kann.

Wenn Mars nach der Geburt durch Progression wieder direktläuft, beschreibt dies eine Phase im Leben des Horoskopeigners, in dem er beginnen wird, seinen riesigen Vorrat an spezialisierter Energie wieder zurück in die Welt zu lenken. Obwohl er zunächst dazu neigt, in bezug auf seine Fähigkeit, in der Außenwelt durch seine Bemühungen aus eigenem Antrieb heraus erfolgreich zu sein, Unsicherheit verspürt, ermutigt ihn das Leben nun dazu, unternehmungslustiger und durchsetzungskräftiger zu werden, so daß er einen direkteren Einfluß auf seine unmittelbare Umgebung nehmen kann. Er beginnt, sich offener zu verhalten, weshalb es ihm immer besser gelingt, seine inneren Impulse durch die Aktivität in der Außenwelt zu objektivieren. Dadurch, daß er an diesem Punkt in seiner Entwicklung direkter und spontaner handelt, regt er wahrscheinlich auch mehr die Aktivität mit anderen Menschen, denen er begegnet, an. Es kann auch sein, daß er lernen muß, wie er sich an ein schnelleres Tempo in seinen Lebensangelegenheiten anpaßt. In vieler Hinsicht sollte diese Phase als eine Gelegenheit für den Mars betrachtet werden, seine Energie ungehindert freizusetzen und seinen persönlichen Ehrgeiz zu aktivieren. Der Betreffende kann beginnen, sich in der Welt, in der er funktionieren muß, lebendiger und vitaler zu fühlen, sowie mehr Selbstvertrauen und Selbstsicherheit zu entwickeln, so daß die Bedürfnisse, mit denen er sich persönlich identifiziert, eine angemessene, äußere Ausdrucksmöglichkeit finden.

Transit:

Der transitierende Mars wird für ungefähr 80 Tage rückläufig, was alle zwei Jahre passiert. Für viele Menschen ist Mars ein Unruhestifter und wenn er im Transit rückläufig wird, ist dies vielleicht noch mehr der Fall. Die Hausposition, durch die er zu dieser Zeit wirkt, ist von besonderer Wichtigkeit. Die Energie des Mars zwingt uns normalerweise, etwas Neues zu beginnen, interessante und aufregende Ereignisse ins Leben zu rufen, die uns davon abhalten, in festgefahrenen Verhaltensweisen steckenzubleiben oder träge zu werden. Aber wenn Mars rückläufig ist, wirkt es oft so, als ob alle neuen Pläne des Betreffenden fehlschlagen, der erwartete Schwung ausbleibt, die Dinge sich zu langsam entwickeln oder überhaupt nicht in Gang kommen wollen. Oftmals fühlen wir uns so, als ob wir in selbstzerstörerischer Weise rückwärts, anstatt vorwärts gehen würden. Daher ist dies offensichtlich nicht gerade der beste Zeitpunkt, um neue Aktivitäten, die ausgesprochen starken Unternehmungsgeist, Wagemut, Abenteuerlust oder den ständigen und lebhaften Einsatz unserer körperlichen Energie erfordern ins Leben zu rufen. Die Angelegenheiten, die mit dem von Mars besetzten Haus verbunden sind, erzeugen möglicherweise einfach nicht genug Druck und Kraft, um die Dinge in dem Tempo voranzutreiben, das für optimale Resultate erforderlich oder wünschenswert ist. Das liegt daran, daß die Energie des Mars vorübergehend darauf verwendet wird, weniger konkrete, weltliche Angelegenheiten zu aktivieren. Der Betreffende wird dahin gebracht, über frühere Handlungen nachzudenken, und das gibt ihm die Gelegenheit, die Richtung seiner Bemühungen so zu ändern, daß sich ihm neue Möglichkeiten zur Mobilisierung vitaler Kräfte auftun. Spannungen lehren ihn in dieser Zeit, daß er seine Energien nicht richtig eingesetzt hat und daß er seine physische Aufmerksamkeit auf das lenken muß, was er bisher vernachlässigt oder nicht vollendet hat. Der transitierende Mars in seiner rückläufigen Phase zwingt zur konstruktiven

Veränderung des Energiemusters, das ansonsten dazu führen könnte, daß sich der Betreffende selbst verausgabt und nicht produktiv ist.

Wenn der Horoskopeigner bereits anfällig für körperliche Beschwerden ist, kann er während dieses Transits Probleme mit seiner Vitalität haben, was oft auf eine unbewußte Verstimmung, Reizbarkeit, Ungeduld oder sexuelle Frustration zurückzuführen ist. Die Beschwerden machen sich hier normalerweise als Entzündungen, Kratzwunden, Verbrennungen, Schnittwunden oder Verletzungen, die durch plötzliche Unfälle verursacht werden, bemerkbar. Wenn der Mars einen Spannungsaspekt zum Radixmond oder zum Aszendenten bildet, kann er hier auf eine leichtere oder schwere Operation hinweisen (es liegt jedoch eine psychosomatische Erkrankung vor, die sich langsam entwickelt hat). Der Betreffende ist sich möglicherweise gar nicht bewußt, daß er allmählich immer mehr Negativität in seinem Energiefeld aufgebaut hat, noch hat er es während dieser Phase unter Kontrolle, wie er seine Energie einsetzt. Deshalb kann diese Marsphase eine stärkere Anfälligkeit für Unfälle, Brüche, Streit, Kämpfe und andere größere oder kleinere Mißgeschicke mit sich bringen, wofür das ungestüme, aber irrationale Verhalten oder die übereilte und unbesonnene Handlungsweise des Horoskopeigners verantwortlich sind. Der transitierende, rückläufige Mars kann indirekt die innere Aktivität verstärken, was sich äußerlich als Ruhelosigkeit manifestiert sowie in dem Wunsch zum Ausdruck kommt, die bestehenden Lebensumstände plötzlich zu verändern, ohne die Konsequenzen für die Zukunft zu berücksichtigen, und unbedachte Schritte zu unternehmen, ohne jedoch ein Gefühl für eine praktikable Richtung oder ein zweckmäßiges Engagement zu haben.

Neuanfänge, die man zu dieser Zeit übereilt in Angriff nimmt, erweisen sich oftmals als verfrüht und erfordern bisweilen, daß der Betreffende noch einmal von vorne beginnt, wenn Mars wieder direkt läuft, oder seine Pläne zugunsten eines neuen Ziels aufgibt. Dieser rückläufige Transit eignet sich hervorragend dafür, mit der Planung eines wichtigen Projekts zu beginnen oder noch einmal zu bereits früher begonnenen Projekten zurückzukehren und sie noch einmal zu überarbeiten, so daß man schließlich unerledigte Arbeiten aus der Vergangenheit beendet. Es ist auch eine günstige Zeit, um sich eine Ruhepause von anstrengenden, körperlichen Arbeiten zu gönnen und seine physischen Kräfte statt dessen auf mehr nach innen gerichtete Interessen zu lenken. Es ist am besten zu warten und solange zu planen, wenn dies überhaupt möglich ist, bis Mars wieder direkt läuft, und erst dann die Verwirklichung neuer Interessen in Angriff zu nehmen. Wenn wir so verfahren, könnten wir wahrscheinlich eher die subtileren Aktionen berücksichtigen, die notwendig sind, um einen erfolgreichen Ausgang zu gewährleisten. Wenn man rückläufige Transite konstruktiv nutzt, bieten sie die Gelegenheit, unsere Schritte noch einmal zu überdenken und etwas Wertvolles zu entwickeln.

Jupiter

Im Geburtshoroskop:

Da Jupiter, wenn er direkt läuft, das Prinzip der Expansion und das Hinausstreben in die Gesellschaft beherrscht, kennzeichnet seine Rückläufigkeit im Geburtshoroskop einen Menschen, der sein Potential für Überfluß, Bereicherung und Wohlstand nicht so sehr in den materiellen Dingen der stofflichen Welt sucht. Statt dessen ist er mehr dazu inspiriert, in sich selbst nach Wachstumsmöglichkeiten zu suchen. Er strebt danach, seinen Horizont von einem subjektiveren Standpunkt aus zu erweitern. Oftmals verspürt er innerlich mehr Geborgenheit, Wohlbefinden und inneren Frieden. Die günstige Wirkung dieses Planeten macht sich mehr auf der psychischen Ebene bemerkbar. Daher ist dieser Mensch wahrscheinlich innerlich zufriedener und selbstgefälliger, als dies äußerlich den Anschein haben mag. Natürlich könnte dies seine Tendenz verstärken, alles hinauszuschieben, wenn es darum geht, sich greifbare, praktische Gelegenheiten, die ihm von seiner Umwelt geboten werden, realistisch zunutze zu machen (besonders wenn sie mit einem Engagement und Bemühen von seiner Seite

verbunden sind). Die Vision, das breite Spektrum der Wahrnehmung und die Voraussicht dieses Planeten können sich auf die
inneren Bedürfnisse richten und lassen sich daher oftmals besser
durch abstrakte geistige Ziele oder eine spirituelle Entwicklung
umsetzen, als durch rein materielle Ziele. Interessanterweise fällt
es diesem Menschen gewöhnlich schwerer zu geben und auf der
materiellen Ebene großzügig mit den Dingen umzugehen, die er
besitzt (ob es sich hierbei nun um materielle Güter, Talente oder
andere persönliche Besitztümer handelt). In dieser Hinsicht ist
seine Spontaneität blockiert. Wahrscheinlich ist er freigebiger
darin, seine Erkenntnis und Inspiration mit anderen Menschen zu
teilen. Da dieser Jupiter schwerfälliger ist, ist der Betreffende
nicht so ungezwungen und sorglos wie jemand mit einem direkt
laufenden Jupiter. Er ist mehr auf die abstrakten Prinzipien eingestimmt als Menschen mit einem direkt laufenden Jupiter, aber er
verspürt weniger den Drang, sich aktiv am Gesellschaftsleben zu
beteiligen.

Dieser Mensch hat starke philosophische Neigungen, aber er ist
weniger enthusiastisch oder begierig darauf, seine Überzeugungen und Erkenntnisse anderen Menschen mitzuteilen... zumindest in der freimütigen, für sich selbst Werbung machenden Weise
eines Menschen mit einem direkt laufenden Jupiter. Vielmehr ist
er damit beschäftigt, sein eigenes Verständnis der abgehobenen
Ideale, nach denen er strebt, zu vertiefen, in dem Versuch, durch
Weisheit und Erleuchtung eine größere innere Freiheit zu erlangen. Da man mit der universellen, abstrakten Seite Jupiters leichter in Berührung kommt, wenn er rückläufig ist, verspürt dieser
Mensch die Motivation, ein klareres Verständnis der umfassenderen Lebensprinzipien, Theorien, kosmischen Realitäten und der
absoluten Wahrheit zu erlangen. Durch seine Träume, innere
Visionen und inspirierten Bewußtseinszustände können ihm
tiefere Einsichten zuteil werden, obwohl seine Interpretation ihrer
Bedeutung höchst subjektiv ist. Dies könnte seine eigene Urteilsfähigkeit beeinträchtigen. Normalerweise besitzt dieser Mensch
mehr Vertrauen und Glauben an sein eigenes Potential als das
anderer Menschen. Er glaubt eher an sich selbst als an jemand
anderen, ohne arrogant zu sein. Diese Neigung kann der Grund

für seine Unfähigkeit sein, die Vorteile der meisten weltlichen Gelegenheiten zu erkennen, die sich ihm durch die Energien anderer bieten. Er läßt sich mehr von seiner inneren Stimme leiten, was darauf hinweist, daß er darauf bedacht ist, nur seiner eigenen Führung zu folgen. Dies kann dazu führen, daß er sich ausschließlich dem Wachstumsweg widmet, den er für sich selbst gewählt hat, ungeachtet dessen, ob dies ein einsamer oder unpraktischer Weg ist.

Da der rückläufige Jupiter einen Menschen kennzeichnet, der weniger Befriedigung aus den normalen, materiellen Bequemlichkeiten, physischem Luxus oder weltlichem Reichtum zieht, machen weltliche Größe oder sozialer Wohlstand nur selten Eindruck auf ihn. Er ist weniger daran interessiert, die gesellschaftlichen Traditionen zu bewahren. Selbst wenn er materielle Vorteile in seinem Leben erlangt, hat er oftmals die natürliche Neigung, ihre Bedeutung auf ein Minimum zu reduzieren. Er fühlt sich den materiellen Besitztümern nicht verhaftet. Vielmehr sehnt er sich nach einem Reichtum, der mehr moralischer und spiritueller Natur ist. Er möchte das Gefühl von innerem Reichtum haben. Dies könnte auf eine Unfähigkeit hinweisen, mit großen Geldsummen klug umzugehen oder Freude daran zu haben oder von einem gehobenen, sozialen Status zu profitieren. Es kann sogar sein, daß er diese Gaben zurückweist, wenn sie ihm geschenkt werden, weil er nach einem Ideal strebt, das von der Gesellschaft weniger hoch eingeschätzt wird. Seine religiösen Interessen bringt er wahrscheinlich in Form von inneren Bewußtseinszuständen zum Ausdruck und nicht durch formelle, äußerliche Bräuche oder traditionell organisierte Rituale und Zeremonien, die bei der Masse Brauch sind, da der rückläufige Jupiter weniger mit Form und Struktur innerhalb der Gesellschaft zu tun hat. Der Betreffende entscheidet sich oftmals dazu, einem Glauben oder Glaubenssystem zu folgen, das mehr seiner inneren Berufung entspricht. Seine Weltsicht kann sehr individuell und unorthodox sein. Belehrungen lehnt er ab und zieht es vor, sich über die wichtigen Themen des menschlichen Lebens seine eigenen Gedanken zu machen. Ein anderer Aspekt des rückläufigen Jupiters besteht darin, daß der Betreffende von Bereichen profitieren kann, die anderen Menschen nicht so fruchtbar erscheinen. Er kann sich sehr gut an verborgene Potentiale anknüpfen und ungewöhnlichen Nutzen daraus ziehen. Aufgrund dessen erscheint das Haus, das im Geburtshoroskop von Jupiter besetzt wird, hier nicht so günstig oder vorteilhaft, wie man normalerweise erwarten würde, außer der Betreffende ist bereit, nach tieferen und weniger offensichtlichen Vorteilen zu suchen.

(Raphael – Nostradamus – Thomas Jefferson – Hermann Hesse – Mahatma Gandhi – Oscar Wilde – Isadora Duncan – Rudolf Steiner)

Progression:

Wenn Jupiter durch Progression rückläufig wird, bleibt er dies für den Rest des Lebens (120 Jahre lang). Der Betreffende wird langsam darauf konditioniert, allmählich die inneren Wahrheiten über das Leben zu entdecken, nach denen er suchen muß, um sein Persönlichkeitswachstum voranzutreiben. Es erscheint ihm weniger erstrebenswert, materiellen Wohlstand für sich selbst zu erlangen oder durch einen gehobenen Status soziale Vorteile zu erzielen, weshalb es immer schwieriger wird, diese Dinge in der Außenwelt anzuziehen. Der Betreffende wird dazu inspiriert, subjektivere Möglichkeiten für sein persönliches Wohlbefinden und seinen Wohlstand zu finden. Manche Menschen verspüren schon die Wirkungen des progressiven, rückläufigen Jupiter, wenn er stationär wird; aber das Jahr, in dem er taktisch seine Richtung ändert, bezeichnet eine Zeit, in der man sich neue Ziele und Ideale sucht, die die philosophische Einstellung zum weltlichen Erfolg in irgendeiner Weise verändern. Der Betreffende interessiert sich weniger für die weltlichen Angelegenheiten des Hauses, in das Jupiter fällt, weshalb er auf diesem Gebiet zunehmend enttäuscht ist und beginnt statt dessen, einen breiteren, idealistischeren Standpunkt einzunehmen. Oder er versucht, die weniger offensichtlichen Vorteile dieses Hauses zu erforschen. Wenn der Radixjupiter im Horoskop starke Spannungsaspekte bildet, läßt seine progressive, rückläufige Phase darauf schließen, daß es im Umgang mit den hier angezeigten Angelegenheiten von entscheidender Bedeutung ist, daß er sie gründlicher und besser analysiert, wenn er vermeiden will, daß er Fehlurteile fällt oder seine Energien verschwendet. Der Grund dafür ist, daß der Betreffende auf diesem Gebiet wahrscheinlich weltfremder ist als je zuvor. Dies kann sich in einer stärkeren Neigung zeigen, den Details, die für den Erfolg wichtig sein könnten, weniger Aufmerksamkeit zu schenken. Der Betreffende könnte Verluste erleiden, weil er sich weigert die jeweiligen Angelegenheiten praktisch und realistisch einzuschätzen. Dies kann zur Folge haben, daß er jahrelang seine Geschäfte unverantwortlich führt, da er seine Pflichten und Verpflichtungen allgemein falsch handhabt. Seine hochfliegenden Träume lassen sich deshalb nicht verwirklichen, weil er sie schlecht plant oder organisiert, nicht unbedingt deshalb, weil ihm die Vision fehlt.

In karmischer Hinsicht kann es sein, daß der Betreffende wieder in Berührung mit einem religiösen, politischen oder intellektuellen Wert kommt, der in seinem Persönlichkeitswachstum in einem früheren Leben eine wichtige Rolle gespielt hat. Man sollte in dieser Zeit sehr genau auf alle plötzlichen Bedürfnisse achten, sich spirituellen oder erweiterten, geistigen Gebieten zuzuwenden (besonders während der stationären Phase), da dies einen Schlüssel dazu liefern könnte, die Verbindung zu seinem Überbewußtsein in vergangenen Leben sowie seinen früheren ausgeübten moralischen, ethischen und akademischen Neigungen, zu finden. Nun bietet sich eine neue Gelegenheit, einen bestimmten, philosophischen Weg, der in der Vergangenheit noch nicht voll integriert worden ist, fortzusetzen. Es kann sein, daß der Betreffende sich sehr stark zu einem alten Denksystem oder Glauben hingezogen fühlt und überraschenderweise fähig ist, dies mühelos in seinen gegenwärtigen Lebensstil zu integrieren. Er sucht nun nach innerer Bereicherung in dem Haus, das Jupiter besetzt.

Wenn Jupiter nach der Geburt durch Progression wieder direkt läuft, weist dies auf eine bestimmte Zeit im Leben des Horoskopeigners hin, in dem seine Lebensweisheit, seine Inspirationen und inneren Ideale an die Oberfläche dringen, so daß sie nun zum Nutzen der Gesellschaft eingesetzt werden können. Das Leben ermutigt ihn dazu, sich wieder für die Welt im großen und ganzen zu öffnen und sich aktiv an den sozialen Angelegenheiten zu beteiligen, die sein notwendiges Persönlichkeitswachstum und seinen Fortschritt fördern können. Obwohl er zu diesem Zeitpunkt immer noch keine Neigung verspürt, materialistische Werte anzunehmen, zieht er doch materielle Vergünstigungen an, die ihm helfen, seine sozialen Ziele zu verwirklichen. Er hat jetzt ein starkes Interesse daran, die Ideale, die ihm heilig sind, in stofflicher, konkreter Form verwirklicht zu sehen. Seine humanitären Instinkte sind aktiver und müssen zum Ausdruck gebracht werden. Seine Begeisterung und Lebensfreude wird für andere offensichtlicher. Anstatt sich in sich zu kehren und sich von der Welt zurückzuziehen, fühlt sich dieser Mensch jetzt positiv und optimistisch genug, die Berechtigung seiner aktiven Beteiligung an der irdischen Welt unter Beweis zu stellen. Dies gilt besonders, wenn der progressive Jupiter gerade dann seine Richtung ändert, wenn der Betreffende seine erste Saturnrückkehr erlebt hat.

Transit:

Der Transit des rückläufigen Jupiter dauert 4 Monate und tritt gewöhnlich einmal im Jahr ein. Die Dauer der Rückläufigkeit bedeutet, daß sich diese Konstellation mehr auf den Charakter, die Einstellung und das Verhalten als auf Ereignisse auswirkt. Dennoch kann dies eine ungünstige Zeit sein, um ins Ausland zu reisen, an einen weit entfernten Ort umzuziehen oder neue und wichtige juristische oder finanzielle Verhandlungen zu Ende zu führen. Im allgemeinen erweisen sich ausgedehnte Reisen und die verschiedenen Wege der Kommunikation als frustrierend, verzögern sich oder kosten mehr als erwartet. Das wichtigere an dieser Phase ist jedoch, daß sie zu einer wunderbaren Zeit werden kann, tiefere Einsichten in spirituelle oder philosophische Themen zu erlangen, da die Weisheit leichter aus dem Überbewußtsein fließen und in Kontakt mit dem bewußten Selbst kommen kann. Dies zwingt den Horoskopeigner dazu, die verborgenen Wahrheiten in seinen augenblicklichen Lebensanlegenheiten, die durch das Haus, das Jupiter transitiert, repräsentiert werden, zu suchen. Dieses Haus kann darauf hindeuten, wo der Betreffende ein inneres Gefühl der Zufriedenheit und Unterstützung finden kann, selbst wenn die äußeren Umstände und Situationen dies zu diesem Zeitpunkt nicht fördern. Aufgrund seiner subjektiven Gefühle der Führung und Selbstsicherheit, ist der Betreffende in Hinsicht auf die Zukunft optimistischer, als es den Anschein hat. Durch eine nochmalige Überprüfung der Ideale, die er früher übersehen oder unterschätzt hat, wird er dazu fähig, seine Vision dessen, was sein könnte, zu erweitern. Der Glaube an sich selbst könnte wieder hergestellt werden.

Obwohl es dem Betreffenden aufgrund selbst-inspirierter Kontemplation jetzt leichter fällt, größeres Vertrauen zu entwickeln und eine optimistischere Einstellung zu finden, ist der äußere Ausdruck seines Enthusiasmus, Überschwangs und seiner Heiterkeit in dieser Zeit eher gedämpft. Er wendet sich nach innen, um größeres Verständnis zu erlangen, und gewinnt eine weitere Sicht auf die sozialen Werte, mit denen er in seiner Umgebung konfrontiert wird. Er fühlt sich in dieser Phase von allen gesellschaftlichen Erwartungen entbunden und weist diesbezüglich Zwänge von sich, um seiner eigenen, inneren Berufung zu folgen. Indem er seine eigenen sozialen Angelegenheiten gründlicher und tiefer untersucht, kann er die Richtigkeit solcher Aktivitäten entsprechend seinen eigenen, individuellen Lebensprinzipien beurteilen und einschätzen (was auf das Bedürfnis nach einer expansiveren Überprüfung seiner wahren, inneren Überzeugungen hinweist). Es ist zu hoffen, daß der Betreffende eine neue Einstellung dazu gewinnt, wie er die Beziehungen zu anderen Menschen bereichern und auf eine höhere Ebene bringen kann, wenn Jupiter schließlich wieder direkt läuft. Seine Teilnahme am Gesellschaftsleben kann dann zielstrebiger und erfüllender werden, wobei er größeres soziales Ansehen gewinnt, während er dennoch für die Bedürfnisse seiner Seele einsteht. Er ist nun besser dazu in der Lage, sich von früheren sozialen Maßstäben zu lösen, die er blind befolgt hat und die sein inneres Wachstum behindert haben. Wenn er sich an die Erkenntnisse hält, die er während dieser rückläufigen Phase gewonnen hat und ihnen treu bleibt, bieten sich ihm in Zukunft viel bessere Möglichkeiten, sich in der Gesellschaft zu verwirklichen. Wenn der transitierende, rückläufige Jupiter Spannungsaspekte bildet, erscheinen die Inspirationen stärker und intensiver, aber diese Wirkung ist oftmals weniger zuverlässig und man sollte zu diesem Zeitpunkt nicht nach diesen Eingebungen handeln, zumindest was einschneidende Veränderungen in den Lebensangelegenheiten betrifft. Man könnte ein falsches Urteil fällen.

Saturn

Im Geburtshoroskop:

Saturn beherrscht alle Bemühungen um die Strukturierung des Egos, und sichert damit die Festigung und Stabilisierung des Status quo im sozialen Bereich. Wenn Saturn im Horoskop direkt läuft, konzentriert er sich hauptsächlich darauf, dauerhafte Schutzmauern, Barrieren und solide Verteidigungsmechanismen zu errichten, die den Betreffenden davor schützen, das Opfer äußerer Kräfte zu werden, die nicht seiner Kontrolle unterliegen. Daher ist Saturn der Planet der Selbsterhaltung, der uns dazu zwingt, dem Realitätsprinzip zu gehorchen und Sicherheitsvorkehrungen zu treffen, die charakteristischerweise trennend wirken können und darauf abzielen, stets die Kontrolle zu behalten. Dieses Prinzip versucht zu gewährleisten, daß die Verletzbarkeit der Persönlichkeit auf ein Minimum reduziert wird, indem sie in der Außenwelt angemessene Grenzen errichtet und Selbstdisziplin entwickelt. Wenn Saturn jedoch im Geburtshoroskop rückläufig ist, läßt sich das Bestreben des Horoskopeigners, seine Persönlichkeit zu strukturieren und sich selbst zu definieren, nicht mühelos durch äußere Konditionierungsfaktoren anregen. Statt dessen kann es sein, daß dieser Mensch unbewußt versucht, eine begrenzte, psychische Prägung oder ein Selbstbild aufrechtzuerhalten, das er ständig verteidigt und unterstützt, egal wie selbstzerstörerisch es ist. Wenn Saturn im Horoskop viele Spannungsaspekte aufweist, kann dieser innere Rahmen übertrieben starr und in bezug auf äußere Einflüsse ausgesprochen unnachgiebig sein. Wahrscheinlich basiert diese Struktur auf subjektiven und unterdrückten Ängsten, einem Unzulänglichkeitsgefühl und ei-

nem alles durchdringenden Gefühl der persönlichen Wertlosig-
keit. Selbstzweifel und Minderwertigkeitsgefühle verspürt der
Betreffende innerlich stärker, als es an der Oberfläche den Anschein hat. Auch Zwänge, die sich der Betreffende selbst schafft,
sind hier verstärkt.

Der rückläufige Saturn kennzeichnet einen Menschen, der seine
ganzen disziplinierenden, autoritären Zwänge, die für diesen
strengen Planeten typisch sind, größtenteils sich selbst anstatt
seiner Umwelt auferlegt. Daher kann es sein, daß er übertrieben
selbstkritisch und von Schuldgefühlen gequält ist, wann immer es
ihm nicht gelingt, seinen anspruchsvollen Erwartungen an sich
selbst gerecht zu werden. Er reagiert überempfindlich auf jeden
Fehler oder jede Schwäche, die er an sich selbst wahrnimmt.
Diese Konstellation kann das Zeichen für ein mißhandeltes und
geschundenes Ego sein, das sich nur sehr langsam und zögernd
wieder erholt und sich selbst wiederherstellt (da der Widerstand
gegenüber Veränderungen hier sehr stark sein kann). Der Betreffende neigt dazu, sich auf einer sehr subtilen Ebene selbst abzulehnen oder zu verleugnen und leidet unter einem psychischen
Masochismus, der auf der bewußten Ebene kaum erkannt oder
akzeptiert wird. Wenn der rückläufige Saturn positiv umgesetzt
wird, kann er auf einen Menschen hinweisen, der gut dafür
gerüstet ist, enormen Streß innerhalb seiner Lebensumstände zu
ertragen, ohne übermäßig bedroht oder ängstlich zu erscheinen.
Wahrscheinlich erträgt er diese äußeren Zwänge und Kämpfe,
ohne die dynamischen Veränderungen herbeizuführen, die notwendig sind, um ihn von seiner mißlichen Lage zu befreien. Die
Ausdauer und das Durchhaltevermögen des Saturn richten sich
hier nach innen in dem Versuch, die psychischen Energien zu
kontrollieren oder im Zaum zu halten. Infolgedessen ist dieser
Mensch weniger dazu bereit, sich selbst offen zu verteidigen und
Kontrolle durch seinen Willen auszuüben, wenn er mit stärkeren
und dominanteren Egos konfrontiert wird (besonders wenn Saturn Spannungsaspekte zu Sonne, Mars, dem Aszendenten oder
Herrscher des Aszenden bildet). Da er sich leicht einschüchtern
läßt, kann es äußerlich den Anschein haben, daß er sich den
Forderungen anderer ohne großen Widerstand unterwirft oder

beugt. Aber im Inneren paßt er sich nur schlecht solchen Zwängen an und befindet sich in einem Zustand langfristiger Frustration und Widerwillens. Bitterkeit und Depression verspürt er womöglich sehr stark, zeigt dies jedoch kaum. Er muß anderen Menschen in bezug auf das, was sie von ihm verlangen oder erwarten, Grenzen setzen, wenn er größere Selbstachtung erlangen will.

Oftmals wird dieser Mensch so sehr von seinem Gewissen geplagt, daß er seine Wünsche und Ziele unterdrückt, was wiederum deren Erfüllung verhindert. Er hat eine sehr verworrene Vorstellung davon, was er tun oder lassen sollte. Vielleicht ist es eine der wichtigsten Lektionen, die man unter dieser Konstellation lernen muß, Bestätigung für die Bedeutung der eigenen Persönlichkeit zu finden. Der Betreffende muß sich so akzeptieren wie er ist (sogar seine Schattenseiten), ohne sich zu schämen, abzulehnen oder von sich selbst enttäuscht zu sein. Da er Angst davor hat, persönlich Veränderungen, die sein Selbstbild vorteilhaft verändern könnten, erfolgreich durchzuführen, (er kann krankhaft selbstkritisch sein), hat er oftmals eine zu enge Vorstellung von sich selbst, um seinen angeborenen Schwächen gegenüber tolerant zu sein. Er muß die psychologischen Hindernisse von innen heraus überwinden, bevor der erwarten kann, in einer angenehmen Weise produktiv in der Außenwelt zu wirken. Der Ehrgeiz, sozialen Status zu erlangen und sich verdient zu machen, kann weniger ausgeprägt sein, wenn Saturn rückläufig ist, da die Entschlossenheit dieses Planeten, Leistungen zu vollbringen und die Erfolgsleiter hinaufzusteigen, schwächer sein kann. Vielleicht hat wahrer Erfolg für diesen Menschen eine einzigartige, individuelle Bedeutung, die nichts damit zu tun hat, in der Welt zu Achtung und Ansehen zu gelangen. Möglicherweise ist er mehr auf die Aufgabe eingestimmt, sein inneres Wesen zu kontrollieren und auf dieser Ebene das Gefühl von Sicherheit und Macht zu haben.

Da Saturn das Inbild der archetypischen Vaterfigur repräsentiert, könnte seine Rückläufigkeit darauf hindeuten, daß der Vater des Horoskopeigners nicht dem normalen Rollenvorbild entsprach. Obwohl er nicht unbedingt schwach sein muß, kann es sein, daß der Vater des Betreffenden sich in einer Weise verhalten hat, die während seiner prägenden Jahre verwirrend auf ihn gewirkt und eine gewisse Desorientierung ausgelöst haben. Oder die Einstellung des Horoskopeigners zu seinem Vater war sehr subjektiv, so daß sie sich nicht in Einklang mit der äußeren Realität dessen bringen ließ, was sein Vater in Wirklichkeit war. Aufgrund dessen könnten sowohl Verwirrung als auch Zwiespältigkeit entstanden sein. Was auch immer der Fall ist, ist hier die innere Reaktion des Horoskopeigners auf die Beziehung zu seinem Vater wichtig, da diese bestimmt, wie er zukünftig sowohl mit innerer als auch äußerer Autorität umgeht. In vielen Fällen scheint ein Mensch mit einem rückläufigen Saturn Schwierigkeiten damit zu haben, in einer ausgewogenen Weise Macht und Autorität auszuüben, was darauf hinweist, daß diese normalerweise unterentwickelt ist (oder übermäßig stark entwickelt bei manchen Menschen, die versuchen, Gefühle der Machtlosigkeit zu kompensieren). Der Betreffende kann versucht sein, herausfordernde Aufgaben und Pflichten in der Welt zu vermeiden, was auf sein Unzulänglichkeitsgefühl zurückzuführen ist. Es kann sogar sein, daß er Reife nur zögernd akzeptiert; das wäre aber nötig, um sich Konkurrenzsituationen gewachsen zu fühlen. Manchmal möchte er nicht einmal den Versuch machen, seine soziale Position zu verteidigen, wenn er dabei eine Niederlage oder öffentliche Kritik riskiert. Trotzdem kann dieser Saturn, wenn er positiv gehandhabt wird, auf große, innere Disziplin und die Fähigkeit hinweisen, Grenzen oder Ablehnung zu akzeptieren und ohne übertriebenen Streß unter solchen Bedingungen zu arbeiten; und er hat das Durchhaltevermögen, sich Schwierigkeiten objektiver und bewußter zu stellen. Die wirklich schwierigen Lebensaufgaben wurzeln hier normalerweise in seiner eigenen Psyche.

(Peter Tschaikowsky – Franz Schubert – George Elliot – Ernest Hemingway – Richard Nixon – Greta Garbo – Marilyn Monroe – Emily Dickinson – Albert Einstein)

Progression:

Wenn Saturn einmal durch Progression rückläufig geworden ist, wird er innerhalb einer Lebensspanne nicht mehr direkt laufen (da er 140 Jahre lang in dieser Progression bleibt). Dies kennzeichnet eine Zeit im Entwicklungszyklus des Horoskopeigners, wo er beginnt, davon Abstand zu nehmen, in der fordernden Weise des direktlaufenden Saturns in seiner Umwelt nach Kontrolle und Autorität zu streben. Anstatt ein Gefühl der absoluten Sicherheit durch die ehrgeizige Handhabung sozialer Angelegenheiten zu erhalten, was ihm sozialen Erfolg und Aufstieg gewähren könnte, konzentriert er sich nun zuallererst darauf, sich ein besser strukturiertes und konkreteres psychisches Fundament zu errichten. Er muß die Methode, durch die er seine Position in der Gesellschaft bisher erreicht hat, reorganisieren. Durch eine solche Umstrukturierung fällt es ihm womöglich leichter, mehr mit dem in Berührung zu kommen, was in seinem Inneren organisiert und umstrukturiert werden muß, damit das ihm wesensgemäße Wachstum stattfinden kann. Das Haus, das Saturn besetzt, erhält daher auf der subjektiven Ebene noch größere Bedeutung, und der Betreffende zeigt eine zunehmend tiefgründigere Einstellung zu diesem Lebensbereich. Der Betreffende lernt jetzt, nachdenklicher und selbstkritischer in bezug auf die äußere Rolle zu werden, die er im Umgang mit seinem Dharma anzunehmen gezwungen ist oder in Hinsicht auf seine innere Einstellung zur sozialen Verantwortlichkeit. Er wird vorsichtiger bei der Übernahme von Verantwortung für äußere Angelegenheiten und führt Veränderungen langsamer herbei, was auf seine gründliche Analyse der inneren Motivation, die hinter seinen Handlungen steht, zurückzuführen ist. Er nimmt sich Zeit, um die Konsequenzen seiner langfristigen Verpflichtungen abzuwägen, bevor er sie eingeht. Die Verantwortung, die er übernimmt, muß sich jetzt mit seinem wahren Gefühl von innerem Sinn in Einklang bringen lassen. Aufgrund dessen verzögern sich wahrscheinlich die Angelegenheiten, die durch das von Saturn besetzte Haus angezeigt sind, und in diesem Bereich tauchen Einschränkungen, Behinderungen und Verlangsamung auf... alles in dem Bemühen, seinen Ehrgeiz zu bremsen, bis er beginnt, die notwendige innere Selbstdisziplin auf diesem Gebiet anzuwenden. Da nun mehr unbewußte Komponenten seiner Psyche die Strukturierung seines Egos direkt beeinflussen, kann der Betreffende beginnen, die universelle Auswirkung seines Dranges, in der Welt etwas zu leisten und erfolgreich zu sein, zu erkennen.

In karmischer Hinsicht bringt der durch Progression rückläufige Saturn den Horoskopeigner mit auf negative Weise erzeugten Sicherheitsmechanismen und Verhaltensweisen in Berührung, die in seinen vergangenen Leben eine wichtige Rolle spielten. Aufgrund dessen ist er jetzt besser dazu in der Lage, ein tieferes Verständnis der unbewußten Ängste, Hemmungen und einschränkenden Einstellungen zu erlangen, die viele subtile Facetten seines Egos in diesem Leben behindert haben. Er erhält nun die Gelegenheit, sich noch einmal mit seinem Schatten (im Jungschen Sinne dieses Begriffs) zu beschäftigen und eine Bestandsaufnahme von sich selbst zu machen, die ihm ermöglicht, Ordnung in die Teile seiner Psyche zu bringen, die ansonsten bruchstückhaft und unintegriert bleiben würden. Um dies zu bewerkstelligen, wird er wahrscheinlich den Rest seines Lebens in einem nicht allzu offensichtlichen Zustand der Kontemplation verbringen. Allmählich zieht er sich von den öffentlichen Aktivitäten zurück und sucht nicht mehr nach Entfaltung und Anerkennung in der Außenwelt, um sich mehr und mehr daran zu konzentrieren, sich innerlich fest auf der spirituellen Ebene zu verankern. In dieser Zeit hat er scheinbar weniger Interesse am Gesellschaftsleben und wirkt sogar etwas einsiederlich und es kann sein, daß er seine Lebensbedürfnisse einschränkt und seine Interessen und Vergnügungen nur noch auf die Aktivitäten begrenzt, die zur Umstrukturierung seiner inneren Ansprüche an sich selbst beitragen. Wie sich der Betreffende darauf konzentriert, eine dauerhafte Seelenstruktur für den Rest seines Lebens zu erschaffen, hängt sehr stark von den Aspekten ab, die Saturn im Geburtshoroskop bildet.

Wenn Saturn durch Progression wieder direkt läuft, beginnt der Horoskopeigner allmählich, sich in bezug auf die Verantwortung in der Außenwelt besser zu behaupten. Obwohl er in seinem sozialen Engagement eher vorsichtig ist, besitzt er ein festes, inneres Fundament, von dem er ausgehen kann. In vieler Hinsicht sollte diese Übergangsphase sehr befreiend und erlösend wirken. Der Betreffende fühlt sich nun verantwortlicher für die wichtigen Angelegenheiten in der äußeren Welt, da sich seine Ziele durch die bestehenden Strukturen in seiner Umgebung besser manifestieren lassen. Von Geburt an wurde dieser Mensch darauf konditioniert, eine mehr auf die Tiefe gerichtete Einstellung zu Autorität und Kontrolle zu entwickeln. Doch zu diesem Zeitpunkt geht er noch einmal hinaus in die objektive Welt, um die Bedeutung seiner eigenen Person, seine Autorität und Kontrolle mit mehr Zielstrebigkeit zu zeigen, wenn dieser Saturn positiv gehandhabt wird (da er in psychischer Hinsicht tiefere Gründe für seinen Drang, Erfolg zu haben, gefunden hat). Er arbeitet nun daran, eine bessere und dauerhaftere Egostruktur und Definition seiner Persönlichkeit außerhalb von sich selbst zu errichten, was seine natürliche Veranlagung, sich unbewußt den Zwängen anderer Menschen zu unterwerfen, abschwächt. Die äußeren Lebensumstände, die er nicht selbst gewählt hat, beherrschen ihn daher weniger, was seine Selbstachtung und Unabhängigkeit stärkt. Gleichzeitig kann er nun die festen und starren psychischen Fesseln lockern, die er den größten Teil seines Lebens seinem inneren Selbst angelegt hatte, weshalb er beginnt, mehr persönliche Freiheit von allen Einschränkungen zu erfahren, die er sich selbst auferlegt hat (die größtenteils sehr hemmend und unangenehm waren). Deshalb nehmen seine Angst und Selbstverachtung ab. Das Haus, in das Saturn im Geburtshoroskop fällt, wird hier durch einen neuen Ehrgeiz aktiviert, wodurch der Betreffende das Bestreben zeigt, etwas zu leisten und zu erreichen, was soziale Anerkennung und Achtung verdient.

Transit:

Der Transit des rückläufigen Saturn dauert ungefähr 4 ½ Monate und tritt einmal im Jahr auf. Während Saturn vorübergehend über ein Haus im Geburtshoroskop läuft, verlangsamt er das normale Tempo der gegenwärtigen Aktivität, so daß der Betreffende einen bessere Chance erhält, einen effizienteren und vernünftigeren Plan oder eine bessere Methode zu entwickeln, die ihm ermöglicht, das Beste aus einem realistischen Bemühen zu machen, zu dem sich hier Gelegenheit bietet. Aufgrund des natürlichen Prinzips des Saturn sowie der normalen Wirkungsweise der Rückläufigkeit werden Unternehmungen oder Erwartungen verzögert oder der Betreffende erleidet unerklärliche Rückschläge. Seine spontanen Ziele scheinen oft unnötig vereitelt zu werden (entsprechend seiner begrenzten Perspektive) und gewöhnlich deshalb, weil unvorhergesehene Verpflichtungen und Verantwortlichkeiten in sein Leben treten und seine Zeit und Energie erfordern. Mit einem rückläufigen Saturn sind diese Verpflichtungen wahrscheinlich jedoch ein Beispiel für »unerledigte Geschäfte«, die zu irgendeinem früheren Zeitpunkt vernachlässigt wurden und nun gelöst und zu Ende geführt werden müssen (auf einer Ebene seines Bewußtseins), bevor der Betreffende sich wieder einer neuen Aktivität zuwenden darf. Trotzdem findet hier eine kaum verstandene, aber richtige zeitliche Abfolge statt und der Betreffende wird mit seinen Interessen auf lange Sicht den größten Erfolg haben, wenn er jetzt seine Pflichten mit mehr Geduld, Ausdauer und beständiger innerer Aufmerksamkeit akzeptiert. Obwohl er beständig daran arbeiten sollte, seine augenblicklichen Ziele in diesem Lebensbereich zu manifestieren, anstatt aufzugeben, sollte er nicht nach sofortigen Resultaten streben oder spontane Befriedigung verlangen. Saturn lehrt ihn hier, langsamer zu treten, sein Ego zu bremsen und besser organisiert vorzugehen. Der rückläufige Saturn ermöglicht ihm, noch vorsichtiger damit zu sein, wichtige Reserven in dem Haus, das er transitiert, zu verschwenden oder zu mißbrauchen.

Diese Phase ist oftmals ein ungünstiger Zeitpunkt, um entscheidende Veränderungen in der beruflichen Laufbahn vorzunehmen oder impulsiv zu versuchen, den gegenwärtigen Status zu verändern oder aufzugeben sowie seinen Stand in der Gemeinschaft oder der Welt im großen und ganzen (wie zum Beispiel von einer beruflichen Stellung zurückzutreten, die man seit langem innehat). In dieser Zeit ist es besser, zunächst einmal zu versuchen, Anpassungen oder Veränderungen vorzunehmen, die im

Idealfall ein Gefühl der Frustration auflösen können. Doch obwohl die Astrologen (bisweilen recht naiv) immer nach dem Ideal streben, erfordert das wirkliche Leben, daß man gewisse Verhaltensmuster erfüllt, die unser vorgefaßtes Konzept von dem, was wir sein sollten, nicht immer erfüllen. Ausschlaggebend ist, was von dem inneren Wachstumsmuster eines jeden Individuums verlangt wird, und nicht von unseren festen Vorstellungen. Da diese Phase normalerweise zusätzliche Verpflichtungen mit sich bringt, die oftmals sehr anstrengend und zeitaufwendig sein können, sollte der Betreffende nicht aktiv nach zusätzlichen Verpflichtungen suchen, da sich diese als belastender und erschöpfender erweisen könnten, als man angenommen hat. Der rückläufige Saturn versucht, uns in Berührung mit unseren inneren Grenzen zu bringen. Dies kann jedoch eine ausgesprochen günstige Zeit dafür sein, Bilanz zu ziehen und daran zu arbeiten, die innere Struktur zu errichten, die notwendig ist, um psychisch stärker zu werden. In diesem Zyklus wirkt Saturn schwerer und regt mehr zum Nachdenken an, als daß er ehrgeizig danach strebt, äußere Ziele zu erreichen. Wenn Saturn zu dieser Zeit Spannungsaspekte zu irgendeinem Radixplaneten (oder mehreren) bildet, kann es sein, daß sich schwache Elemente in der Persönlichkeitsstruktur erneut bemerkbar machen, die in der Vergangenheit unberücksichtigt geblieben sind und mit denen man sich jetzt erneut beschäftigen und sie korrigieren muß.

Rückläufige Planeten der höheren Oktave

Wenn Planeten der höheren Oktave rückläufig sind, wird ihre Wirkung theoretisch verstärkt. Der Grund dafür liegt darin, daß diese Planeten wie auch das Prinzip der Rückläufigkeit eine starke Verbindung zu den unbewußten Elementen der Menschheit (oder des inneren Selbst) haben. Die höheren Oktaven bleiben für fast ein halbes Jahr rückläufig, was darauf hinweist, daß fast die Hälfte aller Horoskopeigner einen rückläufigen, transsaturnischen Planeten hat. Vergleichen Sie dies mit dem nur 23 Tage dauernden Zyklus des rückläufigen Merkur und Sie werden verstehen, warum es absurd ist, absolute und verallgemeinernde Aussagen in bezug auf die speziellen Charaktermerkmale dieses rückläufigen Planetenprinzips zu machen. Dennoch verhalten sie sich anders, wenn sie rückläufig sind. Vielleicht hängt es hier sehr stark davon ab, wie diese das Selbst transzendierenden Planeten sich in das Gesamthoroskop integrieren. Wenn sie im Geburtshoroskop eine dominante Rolle spielen (was bedeutet, daß sie wichtige Aspekte zur Sonne, zum Mond, zum Aszendeten und/oder anderen Eckfeldern des Horoskops bilden oder unaspektiert sind, oder wenn einer dieser Planeten der einzige rückläufige Planet im Geburtshoroskop ist) treten die Merkmale ihrer Rückläufigkeit mehr in den Vordergrund. Die menschliche Psyche muß in irgendeiner Weise eine bewußtere Verbindung zu diesen besonderen rückläufigen Planeten haben, wenn sie überhaupt erkannt und die ungewöhnlichen psychischen Wirkungen, die sie repräsentieren, verstanden werden sollen. Ansonsten könnte ihr Einfluß zu abstrakt und subtil sein, um ihn in diesem Zusammenhang in Betracht zu ziehen.

Uranus

Im Geburtshoroskop:

Bei denjenigen, die in der Lage sind, auf den rückläufigen Radixuranus zu reagieren, kann die Intuition sehr mächtig sein. Aufgrund der stärkeren unbewußten Einstimmung, die mit der Rückläufigkeit verbunden ist, kann die Intuition jedoch so mühelos und rasch zur Wirkung kommen, daß der Betreffende seine Aktivität nicht objektiv als etwas von seinem normalen Wachbewußtsein Getrenntes wahrnehmen kann. Es kann sein, daß er seine Intuition für selbstverständlich hält und daher besser mit ihr zurechtkommt (seine Egostruktur ist weniger bedroht). Im allgemeinen wird die potentielle Einzigartigkeit, Genialität oder sogar das exzentrische Verhalten des Betreffenden in der Außenwelt nicht voll zum Ausdruck gebracht. Doch solche Qualitäten werden von dieser bewußteren Seele innerlich stärker erfahren. Der

Betreffende reagiert auf tieferen, weniger offensichtlichen psychischen Ebenen in einer eigenwilligeren, rebellischeren und trotzigeren Weise, als er nach außen hin zeigt. Eigentlich hat er eine radikalere, unkonventionellere oder originellere Einstellung als es den Anschein hat. Daher nehmen die meisten Menschen an, daß diese Person konservativer und orthodoxer ist (oder gemäß den meisten gesellschaftlichen Maßstäben normaler), als er sich selbst subjektiv kennt. Er hält einen Großteil seines Potentials an farbiger Individualität zurück. Die normalerweise abrupte Kraft des spannungsgeladenen Uranus konzentriert sich weniger auf äußere Erfahrungsbereiche, sondern vielmehr auf die inneren Bewußtseinsebenen, was dem Betreffenden plötzliche Erkenntnisse liefert, die ihm bewußt machen, daß er sich zu allererst von innen heraus verändern muß. Es ist fast so, als ob der Betreffende unbewußt versuchen würde, Licht in die vorgefaßten Einstellungen zu bringen, die er in vergangenen Leben entwickelt hat, und durch diese Erkenntnis und Erleuchtung danach zu streben, sich von den behindernden Strukturen (besonders Denkstrukturen) zu befreien. Solange bis ihm dies einigermaßen gelingt, neigt er wiederholt dazu, seine Aufmerksamkeit von einer offenen Beteiligung an progessiven Aktivitäten abzulenken, die dazu beitragen könnten, seine Lebensumstände in gesellschaftlicher Hinsicht zu verändern. Seine Zukunftsvision hängt zunächst davon ab, daß er sich erfolgreich mit den Elementen seiner eigenen Vergangenheit konfrontiert und diese verändert. Daher hat dieser Uranus mehr mit der Innenschau und Selbsterkenntnis zu tun. Er verspürt weniger den Drang, die äußere Rolle des sozial Engagierten zu spielen.

Wenn der umwälzende, rückläufige Uranus Spannungsaspekte zu anderen Radixplaneten bildet, kann es sein, daß er sich mit allem unwohl fühlt, was seinen rebellischen Impuls, völlig unerwartet die bestehenden Strukturen niederzureißen, auslöst. Er ist uneins mit sich selbst und wundert sich, warum er in seinen Angelegenheiten soviel Chaos anrichtet (entsprechend der Hausposition). In diesem Fall symbolisieren die äußeren Umstände die Bereitschaft für inneres Chaos. Plötzliche, verwirrende Veränderungen in der Einstellung werden hier durch den unvorhersehbaren Aufruhr im eigenen Unbewußten hervorgerufen, anstatt durch die äußere Umwelt. Wenn überhaupt, werden die Lebenssituationen zu den geeigneten Symbolen, die notwendig sind, um die vom inneren Wesen herbeigeführten Veränderungen zu objektivieren. Die äußeren Umstände an sich sind weniger von Belang als die innere Bedeutung, die diese Umstände für den Betreffenden haben. Bei dieser Konstellation kann man von Zeit zu Zeit mit unerwarteten Explosionen rechnen, da die aufgestauten, nervösen Spannungen weniger nach außen abgeleitet werden können, verglichen mit dem direkt laufenden Uranus. Unerklärliche und unerwartete Reaktionen tauchen aus dem Nichts auf (obwohl sie für denjenigen, der sie hervorgerufen hat, oftmals eine subjektive Bedeutung haben). Natürlich könnte dies in manchen Fällen bedeuten, daß der Betreffende im persönlichen Ausdruck seiner uranischen Charakterzüge weniger verstanden wird (die von den meisten Menschen sowieso nicht geschätzt werden), als bei einem Menschen mit einem direkt laufenden Uranus, da er von innen heraus angetrieben wird. Seine äußeren Handlungen könnten sogar unpassend erscheinen und werden oftmals nur vom Betreffenden selbst verstanden (und auch dies nur beschränkt). Wo immer sich sein spezielles Talent oder Genie zeigt, wird sich dieser Mensch wahrscheinlich radikaler von der Norm abkehren, da er von einem subjektiveren Standpunkt aus umwälzende Veränderungen herbeiführt, der einzig und allein sein eigener ist. Diese Konstellation könnte in der Tat sehr leicht auf eine besondere Einmaligkeit hinweisen.

Die Gemeinschaft der Seelen, die gemeinsam mit einem rückläufigen Uranus inkarnieren, fühlt sich kollektiv fast karmisch dazu getrieben, zunächst einmal ihr inneres Selbst neu zu strukturieren und gründlicher zu reformieren, bevor sie zu entdecken versuchen, wie man die Gesellschaft als Ganzes am besten verändern kann. Anfänglich stellen diese Menschen womöglich fest, daß sie seelisch von der etablierten Ordnung der Dinge wegstreben in dem Versuch, zunächst einmal ihr eigenes inneres Wesen zu erforschen. Denken Sie daran, daß diese Menschen absichtlich damit beschäftigt sind, zunächst ihre eigene Individualität zu erkennen, weshalb sie sich den sozialen Maßstäben oftmals entfremdet fühlen oder im Widerspruch dazu stehen, während man trotzdem von ihnen erwartet, daß sie sich diesen unterwerfen. Sie haben das Bedürfnis, innere Freiheit zu erfahren, bevor sie sich darum bemühen, die soziale Freiheit voranzutreiben. Der innere Weg der Befreiung, dem sie gewöhnlich folgen, könnte daher den Anschein erwecken, daß er sich gegen das richtet, was die Gesellschaft wünscht oder von dieser Generation verlangt. Ich möchte darauf hinweisen, daß diese allgemeinen und oberflächlichen Aussagen nicht auf jeden und jedes Mitglied dieser Gruppe zutreffen, sondern nur auf die wenigen Auserwählten, die in der Lage sind, sich direkter mit den Uranuskräften zu verbinden. Die Seelen, die gelernt haben, der Entfaltung ihrer eigenen Individualität mehr Aufmerksamkeit zu schenken, während sie auch gelernt haben, ihre unpersönlichen Ziele und Bestrebungen für die Gesellschaft zu erweitern, kann der rückläufige Uranus dazu inspirieren (oftmals in einer unpolitischen Weise), der Welt verblüffende Erkenntnisse und originelle Gedanken mitzuteilen, die mit der Expansion des menschlichen Potentials zu tun haben. Trotzdem erlangt man jede relevante, soziale Erkenntnis erst dann, wenn man sich seiner selbst bewußter geworden ist. Der Betreffende verspürt den Drang, entsprechend seiner eigenen, ungewöhnlichen Vision von sich selbst und in seinem eigenen Tempo bewußt zu werden. Obwohl er in Gruppenangelegenheiten bisweilen ausgesprochen aktiv und vital erscheint und den sozialen Idealismus fördert, fühlt er sich dennoch getrennt von der Masse, die er unterstützt, und ist mehr daran interessiert, der Führung seines inneren Selbst zu folgen.

(Friedrich Nietzsche – Karl Marx – Henry David Thoreau – Walt Whitman – Gertrude Stein – Alfred Adler – Evangeline Adams – Edgar Cayce)

Progression:

Wenn Uranus durch Progression rückläufig wird, bleibt er dies für den Rest dieser Inkarnation (155 Jahre lang). Daher ist es von besonderer Wichtigkeit, das Haus zu beachten, in dem Uranus im Geburtshoroskop steht, da dies der Bereich ist, wo sich der

Horoskopeigner allmählich nach innen wendet, um eine größere Freiheit des Selbstausdrucks sowie eine zunehmende Bewußtheit seiner wahren Individualität zu entwickeln und zu erfahren. Wenn der Betreffende einigermaßen gut auf die Uranusenergie anspricht, wird er nun konditioniert, erfinderischer und experimentierfreudiger im Umgang mit den Angelegenheiten dieses Hauses zu werden als jemals zuvor. Deshalb kann es sein, daß er zu Anfang weniger dazu bereit ist, die üblichen Methoden zu übernehmen oder den Konventionen Genüge zu tun, die er ohne Frage formell akzeptiert hat. Zumindest stellt er die gesellschaftlichen Zwänge jetzt mehr in Frage als zuvor. Die meisten Menschen nehmen die subtilen inneren Veränderungen, die von dieser Phase herbeigeführt werden, kaum bewußt wahr. Oder sie werden auf ungewöhnliche, äußere Ereignisse projiziert, die vorübergehend den inneren Status quo des Betreffenden unterbrechen, oftmals ohne einen triftigen Grund oder Sinn. Es kann sein, daß sich der Betreffende jetzt mit dem, was er äußerlich erfährt, nicht wohlfühlt, da sich die neuen Lebenseinstellungen von innen heraus entwickeln. Er ist weniger bereit, sich entsprechend der Zwänge seiner Umgebung zu verhalten. In karmischer Hinsicht wird diese Seele jetzt wieder in Verbindung mit früheren rebellischen Neigungen aus vergangenen Leben gebracht. Er kommt wieder in Kontakt mit Launen des Temperaments und persönlichen Eigenarten aus der Vergangenheit, von denen er bisher nichts gewußt hat, und erlebt diese wieder. Zu diesem Zeitpunkt ist er sich möglicherweise viel stärker bewußt, wie und wo er sich in der Vergangenheit nicht besonders gut an die sozialen Strukturen angepaßt hat – sei dies nun in positivem oder negativem Sinne. Jeder plötzliche Impuls, seine eigene Persönlichkeit freier zu entfalten, liefert in dieser Zeit (besonders während der stationären Phase) Schlüssel in Hinsicht auf seine individualistischen, jedoch ungelösten Bedürfnisse, die in früheren Inkarnationen entstanden sind. Die humanitären Bestrebungen und/oder das okkulte Verständnis aus der Vergangenheit kann auf der psychischen Ebene besser überprüft werden. Der Betreffende ist zumindest in der Lage, weiterhin an einer Phase der Individuation zu arbeiten, die er in vergangenen Zeiten nicht in ihrer progressivsten, idealen

Form entfalten durfte. Die Progression des rückläufigen Uranus könnte darauf hinweisen, daß die Zeit reif ist, wieder das unorthodoxe Verhalten an den Tag zu legen, das in vergangenen Jahrhunderten ein wesentlicher Bestandteil des eigenen Wesens war.

Wenn Uranus durch Progression wieder direkt läuft, tendieren die uranischen Energien jetzt dazu, sich weniger auf das eigene Selbst zu konzentrieren und sich statt dessen mehr auf die Gesellschaft zu richten. Natürlich kann sich dies sehr langsam manifestieren (wie auch bei den übrigen Planeten der höheren Oktave, außer bei den wenigen, die während der stationären Phase zum Ausdruck gebracht werden). Im Idealfall ist der Horoskopeigner jetzt dazu bereit, voranzukommen und das Leben entsprechend seinem kollektiveren Potential zu erfahren. Jetzt ist er aber besser dazu in der Lage, der Welt die Früchte seiner eigenen Selbsterkenntnis zugute kommen zu lassen. Dies ist jedoch keine Garantie dafür, daß die Welt seine Erkenntnisse verstehen und akzeptieren wird, da er ursprünglich von einem sehr subjektiven Standpunkt ausgeht, den möglicherweie nur er versteht und für gutheißt (aufgrund all der früheren Jahre, in denen er sein Inneres ergründet hat). Aber zumindest verspürt er nun den Antrieb, seine durch persönliche Erfahrung gewonnenen Erkenntnisse auszudrücken, ungeachtet dessen, wie sie von der Gesellschaft aufgenommen oder abgelehnt werden. Er ist dazu gezwungen, gemäß seiner eigenen Selbsterkenntnis zu versuchen, seine Umwelt zu beeinflussen. Bei denjenigen, die gut auf die Uranusenergie eingestimmt sind, könnte dies eine Phase bedeuten, in der ihr Genie und ihre brillante Anwendung sowohl ihres Wissens als auch ihrer handwerklichen Fähigkeiten auftauchen und zwar auf dem speziellen Interessensgebiet, das der Betreffende sich in diesem Lebensbereich geschaffen hat. Es könnte auch bedeuten, daß eigensinnige und ausgesprochen zerstörerische Elemente in der Psyche auftauchen, die früher verborgen waren, die den direkten und offenen Konflikt mit dem Status quo und/oder Autoritätspersonen schüren. Der Betreffende versucht nun verstärkt, alle etablierten Verhaltensmaßregeln oder sozialen Normen zu brechen, um der Führung seiner eigenen inneren Stimme zu folgen.

Transit:

Der Transit des rückläufigen Uranus dauert ungefähr 155 Tage und tritt einmal im Jahr ein. Wenn er zu diesem Zeitpunkt irgendeinen persönlichen Einfluß haben sollte, ist es höchstwahrscheinlich, daß sich dies durch die Lebensumstände des Hauses, das er transitiert, bemerkbar macht. Und ebenso entsprechend der Natur eines Radixplaneten oder Eckfelds, das von Uranus stark aspektiert wird... besonders wenn Aspekte von dem Punkt aus gebildet werden, wo er stationär wird, bevor er rückläufig wird. Fast exakte Aspekte sollten besonders beachtet werden, da sie die gesamte Phase dieses Transits färben. In Hinsicht auf Aspekte schenken Sie bitte besonders Konjunktionen, Quadraten und Oppositionen Beachtung (da sie alle eine symbolische Affinität mit »Eckigkeit« haben, was wiederum auf eine offene und manchmal dynamische Handlung schließen läßt, die zu Wendepunkten im Wachstum führt). Da es dem größten Teil der Menschheit schwerfällt, die uranischen Prinzipien zu handhaben, wird die Wirkung dieses Transits sehr spontan als Unterbrechung der gewohnten Routine erfahren, die von den Angelegenheiten des Hauses repräsentiert werden, das Uranus transitiert. Die Unterbrechung deutet hier auf eine plötzliche Veränderung der persönlichen Pläne hin, aufgrund unvorhergesehener, neuer Umstände in der Umgebung, die die ursprünglichen Absichten durchkreuzen. Die jeweiligen Angelegenheiten verlieren sehr schnell ihre Struktur und zerschlagen sich, da die Situationen jetzt unerwartete Elemente beinhalten, die den Status quo der Aktivitäten herausfordern. Aber gewöhnlich ist dies alles nur von Vorteil für den Betreffenden, wenn man es unter dem Gesichtspunkt der Weisheit der Seele betrachtet. Der Transit des rückläufigen Uranus kann dazu verhelfen, daß der Betreffende in Berührung mit dem Bedürfnis nach persönlicher Freiheit des Selbstausdrucks kommt, das er bis zu diesem Zeitpunkt noch nicht erkannt hatte. Der Betreffende erhält nun eine weitere Gelegenheit, in Kontakt mit dem höchst einzigartigen Teil von sich selbst zu kommen, der nach befreienderen Formen der Aktivität oder neuen Ansätzen für seine optimale Entwicklung sucht. Dies kann besonders dann der Fall sein, wenn Uranus verschiedene Aspekte zu Radixplaneten bildet (anstatt nur ein Haus zu transitieren).

Vielleicht sind die Planeten der höheren Oktave solange rückläufig, weil es relativ schwieriger für uns ist, ihre besonderen Eigenschaften richtig zu verarbeiten und zu integrieren, ohne sie über längere Zeit hinweg und von Zeit zu Zeit immer wieder zu rekapitulieren. Ihre rückläufigen Phasen ermöglichen uns, unseren Fortschritt auf diesem Gebiet ständig zu überprüfen und zu lernen, den Sinn dieser transzendenten Planeten besser zu verstehen. Da ihre Bewegung noch langsamer wird, wenn sie rückläufig sind, geben sie uns vielleicht die Möglichkeit, uns noch intensiver auf ihre Eigenschaften zu konzentrieren. Wenn Uranus seine intuitiven Impulse während dieses rückläufigen Transits nach innen richtet, kann es sein, daß der Betreffende besser dazu in der Lage ist, neue Audrucksmöglichkeiten zu finden, die eine umfassendere Selbsterkenntnis zur Folge haben. Er könnte eine Ebene des Selbst-Bewußtseins erreichen, die ihn vor Selbstgefälligkeit, Trägheit oder irdischer Stagnation auf dem Gebiet, das Uranus transitiert, bewahrt. Es kann sein, daß sich die Wirkung dieses Transits nach außen hin nicht bemerkbar macht, aber auf subjektiven Ebenen kann sie verblüffend sein. Die hier gewonnenen neuen Erkenntnisse deuten darauf hin, daß der Betreffende seine Einstellungen reformiert und die Dinge in diesem Lebensbereich nie mehr so sieht wie früher. Obwohl sich während dieser Phase die Unzufriedenheit nicht offen zeigt, kann sie nachdenklich stimmen und den Betreffenden dazu zwingen, seine überholten Verhaltensmuster zum Besseren zu verändern. Ein inners Gefühl der Rebellion (das sich normalerweise gegen sich selbst richtet) wird möglicherweise verspürt, bevor es an die Oberfläche dringt und sich auf die Umwelt richtet. Gewöhnlich entsprechen die äußeren Lebenssituationen zu dieser Zeit nicht den Maßstäben unseres Eigenwillens (was noch mehr der Fall ist, wenn der transitierende Uranus wieder direkt läuft), denn wir sind jetzt darauf konditioniert, uns mit dem universellen Willen in Einklang zu bringen. Wenn dieser rückläufige Transit falsch gehandhabt wird, kann er eine Phase von seltsamen Unfällen kennzeichnen, die sich nur selten analysieren oder erfolgreich erklären lassen. Die Situationen können jeglicher Logik und Vernunft entbehren, zumindest wenn man sie streng von der oberflächlichen Erscheinung der Dinge aus betrachtet. Sogar Gelegenheiten, die aus dem Nichts auftauchen, lassen sich nur schwer begründen. Der rückläufige Uranus zwingt den Horoskopeigner, hinter die Oberfläche der Dinge zu blicken, um tiefere, verborgene Ursachen zu entdecken, die er früher ignoriert hat, und diese Angelegenheiten im Licht der reinen Wahrheit und Objektivität zu betrachten. Dies ist zumindest eine ideale Möglichkeit, einen solchen Transit positiv zu nutzen. Auf was auch immer wir plötzlich aufmerksam gemacht werden, es repräsentiert das, was wir reformieren müssen, um einen vergangenen Lebenszyklus, der ungelöst geblieben ist, besser integrieren zu können, bevor wir frei werden, in der Zukunft voranzukommen. Wir müssen uns auf diese Angelegenheiten mit großer Klarheit konzentrieren. Leider sind nur sehr wenige von uns dazu bereit, so aufrichtig zu sein und uns so ehrlich mit unserem Leben zu konfrontieren, weshalb wir nur selten die Wohltaten der geistigen Bereicherung empfangen, die uns der rückläufige Uranus während dieser Phase gewähren kann.

Neptun

Im Geburtshoroskop:

Bei denjenigen, die in der Lage sind, auf den rückläufigen Neptun im Geburtshoroskop zu reagieren, kann dies bedeuten, daß sie sich zunächst auf die Vergeistigung der subjektiven Welt konzentrieren, bevor sie ihre Aufmerksamkeit sozialen Verpflichtungen zuwenden. Neptun richtet seine Energien hier darauf, alle bestehenden psychischen Strukturen aufzulösen, die zu starr geworden sind. Sein Einfluß kann daher in der äußeren, konkreten Welt weniger problematisch sein, da er es vorzieht, innere Zustände zu fördern, die in der Vergangenheit entwickelt wurden. Da der rückläufige Neptun sogar noch enger mit der Macht des Unbewußten in Berührung ist als der direkt laufende Neptun, kann die

Empfänglichkeit des Betreffenden für subtile, emotionelle Unterströmungen erhöht und intensiviert sein, was bei manchen Menschen die Medialität verstärkt, wenn diese ausreichend entwickelt ist. Wenn Neptun hier jedoch starke Spannungsaspekte bildet, kann die psychische Desorientierung noch stärker sein; das läßt sich auf die Unfähigkeit zurückführen, die verschiedenen Bewußtseinsebenen objektiv auseinanderzuhalten und zu trennen. Die nach innen gerichtete Natur des Neptun sowie seine Fähigkeit, sich tief ins Innere zurückzuziehen, kann betont sein. Tendenzen zur Weltflucht, Selbsttäuschung und innerer Verwirrung sind an der Oberfläche wahrscheinlich weniger sichtbar. Obwohl die Vorstellungskraft und die Visualisationsfähigkeiten hier sehr stark ausgeprägt sind, werden sie weniger darauf gelenkt, die soziale Umgebung zu verbessern. Sie werden weniger dazu verwendet, zukünftige, kollektive Ziele zu fördern, zumindest in direkter Weise. Statt dessen werden diese Qualitäten eher auf das innere Selbst gelenkt in dem Versuch, einen idealeren Zustand, wie die Dinge gewesen sein könnten, zu visualisieren. Mit anderen Worten, die Inspiration und Erkenntnis werden hier mehr auf frühere Lebensumstände angewandt, die jetzt nur noch als unbegreifbare Eindrücke im Inneren dieses Menschen bestehen. Obwohl er nach außen hin die bewußte Kontrolle zu besitzen scheint, fällt es ihm womöglich schwerer, innere Disziplin zu üben und ein Gefühl der Ordnung zu haben. Möglicherweise vermeidet er es, seine innere Welt zu ordnen, was darauf hindeutet, daß er ausgesprochen empfänglich für die mächtigen Kräfte seines eigenen Unbewußten werden kann. Der direkt laufende Neptun kann gegenüber den dunkleren, emotionellen Inhalten des Unbewußten resistenter sein, ganz einfach deshalb, weil er versucht, die Aufmerksamkeit vom Unbewußten abzulenken und sich statt dessen verstärkt auf den Glanz der materiellen Welt zu konzentrieren. Mit einem rückläufigen Neptun neigt der Betreffende mehr dazu, die Energien dieses Planeten nicht zu manifestieren. Es hängt hier jedoch sehr stark von der Entwicklung des Horoskopeigners ab, wie er mit dieser Konstellation fertig wird.

Dieser Mensch könnte hingebungsvoller sein, sich selbst mehr opfern oder nur passiver und psychisch widerstandsloser sein, als er an der Oberfläche zeigt. Darüber hinaus kann es auch sein, daß er von den härteren Realitäten seines Lebens leichter verletzt wird, da er versucht ist, die direkte Konfrontation mit den Faktoren seines Lebens zu vermeiden, die sich nicht mit den vorgefaßten Idealen, an die er innerlich glaubt, in Einklang bringen lassen. Er hat sogar größere Schwierigkeiten, seine visionären Träume auf eine praktische und funktionierende Ebene der Realisierung zu bringen.

Darüber hinaus haben diese Träume oder Visionen nur wenig mit den augenblicklichen Lebensumständen zu tun, sondern repräsentieren eher vergangene Lebensumstände, die jetzt »unerledigte Geschäfte« darstellen. Diese subjektiven Zustände, so unfaßbar sie auch sind, scheinen eine starke, emotionelle Faszination auf den Betreffenden auszuüben. Die Desillusionierung in bezug auf die äußeren, weltlichen Angelegenheiten können den Betreffenden tiefer beeinflussen, als erkennbar wird, was ihn dazu treibt, sich bisweilen in seine eigene, selbstgemachte Welt der Phantasie und Illusion zurückzuziehen. Der rückläufige Neptun fühlt sich wohler mit nichtstofflichen, traumartigen Bewußtseinsebenen. Wenn er daher falsch gehandhabt wird, könnte er auf emotionelle Perversionen, unbewußte Komplexe oder tiefverwurzelte Fluchtmechanismen hinweisen, die nur schwer an die Oberfläche gebracht werden, objektiv untersucht und befriedigend gelöst werden können. Hier besteht die Tendenz, in übertrieben idealisierten Erfahrungen aus der Vergangenheit gefangen zu sein, die nur wenig Möglichkeit für neues, inneres Wachstum in dieser gegenwärtigen Inkarnation bieten.

Der Betreffende muß erkennen, daß alle Erfahrungen der Vergangenheit am besten dazu benutzt werden, die Inspiration zu fördern, die notwendig ist, um den Angelegenheiten in der Gegenwart einen tieferen Sinn zu geben sowie die Möglichkeiten der Zukunft eine tiefere Erkenntnis zugrunde zu legen. Der Betreffende darf nicht zulassen, daß er für immer in einem früheren Gefühlsmuster gefangenbleibt, das ihn psychisch unbeweglich macht. Obwohl er normalerweise sehr nachdenklich ist, sollte er danach streben, ein größeres Gleichgewicht zwischen dem Bemühen, seine inneren Eindrücke auf Ziele im Hier und

Jetzt zu lenken, herzustellen (besonders bei Aktivitäten, die einen kreativen Ausdruck ermöglichen).

Der Mangel an innerer Organisationsfähigkeit, der hier angezeigt ist, kann die Fähigkeit der psychischen Selbstbewahrung auf ein Minimum reduzieren. Es kann eine starke, innere Verwirrung herrschen, die das Ego frustriert und seine Funktion behindert. Die Gemeinschaft der Seelen, die sich gemeinsam mit einem rückläufigen Neptun inkarniert hat, kann jedoch kollektiv den Drang verspüren, ein größeres Desinteresse an den materiellen Sicherheiten zum Ausdruck zu bringen, die traditionell einen hohen Stellenwert besitzen. Diese Menschen sehnen sich mehr nach nichtstofflichen, spirituellen oder abstrakteren Zielen, um ihre Sicherheitsbedürfnisse zu befriedigen. Einige der höher entwickelten und bewußteren Seelen können hier zu erleuchteten Kanälen für die spirituelle Verfeinerung durch den einzigartigen Ausdruck von Liebe, Schönheit oder emotionellem Idealismus werden (was sich oftmals durch einen spezialisierten Ausdruck der Persönlichkeit in den schönen Künsten oder spirituellen Bestrebungen manifestiert). Auf der individuellen Ebene kann der rückläufige Neptun auf einen Menschen hinweisen, der unbewußt seinen Willen mühelos für eine Erfahrung aufgibt, die ihm ein tieferes Gefühl der Transzendenz vermittelt. Er braucht weniger greifbare Beweise für die Existenz der neptunischen Prinzipien. Wenn dieser Planet jedoch falsch gehandhabt wird, bringt der Betreffende möglicherweise eine märtyrerhafte Einstellung zum Ausdruck, wobei er sich emotionell selbst bestraft, um irgendeinen Fehler wieder gutzumachen, der jetzt in den Tiefen seiner unbewußten Vergangenheit verborgen ist. Er ist sehr sensibilisiert für sein wesentliches Grundproblem, das ihn davon abhält, sich mit anderen Teilen seiner Psyche innerlich in Einklang zu fühlen, und er kann keinen inneren Frieden finden, solange er sich nicht davon befreit hat. Er muß seine Gefühle gründlich analysieren und sich schließlich alle Vergehen der Vergangenheit verzeihen. Ansonsten bringt er sich weiterhin blind in selbstverneinende Umstände, die ihm sowohl weltlichen und materiellen Erfolg als auch menschliches Wohlergehen versagen. Wenn der rückläufige Neptun konstruktiv eingesetzt wird, ermöglicht er diesem rezeptiven Menschen, Vorteile aus einer fast mystischen Kunst zu ziehen, die subtilen, spirituellen Realitäten zu enthüllen, die den meisten Menschen entgehen. Denken Sie daran, da fast die Hälfte der Menschheit mit einem rückläufigen Neptun geboren ist, werden nicht alle Menschen in der oben beschriebenen Weise reagieren. Da Neptun an sich schon recht vage und unklar ist, erkennen die meisten Menschen diesen Prozeß in ihrem Wesen nicht, ungeachtet dessen, ob Neptun im Geburtshoroskop rückläufig ist oder direkt läuft. Die Ausführungen, die ich hier angeboten habe, lassen sich besser auf die wenigen Menschen anwenden, die in effektiver Weise auf die unterbewußten Impulse dieses feinstofflichen, ätherischen Planeten reagieren können.

(Leonardo da Vinci – William Blake – Ralf Waldo Emerson – Walt Whitman – Charles Baudelaire – Toulouse-Lautrec – Helena Blavatsky – Max Heindel)

Progression:

Wenn Neptun durch Progression rückläufig wird, bleibt er dies für den Rest dieses Lebens (ungefähr 158 Jahre lang). Die weltlichen Angelegenheiten des Hauses, das Neptun im Geburtshoroskop besetzt, werden nun allmählich zunehmend vergeistigt (aufgrund der zunehmenden Bewußtheit des Betreffenden für verborgene Einheit und Einssein) oder sie werden immer verwirrter und unrealistischer, wenn der Betreffende eher dazu fundiert, die Tatsachen zu ignorieren oder zu meiden oder wenn er sich den Herausforderungen und Verpflichtungen, die dieses Haus zu diesem Zeitpunkt von ihm fordert nicht stellt. Der Drang, das Verhaftetsein an irdische Güter aufzugeben, und nach innerem Verständnis zu suchen, kann nun in diesem Lebensbereich betont sein. Der Betreffende beginnt entweder, in seinen Zielsetzungen selbstloser zu werden und verspürt den Wunsch, dem Wohl der Menschheit unpersönlich zu dienen (entsprechend seiner eigenen, subjektiven Vision) oder aber er löst noch zusätzliche Verwirrung aus und ruft persönliche Enttäuschung hervor, wenn er bei dem Versuch sich der Innenschau und Selbstanalyse zu widersetzen, der Selbsttäuschung verfällt. Das Leben erfordert zu diesem Zeitpunkt, daß er sich in einen Teil seines inneren Bewußtseins zurückzieht, von dem aus er die Schleier der materiellen Welt und die damit verbundenen Illusionen durchschaut. Die stationäre Phase repräsentiert natürlich eine Zeit der Verwirrung und Unsicherheit, besonders für den erdverbundenen Menschen, der niemals über den spirituellen Ursprung seines stofflichen Menschseins nachgedacht hat. Die verborgenen Kräfte seiner inneren Seelennatur können ihn jetzt leichter verletzen.

In karmischer Hinsicht knüpft der Horoskopeigner wieder an die idealistischen Träume und hohen Ziele aus vergangenen Leben sowie ungelöste blinde Flecken an (besonders auf der Gefühlsebene). Man sollte besonders auf alle hier auftauchenden, selbstlosen Impulse – zu heilen, zu trösten, zu schützen und die Not der leidenden Welt zu lindern – achten, wo auch immer sie sich zeigen. Dies kann wertvolle Hinweise auf frühere Lebenserfahrungen geben, die mit dem Anheben der persönlichen Emotionen auf eine universellere Ebene des Verstehens zu tun hatten. Darüber hinaus kann ein Interesse an der Förderung der schönen Künste oder Schönheit im allgemeinen erwachen, da der rückläufige Neptun in Progression den Betreffenden in Berührung mit latenten, künstlerischen Talenten bringen kann. Illusionäre Gefühle, die in der Vergangenheit zu Selbsttäuschung geführt haben, werden ebenfalls geweckt, um seine Seele weiterhin auf die Probe zu stellen. Für den Rest seines Lebens wird dieser Mensch, wenn er wahren inneren Frieden erlangen will, sehr gründlich über die Bedeutung der humanitären Liebe nachdenken, wobei er oftmals seine eigenen materialistischen Bedürfnisse zur Seite stellt und statt dessen anderen Menschen hilft, die sich über ihren spirituellen Weg unsicher sind.

Wenn Neptun durch Progression wieder direkt läuft (ähnlich dem Zeitpunkt, wo Neptun rückläufig wird), sind seine Wirkungen anfänglich nicht besonders stark zu spüren. Wenn sein Einfluß überhaupt wahrgenommen wird, ist er sehr subtil und wird nur allmählich und oftmals indirekt spürbar (typisch für die Natur dieses Planeten). Dies läßt darauf schließen, daß die Fähigkeit des Betreffenden, erfahrener darin zu werden, äußere Kanäle finden, die für den Ausdruck der neptunischen Prinzipien geeignet sind, verstärkt wird. Die Phase der inneren Rekapitulation, die er seit seiner Geburt unbewußt durchgeführt hat, ist technisch gesehen jetzt vorbei. Seine tiefverwurzelte Konzentration auf subjektive Ideale des Menschseins kann nun in eine neue Richtung gelenkt werden und zwar so, daß er seine ausgefallene Vision an die Oberfläche seines gegenwärtigen Lebens bringen kann, und er kann so die Struktur der Gesellschaft, in der er wirksam ist, bereichern. Durch den fortlaufenden Prozeß des Lebens ist er dazu aufgefordert, seine umfassende Vorstellungskraft für die Bedürfnisse seiner Umwelt einzusetzen, und zwar oftmals in einer Weise, die das Gemeinschaftsgefühl und den Zusammenhalt innerhalb der Gemeinschaft weckt. Er behindert seine eigenes evolutionäres Wachstum, nicht mehr länger dadurch, daß er mit der für den rückläufigen Radixneptun so charakteristischen Ausschließlichkeit über die Frustration nachgrübelt, warum er die emotionellen Ideale seiner Vergangenheit nicht verwirklicht hat. Statt dessen kann er sich besser entwickeln, indem er sich nun von den subjektiven, emotionellen Verhaftungen löst, die ihn übermäßig fasziniert haben und sein Gewahrwerden der unbegrenzten Möglichkeiten des notwendigen Dienstes am Nächsten behindert haben. Alle kollektiven, menschlichen, sozialen Belange, die nun sein Interesse auf sich lenken, erfordern dennoch seine offene Bereitschaft, seine persönlichen Ideale so durchzusetzen, daß greifbare Veränderungen herbeigeführt werden könnnen. Er ist nun dabei, seine Ziele in der Gesellschaft zu realisieren. Es wäre nicht erstaunlich, wenn die Angelegenheiten aus seiner Vergangenheit jetzt durch seine mitfühlenden Versuche gelöst werden können, die sozialen Leiden der Gegenwart zu heilen. Zu diesem Zeitpunkt und für den Rest seines Lebens wird der Betreffende feststellen, daß er besser in der Lage ist, seine eigene, einzigartige Vision von sozialer Harmonie, gegenseitigem Verständnis und emotioneller Einheit zufriedenstellend zu verwirklichen, denn jetzt ist er dazu bereit, der Welt seine eigene Kenntnis des grundsätzlichen Einsseins des Lebens zu vermitteln.

Transit:

Der Transit des rückläufigen Neptun dauert ungefähr 158 Tage und tritt einmal im Jahr ein. Wie bei Uranus bezieht sich sein Einfluß hauptsächlich auf das Haus, das er zu dieser Zeit transitiert. Ich möchte behaupten, daß einige vitale Aspekte vorhanden sein müssen, damit Neptun in dieser Phase bewußt wahrgenommen werden kann (da er von Natur aus subtil und schwer faßbar ist und sich der Manfestation in konkreter, materieller Hinsicht widersetzt). Vieles, was über diesen rückläufigen Transit gesagt werden könnte, bleibt deshalb Theorie und Spekulation, da seine Funktion vielleicht am besten durch die tieferen Facetten der Persönlichkeit, die diesen Transit durchlebt, verstanden werden kann. Der Transit des rückläufigen Neptun könnte ungelöste Probleme aus der Vergangenheit aufwühlen (auch Probleme aus der Vergangenheit dieses Lebens), die die Psyche des Betreffenden emotionell beeinflussen können. Was Neptun jetzt anregt, kann verborgene, oftmals verdrängte Gefühle in uns wecken, die dennoch sehr tief wurzeln. Unbewußte Emotionen haben hier sehr viel Macht über unser bewußtes Verhalten. Diese rückläufige Phase ist eine günstige Zeit, um alle verborgenen Unterströmungen der Gefühlsnatur noch einmal tiefer und mit mehr Verständnis zu analysieren. Wir können und sollten in diesem Bereich unseres Lebens mehr reflektieren. Wenn wir kontemplativer sind, fällt es uns leichter, innere Führung zu finden, die uns zeigt, wie wir am besten in Verbindung mit diesen oftmals disharmonischen, inneren Gefühlen kommen können, die sich normalerweise unserer bewußten Aufmerksamkeit entziehen.

Wenn Neptun ein Haus transitiert, erfahren die Angelegenheiten, die mit diesem Lebensbereich verbunden sind, eine subtile Form der Auflösung. Hier werden die äußeren Strukturen ständig schwächer, erhalten keine Unterstützung mehr und werden instabil... ungeachtet dessen, ob dies nach außen hin sichtbar wird (was normalerweise der Fall ist, wenn man die täuschende Natur des Neptun berücksichtigt). Typischerweise ist dies ein sehr langsamer Prozeß. Und wahrscheinlich ignorieren wir diese fortlaufende Auflösung einige Zeit lang, bis sie sich schließlich manifestiert und die Strukturen und Stützen untergräbt, auf die wir uns blind verlassen haben. Wenn Neptun während seines Transits rückläufig wird, wird die innere Aufmerksamkeit stärker auf die schwachen Elemente dieser zerbrechlichen, ungesunden Strukturen gelenkt. Wir erhalten eine Chance, unsere blinden Flecken zu analysieren und die tieferen Gründe für unser vages Unbehagen hinsichtlich der äußeren Lebensumstände dieses Hauses aufzudecken. Indem wir dies tun, können wir emotionell vernachlässigte Teile in uns erkennen, die jetzt unsere Unterstützung und mitfühlende Hinwendung brauchen. Früher nur fragmentierte Gefühle lassen sich jetzt in die übrigen Wesensanteile unserer Psyche integrieren, aber nur durch die bewußte Anstrengung eines bereits bewußten Menschen. Ohne unsere bewußte Kooperation kann kaum eine konstruktive Veränderung herbeigeführt werden. Hoffentlich ermöglicht uns der rückläufige Neptun, uns integrierter und als Ganzheit zu fühlen, wenn wir innerlich erst einmal alle Überreste aus der Vergangenheit verarbeitet und unsere »unerledigten Geschäfte« erledigt haben. Es kann jedoch sein, daß man einige Transite des rückläufigen Neptun durchleben muß, bevor dies geschieht. Vielleicht dringt man mit jedem der aufeinanderfolgenden, rückläufigen Transite in tiefere Schichten des Selbst ein. Wir werden dazu ermutigt, die verzerrten Eindrücke, die sich aus unserer Vergangenheit angesammelt haben und zu starr geworden sind, zu lösen. Und indem wir dies tun, sind wir in der Lage, uns in spiritueller Hinsicht zu erneuern.

Bei einigen Menschen könnte dieser rückläufige Transit ein stärkeres Bedürfnis nach Alleinsein, Abgeschlossenheit und Rückzug hervorrufen, als normalerweise der Fall wäre, wenn Neptun direkt läuft. Die Innenschau ist betont sowie eine zunehmende Empfänglichkeit für die aufgewühlten Gefühle des inneren Wesens. Andererseits könnte dieser Transit jedoch auch auf eine Phase hindeuten, wo unbewußte Weltfluchttendenzen eine größere Faszination auf den dazu veranlagten Menschen ausüben. Die emotionelle Verletzbarkeit kann verstärkt sein, obgleich in einer Weise, die an der Oberfläche weniger offensichtlich ist. Aspekte, die zu diesem Zeitpunkt gebildet werden, liefern Hinweise darauf, wie der Betreffende mit diesen Energien umgehen kann. Auf einer konstruktiven Ebene kann er sich jetzt die Zeit nehmen, die fruchtbare Welt seiner Phantasie zu erforschen, die bisher brachlag; durch die Inspiration können ihm seine verborgenen Fähigkeiten bewußter werden. Dies kann eine ausgesprochen günstige Zeit sein, die Kräfte der Visualisation und Phantasie zu stärken (und deshalb kann dieser Transit jemandem sehr dabei helfen, seine kreativen Talente auf jedem Gebiet zu entwickeln, das ihm erfolgversprechend erscheint). Wo auch immer Neptun beteiligt ist, ist jedoch Selbstdisziplin erforderlich, wenn wir die emotionelle Bereicherung erhalten wollen, die uns dieser Planet während seiner rückläufigen Phase gewähren kann.

Pluto

Im Geburtshoroskop:

Bei denjenigen, die auf den rückläufigen Pluto im Geburtshoroskop reagieren können, sind die regenerierenden Kräfte, die das Bewußtsein zu einer vollständigen Transformation zwingen, noch tiefer im Unbewußten eingebettet und können daher nur schwer zum Ausdruck gebracht werden. Ähnlich dem rückläufigen Radixuranus und Radixneptun konzentriert der rückläufige Pluto seine transformierenden Kräfte auf Zustände, die bereits in der Vergangenheit des Horoskopeigners geschaffen wurden. Im allgemeinen findet man hier eine viel größere, psychische Vorsicht als beim direkt laufenden Pluto. Der Betreffende widersetzt sich unbewußt, seine inneren negativen Wesensanteile bewußt gründlich zu analysieren, und er läßt auch nicht zu, daß andere dies tun. Indem er diese Energien anstaut und keine Kanäle findet, um sie freizusetzen, können die Spannungen, die ihn tief in seinem Inneren aufwühlen, die gesunde Funktion seiner Psyche beeinträchtigen. Da dies ein mehr nach innen gewandter Pluto ist, kann es sein, daß der Betreffende seine Wünsche sehr stark unterdrückt. Die Kräfte werden hier solange angestaut, bis sie einen so enormen und gefährlichen Druck erreichen, daß er ihren gewalttätigen Ausbruch nicht mehr verhindern kann. Manchmal kann dieser hochexplosive, emotionelle »Schutt« besser durch Tiefschlafzustände, lebhafte Traumerfahrungen oder verschiedene veränderte Bewußtseinszustände freigesetzt werden (oftmals wird dies durch Drogen herbeigeführt). Der Betreffende ist weniger dazu veranlagt, äußere, soziale Möglichkeiten für diese Freisetzung zu finden. Obwohl die Intensität des Willens bei dieser Konstellation oftmals betont sein kann, wird dies nur selten in einer direkten Weise an der Oberfläche sichtbar. Der Betreffende neigt eher dazu, schließlich die inneren Strukturen, mit denen er kämpft, einzureißen, bevor er versucht, das äußere, soziale Gefüge zum Einsturz zu bringen.

Die offensichtliche Schwierigkeit, eine angemessene Möglichkeit zur Freisetzung der plutonischen Energien zu finden, könnte die Entwicklung von ungewöhnlichen Phobien, destruktiven emotionellen Komplexen, krankhaften Zwängen, fixierten Wunschvorstellungen und einem breiten Spektrum von Perversionen fördern. Wenn der rückläufige Pluto starke Spannungsaspekte aufweist, kann die Feindseligkeit unbarmherzig auf sich selbst gerichtet werden oder sie könnte sich als unkontrollierbare, soziale Aggression äußern. Wenn ein ähnlich verletzter Pluto direkt läuft, würde er wahrscheinlich sein aggressives Verhalten mit mehr Berechnung und Strategie zum Ausdruck bringen. Aber da hier die unbewußten Faktoren mehr Macht über die Persönlichkeit zu besitzen scheinen, deutet der rückläufige Pluto darauf hin, daß der Betreffende weniger Kontrolle über die dunkleren Elemente seines Wesens hat. Aber bei bewußteren Menschen symbolisiert der rückläufige Pluto eine Gelegenheit, sein Inneres zu ergründen, um die Ursachen für die möglicherweise vorhandenen Komplexe (karmische Überreste) aufzuspüren. Aus diesem Grund kann der Betreffende zu einem tiefen Verständnis seinerselbst gelangen sowie zu einer unglaublichen Einsicht in die Wirkungsweise des Unbewußten. Es kann sein, daß er den Drang verspürt, seine eigenen verborgenen, psychischen Motivationen sowie die anderer Menschen zu erforschen, was ihm leichter fällt, als einem Menschen mit einem direkt laufenden Pluto (der zuviel Zeit darauf verwendet, sich in äußere Machtkämpfe zu verstricken, da das Bedürfnis nach Dominanz über die äußeren Angelegenheiten hier stärker ausgeprägt ist). Der rückläufige Pluto verstärkt das psychische Durchhaltevermögen, was wahrscheinlich auf die Tatsache zurückzuführen ist, daß der Betreffende die Teile seiner Vergangenheit noch einmal überprüfen muß, die eine starke Bedrohung für das Ego darstellen und überwältigend auf es wirken. Ohne dieses Durchhaltevermögen und die innere Ausdauer, würde der Betreffende wahrscheinlich vermeiden, tief in sein Inneres einzudringen. Möglicherweise hat er Angst davor, von seinem Schatten überwältigt zu werden, obwohl diese Angst oftmals unbewußt ist, und deshalb fühlt er sich nur dann sicherer, wenn er sich diese Wesensanteile bewußt macht. Der rückläufige Pluto strebt vielleicht sogar noch zwanghafter danach, die fundamentalen Geheimnisse des Lebens zu ergründen.

Da Pluto länger rückläufig bleibt als die übrigen Planeten, haben mehr Menschen einen rückläufigen Pluto in ihrem Geburtshoroskop als irgendeinen anderen rückläufigen Planeten. Doch da Pluto fast übermenschliche Fähigkeiten repräsentiert, die ziemlich weit entfernt von dem sind, worauf uns das Leben konditioniert hat, sind nur sehr wenige Menschen in der Lage, seine unergründlichen Energien umfassend zu handhaben. Ob Pluto nun rückläufig ist oder direkt läuft, ist sein direkter Einfluß auf den bewußten Wesensanteil eines Menschen fast Null. Es scheint, daß die einzige Verbindung, die die Menschen zu Pluto haben können, durch die kollektive Wirkung der Entwicklung der Masse hergestellt wird und besonders solche, die revolutionär sind. Man kann jedoch erwarten, daß die charismatischen und mächtigen Führer, die an der Spitze solcher sozialer Bewegungen stehen, auf einer persönlichen Ebene einen besseren Zugang zur Plutoenergie haben. Aber bei den meisten von uns wirkt Pluto ausgesprochen unpersönlich. Ich vermute, daß die Gemeinschaft der Seelen, die sich zusammen mit einem rückläufigen Pluto inkarniert, kollektiv mehr damit zu tun hat, ihr eigenes Machtgefühl dadurch zu erhalten, daß sie mit eigenwilliger Entschlossenheit äußere Autoritätssymbole ignoriert. (Menschen mit einem direkt laufenden Pluto verspüren eher den Drang, ihre Kräfte in dem Versuch zu sammeln, den autoritären Druck durch aktiven

Widerstand zu überwinden.) Seelen, die mit einem rückläufigen Pluto geboren wurden, haben weniger den Wunsch, mit dem gesamten Kollektiv zu verschmelzen und viele bringen eher antisoziale Charakterzüge zum Ausdruck. In dieser Gruppe findet man wahrscheinlich mehr Einzelgänger, während in der Gruppe mit einem direkt laufenden Pluto mehr Rebellen und mit der Gesellschaft Unzufriedene sind, die am Rande der Gesellschaft leben und aktiv versuchen, das Establishment zu unterminieren. Die Gruppe mit einem rückläufigen Pluto ist vielleicht eher auf die innere Revolution bedacht. Ungeachtet dessen können die Menschen sehr zurückgezogen, unnahbar (in Hinsicht auf enge Vertrautheit) und schwer zu durchschauen sein, was auf ihre betonte Verschlossenheit und Geheimnistuerei zurückzuführen ist. Sie neigen zu psychischen Ausbrüchen und Prozessen der totalen, inneren Katharsis, was an der Oberfläche kaum sichtbar wird. Die wenigen prominenten Angehörigen dieser Gruppe könnten der Menschheit helfen, im Verständnis der grenzenlosen Kräfte der Seele, die durch das persönliche Unbewußte wirken, große Fortschritte zu machen. Dies können die mutigen Pioniere sein, die bereit sind, die äußeren Bereiche des inneren Raums sowie die inneren Bereiche des äußeren Raums zu erforschen. Sie sind mehr mit der Quelle der Kraft beschäftigt, die enorme, kollektive Veränderungen in der Welt hervorbringt, und sie wollen unbedingt herausfinden, wie man diese Urkraft beherrschen kann.

(Pablo Picasso – Marie Curie – Alan Watts – Dylan Thomas – Aleister Crowley – Howard Hughs – Richard Nixon – Timothy Leary).

Progression:

Wenn Pluto durch Progression rückläufig wird, bleibt er dies für die restliche Inkarnation (160 Jahre lang). Die äußeren Angelegenheiten, die von dem Haus symbolisiert werden, das Pluto im Geburtshoroskop besetzt, werden allmählich immer komplexer und vielschichtiger. Aber sie können den Betreffenden auch dazu führen, sich an seine eigenen Regenerationskräfte anzuschließen, was ein Gefühl der persönlichen Erneuerung zur Folge hat, wenn man klug mit dem rückläufigen Pluto umgeht. Die Notwendigkeit einer psychischen Wiedergeburt und Transformation der Wünsche oder Werte ist jetzt stärker als je zuvor, wenn der Betreffende überhaupt noch Vorteile aus den Angelegenheiten dieses Hauses ziehen will. Er muß mit einer größeren Intensität und einem ausgeprägten Sinn für die nüchterne Wirklichkeit Innenschau halten, um zu verstehen, wo und wie er sich noch besser rehabilitieren muß. Dies erfordert, daß er sich mit den dunkleren Kräften konfrontiert, die in der Vergangenheit seine Gefühle beherrschen durften. Zu Beginn seines Lebens waren vielleicht die Bedingungen für die Entwicklung seiner diesbezüglichen Bedürfnisse nicht gerade günstig, und daher konnte er sich mit der Wirkung des rückläufigen Pluto bis zu diesem Zeitpunkt nicht auseinandersetzen (sein Einfluß blieb unwirksam, bis die Umstände reif waren). Vielleicht mußte er zunächst einmal Erfahrungen machen, die dem direkt laufenden Pluto entsprachen, bevor er diesen Übergang machen durfte. Wer kann dies mit Sicherheit sagen?

In karmischer Hinsicht kommt der Horoskopeigner nun wieder in Berührung mit den mächtigen Zwängen oder ausgesprochen eigensinnigen Wünschen, die er in vergangenen Leben stärker zum Ausdruck bringen konnte. In diesem Leben wird er jetzt noch einmal auf die Probe gestellt, um festzustellen, ob er mit diesen mächtigen, inneren Kräften und Leidenschaften umgehen kann, ohne zuzulassen, daß sie seine ganze Energie aufbrauchen oder ihn zerstören. Man sollte darauf achten, ob Machthunger, der Drang zu manipulieren, zwanghafte oder unwiderstehliche Wünsche (besonders wenn sie antisozial sind) oder drastische Impulse, Beziehungen zu lösen, auftauchen. Dies könnte dem Betreffenden Hinweise auf sein verborgenstes Selbst aus vergangenen Leben liefern. Nun muß er die Inhalte seines unerlösten Selbst gründlicher untersuchen. Trotzdem könnte diese Progression auch auf eine Phase hinweisen, wo der Betreffende sich auf eine innere Bewußtseinsebene einstimmen kann, durch die er die mächtigen Energiequellen wiedererkennen und sich wieder erschließen kann, die in der Vergangenheit das evolutionäre Wachstum seiner Seele bedeutend vorangetrieben haben. Er kann wieder mit den Dimensionen in Berührung kommen, die ihm ermöglichen, sich selbst zu meistern, und die ihm jetzt dazu verhelfen könnten, sich von allen Überresten persönlicher und rassischer karmischer Negativität von innen heraus zu reinigen. Martin Schulman glaubt, daß der rückläufige Pluto dem Betreffenden ermöglicht, »das Massenbewußtsein in sich selbst zu erfahren«. Er ist der Meinung, daß der Horoskopeigner »den Kampf der Menschheit als sehr persönlichen Kampf in sich selbst erfährt. Er fühlt persönlich das Bedürfnis, alles in sich selbst zu überwinden, was das Bewußtsein der Gesellschaft auf niedriger Ebene hält«.[5] Ich stimme Martin Schulmans tiefgründiger Erkenntnis absolut zu.

Wenn Pluto durch Progression wieder direkt läuft, manifestiert sich seine Wirkung verständlicherweise sehr langsam. Wie die anderen Planeten der höheren Oktave richtet Pluto zu diesem Zeitpunkt seine Aufmerksamkeit mehr auf die umfassenderen Bedürfnisse der Gesellschaft, als auf die isolierte Persönlichkeitsentwicklung. Im Idealfall sollte der Betreffende jetzt dazu bereit sein, sich stark für die Gesellschaft zu engagieren, denn die Phase, in der er sich noch einmal mit seiner Vergangenheit beschäftigt, ist jetzt vorbei. Nun ist er besser dazu in der Lage, der Welt die Kräfte zugute kommen zu lassen, die er während der Phase der Selbstanalyse entwickelt hat. Dies bedeutet jedoch nicht, daß er dies auch tun wird. Aber die Gelegenheiten, einen stärkeren Einfluß auf die Welt zu nehmen, werden jetzt offensichtlicher. In den meisten Fällen verwirklicht sich der Betreffende ganz einfach aktiver in seiner unmittelbaren Umgebung und akzeptiert die irdischen Situationen, so wie sie sind, ohne übertriebene Innenschau und Analyse. Er verspürt ein weniger zwanghaftes Verlangen, in sich zu gehen und sein Leben zu begreifen, was für einige eine rechte Erleichterung sein könnte. Man kann auch hoffen, daß das Schlachtfeld jetzt nicht mehr im Inneren liegt. Nun kann er äußere Betätigungsfelder finden, die ihm gestatten, seinen konzentrierten, inneren Kräften in einer Weise Luft zu machen, die ihn psychisch befriedigt. Da seine Aufmerksamkeit nun langsam darauf gerichtet wird, die Prozesse der Welt zu beobachten, statt nur seine eigenen, könnte der Betreffende jetzt entdecken, daß er

eine so weite Sicht der gesellschaftlichen Angelegenheiten besitzt,
wie nur wenige sonst. Er ist in der Lage, das menschliche Drama
von der breitestmöglichen Perspektive aus zu betrachten. Er kann
auch die Motivation der Masse besser verstehen, sogar in ihren
extremen Ausdrucksformen, da er ähnliche Motive in sich selbst
erfahren hat. Je mehr er die dunkleren Schatten seiner selbst
während der Rückläufigkeit gemeistert hat, um so besser ist er
jetzt in der Lage, den Ausdruck ähnlicher Schatten zu tolerieren,
wenn sie sich auf der Ebene der Masse zeigen, da er keine Angst
mehr vor ihnen hat. Und weil er sich ihrer Natur bewußter ist,
kann er dazu beitragen, sie in erneuerte Kräfte zu transformieren,
die für das Wachstum der Gesellschaft von Nutzen sein können.

Transit:

Der Transit des rückläufigen Pluto dauert ungefähr 160 Tage und
tritt einmal im Jahr auf. Obwohl sich sein Einfluß hauptsächlich
auf das Haus konzentriert, das er während dieser Zeit transitiert,
bewegt er sich so langsam, daß sogar sein Einfluß auf das Haus
für die meisten von uns nur sehr undeutlich wahrgenommen
wird. Denken Sie daran, daß Pluto den Teil unserer Psyche
repräsentiert, der oftmals nur sehr schwer zu ergründen ist. Er
deutet auf den Wesensanteil hin, wo wir oftmals vollständig im
Dunklen tappen, was die Natur der inneren Entwicklungen, die
wir durchmachen, betrifft, da er am meisten auf unsere tiefsten,
unterschwelligen Ebenen des Seins einwirkt. Doch seine Wirkung
ist auch gnadenlos und bisweilen sogar unbarmherzig, wenn es
darum geht, sein eigentliches Ziel zu erreichen. Wenn Pluto
rückläufig ist, bringt er die äußere Entwicklung des Hauses, über
das er läuft, zum Stillstand ((wenn auch äußerst subtil) und
zwingt uns statt dessen dazu, uns auf das zu konzentrieren, was
wir während vergangener Transite dieses Planeten nicht angemessen regeneriert haben. Wir sind uns dessen zu diesem Zeitpunkt
kaum bewußt, doch je bewußter wir werden können, um so
weniger aufwühlend und quälend wirkt dieser rückläufige Transit. Alles, was wir zu verstehen scheinen, ist, daß die Spannungen
aus der Vergangenheit, die bereits damals, als wir uns psychisch

mit ihnen konfrontiert haben, beunruhigend waren, nun noch einmal überprüft werden müssen (selbst wenn die Situationen und Lebensumstände, vor die wir zu diesem Zeitpunkt gestellt werden, ganz anders zu sein scheinen). Pluto hat nur damit zu tun, uns mit der Essenz dessen zu konfrontieren, was noch nicht auf eine höhere Ausdrucksebene transformiert wurde. Er ist weniger an der Art und Weise interessiert, wie dieses Bewußtsein erlangt wird, zumindest was unser egozentriertes Sein betrifft. Ich vermute, daß Pluto darauf hinweist, daß dies unser Problem ist, das wir lösen müssen, nicht seines. Der mächtige Pluto setzt gewöhnlich alles, was ihm im Augenblick möglich ist, ein, um einen tiefen und oftmals beunruhigenden Einfluß auf unser Wesen zu nehmen, entsprechend den Verletzlichkeiten, die in uns wuchern konnten.

Da Pluto ein Planet der extremen Motivation ist, neigt er besonders dazu, die Teile von uns selbst anzugreifen, die unglücklicherweise eine extreme Form angenommen haben. Er zwingt uns nur dazu, das zu transformieren, was dringend rehabilitiert werden muß. In dieser Zeit treibt uns der rückläufige Pluto in einer Weise an, die uns unverständlich und sogar wie eine Drangsalierung oder Schikane erscheint, wenn wir dies rein oberflächlich vom Gesichtspunkt unserer augenblicklichen, weltlichen Erfahrung aus betrachten. Obwohl einige von uns ihr Bestes versuchen, ihre inneren Absichten auf diesen Lebensbereich zu verschleiern und in bezug auf die Natur ihrer Handlungen den Unschuldigen spielen, hält Pluto hier ein wachsames Auge auf die wahren und fundamentalen Motive, die hinter diesen Handlungen stehen. Praktisch betrachtet deutet der Transit des rückläufigen Pluto darauf hin, daß der Betreffende die Gelegenheit erhält, entsprechend des beteiligten Hauses seine Schritte noch einmal zu überdenken und die verborgenen Kraftquellen zu entdecken (verborgene Kraftreserven), die er früher übersehen hat und die ihm jetzt, wenn er sie erst einmal ans Licht gebracht hat, dazu verhelfen können, seine Ziele auf diesem Gebiet voranzutreiben. Es hängt hier sehr viel davon ab, wieviel Selbstdisziplin, emotionelle Selbstkontrolle und sogar Kontrolle über die Sexualität (die Sinnlichkeit kann zu einem Problem werden, wenn Pluto im Horoskop besonders aktiv ist) man üben kann. Der Transit des rückläufigen Pluto kann uns sogar dazu zwingen, unsere Rechte und Werte noch einmal im Gegensatz zu denen anderer abzuwägen. Pluto lehrt uns, daß wir uns tiefer auf die verborgene Natur der augenblicklichen Hausaktivitäten konzentrieren müssen, anstatt unsere Interessen zufällig und unserem emotionellen Eigenwillen folgend zu zerstreuen – denn wenn wir dies tun, ruft dies nur noch mehr spannungsreiche Konfrontation mit ungelösten Wesensanteilen hervor, denen wir uns nicht gewachsen fühlen. Wie Saturn zeigt uns auch Pluto die Realität unserer Grenzen, wenn auch von einem psychologischen Standpunkt aus. Für einen bewußten Menschen kann dies eine ausgesprochen günstige Zeit sein, um seine durchdringende Erkennntis darauf zu verwenden, die widerspenstigen Elemente des inneren Selbst ans Licht zu bringen, die neugeboren werden müssen. Typischerweise sind dies diejenigen Teile der Psyche, die sich einer konstruktiven Veränderung auf der Gefühlsebene ständig widersetzen. Gewöhnlich haben wir unseren stärksten, inneren Widerstand gegenüber Veränderungen unserer inneren Verhaltensmuster dort, wo Pluto seine effektivste Wirkung erzielen kann.

Der Transit des rückläufigen Pluto kann sich ganz besonders dazu eignen, unsere verborgenen Schwachstellen in allen Bereichen, wo er uns auf die Probe stellt, aufzuspüren. Denn wenn er rückläufig ist, ist er sogar noch aufmerksamer auf die subtilen Details, die man normalerweise übersehen würde. Da die rückläufige Phase des Transits so lange dauert, wird der Betreffende allmählich darauf konditioniert, sich selbst zu ergründen, um in dem Bereich zu wachsen, was durch die gegenwärtigen Lebensumstände alleine nicht möglich wäre. Ein gewisses Maß an psychischer Zurückgezogenheit ist notwendig, wenn man sich der Energiereserven, die aus den inneren Tiefen stammen, bewußter werden will. Diejenigen, denen das Bewußtsein fehlt, sind weniger dazu in der Lage, die subtilen Potentiale zu finden, die ihnen in dieser Zeit zur Verfügung stehen. Sie reagieren ganz einfach auf die jetzt stattfindende verblüffende Wendung der Ereignisse, ohne diese Veränderung zu verstehen, was ihnen das Gefühl gibt, ein Opfer zu sein. Aber selbst wenn ein Mensch dieses Gefühl hat, deutet es auf ein gewisses Maß an Einstimmung auf Pluto hin. Die meisten Menschen bemerken kaum, daß der transitierende, rückläufige Pluto über ein Haus läuft.

Zum Schluß dieses Kapitels möchte ich hinzufügen, daß, astronomisch gesprochen, sich ein Planet, wenn er rückläufig ist, während dieser Phase seiner Umlaufbahn am nächsten zur Erde befindet. Daher scheint er auch am hellsten zu leuchten (wobei seine Scheibe in dieser Phase größer erscheint, wenn man ihn durchs Teleskop betrachtet). In seinem Buch »*Cycles of Becoming*« schreibt Alexander Ruperti: »Was in geozentrischer Hinsicht tatsächlich geschieht, wenn ein Planet rückläufig wird, ist keine Rückwärtsbewegung, sondern vielmehr eine scheinbare Schleife im Raum, die der Planet beschreibt, während er sich näher auf die Erde zubewegt. Der Planet scheint seine reguläre Umlaufbahn zu verlassen, so als ob er von der Erde angezogen würde, wobei er eine Schleife in Richtung auf die Erde zieht.«[6] Eine weitere interessante astronomische Tatsache ist, daß die Planeten Merkur und Venus eine Konjunktion mit der Sonne bilden, wenn sie sich in der Mitte ihre rückläufigen Zyklus befinden, während die Planeten Mars bis Pluto in Opposition zur Sonne stehen, wenn sie die Mitte ihrer Rückläufigkeit erreicht haben. Beachten Sie bitte, daß alle Planeten (außer dem Mond) die im Geburtshoroskop in Opposition zur Sonne stehen, immer rückläufig sind. Ruperti interpretiert einen rückläufigen Planeten als eine Möglichkeit für den Horoskopeigner, die Funktion dieses Planeten genauer zu betrachten (da er sich tatsächlich näher zur Erde bewegt), was uns vielleicht dazu verhilft, neue Perspektiven in bezug auf diesen Planeten zu gewinnen. Dane Rudhyar glaubt, daß der wichtige Faktor eines rückläufigen Planeten darin besteht, daß er sich von der Direktion der Sonne und des Mondes wegbewegt, was darauf hindeutet, daß er Energien repräsentiert, die gegen den natürlichen Fluß der Lebensenergien gehen, um uns zu helfen, uns noch einmal mit Problemen zu befassen und bessere Lösungen für sie zu finden, die normalerweise während der direkten Phase auftauchen.[7] Die Tatsache, daß uns rückläufige Planeten zu dieser Zeit größer und heller erscheinen als alle anderen, könnte symbolisch auf eine größere Erleuchtung hindeuten, was vielleicht auf unsere direktere Einstimmung auf unser Unbewußtes zu diesem Zeitpunkt zurückzuführen ist. So wie die rückläufigen Planeten in dieser Zeit auch astronomisch besonders hervorgehoben werden, könnten sie auch die psychischen Faktoren unserer Persönlichkeit betonen, die gründlicher überprüft werden müssen, wenn sie uns dazu verhelfen sollen, bessere Möglichkeiten für die Entfaltung unserer Persönlichkeit zu finden.

Kapitel 11

DIE ERFORSCHUNG DER HEMISPHÄREN

Das Geburtshoroskop ist in vier Bereiche unterteilt, genannt die Hemisphären. Jede Hemisphäre umfaßt sechs Häuser und theoretisch bildet eines der vier Eckfelder jeweils den Mittelpunkt einer Hemisphäre. Die Eckfelder repräsentieren in der Astrologie die vier Hauptausdrucksformen der Identität, die der Horoskopeigner in seinem Umgang mit dem Leben annimmt. Jedes Eckfeld kann wie folgt beschrieben werden:

Der Aszendent ist das Eckfeld, das unser bewußtes, spontanes Gefühl der persönlichen Identität oder das Selbstbild repräsentiert. Der Aszendent kennzeichnet den Prozeß, durch den wir uns selbst betrachten, während wir uns in der Außenwelt entfalten und uns durchsetzen. Er beschreibt die Art unseres ständigen Selbstausdrucks nach außen und die entsprechende Reaktion. Der Aszendent kennzeichnet die individuellsten Charaktermerkmale unseres Selbstausdrucks, die uns in einzigartiger Weise als separate Wesenheiten beschreiben, getrennt und unabhängig von allen anderen. Wir stellen bereitwillig und spontan eine Verbindung zu diesen Wesensmerkmalen her und können sie behaupten und darauf verwenden, nach der Erfüllung unserer elementaren, auf uns selbst bezogenen Bedürfnisse zu streben. Kurz, der Aszendent symbolisiert unseren Eigenwillen in Aktion entsprechend den Verhaltensmustern des Tierkreiszeichens, das dieses Eckfeld beherrscht.

Im Gegensatz dazu wird der Deszendent zu dem Eckfeld der reflektierten Identität oder des Fremdbilds. Er kann latente Wesensanteile beschreiben, mit denen wir uns nicht persönlich oder direkt identifizieren, zumindest zu Anfang. Diese Eigenschaften werden typischerweise auf andere Menschen, die wir anziehen, projiziert, die uns diese Facetten im Verlauf der Beziehung zurückspiegeln. Und gewöhnlich spiegeln sie uns die Eigenschaften so wider, daß wir diese Wesensmerkmale mit größerer Objektivität und in breiter Perspektive wahrnehmen können und erkennen, wie sie dazu beitragen, daß wir uns innerlich ganzer und vollständiger fühlen. Sie werden also durch die sichtbaren Gewohnheiten und Verhaltensweisen der Menschen, mit denen wir in Interaktion stehen, reflektiert.

Der MC ist das Eckfeld, das unsere soziale Identität oder das öffentliche Image repräsentiert. Anders als der Aszendent kennzeichnet der MC eine eher unpersönliche Identität. Dieses Image wählt man sich oftmals nicht selbst, sondern es nimmt entsprechend der Zwänge und Forderungen der bestehenden Gesellschaft Formen an. Sowie es zu einer zunehmend bewußten Identität wird, ist der Horoskopeigner besser dazu in der Lage, seinen ihm wesensmäßigen Platz und seine Funktion innerhalb des sozialen Gefüges zu bestimmen. Und entsprechend der Natur dieses öffentlichen Images, wird der Betreffende von der Welt auf die Probe gestellt und beurteilt, ob ihm dies nun gefällt oder nicht. Durch die Annahme dieser Identität erlangt er eine gewisse Kontrolle und Führung über sein Leben. Der MC deutet auf Charakterzüge hin, die uns danach streben lassen, unser höchstes Potential zielstrebig zu manifestieren, was oftmals schließlich zur Erfüllung oder Verwirklichung unserer Lebensziele führt.

Der IC ist der sogenannte »Mitternachtspunkt« des Horoskops und repräsentiert unsere vererbte Identität oder unser subjektives Image. Hier kann festgelegt sein, wie wir unser inneres Wesen auf fundamentalster Ebene und in bezug auf seine nach Sicherheit strebenden Wurzeln instinktiv wahrnehmen. Dieses Eckfeld beschreibt die innere Ausgangsbasis für unsere Handlungen. Es reflektiert die unbewußte Rolle, die wir ständig annehmen, um unser inneres Fundament zu sichern. Der IC kennzeichnet die natürlichste Weise, wie wir uns in uns selbst verwurzeln, bevor wir uns nach außen verzweigen und uns in der Außenwelt erfahren. Unsere subjektive Identität reagiert auch sehr stark auf die uns umgebenden, äußeren Einflüsse und kann im Unterbewußtsein darauf konditioniert sein, Eindrücke aus eigener Kindheit zu speichern und zu bewahren (gewöhnlich durch unsere Familienstruktur). Daher ist diese Identität teilweise vererbt. Von all den Identitäten, die durch die vier Eckfelder angezeigt sind, steht der IC in der engsten Verbindung zur Vergangenheit. Es handelt sich hier um ein unbewußtes Bild von uns selbst, das wir wahrscheinlich vor unserer Geburt in früheren Inkarnationen entwickelt haben (was bedeutet: Genetische Faktoren oder Konditionierungen aus vergangenen Leben).

Der *Aszendent* entspricht der *östlichen Hemisphäre,* während der *Deszendent* mit der *westlichen Hemisphäre* verbunden ist. Diese beiden Hemisphären werden durch den *Meridian* (auch Vertikalachse genannt; Anm. d. Übers.) voneinander getrennt. Der IC steht im Zusammenhang mit der *nördlichen Hemisphäre,* während er MC mit der *südlichen Hemisphäre* korrespondiert. Diese beiden Hemisphären werden durch den *Horizont* (auch Horizontalachse genannt; Anm. d. Übers.) getrennt. Bei der Deutung des Horoskops ist es wichtig zu betrachten, welche Hemisphäre am stärksten betont ist, denn dies kann ein Faktor sein, der auf eine grundsätzliche Ausrichtung des Horoskopeigners auf seine äußere Lebenserfahrung hindeuten kann. Eine betonte Hemisphäre kann gewöhnlich anhand der Anzahl der Planeten bestimmt werden (mehr als sensitive Punkte), die in die jeweilige Hemisphäre fallen. Damit eine Hemisphäre als betont betrachtet werden kann, sind sechs oder mehr Planeten notwendig. Wenn zwei Hemisphären von gleichvielen Planeten besetzt werden (oder fünf Planeten in jeder Hemisphäre), stellen Sie fest, in welcher Hemisphäre sich Sonne und Mond und/oder Herrscher des Aszendenten befinden. Dadurch wird diese Hemisphäre betont, besonders dann, wenn sie alle drei enthält. Aber wenn man zwei von diesen drei Faktoren in einer Hemisphäre vorfindet und es dennoch schwer zu bestimmen ist, welche Hemisphäre nun das größere Gewicht hat, überprüfen Sie, wieviele Planeten in jeder Hemisphäre in Eckfelder fallen und/oder eine enge Konjunktion mit einem der entsprechenden Eckfelder bilden. Vielleicht liefern auch die Tierkreiszeichen und tatsächlich beteiligten Planeten weitere Unterstützung. Ich persönlich glaube, daß die Sonne alleine in diesem Zusammenhang Priorität gegenüber dem Einfluß sowohl des Mondes als auch des Herrschers des Aszendenten besitzt, da die Sonne auch mit den Hauptlebenszielen des Horoskopeigners verbunden ist. Hier ist der Astrologe dazu aufgefordert, gekonnt eine Synthese aller korrellierenden Prinzipien herzustellen.

Die östliche Hemisphäre

Diese Hemisphäre beginnt an der Spitze des 10. Hauses und erstreckt sich gegen den Uhrzeigersinn bis zur Spitze des 4. Hauses. In der Mitte dieses Halbkreises befindet sich der Aszendent, der die grundlegende Struktur dieser Hemisphäre charakterisiert. Daher dreht sich diese Hemisphäre um den Ausdruck der Identität und die Ausübung des Eigenwillens. Wenn sich hier eine Mehrheit der Planeten befindet, entfaltet der Betreffende sein Lebenspotential am besten dadurch, daß er seinen Willen und seine Antriebskraft dafür einsetzt, bewußt seine persönlichen Angelegenheiten oder Interessen zu verfolgen, die seine Aufmerksamkeit völlig in Anspruch nehmen. Die Lebenseinstellung dieses Menschen kann hier von starker Initiative und großem Unternehmungsgeist geprägt sein (besonders dann, wenn die meisten Planeten dieser Hemisphäre in den drei Häusern unter dem Horizont liegen). Dieser Mensch ist gewöhnlich bestrebt, die Situationen im Leben aktiv herbeizuführen, da hier die Tendenz besteht, einen prägenden Einfluß auf die Umwelt zu nehmen, statt umgekehrt von ihr beeinflußt und geprägt zu werden. Da dies eine Hemisphäre der karmischen Energieaufnahme ist, steht es dem Betreffenden relativ frei, beim Erreichen seiner Ziele nach eigenem Gutdünken zu handeln, ohne daß ihn andere Menschen dabei behindern oder sich einmischen. Doch da er sich kaum um vertraute Beziehungen zu anderen Menschen bemüht, bieten sie ihm auch nicht ihre Hilfe und oder Unterstützung an, die sich für seine selbstgesteckten Ziele vorteilhaft erweisen könnten. Wahrscheinlich lehnt er solche Verbindungen ab, um seine Unabhängigkeit im Verfolgen seiner Ziele zu bewahren, da diese Hemisphäre weniger mit Geben und Nehmen zu tun hat. Daher steht der Betreffende in seinen Bemühungen größtenteils alleine da.

Da der Horoskopeigner in diesem Leben darauf ausgerichtet ist, spontan die Verantwortung für seine Angelegenheiten zu übernehmen, möchte er ganz allgemein das letzte Wort in bezug darauf haben, wie und wann sich gewisse Bedingungen einstellen sollen. Er handelt aus der eigenen Motivation heraus entsprechend seinen eigenen, exklusiven Vorstellungen. Wenn er sich erst einmal entschieden hat, was er in dieser Welt wirklich tun möchte, fordert das Leben möglicherweise von ihm, daß er in einer entschlossenen, eindeutigen Weise unabhängig auf diese Ziele hinarbeitet, wenn er optimale Resultate erzielen will. Dieser Mensch erreicht seine Ziele, die seine Bedürfnisse befriedigen, durch die Entwicklung von Selbstvertrauen. Wenn die meisten Planeten in dieser betonten Hemisphäre über dem Horizont stehen, sind seine Interessen unpersönlicher und universeller. Er kann seine Aufmerksamkeit den umfassenderen Themen der Welt zuwenden und für sozialen Fortschritt arbeiten, aber normalerweise nur entsprechend seiner eigenen Vision. Wenn sich hier sechs oder mehr Planeten befinden (besonders die Lichter und die Herrscher des Aszendenten), kann eine Disharmonie in der Orientierung auftauchen. Je mehr Planeten sich in einer Hemisphäre befinden, um so mehr können ihre Qualitäten übersteigert werden. Wenn dies der Fall ist, neigt der Horoskopeigner dazu, seine Individualität so übertrieben wichtig zu nehmen, daß es ihm schwerfällt, sich mit anderen Menschen in Einklang zu bringen, ein Gefühl der Gleichheit zu empfinden und sich als soziales (und geselliges) Wesen wohlzufühlen. Da er allzusehr mit sich selbst beschäftigt ist, kann es sein, daß ihm das geeignete, objektive Bewußtsein für andere Menschen fehlt, mit denen er persönlich zu tun hat. Er ist nur daran interessiert, zu allererst in einer sehr egozentrischen Weise seine eigenen Bedürfnisse zu erfüllen. Da er stets verlangt, sein eigener Herr zu sein, kann es sein, daß er alle äußeren Einflüsse von sich weist, die er nicht direkt unter seiner Kontrolle hat, ungeachtet dessen, wie konstruktiv sie sind. In ihrer positiven Form kann die Betonung der östlichen Hemisphäre auf die »self-made« Individualisten hinweisen, die gegen jeden Widerstand ankämpfen mußten, um sich in der Welt unabhängig einen Namen zu machen. Aber da diese Menschen nur wenig Neigung verspüren, mit anderen Menschen zu kooperieren oder Kompromisse zu schließen, kann es sein, daß sie sich anderen leicht entfremden, Distanz schaffen und lieber das Leben eines einsamen Wolfs führen.

(Napoleon – Josef Stalin – Isadora Duncan – die Heilige Theresa von Avila – Ernest Hemingway – Alice Bailey – Karl Marx – Gertrude Stein – Friedrich Nietzsche – Margaret Mead – Edward Kennedy – Joan Baez – Madalyn Murray O'Hair)

Die westliche Hemisphäre

Die westliche Hemisphäre beginnt an der Spitze des 4. Hauses und erstreckt sich gegen den Uhrzeigersinn bis zur Spitze des 10. Hauses. In der Mitte befindet sich der Deszendent, der ihr prägende Struktur verleiht. Diese Hemisphäre dreht sich um das persönliche, soziale Bewußtsein und die Erkenntnis des Fremdbilds. Ihr Hauptthema hat mit dem Ausdruck des reflektierten Selbstbildes zu tun. Wenn die Mehrheit der Planeten in diesem Bereich konstelliert ist, deutet dies auf einen Menschen hin, der keinen großen Handlungsspielraum bei der Bestimmung seiner Lebensrichtung besitzt, sondern er muß oftmals festellen, daß entscheidende Themen und persönliche Interessen mehr in den Händen anderer liegen. Hier handelt es sich um das Kind (aber nicht unbedingt um eine Schachfigur) der Schicksalskonstellation. Dieser Mensch tut sich schwerer, aufgrund seiner eigenen wahren Individualität anerkannt und akzeptiert zu werden, da er wahrscheinlich eher eine Schöpfung seiner Umwelt oder ein Produkt seiner Epoche ist. Beziehungen spielen hier eine wesentliche Rolle und fördern die natürliche Selbstverwirklichung dieses Menschen. Er entwickelt sich am besten dadurch, daß er lernt, sich den Bedürfnissen anderer anzupassen. Seine Handlungen müssen für alle Beteiligten von Vorteil sein, wenn er wahre Harmonie erreichen will. Anders als bei einer Betonung der östlichen Hemisphäre ist dieser Mensch mehr auf den Prozeß des Teilens eingestimmt und handelt oftmals nach den zu erwartenden Endergeb-

nissen, die eine solche Handlung bei anderen bewirken könnte. Er
ist dazu in der Lage, die Aufmerksamkeit anderer zu gewinnen,
die ihm dabei behilflich sein können, seine Ziele zu erreichen.
Wahrscheinlich lehnt er ihre Hilfe und Unterstützung weniger ab.
Darüber hinaus zeigt er anderen gegenüber mehr Rücksicht auf
ein aufmerksames Interesse, je bereitwilliger sie sind, sich für ihn
ins Zeug zu legen und ihm die notwendige Unterstützung zu
geben.

Da dies eine Hemisphäre der karmischen Energieabgabe ist,
fühlt sich der Betreffende eher zu den Lebenserfahrungen hingezogen, die mehr zwischenmenschlichen Austausch erfordern. In
diesem Leben ist er darauf konditioniert, den direkten Kontakt zu
anderen Menschen herzustellen und konstruktive Beziehungen
aufzubauen. Er muß auch lernen, wie er effektiv mit dem Leben
kooperieren kann. Es ist nur selten vorteilhaft für ihn, wenn er
verlangt, daß alles auf Kosten anderer nach seinem Willen geht,
was ihm in den meisten Fällen auch nicht gelingt. Obwohl dieser
Mensch scheinbar weniger Kontrolle über die Gelegenheiten hat,
die sich ihm bieten (da sie weniger durch Eigeninitiative ausgelöst
werden), macht man ihn gewöhnlich auch weniger verantwortlich für seine Fehler, Rückschläge oder Mißerfolge im allgemeinen, da oftmals ein anderer daran beteiligt ist, der die Schuld an
diesen Konsequenzen trägt. Sollten sich sechs oder mehr Planeten
in dieser Hemisphäre befinden, kann es sein, daß der Betreffende
in seinem Selbstausdruck disharmonisch ist, indem er zu abhängig von anderen wird, um seine soziale Identität zu entwickeln.
Es kann auch sein, daß er anderen Menschen erlaubt, sein Schicksal mehr zu beherrschen und zu bestimmen, als vorteilhaft ist.
Der Horoskopeigner besitzt hier gewöhnlich weniger Selbstbestimmung und macht seine Rechte nicht so stark geltend, wie ein
Mensch mit einer Betonung der östlichen Hemisphäre. Dies
könnte dazu führen, daß er sich von anderen leicht beschwatzen
läßt oder ausgenutzt wird. Dies ist besonders dann der Fall, wenn
die meisten Planeten in die drei Häuser über dem Horizont fallen,
da diese Häuser ein stärkeres soziales Interesse und zwischenmenschliche Aktivität anzeigen, als die unteren drei. Andererseits
ist der Betreffende möglicherweise auch sehr geschickt darin,

andere Menschen für seinen eigenen Vorteil zu benutzen, da diese Hemisphäre auf einen Menschen hinweisen kann, der fähig ist, in seinen Beziehungen strategisch vorzugehen. Der Betreffende könnte Schwierigkeiten damit haben, sich auf einer tieferen Ebene nur auf sich selbst zu beziehen, besonders dann, wenn es darum geht, aus Eigeninitiative heraus zu handeln. Es kann ihm schwer fallen, sich nur nach seinen eigenen Entscheidungen zu richten und er verläßt sich in einer für ihn schädlichen Weise zu stark auf andere Menschen, um das zu erreichen, was er eigentlich selbständig bewältigen müßte.

(Adolf Hitler – Edgar Cayce – F. Scott Fitzgerald – Jean Harlow – Marilyn Monroe – Jacques Cousteau – Francisco Franco – Sigmund Freud – Jeanne d'Arc – Vanessa Redgrave – der Herzog von Windsor – George Sand – Bette Midler – Sylvia Plath)

Die östliche und westliche Hemisphäre sind natürliche, polare Gegensätze. Wenn wir uns willentlich darauf konzentrieren, nur die Wirkung einer Hemisphäre zum Ausdruck zu bringen und die andere ausschließen, kann es passieren, daß wir eine widersprüchliche und bisweilen verzerrte Perspektive entwickeln. Dann müssen wir dieses Dilemma lösen und ein ausgewogeneres Bewußtsein herstellen. Wie können wir dies bewerkstelligen? Indem wir lernen, unsere Aufmerksamkeit statt dessen auf die positive Ausdrucksform der entgegengesetzten Hemisphäre zu lenken und sie zu integrieren. Im Idealfall sollten wir danach streben, beide Hälften konstruktiv miteinander zu verbinden, da sie sich ergänzen. Da dies nur wenigen von uns gelingt, neigen die meisten von uns dazu, zwischen den beiden Hemisphären hin- und herzuschwanken, bis wir das Gleichgewicht gefunden haben, das unserer Entwicklung zuträglich ist. Wenn ein Mensch die Qualitäten der betonten Hemisphäre, die in seinem Horoskop angezeigt ist, nicht zu leben scheint, überprüfen Sie, ob er sich zu diesem Zeitpunkt mehr auf die Wirkung der entgegengesetzten Hemisphäre einstimmt. Alle Polaritäten (oder gegensätzlichen Faktoren im Horoskop) neigen hierzu. Alles was hier ausgeführt wurde, gilt auch für die nächsten beiden Hemisphären:

Die nördliche Hemisphäre

Die nördliche Hemisphäre beginnt an der Spitze des 1. Hauses und erstreckt sich gegen den Uhrzeigersinn bis zur Spitze des 7. Hauses. Sie wird in ihrer Mitte durch den IC unterteilt, der ihr prägende Struktur verleiht. Da sich diese Hemisphäre im Horoskop gänzlich unter dem Horizont befindet, repräsentiert sie das, was subjektiv und reflektierend ist und nach innen gerichtet werden muß (zumindest zu Beginn des Lebens). Die hier konstellierten Planeten symbolisieren Kräfte, die eine Tiefe der Erfahrung erfordern, bevor sie der Horoskopeigner frei und zielstrebig in seiner äußeren Umwelt zur Anwendung bringen kann. Er neigt dazu, diese Kräfte einige Zeit lang egoistisch für sich zu behalten, bevor er versucht, sie auf unpersönlichere, soziale Belange zu lenken. Allgemein gesprochen nähert er sich dem Leben von einem introvertierten Standpunkt aus (ungeachtet dessen, wie aktiv und ereignisreich sein Leben und seine Teilnahme an der Welt oberflächlich erscheint). Der Betreffende wächst am besten dadurch, daß er seine Lebenserfahrung verarbeitet und sie in Zusammenhang mit der tieferen Realtiät seines inneren Wesens bringt. Er ist darauf ausgerichtet, viel stärker in Berührung mit seiner subjektiven Identität zu kommen, als es bei der Betonung der anderen Hemisphären der Fall ist. Er wird sich seines ursprünglichen Lebenssinns bewußt (der viel weiter reicht, als nur bis zum oberflächlichen Selbstausdruck) und muß zuallererst seinen persönlichen Lebenssinn suchen. Indem er sich zunehmend darauf einstimmt, was für seine Natur wesentlich ist, kann er sich an Qualitäten anschließen, die an den Wurzeln seiner Persönlichkeit wirksam sind.

Da dieser Mensch zur Innenschau neigt und dazu, über sich selbst nachzudenken, kommt er nicht besonders gut mit weltlichen Angelegenheiten zurecht, die ständig erfordern, daß er in der Öffentlichkeit aktiv wird oder sich übermäßig stark sozial engagiert. Er lenkt recht ungern die Aufmerksamkeit auf sich, zumindest nicht in einer durchsetzungskräftigen, offensichtlichen Weise. Die wesentliche Antriebskraft ist hier, von innen heraus Sicherheit zu erlangen, anstatt nach der vorübergehenden Sicherheit zu streben, die die Gesellschaft durch eine gehobene Position oder sozialen Status bieten könnte. Statt dessen muß er seinen eigenen, subjektiven Anker im Leben finden, bevor er mit den weltlichen Gelegenheiten zurechtkommt. Ungeachtet dessen, wie sehr er sich für die Bedürfnisse der Welt im großen und ganzen einsetzt oder wieviel er für den fortwährenden, sozialen Fortschritt tut, ist er in psychologischer Hinsicht kein Mensch, der die eigenen »aus dem Bauch« kommenden Bedürfnisse bei Seite stellt. Er muß sie stets beachten und befriedigen, bevor er sein Potential, sich in der Welt zu verwirklichen, positiv entwickeln kann. Dieser Mensch kann sehr schwer loslassen. Wenn man diese Konstellationen konstruktiv handhabt, kann der Betreffende seine Energien darauf richten, sich in seiner Umwelt fürsorglich zu betätigen. Wenn sechs oder mehr Planeten in diese Hemisphäre fallen, kann das möglicherweise entstehende Ungleichgewicht darauf hinweisen, daß der Betreffende dazu neigt, sich zu stark darauf zu konzentrieren, seine Reaktion auf das Leben nach innen zu lenken. Möglicherweise beschließt er, sich zurückzuziehen oder von der aktiven Teilnahme an der Welt abzuwenden, um an einem sicheren Ort Zuflucht zu suchen. Sollten viele dieser Planeten Spannungsaspekte aufweisen, ist diese Zurückgezogenheit oftmals nicht gesund und kann sogar regressiv wirken. In diesem Fall kann der Drang verstärkt sein, die offene Konfrontation mit den manchmal unbarmherzigen Realitäten des äußeren Lebens zu vermeiden. Doch wenn diese Konstellation produktiv umgesetzt wird, könnte die Betonung dieser Hemisphäre den Horoskopeigner dazu ermutigen, sich selbst mit den weniger greifbaren, nicht stofflichen Aspekten des Lebens zu identifizieren, was ihm ermöglicht, einen Großteil seiner Energie darauf zu verwenden, die psychischen und spirituellen Wirklichkeiten zu finden, die in der menschlichen Natur verborgen sind.

(Krishnamurti – Carl Gustav Jung – Helena Blavatsky – Amelia Earhart – Dane Rudhyar – Mary Baker Eddy – Gustave Flaubert – Elisabeth Kübler-Ross – Toulouse-Lautrec – Martin Luther – die Herzogin von Windsor – Albert Schweitzer – Königin Elizabeth II. – Barbra Streisand)

Die südliche Hemisphäre

Die südliche Hemisphäre beginnt an der Spitze des 7. Hauses und erstreckt sich gegen den Uhrzeigersinn bis zur Spitze des 1. Hauses. In ihrer Mitte befindet sich der MC, der ihr prägende Struktur verleiht. Da diese Hemisphäre vollständig über den Horizont fällt, repräsentiert sie die bewußte, auf die Welt konzentrierte Erfahrung. Diese Hemisphäre lenkt den Horoskopeigner weg von seinem privaten, inneren Reich der subjektiven, unabhängigen Eindrücke und treibt ihn statt dessen zu objektiveren, aktiven Angelegenheiten der Gesellschaft. Hier handelt es sich um die Hemisphäre, in der das Gefühl für die öffentliche Identität durch die Erfüllung der auf die Gesellschaft gerichteten Ziele entwickelt werden kann. Der Betreffende wird vor unpersönliche, ja sogar universelle Lebenssituationen gestellt, die seine Fähigkeit auf die Probe stellen, in einem kollektiven Sinne zu funktionieren. Er entwickelt sich am besten, indem er sich um ein öffentliches Leben bemüht, wo er sich für die dynamischen, äußeren Umstände engagieren kann, die in seiner Umwelt herrschen. Daher wird er wahrscheinlich sehr viel Energie darauf verwenden, sich mit den umfassenderen Themen seiner Umwelt zu beschäftigen. Da er ein stärkeres Gefühl für das soziale Miteinander hat als ein Mensch mit einer betonten nördlichen Hemisphäre, kann er sich oftmals besser verwirklichen, wenn er als einzelner der Masse gegenübersteht. Doch ein Problem einer überbetonten südlichen Hemisphäre besteht darin, daß der Betreffende zu losgelöst oder sich selbst entfremdet sein kann, um seinen inneren Bedürfnissen gerecht zu werden. Er neigt dazu, außerhalb von sich selbst nach Lösungen für Probleme zu suchen, die er am besten in sich selbst finden würde. Er fühlt sich nicht besonders wohl dabei, seine Kräfte nach innen zu lenken und seine subjektive Aufmerksamkeit auf sich zu konzentrieren, weshalb er möglicherweise nicht weiß, wie er mit sich selbst zurechtkommen kann. Statt dessen versucht der Betreffende sich durch die Leistungen, die er in den äußeren Erfahrungsbereichen vollbringt, kennenzulernen. Wenn die meisten Planeten dieser Hemisphäre in den oberen Sektor der östlichen Hemisphäre fallen, neigt er jedoch mehr dazu, sich auf sich selbst zu beziehen und ist mehr in Einklang mit seiner eigenen Identität.

Eine betonte südliche Hemisphäre deutet darauf hin, daß der Betreffende ein Leben führt, in dem er seine Fähigkeiten zielstrebig zum Wohle der sozialen Entwicklung einsetzt, und zwar in einer greifbaren und konkreten Weise. Doch wenn sich hier sechs oder mehr Planeten befinden, kann das möglicherweise entstehende Ungleichgewicht dazu führen, daß der Betreffende von den materiellen Endprodukten seiner Bemühungen zu stark beeindruckt wird, während er nur wenig Verständnis (oder dauerhaftes Interesse) für die subtilen, motivierenden Faktoren hat, die seinen Handlungen zugrundeliegen. Indem er sich nur oberflächlich mit den Herausforderungen des Lebens befaßt, könnte es sein, daß ihm die oberflächliche Befriedigung genügt, seinen Einfluß und seine Macht im irdischen Bereich zu erweitern. Und obwohl er ein umfassenderes Talent zeigen kann, mit den Lebensaufgaben in der größeren, sozialen Umwelt außerhalb von sich selbst fertigzuwerden, gelingt es ihm möglicherweise nicht, in Berührung mit den Wurzeln seines eigenen Wesens zu kommen und sich selbst von einer tieferen Perspektive aus zu betrachten. Wenn man diese betonte Hemisphäre jedoch konstruktiv nutzt, könnte sie auf eine sozial aktive Persönlichkeit hinweisen, die sich sehr stark in der Welt dafür engagiert, Veränderungen innerhalb der bestehenden Strukturen herbeizuführen, anstatt nur darüber nachzudenken, was möglicherweise getan werden könnte. Der Betreffende beschäftigt sich direkt mit den sozialen Gegebenheiten, statt diese Zustände zu idealisieren und sich nicht aktiv an ihrer Veränderung zu beteiligen. Er zieht sich nicht von der Welt zurück und kann sich mit ihr entsprechend seiner eigenen Vorstellungen besser konfrontieren. Vergleichen Sie dies mit dem Menschen mit einer Betonung der nördlichen Hemisphäre, der nur entsprechend seinen eigenen Vorstellungen mit der Umwelt kämpft.

(John F. Kennedy – Marylin Monroe – Benito Mussolini – Lillian Carter – Galileo Galilei – Pearl S. Buck – Nelson Rockefeller – Eleanor Roosevelt – Martin Luther King – Zelda Fitzgerald – Henry Kissinger – Lenny Bruce – Margaret Trudeau – Königin Victoria)

Kapitel 12

ZUM VERSTÄNDNIS DER QUADRANTEN

Die Untersuchung der Hemisphären kann einen Hinweis auf die allgemeine Lebensorientierung des Horoskopeigners liefern; betrachtet man dagegen die vier Quadranten des Horoskops, kann man genauer bestimmen, wie und worauf der Betreffende seine Aufmerksamkeit konzentriert. Jeder Quadrant ist eine einzigartige Verbindung einer auf dem Horizont basierenden und einer auf dem Meridian basierenden Hemisphäre und umfaßt jeweils drei Häuser:

Der 1. Quadrant

Dieser Quadrant ist eine Kombination der *nördlichen* und *östlichen* Hemisphäre. Er beginnt an der Spitze des 1. Hauses und erstreckt sich gegen den Uhrzeigersinn bis zum 4. Haus. Wie bereits an früherer Stelle erwähnt, hat die östliche Hemisphäre mit dem Ausdruck der individuellen Handlungsfreiheit zu tun, was zur Entwicklung der Identität führt. Hier entspringt die Motivation stark der eigenen Persönlichkeit. Die nördliche Hemisphäre bezieht sich auf ausgesprochen persönliche, subjektive Interessen. Sie regt das Bewußtsein des Horoskopeigners für seine tiefere Identität an. Daher kann dieser Quadrant verständlicherweise als ein spezieller Lebensbereich gedeutet werden, der ein starkes persönliches Engagement und die Beschäftigung mit sich selbst fördert. Ist dieser Quadrant am stärksten betont, bezieht sich der Betreffende auf sich selbst hauptsächlich als ein unabhängiges Wesen, das jedoch psychisch von der sozialen Umwelt abgespalten ist. Sein Bedürfnis nach innerer Sicherheit geht hier mit seiner

Fähigkeit einher, seinen Eigenwillen einzusetzen und in seinen persönlichen Angelegenheiten so zu handeln, wie er es für richtig hält. Er neigt dazu, sein Leben selbst bestimmen zu wollen, was konstruktiv auf Selbstvertrauen und Selbstsicherheit hinweisen könnte. Doch wenn dieser Mensch keine effektiven Möglichkeiten finden kann, seine persönlichen Konflikte, mit denen er ständig zu kämpfen hat, zu lösen, kann es schwierig sein, die Führung über sein Leben zu behalten. Darüber hinaus ist er so in sich verschlossen, daß er nicht zuläßt, daß ihn andere zu befriedigenderen Ausdrucksmöglichkeiten seiner Energien führen. Beachten Sie, daß am Anfang des ersten Quadranten das Element *Feuer* steht und daß das Element *Wasser* fehlt. Dies deutet auf die Psychologie dieses Quadranten hin. Feuer symbolisiert den vitalen, spontanen Drang nach unabhängigem Selbstausdruck. Doch sein tendenziell ausschließliches Interesse an sich selbst führt auch zu einem egozentrischen Einfluß. Daher bringen Planeten in diesem Quadranten den Drang zum Ausdruck, sich selbst spontan durch solche Aktivitäten zu erfahren, die sich ausschließlich auf die eigenen, augenblicklichen Interessen richten. Wenn sich hier die Mehrheit der Planeten befindet (besonders die Feuerplaneten), könnte dies auf eine starke Egozentrik hinweisen oder einen Menschen mit einem starken Gefühl von »ich bin«. Wenn diese Planeten starke Spannungsaspekte aufweisen, ist die Möglichkeit der Egozentrik noch verstärkt. Dies ist am häufigsten der Fall, wenn der Horoskopeigner bereits eine betonte *östliche* Hemisphäre hat. Obwohl er oftmals ausgesprochen individuell ist, kann er in seinen persönlichen Angelegenheiten ausgesprochen stark mit sich selbst beschäftigt sein und neigt dazu, sich aufgrund seiner Disposition zum einsamen Wolf zu entfremden. Zumindest handelt es sich hier um keinen Menschen, der mühelos Vertrautheit mit anderen Menschen herstellen kann. Wenn man diesen Quadranten konstruktiv nutzt, könnte er auch auf den »selfmade«-Typ hinweisen, dessen persönliche und aufmerksame Konzentration und Anstrengung ihm ermöglicht, in seinen Bemühungen in einer äußerst unabhängigen Weise erfolgreich zu sein. Das einzige Element, das in diesem Quadranten nicht vertreten ist, ist Wasser, was das natürliche Element der tieferen Synthese und Verarbeitung von Erfahrungen ist. Wasser ist ausgesprochen empfänglich für die vereinigenden Prozesse des Lebens und daher ist es ein universelles und sozial verbindendes Element. Sein Fehlen (in bezug auf die natürliche Reihenfolge der Tierkreiszeichen im Zodiak) deutet darauf hin, daß die grundlegende Psychologie dieses Quadranten Unabhängigkeit betont und nicht die Abhängigkeit von anderen Menschen. Wenn sich in diesem Quadranten im Horoskop Wasserzeichen und Wasserplaneten befinden (Mond, Neptun, Pluto), sind sie ein Anzeichen dafür, daß der Betreffende für sich selbst sorgt, indem er zuallerst seine eigenen Bedürfnisse befriedigt statt die der anderen. Alle Werte des Elements Wasser richten sich auf das Selbst und werden subjektiv erfahren, bevor sie der Betreffende auf die Umwelt richtet. Aber da es diesem Quadranten von Natur aus an der Wassermotivation fehlt, muß der Betreffende mit einer Planetenbetonung in diesem Bereich lernen, wie er mehr Mitgefühl und Verständnis für andere entwickeln kann und sensibler für ihre Belange wird, wodurch er fürsorglicher auf die äußeren Umstände reagieren kann, die nicht direkt unter seinem Einfluß stehen. Sogar Sensibilität sich selbst gegenüber kann sich auf oberflächliche Belange beschränken, was bedeutet, daß er die tieferen Bereiche seiner eigenen Persönlichkeit, wo die subtileren Motivationen wirksam werden, weniger ergründet (außer er hat auch eine betonte *nördliche* Hemisphäre). Im allgemeinen ist ein vom ersten Quadranten geprägter Typ eher empfänglich und reaktiv als nachdenklich. Der polare Gegensatz zu diesem Quadranten ist der dritte Quadrant. Wenn Konflikte des ersten Quadranten ein zu starkes Ungleichgewicht in der Lebensstruktur hervorrufen, kann man in diesem komplementären, oberen Quadranten oftmals Lösungen finden.

(Katharina die Große – Emily Dickinson – Karl Marx – George Elliot – Louis Pasteur – Mark Twain – Oscar Wilde – Henri de Toulouse-Lautrec – George Wallace – Barbra Streisand)

Der 2. Quadrant

Der 2. Quadrant ist eine Überschneidung der *nördlichen* und *westlichen* Hemisphäre. Er beginnt an der Spitze des 4. Hauses und erstreckt sich gegen den Uhrzeigersinn bis zum 7. Haus. Die nördliche Hemisphäre besagt, daß sich dieser Quadrant immer noch um Erfahrungen dreht, die den Horoskopeigner persönlich betreffen und verinnerlicht werden. Die innere Sicherheit stellt hier ein besonders wichtiges Bedürfnis dar. Da jedoch auch die westliche Hemisphäre beteiligt ist, fühlt sich der Betreffende mehr zum aktiven zwischenmenschlichen Austausch hingezogen. Das Verhalten und die Lebensumstände anderer Menschen beeinflussen ihn tiefer, als der relativ immune, vom ersten Quadranten bestimmte Typ. Er verspürt den Drang, seine persönliche Sicherheit in Beziehungen zu finden und neigt dazu, eine starke, subjektive Verbindung zu anderen herzustellen; diese können ihn durch ihre Gefühle und Einstellungen ihm gegenüber verletzen. Dies ist jedoch an der Oberfläche nicht immer sichtbar. Besonders wenn dieser Persönlichkeitstyp eine betonte nördliche Hemisphäre hat, ist er ausgesprochen nachdenklich. Wenn der Schwerpunkt im Horoskop jedoch auf der westlichen Hemisphäre liegt, wird er seine Beziehungen wahrscheinlich weniger nach seinen eigenen persönlichen Bedürfnissen gestalten, da die Planeten über dem Horizont eine größere Objektivität in der Einschätzung anderer Menschen verleihen. Der vom zweiten Quadranten geprägte Typ braucht die Reaktion anderer Menschen und kann nicht in einem Vakuum leben. Seine Empfänglichkeit für andere Menschen trägt dazu bei, daß er sein eigenes inneres Wesen tiefgründiger verstehen kann.

Beachten Sie, daß am Anfang des 2. Quadranten das Element *Wasser* steht und daß das Element *Luft* fehlt. Wasser symbolisiert die Fähigkeit ausgesprochen empfänglich für Unterströmungen und subtile Veränderungen zu sein. Die vom Instinkt betonte Natur dieses Elements wirkt sich so aus, daß der Horoskopeigner die Stimmung und Atmosphäre in seiner Umwelt »herausspüren« kann. Sollte daher die Mehrheit der Planeten in diesem Quadranten stehen (besonders die Wasserplaneten), kann es sein, daß der

Betreffende ausgesprochen empfänglich ist für die innere, etwas verborgenen Natur anderer Menschen ist. Der emotionale Einfluß der sozialen Interaktion ist für diesen Menschen eine Realität, die er stark empfindet. Anders als der unabhängigere und scheinbar selbstsichere, vom ersten Quadranten bestimmte Typ neigt dieser Mensch eher dazu, bei der Suche nach seinem eigenen Lebenssinn von anderen Menschen psychisch abhängiger zu sein. Er glaubt, daß er die enge Beziehung zu anderen Menschen braucht, damit er das Gefühl hat, einen Sinn im Leben zu haben. Weil dieser Quadrant vom Element Wasser motiviert ist und darüber hinaus unter dem Horizont liegt, deutet er auf die Fähigkeit hin, sich auf den Bereich der Beziehungen einzustimmen (da es auch ein Quadrant der westlichen Hemisphäre ist), die an der Oberfläche nicht sichtbar oder erkannt werden... oder die noch als unentwickeltes Potential verborgen sind. Dies kann eine erhöhte Wahrnehmung der zwischenmenschlichen Bedürfnisse zur Folge haben. Es verleiht dem Horoskopeigner die Fähigkeit, Beziehungen von einem weniger oberflächlichen Standpunkt aus zu betrachten.

Das einzige Element, das in diesem Quadranten nicht vertreten ist, ist Luft, das natürliche Element des sozialen Engagements und der geistigen Objektivität. Es ist in seinen äußeren Beurteilungen des Lebens eindeutig unpersönlich und objektiv und muß eine genügend große Distanz herstellen, um eine breitere Perspektive zu entwickeln. Das Fehlen dieses Elements kann darauf hindeuten, daß dieser Quadrant von Natur aus die Objektivität nicht fördert. Wenn er betont ist, wird der Horoskopeigner normalerweise mehr vom Herz als vom Kopf beherrscht. Menschliche Wärme, Nähe und das Teilen der tieferen Bedürfnisse sind für sein wesentliches Wachstum wichtiger als das Verständnis der abstrakten Ideale oder der freien Persönlichkeitsentfaltung. Anstatt eine Beziehung rationell von einem unbeteiligten Standpunkt aus zu betrachten, neigt dieser Mensch dazu, sich aktiv im Zentrum der Beziehungen zu verwurzeln und identifiziert sich persönlich mit ihrer Entwicklung. Ein Mangel an Luftmotivation kann jedoch auch ein Hinweis darauf sein, daß der Betreffende andere Ansichten als seine eigenen nicht gut erkennen und/oder annehmen kann, ohne das Gefühl zu haben, daß seine Sicherheitsbedürfnisse bedroht sind. Er muß lernen, anderen Einstellungen gegenüber, die seine eigene nicht unbedingt stützen, toleranter zu sein und sie zu akzeptieren. Im allgemeinen sucht er die Unterstützung anderer Menschen, damit sie ihm helfen, zunächst einmal seine eigenen inneren Bedürfnisse zu erfüllen, bevor er sich in der Welt wohlfühlt und sich in ihr zurechtfindet. Der polare Gegensatz zu diesem Quadranten ist der vierte Quadrant. Spannungen und Disharmonien, die im zweiten Quadranten entstehen, können gelöst werden, wenn man die konstruktiven Werte dieses komplementären, oberen Quadranten übernimmt.

(Wolfgang Amadeus Mozart – Mary Shelley – Edouard Manet – der Herzog von Windsor – Anaïs Nin – Marlene Dietrich – Richard Nixon – Marlon Brando – die Herzogin von Windsor – Robert Redford)

Der 3. Quadrant

Der 3. Quadrant kombiniert die *südliche* und *westliche* Hemisphäre miteinander. Er beginnt an der Spitze des 7. Hauses und erstreckt sich gegen den Uhrzeigersinn bis zum 10. Haus. Die *südliche* Hemisphäre kennzeichnet den unpersönlichen Einsatz für soziale Ziele und äußere Angelegenheiten in der Welt, wo die Bedürfnisse einer kollektiven Sache oder eines gemeinsamen Ziels wichtiger sind als die exklusiven, individuellen Bedürfnisse. Die *westliche* Hemisphäre erfordert die gemeinsamen Erfahrungen mit anderen Menschen sowie Anpassung und Kompromisse, die man für das höhere Ziel einer Beziehung eingeht und nicht nur zur eigenen Befriedigung. Wenn dieser Quadrant am stärksten betont ist, wird der Betreffende wahrscheinlich ein starkes Interesse an den weltlichen Angelegenheiten des Lebens zeigen, die für das Wachstum und die Entwicklung anderer von Vorteil sind. Beziehungen in ihrem weiteren Sinne lenken seine Aufmerksamkeit auf sich, besonders wenn auch die südliche Hemisphäre betont ist. Dies ist vielleicht der am meisten weltlich orientierte aller Quadranten (das heißt »von Welt«, nicht unbedingt »alltäglich«). Der Horoskopeigner neigt dazu, sich auf den Umgang mit den objektiven Realitäten in seiner Umwelt zu konzentrieren. Dies ist der einzige Quadrant, in dem die Berührung mit dem eigenen Selbst nicht betont ist und besonders dann, wenn die meisten Planeten in die südliche Hemisphäre über dem Horizont fallen. Der Betreffende hat eine weniger unpersönliche Lebenseinstellung, wenn zusätzlich eine Betonung der westlichen Hemisphäre vorliegt, da Planeten unter dem Horizont auf persönliche Sicherheitsbedürfnisse hindeuten, um die man sich kümmern muß. Der Betreffende wird vom Leben dazu ermutigt, sich voll in die Gesellschaft einzubringen. Wenn diese Konstellation konstruktiv umgesetzt wird, zeigt er möglicherweise aktives Interesse, öffentliche Angelegenheiten zu unterstützen oder sich irgendwie für das soziale Wohlergehen einzusetzen. Doch ein Nachteil dieses Quadranten besteht darin, daß sich der Horoskopeigner zu stark für die Belange seiner Umwelt einsetzt und keine Zeit mehr findet, für sich selbst zu sorgen und seine eigene Persönlichkeit kennenzulernen. Dies ist besonders dann der Fall, wenn die Planeten dieses Quadranten hauptsächlich in das gesellige 7. und 9. Haus fallen. Da dieser Sektor jedoch auch das 8. Haus enthält, ist eine innere Transformation der Werte für das Persönlichkeitswachstum notwendig. Dies wird normalerweise durch den inneren Kampf ausgelöst, mit den Anforderungen der rasanten, sozialen Entwicklung fertigzuwerden, die man selbst in Bewegung gebracht hat. Im allgemeinen kann dieser Mensch die Aufmerksamkeit der Öffentlichkeit in Hinsicht auf seine äußeren Bemühungen und Aktivitäten sehr gut auf sich lenken.

Beachten Sie, daß das am Anfang dieses Quadranten stehende Element *Luft* ist und daß das Element *Erde* fehlt. Luft ist das Element, das auf eine klare, soziale Perspektive und die Fähigkeit hinweist, umfassende, wenn auch abstrakte, Pläne für den idealen, kollektiven Fortschritt auszuarbeiten. Es ist das Element der Freiheit und der Zirkulation, das danach strebt, sich auf sich ständig erweiternden, geistigen Ebenen zu entfalten, die mit einer Vielfalt von Aktivitäten und Interessen verbunden sind. Daher beschreibt eine Mehrheit der Planeten in diesem Quadranten (besonders die Luftplaneten Merkur, Venus und Uranus) einen

Menschen, der sich in seiner Umwelt bewegen und sich der Vielfalt des wechselseitigen Austausches, der um ihn herum stattfindet, bewußter werden will. Er fühlt sich besonders stark zu gemeinsamen Bemühungen, kollektiven Unternehmungen und Beziehungen hingezogen, in denen die Bedürfnisse aller Beteiligten berücksichtigt werden... und oftmals gehört er zu dem Persönlichkeitstyp, den man als die »Stimme des Volkes« bezeichnen könnte. Sein Schicksal liegt fast gänzlich in den Händen der Öffentlichkeit. Er kann dazu bestimmt sein, ihre Bedürfnisse zu erfüllen und in gewisser Weise fast zu ihrem persönlichen Eigentum zu werden. Das einzige Element, das in diesem Quadranten nicht vorkommt, ist Erde. Dies ist das natürliche Element der Form Struktur, Festigung und praktischen Realität. Sein Fehlen in diesem Quadranten bedeutet, daß ein Mensch mit einer Betonung dieses Abschnitts sich den sozialen Idealen von einer realistischeren, praktischeren Ebene aus nähern muß. Obwohl er sich für die Entwicklungsmöglichkeit der Gesellschaft interessiert, muß er methodischer vorgehen und die Routine mehr akzeptieren. Seine Ziele müssen vernünftig und realistisch sein, wenn er Erfolg haben will. Dieser Quadrant eignet sich besser für einen Menschen, der sich mit unmittelbaren Problemen beschäftigen möchte, die eine schnelle Reaktion erfordern, anstatt mit sozialen Angelegenheiten, für die eine sorgfältige und langfristige Planung notwendig ist. Das Fehlen des Elements Erde bedeutet auch, daß der Betreffende oftmals nicht besonders gut in sich selbst verwurzelt ist und es ihm schwerer fällt, sich dem Druck der Umwelt zu widersetzen, ihren Anforderungen genüge zu tun. Vielleicht ist er in dieser Hinsicht offener und empfänglicher, als für ihn gut ist. Die Stärken des 1. Quadranten als dem komplementären, polaren Gegensatz können dazu beitragen, die Spannungen abzubauen, die durch einen falsch gehandhabten dritten Quadranten entstehen.

(John F. Kennedy – Margaret Trudeau – Ronald Reagan (Sylvia Porter – Jean Paul Sartre – Marilyn Monroe – Sigmund Freud – Brigitte Bardot – F. Scott Fitzgerald – Bette Davis)

Der 4. Quadrant

Der 4. Quadrant setzt sich aus der *südlichen* und *östlichen* Hemisphäre zusammen. Er beginnt an der Spitze des 10. Hauses und erstreckt sich gegen den Uhrzeigersinn bis zum 1. Haus. Da die *östliche* Hemisphäre beteiligt ist, wird die Aufmerksamkeit wieder auf die Selbstbestimmung und die Beschäftigung mit der persönlichen Kontrolle und Führung der Lebensangelegenheiten gelenkt. Aufgrund des zusätzlichen Einflusses der *südlichen* Hemisphäre neigt der Betreffende jedoch dazu, größere persönliche Anstrengungen zu unternehmen, um einen Beitrag zur Welt zu leisten, der universellen Wert hat. Doch selbst wenn er bedeutende, soziale Angelegenheiten oder kollektive Ideale unterstützt, ist er dennoch in der Lage, seine persönliche Identität zu bewahren (anders als der im 3. Quadranten bestimmte Persönlichkeitstyp). Und dies ist besonders dann der Fall, wenn sich ein betonter vierter Quadrant mit einer betonten östlichen Hemisphäre verbindet. Mittlerweile sollte es klar sein, daß jeder Quadrant die eine Hälfte zweier miteinander verbundener Hemisphären bildet und daß der Ausdruck eines Quadranten noch zusätzlich dadurch gefärbt wird, welche dieser beiden Hemisphären dominant ist. Ein betonter 4. Quadrant verbunden mit einer dominanten südlichen Hemisphäre kennzeichnet einen Menschen, der sich weniger unabhängig für weltliche Ziele einsetzt und der mehr dazu neigt, bei der Verwirklichung seiner sozialen Vision Kompromisse mit anderen Menschen zu schließen. Der Persönlichkeitstyp, der von einem betonten 4. Quadranten geprägt wird, neigt dazu, sich mit irgendeiner überlebensgroßen Aktivität zu identifizieren. Er möchte das Gefühl haben, daß er in einem größeren Verband in seiner äußeren Umgebung tätig ist, und zwar oftmals im Staats- und Sozialdienst.

Beachten Sie, daß am Anfang dieses Quadranten das Element *Erde* steht und daß das Element *Feuer* fehlt. Erde ist ein Element, das an Produktivität interessiert ist und nach dauerhafter Sicherheit strebt. Es möchte seine Bemühungen konkret realisieren und spürt den Drang, Organisationsstrukturen in der Gesellschaft aufzubauen und zu erhalten, die beständig sind und sich als so effizient erweisen, daß sie überdauern. Daher kann eine Mehrheit der Planeten in diesem Quadranten (und besonders der Erdplanet Saturn) auf einen Menschen hinweisen, der sich sicher in den größeren Angelegenheiten der Welt verwurzeln möchte, indem er aus Eigeninitiative heraus Anstrengungen unternimmt, die dem Wohlergehen der Masse dienen. Aber er kann sich der irdischen Entwicklung widersetzen (Erde), wenn er keinen persönlichen Einfluß auf sie hat. Er kann ziemlich unabhängig von der öffentlichen Meinung über seine Aktivitäten sein und braucht nicht die Billigung und Anerkennung anderer Menschen, die für den vom 3. Quadranten beherrschten Persönlichkeitstyp so charakteristisch sind (da er seine Identität besser bewahren kann). Für viele Menschen kann er auch eine Säule der Kraft oder eine festigende Macht sein, auch wenn er nicht von ihnen beeinflußt wird (anders als der vom zweiten Quadranten geprägte Typ). Wenn hier jedoch viele Planten Spannungseffekte aufweisen, kann dies auf einen Menschen hindeuten, der in seinen sozialen Bemühungen zu sprunghaft ist, um Einfluß auf die Welt zu nehmen, was auf einen Mangel an Zusammenarbeit mit anderen Menschen zurückzuführen ist. Anders als der mehr egozentrische und unabhängige, vom ersten Quadranten bestimmte Persönlichkeitstyp, strebt dieser Mensch danach, anderen Menschen seine Ansprüche und Ideale aufzuzwingen, und er erwartet von ihnen, daß sie ihm bei der Verwirklichung seiner unpersönlichen Interessen in einem breiteren Rahmen behiflich sind, ohne Einfluß auf seine Pläne zu nehmen oder sie zu überprüfen. Das einzige Element, daß in diesem Quadranten nicht vorkommt, ist Feuer. Obwohl der Horoskopeigner von ausgesprochen persönlichen Impulsen und Bedürfnissen motiviert wird (da es sich um einen Quadranten der östlichen Hemisphäre handelt), bringt er paradoxerweise den Mangel an Feuer durch seine Unfähigkeit zum Ausdruck, sich selbst lediglich als ein von anderen unterschiedenes Wesen mit eigener, exklusiver Weltsicht zu betrachten. Mit anderen Worten, er glaubt, daß alle anderen Menschen dieselben Wünsche und Bedürfnisse haben wie er. Er neigt dazu, seine eigenen Interessen zu verallgemeinern und versucht, mittels umfassender, kollektiver Situationen in Kontakt mit sich selbst zu kommen. Er ist in der Lage, für andere Menschen tätig zu werden und neigt dazu, die Führung über diese Angelegenheiten zu übernehmen, aber sein lebhaftes Interesse, derartige Anstrengungen zu machen, währt nur so lange, wie seine Handlungen durch die kollektive Unterstützung anderer in Schwung gehalten werden. Er erkennt seinen Eigenwillen schwerer, da er sich oftmals scheinbar selbstlos und menschlich für andere Menschen einsetzt. Er scheint das Durchhaltevermögen und die Ausdauer zu besitzen, an wichtigen sozialen Verhältnissen zu arbeiten, bis er seine angestrebten Ziele erreicht hat.

(Clara Barton – Albert Einstein – Maria Montessori – Alexander Graham Bell – Königin Victoria – George Bernard Shaw – Evangeline Adams – Ernest Hemingway – Alice Bailey – Papst Johannes Paul I. – Madalyn Murray O'Hair – Henry Kissinger – Germaine Greer – Martin Luther King)

Das Quadrantensystem der Motivationsanalyse

Die nachfolgend beschriebene Methode ist eine Theorie, die dem Astrologen dabei behilflich sein soll, die *zentrale Kraft* eines betonten Quadranten zu bestimmen. Ich persönlich habe diese Methode als sehr nützlich gefunden, um weitere Schlüssel zu der verborgenen Wirkungsweise des Quadranten zu finden. Sie scheint (zumindest mir) die Prinzipien aufzuzeigen, die für den Ausdruck des Quadranten am wichtigsten sind. Probieren Sie diese Methode aus und stellen Sie fest, welchen Nutzen Sie daraus ziehen können:

Als erstes berechnen Sie den Mittelpunkt des dominanten Quadranten. Mit anderen Worten, bestimmen Sie den *Mittelpunkt* zwischen Aszendent und IC, wenn der erste Quadrant betont ist. Ermitteln Sie den Mittelpunkt des IC/Deszendenten, wenn der zweite Quadrant dominiert. Sollte der dritte Quadrant betont sein, bestimmen Sie den Mittelpunkt zwischen Deszendent und MC oder, wenn der Schwerpunkt auf dem vierten Quadranten liegt, zwischen MC und Aszendent. Ich bezeichne dies als den *primären Quadrantenmittelpunkt.* Als nächstes stellen Sie fest, welcher Planet, wenn überhaupt, die *engste Konjunktion* mit diesem Mittelpunkt bildet. Ich schlage vor, daß man einen Orbis benutzen sollte, der nicht mehr als 7 Grad beträgt, und besonders dann, wenn die Geburtszeit nur ziemlich »genau« ist. Wenn ein Planet dieses Quadranten eine enge Konjunktion bildet, deute ich dies dahingehend, daß die grundlegende Wirkungsweise des Quadranten dem Horoskopeigner durch Erfahrungen mit äußeren Lebensumständen, die der grundlegenden Natur des Planeten entsprechen, bewußt gemacht werden kann. Die Konstellation dieses betonten Planeten im Horoskop (seine Zeichenposition, Aspekte zu anderen Planeten usw.) können dazu beitragen, die allgemeine Einstellung des Horoskopeigners zur Umwelt zu enthüllen, auf die er mit der Zeit konditioniert wird, wenn er lernt, mit den Zielen und Herausforderungen umzugehen, die für diesen Quadranten charakteristisch sind. Eine solche Konditionierung geschieht normalerweise durch den Einfluß von Situationen in der Umwelt (Menschen und auch Ereignisse). Sie beschreibt, was die Umwelt von dem Betreffenden erwartet. Wenn keine Planeten in Konjunktion zu diesem Mittelpunkt innerhalb des vorgeschlagenen Orbis stehen, ist der Horoskopeigner weniger dazu in der Lage, sein inneres Wesen (symbolisiert durch die Planeten) in eine direkte Verbindung mit den äußeren Umständen zu bringen, die dennoch sein Verhalten beeinflussen. Sie scheinen getrennt von dem zu sein, was der Betreffende als sein Ich erkennt. Und daher fällt es ihm möglicherweise schwerer, den Sinn einer solchen Konditionierung zu begreifen. In diesem Falle kann man zusätzliche Informationen über die äußere Konditionierung aus dem Zeichen beziehen, das den primären Quadrantenmittelpunkt beherrscht und, in geringerem Maß, der Position des Herrschers dieses Zeichens im Geburtshoroskop. Dieser Quadrant wird noch bedeutsamer, wenn Sonne, Mond oder der Herrscher des Aszendenten zufällig eine Konjunktion mit diesem Mittelpunkt bildet.

Man kann auch die Wirkung eines noch subtileren, indirekten Quadranteneinflusses bestimmen, der eher die subjektiven Einstellungen des Horoskopeigners enthüllt, die er im Umgang mit den Herausforderungen dieses Sektors annimmt. Hier werden die

mehr nach innen gerichteten Bedürfnisse des Betreffenden beschrieben, die durch die äußeren Umstände, die er anzieht, in
angemessener Weise befriedigt werden können oder auch nicht.
Dies bezeichne ich als den *sekundären Quadrantenmittelpunkt*. In
diesem Zusammenhang bedeutet der Begriff »sekundär« nicht,
daß dieser Einfluß für die Entwicklung weniger bedeutend oder
wesentlich ist, sondern vielmehr, daß er an der Oberfläche weniger sichtbar wird. Anders als der primäre Quadrantenmittelpunkt
kann dieser Mittelpunkt aus den Planeten des betonten Quadranten errechnet werden. Berechnen Sie ganz einfach den Mittelpunkt der zwei äußersten Planeten der gesamten Planetensamm-
lung (mit anderen Worten, sowohl den ersten Planeten der Plane-
tengruppe gegen den Uhrzeigersinn oder im Uhrzeigersinn sowie
den letzten Planeten). Dieser sekundäre Quadrantenmittelpunkt
muß nicht immer eine Planetenkonjunktion innerhalb der Gruppe
bilden (und der empfohlene Orbis ist 4 Grad). Wenn dieser
Mittelpunkt jedoch in Konjunktion mit einem Planeten steht,
dann kann dieser Planet eine Kraft oder einen Drang reflektieren,
der auf die psychische Reaktion des Betreffenden auf die Erfahrungen hindeutet, die für den betonten Quadranten charakteristisch sind. Es kennzeichnet die innere Reaktion des Horoskopeigners auf diese äußere Erfahrung. Da ein Planet in Konjunktion
zum sekundären Quadrantenmittelpunkt jedoch tatsächlich eine
Konjunktion mit dem Mittelpunkt der zwei äußeren Planeten
darstellt, muß man auch die Natur dieser beiden Planeten berücksichtigen. Ihr gemeinsamer Einfluß prägt den Ausdruck dieses
Planeten meist noch stärker, als seine Zeichenposition oder
Aspekte im Geburtshoroskop. Wenn kein Planet in Konjunktion
zu diesem Mittelpunkt steht, beachten Sie das Zeichen, in das der
Mittelpunkt fällt, und überprüfen Sie dann die Aktivität des
Herrschers dieses Tierkreiszeichens. In diesem Fall können die
subjektiven Einstellungen komplexer und sogar etwas problematisch werden. Diese Konstellation scheint zumindest auf ein spezielles Problem oder eine Herausforderung hinzuweisen, der man
sich psychologisch stellen und die man lösen muß, bevor man die
für diesen Quadranten typische Erfahrung innerlich akzeptieren
kann. Wenn an diesem Mittelpunkt kein Planet steht, erschwert

das dem Menschen möglicherweise den Zugang zu anderen Teilen seines Wesens (das heißt: den Planeten, aus denen sich dieser Mittelpunkt ergibt) und nicht nur zu seiner Umwelt. Der sekundäre Quadrantenmittelpunkt beschreibt eher das, was der Betreffende von der Außenwelt und von sich selbst erwartet. Im allgemeinen reflektiert er die weniger offensichtlichen Wünsche, Sicherheitsbedürfnisse, Ängste, Frustrationen usw. in bezug auf die Situation, vor die uns dieser Quadrant stellt.

Beispiel: Wenn der 2. *Quadrant* betont ist (die subjektive Abhängigkeit von anderen, um innere Sicherheit zu erlangen sowie das persönliche Bewußtsein des eigenen Lebenssinns) und *Saturn* eine Konjunktion mit dem primären Quadrantenmittelpunkt bildet, wird der Horoskopeigner wahrscheinlich durch die Lebensumstände in seiner Kindheit darauf konditioniert, sich abgelehnt, vernachlässigt, emotionell frustriert zu fühlen oder ausgesprochen empfänglich für jeglichen Ausdruck der Mißbilligung oder Kritik von andern zu sein (besonders Autoritätspersonen). Er scheint sich mehr anstrengen zu müssen, Anerkennung zu gewinnen. Schließlich geht er an alle zukünftigen Beziehungen mit einem gewissen Maß an Schüchternheit, Vorsicht, Selbstkritik oder einem Unzulänglichkeitsgefühl heran (was nicht überrascht, da Saturn hier normalerweise ins 5. Haus fällt, was auf eine ernste und bisweilen negative Einstellung zu den Angelegenheiten dieses Hauses führt, wie zum Beispiel Selbstliebe, Lebensfreude und Selbstverwirklichung). Und wenn dieser Saturn auch noch starke Spannungsaspekte aufweist, kann man erwarten, daß die Selbstzweifel, die Angst vor Konsequenzen, die allgemeine Unsicherheit und Hemmung noch mehr zunimmt, wodurch wiederum die mögliche Frustration in den zwischenmenschlichen Beziehungen noch mehr verstärkt wird. Dies könnte dazu führen, daß der Betreffende alle intimen Beziehungen vermeidet oder sogar einen Widerwillen dagegen hegt, da sie ihn stärker in Berührung mit den Saturnlektionen bringen könnten; er ist deshalb oft recht unzufrieden und weiß nicht so recht, welchen Wert er in den Augen anderer besitzt. Doch wenn man diese Konstellierung konstruktiv nutzt, wird der Horoskopeigner dahin gebracht (wenn auch auf sehr schwierige Weise), ein stärkeres, inneres

Fundament zu errichten, auf dem er eine stabilere Selbstachtung aufbauen kann. Darüber hinaus muß er das, was er in diesem Leben als seine persönliche Quelle der Sicherheit betrachtet, durch Struktur und Organisation manifestieren. Dies erfordert normalerweise ein großes Maß an Disziplin und Selbstkontrolle sowie Geduld und aufrichtiges Engagement. Der Betreffende wird durch die Anforderungen seines Lebens dazu gezwungen, sich selbst in einer Weise zu definieren, daß eine vitale, kreative Selbsterkenntnis gewährleistet ist.

Sollte der *Mond* gleichzeitig in Konjunktion mit dem sekundären Quadrantenmittelpunkt stehen, verspürt der Horoskopeigner von einer fundamentalen und instinktiven Ebene aus den inneren Drang, menschliche Nähe herzustellen, nach einer Interaktion zu streben, die Geborgenheit und Fürsorglichkeit mit sich bringt, und tief über seinen Lebenssinn nachzudenken. In psychischer Hinsicht wächst und gedeiht er am besten, wenn er eine enge Bindung zu einem anderen Menschen und/oder der Öffentlichkeit eingehen kann, die auf Sicherheit basiert. Anstatt vorsichtig und auf seine Selbsterhaltung bedacht zu sein, wünscht sich dieser Mensch, Wärme und Trost zu spenden und für diejenigen zu sorgen, die eine starke Anziehung auf ihn ausüben. Seine Reaktionen auf die äußeren Erfahrungen sind viel emotioneller und tiefer, als es an der Oberfläche den Anschein hat. Er ist nicht so unbeteiligt und distanziert, wie er möglicherweise erscheint. Doch der Gegensatz, den er zwischen seiner inneren und äußeren Disposition verspürt, kann sich als ziemlich frustrierend erweisen. Da die äußeren Planeten dieses sekundären Quadrantenmittelpunktes die Natur des Planeten färben, wäre es sehr günstig, wenn der Mond an dieser Stelle auch der Mittelpunkt von *Sonne/Venus, Sonne/Jupiter, Merkur/Venus, Venus/Jupiter, Venus/Uranus* oder *Venus/Neptun* wäre, da alle diese Mittelpunkte im Grunde eine freundliche, gesellige und/oder emotionell empfängliche Natur besitzen. Daher würden sie den Mond dabei unterstützen, müheloser mit seinen Energien zu fließen und sein wahres Wesen leichter zu manifestieren. Sollte sich der Mond jedoch an einem spannungsgeladenen Planetenmittelpunkt befinden (wie zum Beispiel zwischen *Mars/Uranus, Mars/Neptun, Mars/Pluto* oder irgend-

353

einen anderen Mittelpunkt in diesem Quadranten, an dem *Saturn* beteiligt ist) und/oder sollte er starke Spannungsaspekte zu anderen Bereichen des Horoskops bilden, könnte sich die Überempfindlichkeit und Unsicherheit als noch problematischer erweisen (die bereits durch die Konjunktion des primären Quadrantenmittelpunkts mit Saturn angezeigt ist). Wenn kein Planet in Konjunktion mit diesem sekundären Quadrantenmittelpunkt steht, aber der Mittelpunkt in das Zeichen *Krebs* fällt, wäre die Deutung ähnlich (jedoch nicht dieselbe). Bedenken Sie, daß unter diesen Umständen ein Problem mit den Krebs-Prinzipien angezeigt sein könnte. Vielleicht findet man auch eine Verstärkung durch die Konstellation des Radixmondes und des 4. Hauses. Und außerdem könnte hier der kombinierte Einfluß der äußeren Planeten aus der Planetenanhäufung dieses Quadranten nicht zur Wirkung kommen, da hier kein Planet vorhanden ist, der ihren Mittelpunkt zum Ausdruck bringt.

Wenn ein Planet an einem der beiden Mittelpunkte *rückläufig* oder *eingeschlossen* ist (oder beides), könnte er weniger offensichtliche, doch kompliziertere Situationen und psychische Herausforderungen hervorbringen. Dies gilt auch dann, wenn kein Planet beteiligt ist, aber das Zeichen, in das der jeweilige Mittelpunkt fällt, ein eingeschlossenes Zeichen ist. Manchmal stellen Sie möglicherweise fest, daß sowohl der primäre als auch der sekundäre Quadrantenmittelpunkt in Konjunktion zu ein und demselben Planeten steht. Dies deutet vielleicht darauf hin, daß der Betreffende in der Lage ist, den äußeren und inneren Ausdruck dieses Planeten in einer Weise zu integrieren, die ihm ein gewisses Maß an persönlicher Transformation ermöglicht. Der beteiligte Planet ist zumindest ausgesprochen stark betont – in positivem oder negativem Sinne. Anne Frank hatte den Jupiter in Konjunktion sowohl mit ihrem primären als auch dem sekundären Quadrantenmittelpunkt im vierten Quadranten, der mit dem kollektiven Bewußtsein verbunden ist; darüber hinaus hatte sie auch eine Betonung der östlichen Hemisphäre. In Anbetracht des primären Quadrantenmittelpunkts könnte Jupiter auf ihre äußere Prägung während ihres Lebens hinweisen (was darauf deutet, daß der Schwerpunkt auf religiösen, ethischen, politischen und morali-

schen Konzepten in bezug auf die Welt um sie herum liegt). Da sie
ein Opfer der Naziherrschaft war, kam sie sicherlich direkt in
Berührung mit sozialen Themen, die die Masse betrafen (denen
sie sich nicht aus freiem Willensentschluß zuwandte). Da sie
jedoch auch ein von der östlichen Hemisphäre geprägter Persönlichkeitstyp war, verspürte Anne Frank den Drang, die Struktur
ihres gefährlichen Lebens in der einzigen unmittelbaren, mit sich
selbst beschäftigten Weise zu kontrollieren und zu bestimmen, die
ihr zur Verfügung stand – nämlich, indem sie ihre privaten
Enthüllungen in dem am häufigsten veröffentlichten Tagebuch,
das die Welt in diesem Jahrhundert kennt, preisgab. Ihr sekundä-
rer Quadrantenmittelpunkt, der ebenfalls eine Konjunktion zu
Jupiter bildet, zeigte an, daß ihr inneres Wesen humanitär, ver-
ständnisvoll, inspiriert und freiheitsliebend war und nach Weisheit
strebte, und zwar sowohl in einem persönlichen als auch universellen Sinne (Betonung des vierten Quadranten). Dies zeigt mir,
daß ihre äußeren Lebensumstände (so grauenhaft sie auch waren)
ihr auch den Antrieb gaben, einen psychischen Weg zu finden, die
katastrophale Zeit, die sie durchleben mußte, zu transzendieren,
und statt dessen eine Möglickeit zu finden, sich in einer beinahe
heiligen Weise über das bestehende Massenbewußtsein zu erheben. Und vielleicht war sie deshalb in ihrem Herzen reich an Güte
und Mitgefühl und konnte die Menschheit bedingungslos akzeptieren.

Anmerkungen

Kapitel 2 UNGEWÖHNLICHE ASPEKTE

1 John Addey, Harmonics in Astrology. Cambridge Circle Ltd. (U.S.A.) 1976.
2 Vera Scott Johnson, Thomas Wommack, The Secrets of Numbers. Berkeley Medaillon Books, New York 1974.
3 Lynn M. Buess, Numerology For a New Age. Ne Voss and Co., o. O. 1978.
4 Corinne Heline, Sacred Science of Numbers. New Age Press Inc., o. O. 1971.
5 Michael Meyer, A Handbook For the Humanistic Astrologer. Anchor Books, New York 1974.
6 John Addey, a. a. O., S. 111.
7 Corinne Heline, a. a. O., S. 31.
8 Dane Rudhyar, Astrologie der Persönlichkeit. Hugendubel, München 1979, S. 334.
9 John Addey, Harmonics, Genetics and Disease. Astrology Now, vol. 1, No. 7 (Oktober 1975), S. 30.
10 John Addey, a. a. O., S. 30.
11 Corinne Heline, a. a. O., S. 55.
12 John Addey, Harmonics in Astrology, a. a. O., S. 121.
13 John Addey, a. a. O., S. 62.
14 Charles M. Graham, The Seventh Harmonics and Creative Artists. Astrology Now, vol. 2, No. 13 (Juni 1976), S. 87.
15 John Addey, Harmonics in Astrology, a. a. O., S. 120.
16 Dane Rudhyar, Person-Centered Astrology. CSA Press, CA., 1972, S. 167.
17 Doris Thompson, The Septile-Aspect of Fate. AFA Bulletin 1975, vol. 377, No. 1, S. 17.
18 Delphine Jay, Teaching Harmonic Charting. Astrology Now, vol. 1, No. 11 (März 1976), S. 7.
19 Michael Meyer, Nancy Kleban, Numerical Approaches to Phase Interpretation. Astrology Now, vol. 1, No. 7 (Oktober 1975), S. 38.
20 Die Bibel (King James Version), 10. Matthäus 16.
f21 Corinne Heline, a. a. O., S. 74f.
22 Dane Rudhyar, a. a. O., S. 334.
23 David Cochrane, New Foundations for Astrology. Astrological Counseling and Research, Fla. 1977, S. 53.
24 John Addey, Harmonics in Astrology, a. a. O., S. 96.
25 Michael Meyer, Nancy Kleban, a. a. O., S. 38.

26 Leyla Rael-Rudhyar, NASO Conference 1979. Atlanta, Ga., 31. August
    1979.

Kapitel 4 DAS GROSSE TRIGON

1 Barbara H. Watters, The Astrologer Looks at Murder. Valhalla Paperbacks
   Ltd., Washington D.C. 1969, S. 31.

Kapitel 6 DAS GROSSE QUADRAT...

1 Dane Rudhyar, Astrologie der Persönlichkeit, a. a. O., S. 334.
2 Charles Jayne, Horoscope Interpretation Outlined. AB Publication, New
   York 1970, S. 13.

Kapitel 7 DAS T-QUADRAT

1 Tracy Marks, How to Handle Your T-Square. Sagittarius Rising, Naticks,
   Mass. 1979, S. 9.
2 Tracy Marks, a. a. O., S. 23.

Kapitel 8 DER »FINGER GOTTES« (YOD)

1 Al H. Morison, Mercury Hour (7. Extraausg.). Januar 1980, S. 62.
2 Thyrza Escobar, Side Lights of Astrology. Golden Seal, Ca., ³1971, S. 44.
3 Helen Paul, Bridget Mary O'Toole, The Yod And Other Sensitive Points
   in Your Horoscope. Vulcan Books, Seattle, WA. 1977.
4 Barbara Watters, a. a. O., S. 115.

Kapitel 9 UNASPEKTIERTE PLANETEN

1 Geoffrey Dean, Recent Advances In Natal Astrology. The Astrological
   Assiciation, England 1977, S. 356f.
2 Eugene Moore, Unaspected Planets. M.A.A.S. Workshop, 16. Januar
   1977, Atlanta, Ga.
3 Geoffrey Dean, a. a. O., S. 363.

Kapitel 10 RÜCKLÄUFIGE PLANETEN

1 Virginia Ewbank, Joanne Wickenburg, The Spiral of Life. Eigenverlag,
   Seattle 1974, S. 18.
2 John McCormick, The Book of Retrogrades. Pavilion Press, Livingston,
   N.J. 1973, S. 17.
3 Tracy Marks, The Art of Chart Synthesis. Sasittarius Rising, Natick,
   Mass. 1979, S. 51.
4 Lewis Acker, Francis Sakoian, Predictive Astrology. Harper & Row, New
   York 1977, S. 91.

5 Martin Schulman, Karmische Astrologie Bd. 2: Rückläufige Planeten und Reinkarnation. Urania Verlag, München 1983, S. 228.

6 Alexander Ruperti, Cycles of Becoming. CRCS Publications, 1978, S. 259.

7 Dane Rudhyar, An Astrological Study of Psychological Complexes. Servire/Wassenaar, Niederlande ³1970, S. 146f.

Weitere Bücher aus dem Chiron Verlag

Christine Keidel-Joura
Der Siebener-Rhythmus im Horoskop
Ein Handbuch mit anschaulichen Beispielen und wichtigen
Regeln für die Anwendung des Sieben-Jahres-Rhythmus
104 Seiten, Hardcover, zahlreiche Abbildungen
ISBN 3-89997-119-7

Christoph Schubert-Weller
Die Korrektur der Geburtszeit
in sieben Schritten
160 Seiten, Hardcover, zahlreiche Abbildungen
ISBN 3-89997-131-0

Charubel und Sepharial
Symbolische Tierkreisgrade
Die Deutung der 360 Grade des Horoskops
215 Seiten, Hardcover
ISBN 3-89997-107-8

Erik van Slooten
Klassische Horoskopdeutung
Würden und Aspektbildung in der klassischen Astrologie
96 Seiten, Hardcover, 25 Abbildungen
ISBN 3-89997-129-9

Bernd A. Mertz
Astro-Medizin in psychosomatischer Sicht
Das Horoskop als Schlüssel zur Gesundheit
220 Seiten, Hardcover, zahlreiche Abbildungen
ISBN 3-89997-127-2